Sammlung Luchterhand 303

Über dieses Buch: An der Seite Georg Forsters, des deutschen Jakobiners, dem sie eng befreundet war, hatte sie 1792/93 die Mainzer Republik erlebt. Als Frau August Wilhelm Schlegels wurde sie zum Mittelpunkt jener frühromantischen Kulturrevolution, die, in unmittelbarer Nachfolge der gescheiterten Französischen Revolution, mit den Waffen der Kritik gegen »das alte offizielle Deutschland, das verschimmelte Philisterland« antrat.
Zusammen mit Schelling, den sie 1803 heiratete, erlebte sie die drückenden Jahre der Restauration in Deutschland.
Caroline Michaelis-Böhmer-Schlegel-Schelling (1763–1809) war eine der faszinierendsten Frauenpersönlichkeiten ihrer Zeit. Ihre Kunst war es, ihr Leben in historisch aufgezwungenen engen Grenzen bewußt zu gestalten – ausgehend von der frühen Weigerung, im »Hauptzweck des Weibes« für sich den »Hauptzweck des Menschen« zu sehen. »Sie wagte, zu leben«, schreibt die Herausgeberin dieses Bandes im einleitenden Essay. »Das ist ihre unerhörte Kühnheit.«

Über die Herausgeberin: Sigrid Damm, geb. 1940, lebt in Berlin/DDR. Germanistik-Studium in Jena; Wissenschaftliche Assistentin. Zahlreiche Veröffentlichungen zur Romantik und zur DDR-Literatur. Herausgaben u. a.: Jakob Michael Reinhold Lenz, Sämtliche Werke und Briefe, 3 Bde., 1987. Prosaarbeiten: »Vögel, die verkünden Land – Das Leben des Jakob Michael Reinhold Lenz«, 1985; »Cornelia Goethe«, 1987.

Caroline Schlegel-Schelling
»Lieber Freund,
ich komme weit her schon
an diesem frühen Morgen«
Briefe

Herausgegeben und
mit einem Essay eingeleitet
von Sigrid Damm

Luchterhand
Literaturverlag

Originalausgabe
Sammlung Luchterhand, August 1980
4., erweiterte und bearbeitete Auflage, Oktober 1988
Lektorat: Ingrid Krüger
Luchterhand Literaturverlag GmbH, Darmstadt, 1984. Lizenzausgabe mit Genehmigung des Verlages Philipp Reclam jun., Leipzig. © by Verlag Philipp Reclam jun., Leipzig 1979, 1984. Alle Rechte für die Bundesrepublik Deutschland, West-Berlin, Österreich und die Schweiz beim Luchterhand Literaturverlag GmbH, Darmstadt, 1984. Umschlagentwurf: Max Bartholl. Umschlagmotiv: Bildarchiv Preußischer Kulturbesitz, Berlin. Druck und Bindung: Wagner, Nördlingen. Printed in Germany.
ISBN 3-630-61303-9

Ich könnte begreifen, wie man die Dokumente eigner verworrner Begebenheiten seinen Kindern und auch der nach uns lebenden Welt als eine die Menschheit überhaupt interessirende Erfahrung hinterlassen kann.

                                                    Caroline

Begegnung mit Caroline

Als die ersten Meldungen 1789 aus dem revolutionären Paris nach Deutschland dringen, schreibt eine junge Frau: „Ich weiß nicht, wohin ich mich wenden soll, denn die heutigen Zeitungen enthalten so große unerhört prächtige Dinge, daß ich heiß von ihrer Lektüre geworden bin." Wenig später geht die Schreiberin des Briefes, es ist die sechsundzwanzigjährige Caroline Böhmer, nach Mainz, dorthin, wo die Französische Revolution auf deutschen Boden übergreift. „Wer kan sagen, wie bald mein Haupt eine Kugel trifft!" fragt sie, „ich ginge ums Leben nicht von hier – denk nur, wenn ich meinen Enkeln erzähle, wie ich eine Belagerung erlebt habe, wie man einen alten geistlichen Herrn die lange Nase abgeschnitten und die Demokraten sie auf öffentlichen Markt gebraten haben – wir sind doch in einem höchst interreßanten politischen Zeitpunkt, und das giebt mir außer den klugen Sachen, die ich Abends beym Theetisch höre, gewaltig viel zu denken."
Der Teetisch, von dem hier die Rede ist, ist der Georg Forsters, des deutschen Jakobiners. Mit ihm, beeindruckt und beeinflußt durch seine große Persönlichkeit, erlebt diese Frau die Mainzer Republik. Die außergewöhnlichen zeitgeschichtlichen Umstände prägen in eigentümlicher Schärfe ihre Persönlichkeit, ihre Individualitätsauffassung und ihr Selbstwertgefühl.
Als Frau gezwungen, Zeitgeschichte und eigenes Dasein in enger Beziehung zu sehen, kommt sie in der Auseinandersetzung mit dem weltgeschichtlichen Gehalt der Französischen Revolution bei sich selbst an. Konsequent und beharrlich ringt Caroline ihr Leben lang darum, sich als Mensch zu verwirklichen. Sie wagt zu leben. Das ist ihre unerhörte Kühnheit.
Wer war Caroline? Wie war sie? Bildnisse wurden viele entworfen, von Zeitgenossen und Nachgekommenen, gehässige und gemeine in der Überzahl, freundliche und überschwengliche vereinzelt. Meist hat sie als Frau Interesse erregt, kaum als Mensch.

Generationen von Spießern verleumden sie moralisch. Anlaß: Die neunundzwanzigjährige Frau, seit fünf Jahren ist ihr Ehemann tot, verfügt frei über sich, und aus der Liebesbeziehung zu einem Angehörigen der französischen Revolutionsarmee geht ein Kind hervor! Das stellt sie in „eine Linie mit einer beliebigen Straßendirne", wie Scherer 1874 schreibt, und für Jansen ist 1889 alles klar: Caroline huldige unter Goethes Einfluß, den er ausschließlich unter dem Aspekt betrachtet, daß er im „Concubinat mit Fräulein Vulpius lebe", dem „Cultus der freien Liebe". Selbst der verdienstvolle erste Herausgeber von Carolines Briefen, Georg Waitz, verzeiht ihr diese „lichtscheue Buhlschaft" nicht. Erst die Essays von Ricarda Huch und Helene Stöcker machen dem ein Ende. Am nachhaltigsten in der Öffentlichkeit wirken aber die vielen, in der ersten Hälfte des 20. Jahrhunderts meist von Frauen verfaßten, kitschig-süßlichen Darstellungen von Carolines Leben. Wollen sie Ungerechtigkeiten beseitigen, so ist ihre Wirkung doch in anderer Weise verheerend: Die klischeehafte und sentimentale Darstellung verzerrt diese historische Gestalt nicht minder.

Auf all das werden wir nicht eingehen. Vorurteilen und Dummheit kann man nicht begegnen, indem man sie wieder und wieder zitierend mitschleppt. Versuchen wir, uns Caroline ungezwungen und unvoreingenommen zu nähern.

Wir wollen kein neues Bildnis hinzufügen. Als Heutige begegnen wir ihr, treten mit ihr ins vertraute Gespräch, sehen Eigenes im Fremden, uns Erfülltes im Abstand der Zeit, in der gesellschaftlichen Revolutionierung; Unerfülltes, wo Caroline durch ihr vorurteilsloses Handeln, ihr politisches und ästhetisches Feingefühl, ihre lebhafte Empfänglichkeit uns „Maßstäbe für die Menschlichkeit" setzt.

Nicht weil sie mit großen Männern, dem Philosophen Schelling, dem Essayisten und Übersetzer August Wilhelm Schlegel, verheiratet war; nicht weil historisch interessante Persönlichkeiten wie Georg Forster, Friedrich Schlegel und Novalis ihre Freunde waren; nicht weil sie Goethe, Schiller und Herder kannte, wenden wir uns ihr zu. Unsere Lesart zielt auf sie selbst, ihre Beziehung und Auseinandersetzung mit der Welt und mit den Genannten.

Wir heben auch nicht ihre Arbeiten hervor. In die Archive

müßten wir gehen, ihre Schriftzüge in den Übersetzungen August Wilhelm Schlegels, in den Arbeiten Schellings entziffern, ihr Romanprojekt besehen, versteckte Fußnoten in den Werken Schlegels beachten, z. B. das Vorwort seiner 1928 veröffentlichten „Kritischen Schriften", wo er von einigen Aufsätzen sagt, sie seien „nicht ganz" von ihm, sondern „zum Teil von der Hand einer geistreichen Frau, welche alle Talente besaß, um als Schriftstellerin zu glänzen, deren Ehrgeiz aber nicht darauf gerichtet war". Den Namen der Autorin aber nennt er nicht. Hier handelt es sich um Carolines wunderschöne Briefe über Shakespeares „Romeo und Julia", die Schlegel wörtlich übernommen hat. Wir müßten spekulieren, welchen Anteil Caroline an der Arbeit über die Dresdner Gemäldegalerie hat, an jenen Gedanken vor allem über Raffaels Sixtinische Madonna. Wir müßten nachvollziehen, welche Ratschläge sie Gottfried August Bürger für seine Dichtungen und Übersetzungen gab, mit welchen Vorschlägen für Kürzungen sie Friedrich Schlegel bei der Entstehung seines Romans „Lucinde" zur Seite stand. Wir müßten untersuchen, wie sie Ironie handhabt, z. B. im Spottgedicht auf Fichtes „Wissenschaftslehre", in der Parodie auf Friedrich Schlegels Dissertationsthesen. Und schließlich ihre meist unter fremdem Namen erschienenen Rezensionen lesen! Wir müßten ihre ruhmlose Arbeit als Lektorin, als Sekretärin Schlegels und Schellings, als Redaktionsassistentin der Zeitschrift „Athenäum" betrachten.

All das könnten wir tun, wir tun es aber nicht. Hieße es doch, Geschichte zu beschreiben, wie es über Jahrhunderte üblich war und ist, nach Taten, meßbaren Leistungen im Bereich der Politik, Ideologie, Kunst. So gesehen hat Caroline keine Chance. Ihre Leistung ist nicht meßbar. Liegt ihr Wert in ihrem einfachen Dasein? In der Tat. Carolines Kunst war die Kunst, in den ihr historisch aufgezwungenen engen Grenzen ihr Leben bewußt zu gestalten. Entschieden ergreift sie die Umstände, niemals nach vorgeformten Normen und gängigen Werten fragend.

Unser Ziel ist daher, Einblick in Carolines Entwicklung zu gewinnen; zu ergründen, welche inneren und äußeren Kräfte es sind, die sie befähigen, so selbstbewußt ihr Leben zu gestalten, ihre wirklichen Bedürfnisse unverstellt zum

Maßstab ihrer Handlungen zu machen. Und welche ihrer nicht theoretischen, sondern praktisch vorgelebten Maximen Einfluß auf die ihr Nahestehenden haben, sie eine bedeutende literarische Strömung, die Jenaer Frühromantik, entscheidend mitprägen lassen; sie befähigen, ihren Freunden und Geliebten nehmend und gebend geistiger Partner und produktiver Anreger zu sein.
Als „politisch-erotisch" bezeichnet Friedrich Schlegel Carolines „Natur" und fügt hinzu, „doch möchte das Erotische wohl überwiegend sein". Caroline, die „ihre Privatbegebenheiten" in die „Stürme der großen Revolution" verwickelt, äußert sich nie zu Fragen der sozialen und juristischen Gleichstellung der Frau, wie es etwa die von Georg Forster bewunderte Engländerin Mary Wolstonecraft oder zeitgleich in Deutschland Rahel Levin tun. Oder in Frankreich Olympe de Gouges, die 1789 eine der „Déclaration des droits de l'Homme" entsprechende „Déclaration des droits de la Femme" vorschlägt, die alle männlichen Vorrechte abschaffen soll.
Caroline war keine Vertreterin der Emanzipation im engen Sinne des Begriffs, wie er damals und auch heute oft gebraucht wird. War sie deshalb nicht für die Befreiung der Frau? Lassen ihre Urteile über Geschlechtsgenossinnen nicht sogar auf Emanzipationsfeindlichkeit schließen? In scharfer Form tadelt sie Frauen, die in der Öffentlichkeit auftreten. So Philippine Gatterer und Friederike Münter, zwei Göttinger Dichterinnen, denen sie „Mangel an Originalität und Klarheit des Denkens vorwirft" und deren wenig bescheidene und unweibliche Art ihr mißfällt. So Sophie La Roche, deren Dichtung und den um ihre Person betriebenen Kult Caroline unausstehlich findet. Über die Tochter des Aufklärers Schlözer, der mit einundzwanzig Jahren ehrenhalber von der Göttinger Universität die Doktorwürde verliehen wird, schreibt die achtzehnjährige Caroline: „Was sagst Du ... zu der sonderbaren Erziehung? ... Es ist wahr, Dortchen hat unendlich viel Talent und Geist, aber zu ihren Unglück, denn mit diesen Anlagen und den bizarren Projecten des Vaters, die sie zu der höchsten Eitelkeit reizen werden, kan sie weder wahres Glück noch Achtung erwarten."
Caroline erkennt sehr klar – und das Schicksal dieser Doro-

thea Schlözer wie das vieler Frauen bestätigt ihr –, daß der Ausbruchversuch, „im Zwek des Weibs" nicht den „Hauptzweck des Menschen" zu sehen, unter den gegebenen historischen Umständen oft mit Verzicht auf eine Familie, auf Kinder bezahlt werden muß, er überdies – um die Aufmerksamkeit der Öffentlichkeit auf die Frauen zu lenken – mit allerhand äußeren Auffälligkeiten und Verschrobenheiten kompensiert wird und selten über ein Mittelmaß hinausgelangen kann.

War Carolines Vorurteil die Furcht, „unweiblich" zu sein, wie Friedrich Schlegel sagt? Bittere, sozial harte, sie politisch und moralisch denunzierende Erfahrungen haben ihren Blick für ein mögliches historisches Wirkungsfeld geschärft, für die starre Rollenzuweisung durch die Gesellschaft, der sie wie keine andere entrinnen kann. Sie weiß: „Man schäzt ein Frauenzimmer nur nach dem, was sie als Frauenzimmer ist." Und ist froh, daß ihr „Herz ein Gewand über die Vorzüge des Kopfs wirft, daß mir beides Aeußerungen als Verdienst anrechnen läßt". Caroline ist entschieden für die Emanzipation, aber für die von Frau und Mann. Und sie will dabei nichts Lebenswichtiges verloren sehen, z. B. die Frau als Mutter, als freundschaftliche Partnerin ihrer Kinder. Können sie die Kinder allein nicht ausfüllen, wie die Clausthaler Jahre ihr bestätigen werden, so hat sie doch in ihrem Verhältnis zu ihnen immer etwas ganz Wesentliches gesehen. Wenn wir uns vergegenwärtigen, daß heute, fast zweihundert Jahre danach, Simone de Beauvoir im Kind den Hauptfeind der Emanzipation sieht, wird deutlich, daß Caroline Grundfragen der menschlichen Emanzipation berührt.

Schelling spricht von Caroline als dem „seltenen Weib von männlicher Seelengröße, von dem schärfsten Geist, mit der Weichheit des weiblichsten, zartesten, liebevollsten Herzen vereinigt". August Wilhelm Schlegel sieht in ihr „männliche Selbständigkeit mit weiblicher Lieblichkeit vereinigt". Sind diese Urteile von feststehenden Rollenvorstellungen geprägt, so zielen die durch Carolines Persönlichkeit ausgelösten Gedanken des jungen Friedrich Schlegel auf Emanzipation überhaupt. Den Androgynenmythos modernisierend, proklamiert er die Vereinigung von Männlichem und Weiblichem zur harmonischen, „vollen ganzen Menschheit". Will Friedrich Schlegel, sich gegen die einseitige Sicht der Frau als Geschlechtswesen wendend, nicht die Wertsumme der in ihr ruhenden geistigen und sittlichen Kräfte mobilisieren, in der Aufhebung der starren Rollenzuweisung die Emanzipation von Frau und Mann anstreben? So wie Clara Zetkin es im Jahre 1920 sieht: „Freieste Mitarbeit der Frau auf allen Gebieten des gesellschaftlichen Lebens bedeutet eine reichere, vielseitigere Qualität der Leistungen. Gerade weil wir Frauen unsere geistige, unsere sittliche Eigenart haben, nicht mißratene Kopien der sogenannten ‚Herren der Schöpfung' sind, sondern weibliche Menschen, gerade deshalb vermögen wir eigene, neue, andere Werte in das Gesellschaftsleben einzusetzen. Das gesellschaftliche Leben würde nicht an Fülle, sondern auch an Mannigfaltigkeit, an Vertiefung und Verfeinerung gewinnen, wenn die Frau als ein frei entwickelter Vollmensch auf allen Gebieten mitwirken könnte."

In den ihr gegebenen Verhältnissen sieht Caroline keine Möglichkeit, öffentlich zu wirken, sich als „Vollmensch" zu entfalten. So nimmt sie die unscheinbare Rolle der Anregerin, Gesprächspartnerin, der Mitarbeiterin an; wechselt die Gegenstände ihres Interesses mit dem Wechsel der Männer, denen sie in Freundschaft oder Liebe verbunden ist.

Mit feinem Gespür setzt Caroline sich immer wieder gegen das Drängen der Freunde nach literarischer Betätigung zur Wehr. „Lassen Sie sich weder [durch] Wilhelms Treiben noch ihre Arbeitsscheu den Gedanken verleiden, selbst Beyträge zu geben", schreibt Friedrich Schlegel ihr 1797, sie zudem zu einem „Romänchen" überredend. Novalis ebenfalls: „Möchten doch auch Sie die Hände ausstrecken nach einem Roman", sagt er ihr 1799. Sehr viele Frauen betätigen sich schriftstellerisch, im Kreis der Frühromantiker Sophie Bernhardi, die Schwester Tiecks; Sophie Mereau, die spätere Frau Brentanos; Dorothea Veith, Friedrich Schlegels Lebensgefährtin. Aber: Brentano z. B. macht Sophie, die in den drei Jahren ihres Zusammenlebens drei Kinder gebar, den Vorwurf, sie habe seinen „poetischen Tod" verschuldet. Dorothea gibt sehr bald eigene literarische Versuche auf und arbeitet ausschließlich, um für die Familie Brot herbeizuschaffen und Friedrich das Schreiben zu ermöglichen. Er sucht daraufhin seine für das Schaffen notwendige schöpferische Anregung in einer sexuellen Beziehung zu einer anderen Frau. Die unternommenen Versuche einer gleichberechtigten Entwicklung beider Partner scheitern am eigenen Unvermögen, an der Unvereinbarkeit von Lehre und Leben, Denken und Handeln, am grauen bürgerlichen Alltag mit seinen schwierigen materiellen Existenzbedingungen. Aufschluß über die reale Haltung zur geistigen Entwicklung der Frau gibt eine Bemerkung Friedrich Schlegels über Caroline: „Nun, sage ich, kann sie tun, was wir alle wollen – einen Roman schreiben. Mit der Weiblichkeit ist es nun doch vorbei...", schreibt er 1798 an Schleiermacher. Fünfunddreißig Jahre alt ist sie da!

Caroline ist auf die Vorschläge ihrer Freunde nicht eingegangen, hat allen Verlockungen eigener schriftstellerischer Tätigkeit widerstanden. Ob wir ein „Romänchen" von ihr, hätte sie es geschrieben, heute mit Interesse und künstlerischem Gewinn lesen würden? Dorotheas Roman „Florentin" z. B. ist – wie viele Produkte ihrer Zeitgenossinnen – von geringerem Gewicht.

Carolines nicht für die Öffentlichkeit gedachten Briefe aber, diese intimen, unverstellten Selbstaussagen, an Freunde und Nächste gerichtet, lesen wir als erregende Dokumente einer ungewöhnlichen Persönlichkeit, die unter den widrigsten Bedingungen die „Kunst zu leben" erlernt und ausübt. Nicht der literarische, artifizielle Wert der Briefe interessiert uns vorrangig, wenngleich er außerordentlichen Genuß bereitet. Uns interessiert die in den Briefen gespeicherte Lebenserfahrung Carolines im Sinne von Novalis, der einmal denjenigen einen großen Menschen nennt, dessen Tagebuch das größte Kunstwerk sei.

Am 2. September 1763 wird Dorothea Caroline Albertine Michaelis in Göttingen geboren. Ihr Vater ist Professor an der dortigen Universität, gehört zu den angesehensten Leuten der Stadt, besitzt das prächtigste Haus. Er ist Mitglied der Pariser Akademie, empfängt in seinem Heim Gotthold Ephraim Lessing, Benjamin Franklin, Alexander von Humboldt, Johann Wolfgang Goethe. Das geistige Klima der Stadt Göttingen ist in den siebziger und achtziger Jahren von fortschrittlichen und demokratischen Ideen geprägt. Hier wirken der bekannte Schriftsteller und Naturwissen-

schaftler Lichtenberg und der Altertumsforscher Heyne.
Caroline wächst in Göttingen auf. Von ihrer Kindheit wissen wir wenig. Nie hat sie sich rückblickend dazu geäußert. Sehr glücklich war sie offenbar nicht.
Carolines Mutter, die Tochter des Oberpostmeisters in Göttingen, hatte in rascher Folge neun Kinder geboren, vier blieben am Leben. Körperlich überanstrengt durch die ständigen Schwangerschaften, wenig geistvoll und ohne Humor, schafft sie im Haus eine engherzige und kleinliche Alltagsatmosphäre. Ihr Ehrgeiz ist, die Töchter zu perfekten Hausfrauen zu erziehen. Zwei Jahre ist Caroline in einem Gothaer Internat. Auch über diese Zeit wissen wir nichts.
Die Briefe der Fünfzehnjährigen zeigen ein durchschnittliches, wohlerzogenes junges Mädchen. Ein affiges kleines Geschöpf, abgerichtet zu Tändeleien, in Eifersuchtsszenen sich gefallend. Im Zeitstil verfaßt sie die Briefe an ihre Freundin in französisch. Ausflüge, Gesellschaften, Klatsch über Freundinnen und Freunde, sehr wahllose Lektüre bestimmen ihren Gesichtskreis. Der Aufklärungsgeist, verwandelt und reduziert auf handhabbare Lebensregeln des Kleinbürgertums, nimmt sich in ihren Briefen bis etwa 1788 merkwürdig philiströs aus. Caroline drapiert sich mit Ansichten von Tugend und Vernunft, trägt sie als Phrasen vor. Moralisierend erteilt sie der jüngeren Schwester Lehren, für die ihr jegliche Lebenserfahrung fehlt. So preist sie den Trost des guten Gewissens, warnt vor der Philosophie des Lebensgenusses. Altklug schreibt die Achtzehnjährige: „...und wäre die Stimme der Leidenschaft auch noch so stark, so würd ich mich dennoch besiegen, denn die Redlichkeit meiner Gesinnungen und gutes Herz sind mir mehr wehrt als zeitliches Glück." Zehn Jahre später sind die in Gemeinplätzen des Aufklärungsstils vorgetragenen Schicklichkeitslehren verschwunden. Der Stil ist offen, natürlich.
Aber bereits in den Briefen der noch kindlichen Caroline gibt es ungewöhnliche Töne. Hellwach reagiert sie auf die demokratischen und aufklärerischen Ideen, die ihr im Haus des Vaters und dem der Freundin Therese Heyne entgegentreten. Michaelis fördert Carolines geistige Entwicklung, läßt sie Texte abschreiben und übersetzen, gibt ihr zu lesen, spricht mit ihr. Elternhaus, Freundeskreis, die Atmo-

sphäre der Göttinger Universität lassen sie mit wesentlichen geistigen und künstlerischen Leistungen der bürgerlichen Klasse in Deutschland vertraut werden. Gibt ihr das die Voraussetzung, sehr bald den Kontrast zwischen verkündetem Ideal und realer gesellschaftlicher Situation zu spüren?

Vorerst führt diese Wahrnehmung sie zu einer oppositionellen Abgrenzung von der ihr traditionsgemäß zugedachten Rolle. „Ich würde, wenn ich ganz mein eigner Herr wäre", schreibt die Achtzehnjährige, „weit lieber gar nicht heyrathen, und auf andre Art der Welt zu nuzen suchen."

Sie ist nicht ihr eigner Herr, hat nicht über ihr Leben zu bestimmen. Ihr Vater verheiratet sie. Das tut selbst ein so aufgeklärter Geist wie Moses Mendelssohn, der seine Tochter Dorothea, die spätere Lebensgefährtin Friedrich Schlegels, sehr fortschrittlich erzieht. Aber als sie siebzehn Jahre ist, verheiratet er sie mit einem um viele Jahre älteren, reichen Bankier. Carolines Vater, mit drei Töchtern „gestraft", bestimmt für die Älteste einen jungen Mann aus dem näheren Freundeskreis, den dreißigjährigen Johann Franz Wilhelm Böhmer. Caroline kennt ihn seit der Kindheit, sie sind Nachbarn. Böhmer hat in Göttingen Medizin studiert und wird im Jahr 1784 als Berg- und Stadt-Medicus nach Clausthal berufen.

Caroline muß mit ihm gehen. Vier Jahre lebt sie neben Franz Böhmer in Clausthal, dem kleinen, sechstausend Einwohner zählenden Bergmannsstädtchen im Harz.

Sie versucht sich einzuleben – „Ich für mein Theil werfe mich alle Tage mehr in Clausthal herein, ohne mich in die hiesige Form zu gießen" – und fühlt sich doch als ein „elendes Geschöpf, das mit Gleichgültigkeit das Morgenlicht durch die Vorhänge schimmern sieht, und ohne Satisfaction sich niederlegt". „Ich bin zwecklos", klagt sie.

Von Fontane oder Flaubert wissen wir grausam genau, wie solche von den Eltern geschlossenen Ehen aussehen können. Was wissen wir von dem, was in Caroline vorgeht? Niedergeschlagen versucht sie, sich mit engen Lebenstheorien Ruhe zu verschaffen. Da die „Zärtlichkeit für Böhmer nicht das Gepräge auflodernder Empfindungen" trägt, wird ihr „Glück bleibend sein, weil es nicht übertrieben ist". Ihre Wünsche seien „mäßig", die „Glückseeligkeit" aus „Kleinigkeiten" zusammengesetzt. Dreiundzwanzig Jahre ist sie alt, da sie resignierend schreibt: „Früh genug wird die Stunde kommen, die den Zauber bricht, wo das große Intereße des Lebens verschwindet – ein Tag dem anderen ohne Sturm und ohne Ruh folgt."

Die harmonisch-versöhnende Beruhigung wechselt mit dem Aufschrei: „mein Herz war ein unwirthbares Eyland", lesen wir betroffen. Und was hätte sie in der Tat von ihrem Leben zu erwarten gehabt? Ein kleines Glück durch Anpassung? Das Schwinden „des großen Interesses des Lebens" als Bedingung der Erträglichkeit dieses engen Lebens? Verzweifelt wehrt sie sich dagegen, im „Zwek des Weibs" den „Hauptzweck des Menschen" zu sehen. Drei Kinder trägt sie in den Clausthaler Jahren und gibt ihnen das Leben.

„Ich bin nicht mehr Mädchen, die Liebe giebt mir nichts zu thun als in leichten häuslichen Pflichten … Auch bin ich keine mystische Religions Enthousiastin – das sind doch die beyden Sphären, in denen sich der Weiber Leidenschaften drehn. Da ich also nichts nahes fand, was mich beschäftigte, so blieb die weite Welt mir offen – und die – machte mich weinen." Tiefe Resignation: „mein Loos ist geworfen" wechselt mit offener Auflehnung gegen ihr Schicksal. Sie ist sich bewußt, daß sie „doch fähig, eine größere Rolle zu spielen", die zu „höhern Hofnungen" berechtigt.

Es ist nicht allein die Leere in den inneren Beziehungen zu ihrem Ehemann, die sie unglücklich macht, sondern zweifellos auch der Tausch der weltoffenen Stadt Göttingen mit dem biederen Kleinstädtchen. In Clausthal gibt es kaum ein geistig-literarisches Leben: „Die Gesellschaften hier sind in 4 Abscheerungen geteilt, eine hölzerne Wand zwischen jedes Part nach den 4 Himmelswinden zu: die Weiber, die Männer, die Mädchen, die Junggesellen." Caroline hat sich bereits in Göttingen über das Borniertte und Philisterhafte des Bürgertums lustig gemacht, als sie z. B. anläßlich von Goethes Besuch schrieb: „Und alle unsre schnurgerechten Herren Profeßoren sind dahin gebracht, den Verfaßer des Werther für einen soliden hochachtungswürdigen Mann zu halten." In Clausthal schärft sich in dieser Hinsicht ihr Blick außerordentlich. Ironisch und sarkastisch porträtiert sie Spießigkeit und politische Unwissenheit der Honoratioren der Stadt. „Heut hab ich wieder visitirt", heißt es, „bey Vet-

ter Schichtrupp unter andern; dessen Frau – ein gutes Vieh – wie eine leibhaftige Tellermüze aussieht. Er ist fürchterlich unwißend. Hatte mal von amerikanischen Krieg gehört, wußte [nicht] ob ihn Hänschen oder Gretchen führt."
So scharfsichtig Caroline ihre eigene Klasse beurteilt, so wenig hat sie einen Blick für das Los der untersten Schichten, für soziale Gegensätze, die in einer Bergarbeiterstadt wie Clausthal fast unmöglich zu übersehen waren. Im eigenen Hause, in den unteren Räumen, befindet sich die Praxis ihres Mannes, in der auch die Bergleute ein und aus gingen. Nichts davon spiegelt sich in ihren Briefen. Sie hat daran keinen inneren Anteil genommen. Sie lebt im oberen Stockwerk des Hauses. Getrennte Sphären?
In der Clausthaler Zeit bekommen die Kinder und die Bücher eine existentielle Bedeutung für Caroline. Als die Schwester statt Bücher bestickte Uhrbänder schickt, klagt sie: „Ich bitte Dich um Brod, und Du giebest mir einen Stein."
Caroline liest wahllos, schlingt alles in sich hinein. Standen in der Göttinger Zeit neben „Werther", den die Siebzehnjährige las, „Iphigenie", die die Zwanzigjährige im Manuskript kennenlernte, neben Bürgers Gedichten und Wielands „Oberon" oberflächliche Aufklärungsromane, stand neben Shakespeare Pope; und für alle begeisterte sie sich, wie die meisten ihrer Zeitgenossen, ohne Unterschied – so ändert sich daran auch in Clausthal wenig.
In einem Brief an ihren Freund Meyer, den Hof-Bibliotheks-Rat in Göttingen, wünscht sie sich „etwas amüsantes gut zu lesen, wenn man auf dem Sopha liegt. Das muß kein Foliant seyn, sondern was man mit einer Hand hält..., Zweytens möchte ich etwas zu lesen, wenn man auf dem Sopha sitzt und einen Tisch vor sich hat..."
Dennoch: diese heitere Art der Zweiteilung wird in der Clausthaler Zeit dort, wo Caroline Bücher nach Antworten für eigene Lebenshaltungen befragt, von einem sich differenzierenden Urteil über Literatur abgelöst. Ihre Abneigung gegen Religiöses verstärkt sich, sie wird allergisch gegen alle Spuren der Empfindsamkeit, lehnt Richardson ab, parodiert sehr witzig und entschieden Sophie La Roche.
Die Unvereinbarkeit zwischen Aufklärungsidealen und Lebensrealität stärkt ihre Affinitäten zum Sturm und Drang.

Wenig später sind Ton und Stil ihrer Briefe davon geprägt. In den Clausthaler Jahren ist Literatur ihr „Ersatz für die Welt". In ihrer Einsamkeit bemalt sie – wie Werther – „die Wände, zwischen denen sie gefangen sitzt, mit bunten Gestalten und lichten Aussichten", hoffend, „... über der gemalten Welt so leicht und gern sich selbst zu vergessen".

1788 wendet sich unerwartet Carolines Leben. Ihr Mann zieht sich bei der Ausübung seiner ärztlichen Tätigkeit eine Blutvergiftung zu. Nach seinem Tod verläßt sie Clausthal. Die „weite Welt" steht ihr nun offen. Die gewonnene „Selbständigkeit", die sie zunächst als den „wahren Werth des Lebens" empfindet, konfrontiert sie nun mit sozialen Härten und bornierten gesellschaftlichen Vorurteilen, denen eine alleinstehende Frau mit zwei Kindern ausgesetzt ist.
Die Briefe Carolines aus den Jahren 1788 bis zur Mainzer Zeit belegen eindrucksvoll, daß gerade der ihr von den Verhältnissen auferlegte Zwang, sich illusionslos ein Bewußtsein ihrer Lage und ihrer tatsächlichen Möglichkeiten zu schaffen, eine wesentliche Bedingung ihrer Persönlichkeitsentwicklung ist. In ihren eigenen Lebenserfahrungen liegt der Keim zur Bereitschaft, die Ideen der Revolution aufzunehmen.
Caroline geht zunächst nach Göttingen zurück. Der Sohn, der ein halbes Jahr nach Böhmers Tod geboren wird, stirbt in den ersten Lebenswochen. Mit ihren beiden Töchtern, der dreijährigen Auguste und der zweijährigen Therese, wohnt sie äußerst beengt im Hause ihrer Eltern. Ein von der Mutter geführter Kleinlichkeitskrieg über die Erziehung der Töchter und Carolines „freie" Lebensweise – sie verkehrt z. B. mit Gottfried August Bürger und mit Meyer – verleiden ihr das Leben. Vor allem die Angst, die Entwicklung ihrer Kinder zu gefährden, läßt sie nach Marburg gehen.
Im Hause des unverheirateten Bruders glaubt Caroline, „den Rheingegenden näher", den „freyen Boden" zu wählen, für ihre Kinder eine bessere Atmosphäre, für sich mehr Freiheit und Ruhe zu finden. Auch das erweist sich als Illusion. Immer stärker wird ihr Drang, „den Weg der einmal erlangten Freiheit unverrückt zu gehen", nach eigenem Ermessen und Vorstellungen zu leben, sich dieser „künstlichen Exi-

stenz" zu „entreißen". „Binnen eines Jahres muß das auch geschehen", schreibt sie im Juli 1791 entschlossen.

Caroline hat wenig zu verlieren und viel zu gewinnen. „Wir sind stolze Bettler", schrieb sie schon 1789 an Meyer, den Briefvertrauten dieser Jahre, „laßen Sie uns lieber einmal eine Bande zusammen machen, einen geheimen Orden, der die Ordnung der Dinge umkehrt, und wie die Illuminaten die Klugen an die Stelle der Thoren setzen wollen, so möchten denn die Reichen abtreten und die Armen die Welt regieren."

Auf welches totale Unverständnis Carolines Streben nach Unabhängigkeit stößt und wie sensibel sie mit dem Wort vom „stolzen Bettler" den Zusammenhang von privat-persönlichen und gesellschaftspolitischen Dingen trifft, zeigt der kurze Briefwechsel mit den Gothaer Freunden Luise und Friedrich Wilhelm Gotter vom November 1791. Gotter hat für Caroline eine „gute Partie" gefunden, den Superintendenten Löffler, dessen Frau gerade gestorben ist. Caroline lehnt – nach drei Tagen Bedenkzeit – ab.

Die Gothaer Freunde empören sich. Gotter schreibt ihr: „An den Thoren meiner Vaterstadt hängt an einem schwarzen Pfahl eine schwarze Tafel mit der gastfreyen Aufschrift: Allhier werden alle Bettler in das Zuchthaus gebracht. – Das ist ein bißchen arg, ich räum' es ein. Aber daß eine hübsche Frau einem wohlgekleideten Manne, der Miene macht, sich ihrem Hause zu nähern, die Tür vor der Nase zuwirft und zum Fenster herausruft: Gebt euch keine Mühe! Ich bin nicht zu Hause, ich mache nicht auf – das ist ärger, als das Willkommen der Gothaischen Policei." –

„...allzu schwärmerische Begriffe von Freiheit" werfen ihr die Freunde vor. Sie sehen in ihr einen „Blaustrumpf". Gotter vergleicht Caroline mit der „entkörperten Dame Biron", deren „Sophistereien" sich dann auch durch einen Mann in „Seifenblasen" verwandelt haben.

Caroline sieht die Dinge anders. Die Begründung ihrer Ablehnung und Verteidigung eigener Lebensvorstellungen in den Briefen an Meyer gehören zu den aufregend-schönsten Dokumenten, die sie uns überlassen hat. Freilich, so kühne und radikale Töne finden sich nur in diesen Briefen am Beginn der neunziger Jahre, in Parallelität zu allgemeinen Hoffnungen auf gesellschaftliche Veränderungen.

Drei Jahre später schon, nach der Zerschlagung der Mainzer Republik, haben die durchlebten Erfahrungen ihren Individualitätsanspruch heftig ins Wanken gebracht. Der Versuch, sich als Frau eine eigene Existenzgrundlage zu schaffen, wird nicht wiederholt, scheitert an ökonomischen und moralischen Zwängen der gegebenen Gesellschaft. Die eingegangene Ehe mit August Wilhelm Schlegel ist unter diesem Aspekt bereits ein Ausdruck der Resignation. „Nun geht es doch aber endlich ... im graden Gleise, wie Ihr lange gegangen seid..." wird Caroline nach der Heirat mit Schlegel im Sommer 1796 an ebendiese Freundin schreiben, gegen deren Lebensvorstellungen sie sich 1791 heftig zur Wehr setzt; „Ihr hattets gut mit mir im Sinn und wolltet mich auch wieder ins Gleis bringen".

Das Heiratsangebot löst sich für Caroline am Beginn der neunziger Jahre zuletzt in die Frage auf: „willst Du gebunden seyn, und gemächlich leben, und in weltlichem Ansehn stehn bis ans Ende Deiner Tage – oder frey, müßtest Du es auch mit Sorgen erkaufen. Die träge Natur lenkte sich dorthin – und die reine innerste Flamme der Seele ergriff dieses – ich fühle was ich muß – weil ich fühle was ich kan ... ach den Verfügungen des Himmels zum Troz folg ich meinem Geschick." Sich ihrer selbst bewußt werdend, wendet Caroline in ihrer Persönlichkeitsauffassung allgemeine Züge bürgerlich-demokratischer Lebensgesinnung sehr entschlossen auf die weiblichen Mitglieder der Gesellschaft an. Sie grenzt sich von „weltlichem Ansehn" und „materieller Sicherheit" ab, wenn dafür der Preis der Selbstverleugnung, der Genügsamkeit und Begrenztheit zu zahlen ist. „Wer wollte sich aufopfern, ... – das geschieht nur dem, der Lükken zu füllen – Leere zu verbergen hat." Sie verteidigt eine reiche und erfüllte Subjektivität. „... ein jeder muß wissen, um welchen Preis er sein Leben gibt ... Wer sicher ist, die Folge nie zu bejammern, darf tun was ihm gut dünkt."

Caroline tat es. In ihrem weiteren Leben, das reich an Wechselfällen und ungewöhnlichen Ereignissen ist, wird sie „Folgen" nie „bejammern". Selbst in schwierigsten, scheinbar ausweglosen Situationen läßt sich dieser leidenschaftlich nach Verwirklichung seiner selbst strebende Mensch nie treiben. Entschlossen ergreift Caroline die jeweiligen Umstände, in die sie gezwungen wird, versucht sich in ihnen zu entwickeln, sie zu beherrschen; das Leben und seine Werte immer von neuem überprüfend.

Die Anziehungskraft der Stadt Mainz ist für Caroline groß. Sie entschließt sich, im April 1792, dorthin zu gehen. Weder Eltern noch Bruder haben ihr Vorschriften zu machen, sie braucht „nicht länger die Ansprüche derer zu tragen, die keine an sie hatten". Finanziell muß sie sich äußerst beschränken, sie mietet ein billiges Zimmer in der Welschen Nonnengasse, stickt Halstücher und macht Übersetzungen, um sich und Auguste zu ernähren. (Die kleine Therese war in Marburg an einer Infektion gestorben.) In Mainz erwarten Caroline Freunde, die Familie Forster. „Jeden Abend bin ich dort um Thee mit ihnen zu trinken, die interreßantesten Zeitungen zu lesen, die seit Anbeginn der Welt erschienen sind – raisonniren zu hören, selbst ein bischen zu schwazen – Fremde zu sehn u. s. w."
Caroline begegnet Georg Forster zu einem Zeitpunkt, da er seine umfassenden natur- und völkerkundlichen Forschungsergebnisse immer stärker für die Politik nutzbar macht und den kühnen Schritt von der Erkenntnis zum Handeln, von der Theorie zur revolutionären Tat vorbereitet. Nicht zuletzt ist dies das Ergebnis seiner dreimonatigen Reise, die ihn durch die Länder der bürgerlichen Freiheit, durch Brabant und Flandern, nach England und Frankreich führte, wo ihn in Paris das Erlebnis des freiheitlichen Enthusiasmus des revolutionären Volkes auf dem Märzfeld nachhaltig bewegte. Caroline geben die Reden am Teetisch „gewaltig viel zu denken ... wir sind doch in einem höchst interessanten politischen Zeitpunkt..." Für ihre Entwicklung war die Begegnung mit der starken Persönlichkeit Georg Forsters außerordentlich bedeutsam. Ohne Forster und die Mainzer Jahre ist ihre schöpferische Rolle im Kreis der Jenaer Frühromantiker kaum denkbar.
„Er ist der wunderbarste Mann", schreibt Caroline über Georg Forster, „ich habe nie jemanden so geliebt, so bewundert und dann wieder so gering geschäzt." Auch an anderer Stelle sind ihre Urteile über Forster scheinbar extrem widersprüchlich. Was fasziniert sie an ihm, was stößt sie ab? Es ist das für Caroline unbegreifliche Mißverhältnis seines gewinnenden und anziehenden Wesens als Gelehrter und

Politiker, als Mensch und Freund gegenüber seinem in ihren Augen unwürdigen und erniedrigenden Verhalten als Mann.
Schon als Fünfzehnjährige hat Caroline Forster im Hause ihrer Freundin Therese Heyne kennengelernt. Forster war nach seiner Weltumseglung mit Cook ein berühmter Mann, und Caroline, die seinen „Doktor Dodd" gelesen hat, nennt ihn einen „Enthusiasten" und will seinen „Eifer für alles Große" erkennen. Sie fühlt sich von der Interessantheit seiner Persönlichkeit angezogen und ist glücklich, als er ihr, Gast im Hause ihres Vaters, einen bunten Stoff von seiner Reise aus Otahaiti schenkt.
Drei Jahre danach, 1781, weilte Forster wieder in Göttingen. Dieses Mal ist es die Freundin Therese, die ein Stück buntes Zeug von den Südseeinseln erhält. Wenig später wird sie Georg Forsters Frau. Nicht ohne Neid hat Caroline auf sie geblickt: „Außerordentliche Schicksaale sind für Theresen gemacht – sie haben ihren Grund in ihr selbst."
Das Verhältnis Carolines und Thereses zueinander ist zeitlebens spannungsgeladen. „Auf ihre Freundschaft hab ich nie gerechnet – es giebt keine unter Weibern", so Caroline; aber sie hält Therese für ein „außerordentliches Geschöpf": „ich liebe sie, weil sie mir merkwürdig ist". Caroline hat Therese immer verteidigt, selbst als diese, um ihre eigene Haut zu retten, Verleumdungen über sie in die Öffentlichkeit bringt. Ja, sie sei „intolerant", gesteht sie dem gemeinsamen Freund Meyer, aber „da steht ihr ein Grad von Energie im Wege, der ihr verbietet tolerant zu seyn". Großzügiger kann man kaum urteilen.
Als Caroline im Sommer 1790 für vier Wochen Gast in Forsters Haus in Mainz ist, erfährt sie von der Ehekrise und der Liebe Thereses zu Huber. (Forster selbst war nicht da, befand sich, geflohen vor dem „häuslichen Unglück", auf jener erwähnten Reise.) Caroline vermeidet jedes sittenrichterliche Urteil, ergreift aber entschieden Thereses Partei. „Forster ist unerträglich", schreibt sie an Meyer. „Sie haben ihr jüngstes Kind an den inokulirten Blattern verlohren. – F. sorgt indeß für Ersatz, und das ist zehnfach ärger – und wenn Sie das nicht für ein Leiden halten, wenn sie F. billigen können, der doch wißen muß, daß er seines Weibes Herz nicht besitzt, – nun so sind Sie ungerecht – wie die

Männer alle." Caroline macht Forster Vorwürfe, daß er Therese das Recht auf ein Leben mit einem anderen Mann verweigert, nach Kenntnis der Lage blind sein will, „nicht die Stärke [hatte], sich loszureißen".

Als sie dann Forster in Mainz nach einiger Zeit wieder begegnet, läßt sie sich nicht mehr einseitig von Thereses Meinung beeinflussen. „Im Anfang drückte es mich, mich theilen zu sollen, zwischen der Neigung für ihn und meinem Gefühl für Therese, aber, nachdem ich klar eingesehen habe, daß alles grade so seyn muß, wie es ist, und nicht anders seyn kan, vereinige ich es recht gut, und bin gegen keinen mehr ungerecht." Trotzdem hat sie Forsters Verhalten nicht gebilligt, der gegen den Willen seiner Frau ein Leben zu dritt will, selbst nachdem er erfährt, daß die beiden letztgeborenen Kinder nicht die seinen sind, und der Scheidung zustimmt. Unverständlich war Caroline: Er, der das Recht auf Individualität vertritt, verweigert es dem ihm nächsten Menschen.

Den Widerspruch zwischen Proklamation und Lebensrealität aber hat sie nicht auszutragen, und so gewinnt die vielseitige Persönlichkeit Forsters für sie eine große Anziehungskraft. Ihr leidenschaftliches, von den Philistern als Sophisterei abgetanes Streben nach einem reichen, erfüllten Leben findet sie in seinen Anschauungen auf beglückende Weise bestätigt. „Nur der Geist, welcher selbst denkt, und sein Verhältnis zu dem Mannichfaltigen um sich her erforscht, nur der erreicht seine Bestimmung", hat Forster in dem in Schillers „Thalia" veröffentlichten Aufsatz „Die Kunst und das Zeitalter" geschrieben. In ästhetischer Hinsicht begründet er die Bedeutung der Künstlerindividualität; von Caroline wird er sicher auf ihr Recht auf Individualität und Subjektivität bezogen. Zumal das keine Theorie bleibt und Forster der geistig ausgehungerten jungen Frau genug Nahrung gibt, um im Spiegel der Literatur das eigene Gesicht zu finden. Er bringt Caroline vor allem die große Revolutionsliteratur nahe, macht sie auf Mirabeau aufmerksam, gewinnt sie für die Übersetzung von Mirabeaus Briefen aus dem Kerker an Sophie Menieur, gibt ihr Condorcets Werke zu lesen.

In der aufgeschlossenen, progressiven Atmosphäre im abendlichen Zirkel – sie lesen gemeinsam die Briefe Héloises an Abaelard, debattieren über Wielands Übersetzungen, sind bitter von Goethes „Großkophta" enttäuscht – gewinnt Carolines Persönlichkeit an geistigem Profil. Die Lektüre wird zielgerichtet, ihr Urteil sicherer. „Gelesen hab ich schon viel, und was mehr ist, viel Gutes", schreibt sie. Im Forsterschen Kreis ist sie keineswegs nur Nehmende, sondern ebenso Gebende. „Es ist ein gescheutes Weib, deren Umgang unsern häuslichen Zirkel bereichert", schreibt Georg Forster am 8. Mai 1792 an Lichtenberg.

Was sie aber vielleicht an Georg Forster am meisten fasziniert, ist seine Fähigkeit, sie aus dem engen Bereich des nur Literarischen herauszuführen, ihr den Blick für soziale und politische Vorgänge zu schärfen. Im Strudel sich überstürzender geschichtlicher Ereignisse, im Zwang der Alternative, sich zur feudalen Reaktion zu bekennen oder den revolutionären Kräften anzuschließen, arbeitet sich Caroline zu entschieden republikanischen Positionen durch. Sie, die in der Clausthaler Zeit kein Wort zur sozialen Not und zu den unmenschlichen Lebensbedingungen der Bergarbeiter sagte, wird nun unter Forsters Einfluß auf das Problem der Emanzipation der Massen aufmerksam, spürt, daß die unteren Schichten mit ihrer Moralität die Basis der Nation darstellen. Im Dezember 1792 schreibt sie an Meyer: „Allein können Sie im Ernst darüber lachen, wenn der arme Bauer, der drey Tage von vieren für seine Herrschaften den Schweiß seines Angesichts vergießt, und es am Abend mit Unwillen trocknet, fühlt, ihm könte, ihm solte beßer seyn? Von diesem einfachen Gesichtspunkt gehn wir aus..."

Caroline spricht vom „wir"; wie Forster beurteilt sie – und das tun wenige Intellektuelle damals – die revolutionären Vorgänge in Frankreich und Mainz unter dem Gesichtspunkt, welche Erleichterungen sie dem einfachen Volk bringen. Mit bewunderndem Blick auf das Selbstbewußtsein der Vertreter des revolutionären Frankreich charakterisiert Caroline zugleich die Halbheit und politische Unreife der Deutschen, die Schwäche und Unsicherheit des Bürgertums, wenn sie schreibt: „Der Mittelstand wünscht freilich das Joch abzuschütteln – dem Bürger ist nicht wohl, wenn ers nicht auf dem Nacken fühlt. Wie weit hat er noch bis zu dem Grad von Kentniß und Selbstgefühl des geringsten sansculotte draußen im Lager."

Die wenigen erhaltenen Briefe aus Mainz – übrigens die einzigen Zeugnisse eines weiblichen Zeitgenossen überhaupt – belegen eindrucksvoll die Entwicklung von Carolines weltanschaulichem und politischem Urteil.

Die erste Äußerung finden wir im Juli 1792 in bezug auf die „Zusammenkunft des Deutschen Reichs", die – so schreibt Caroline – „für unseren bürgerlichen Sinn" kein Fest „seyn konte". Sie meint das makabre Schauspiel, das sich der zum Bersten mit Fremden gefüllten Stadt Mainz in den Julitagen bietet. Während einige Dutzend Meilen westwärts auf französischem Boden die Zeichen der Revolution eine neue Welt verkünden, krönt der Mainzer Kurfürst Joseph von Erthal, einer der reaktionärsten deutschen Fürsten, in Frankfurt – am dritten Jahrestag des Sturmes auf die Bastille – Deutschlands letzten Kaiser, den vierundzwanzigjährigen Franz II., lädt ihn und den König von Preußen, Herzöge, Minister und Gesandte als seine Gäste nach Mainz ein.

Wenig später vereinen sich ebendiese feudalen Machthaber zur Strafexpedition gegen das revolutionäre Frankreich, und der Krieg beginnt, mit dem Österreich und Preußen die Restauration der Monarchie in Frankreich betreiben wollen. „Für das Glück der kaiserl. und königlichen Waffen wird freylich nicht gebetet", schreibt Caroline. Eindeutig antifeudal ist ihre Haltung: „die Despotie wird verabscheut". – „Das rohte Jacobiner Käppchen" aber lehnt sie ab, von „reife(r) edle(r) Unpartheylichkeit" spricht sie Anfang August. Diese gemäßigte politische Haltung entsprach durchaus Forsters derzeitigem konkretem Engagement in Mainz – er war vorerst kein direkter Parteigänger des Klubs.

Die Sympathie des Kreises für die Französische Revolution aber war stark. Der dreiundvierzigjährige Goethe, der mit Herzog Karl August am Rheinfeldzug teilnimmt, verbringt im August 1792 zwei Abende in Forsters Haus. „Man fühlte", schrieb er in seinen Erinnerungen, „daß man sich wechselseitig zu schonen habe: denn wenn sie republikanische Gesinnungen nicht ganz verleugneten, so eilte ich offenbar, mit einer Armee zu ziehen, die eben diesen Gesinnungen und ihrer Wirkung ein entschiedenes Ende machen sollte."

Wenig später unterliegen die Aggressoren und erleben das Fiasko ihrer abenteuerlichen Politik. Die preußische Armee, die bestgedrillte der Welt, wird am 20. September 1792 bei Valmy von schlecht ausgerüsteten Sansculotten besiegt, und die französischen Revolutionstruppen treten zum Gegenangriff an. Die Armee unter Führung General Custines dringt vor. „...leider sind wir nicht weggenommen worden" – so Caroline am 16. Oktober –, „bis Worms drang Custine vor, und hat sich jetzt bei Speyer verschanzt."

„Wir können noch sehr lebhafte Szenen herbekommen, wenn der Krieg ausbrechen sollte – ich ginge ums Leben nicht von hier", hatte Caroline im April 1792 geschrieben, und jetzt, im Oktober, kurz vor dem Einmarsch der Revolutionstruppen, bekräftigt sie es für sich und den Forsterschen Kreis noch einmal: „Wir bleiben ... wir sind nicht reich und ich bin arm." Der Hintergrund für ihre Bemerkung ist die fieberhafte Hast, mit der Hocharistokratie, Adlige und französische Emigranten die Stadt verlassen, Geld und Gut mit sich nehmend. Caroline berichtet, wie einen Tag nach der Flucht des Kurfürsten sich der erste Mainzer Bürger mit der dreifarbigen Kokarde auf die Straße wagte. (Sie habe das „nie, nie getan", wird sie später in Jena sagen.) Die frankenfreundliche Stimmung der zurückgebliebenen Bevölkerung begünstigt die kampflose Übergabe der wichtigsten Festung des Rheinlandes an die Heere der Revolution. Am 19. Oktober erlebt Caroline mit ihrer kleinen Tochter den Einmarsch der Revolutionstruppen.

Was tut Caroline in den entscheidenden Monaten in Mainz? Sie macht keine Geschichte, betrachten wir es unter dem Aspekt der meßbaren Leistung, sie hat keinen unmittelbar tätigen Anteil an der Mainzer Revolution. Das Statut des Jacobinerklubs sieht die Mitgliedschaft von Frauen nicht vor. Sie haben die Rolle des Zuschauers zu spielen, ihre politische Tätigkeit beschränkt sich auf die Teilnahme an offiziellen Ereignissen, auf Beifallskundgebungen im Klub, auf das Mitfeiern von Festen. Hat Caroline an den Sitzungen der Klubisten teilgenommen? Wir wissen es nicht. Aber sicher erlebt sie die Pflanzung des Freiheitsbaumes im November 1792 und am Neujahrstag 1793, als Forster seine „Anrede an die Gesellschaft der Freunde der Freiheit und

Gleichheit" hält, erlebt, wie Adelsbriefe und die deutsche Reichsverfassung in das Feuer geworfen werden, während „die Kanonen donnerten, eine schmetternde Musik ertönte, und mehr als 10 000 Menschen Ça ira und das Marseiller Lied sangen", wie ein Zeitgenosse berichtet. „Abends brannten Pechkränze um den Baum, die Franzosen tanzten bis in die Nacht um denselben und sangen die Carmagnole." Auch Caroline tanzte die Carmagnole.
Friedrich Schlegel, dem sie später ihre in dieser Zeit geschriebenen Briefe zeigt, spricht von einer direkten Teilnahme. „Ich wünschte auch", schreibt er an seinen Bruder, „sie hätte öffentliche Angelegenheiten für immer den Männern überlassen." Und er empört sich über den Einfluß des „ansteckenden allgemeinen Taumels der Eitelkeit, der Sinnlichkeit, der Neuheit und der Weiblichkeit, die sie nie verläßt", und wundert sich – freilich im nachhinein, vom 24. November 1793 ist sein Brief – über Carolines „Glauben an die Ewigkeit dieser kurzen Republik".
Nicht das „Maß" der Teilnahme ist entscheidend, sondern die Schlußfolgerung, die Caroline für ihre Persönlichkeitsauffassung zieht. Gerade die begrenzte weibliche Lebenssphäre zwingt sie sehr schnell und radikal in der Bejahung der sozialen Umgestaltung der Gesellschaft, in der emotionalen und gedanklichen Verarbeitung der von Frankreich ausgehenden revolutionären Veränderungen – die Chancen der Veränderung des „ganzen Menschen", insbesondere seiner ethischen Wertvorstellungen wahrzunehmen.
Die Zeit in Mainz wird für Caroline eine der erregendsten ihres Lebens. Das Bekenntnis zu republikanischen Ideen geht für sie einher mit dem Abstreifen herkömmlicher, ihr als Mädchen und Frau eingeschärfter Moralauffassungen. Tabus verlieren ihre Gültigkeit. Die seit fast einem halben Jahrzehnt allein lebende junge Frau geht eine Liebesbeziehung zu einem mit Forster befreundeten neunzehnjährigen Offizier der französischen Revolutionsarmee ein.
Mit Georg Forsters Beitritt zum Mainzer Jakobinerklub am 5. November ändert sich seine Lebensordnung und die des ihn umgebenden Kreises radikal. Er gibt „alles Angenehme seiner ruhigen Existenz" auf, wissend, wie er seinem aus Mainz geflüchteten Freund Sömmering schreibt, daß er sich „für eine Sache entschieden hat, der er ... sein häusliches

Glück, sein ganzes Vermögen, vielleicht sein Leben aufopfern muß". Am 21. November weist er in seiner Rede „Über das Verhältnis der Mainzer gegen die Franken" nach, daß die Bedingungen für revolutionäre Aktionen gegeben sind, und wendet sich von nun an voll den praktischen revolutionären Aufgaben zu.

„Ich bin nicht fanatisch, ich sah aber, daß dieses Forsters Weg war", schreibt Forsters Frau Therese am 20. November 1792 an ihren Vater. Wenig später, am 7. Dezember 1792, verläßt sie mit ihren Kindern Mainz. Thereses Weggang ist der erste Schritt, den Caroline „ohne Rückhalt misbillig(t)". „Sie, die über jeden Flüchtling mit Heftigkeit geschimpft hat, die sich für die Sache mit Feuereifer interreßirte, geht in einem Augenblick, wo jede Sicherheitsmaasregel Eindruck macht, und die jämmerliche Unentschiedenheit der Menge vermehrt – wo sie ihn mit Geschäften überhäuft zurückläßt – obendrein beladen mit der Sorge für die Wirtschaft – zwey Haushaltungen ihn bestreiten läßt, zu der Zeit, wo alle Besoldungen zurückgehalten werden." Forster selbst hat die politische Seite der Sache noch etwas schärfer formuliert. Am 4. Dezember 1792 schreibt er an Huber, auch diesen beschwörend, daß Therese seiner „Ehre" das „Opfer" ihres Bleibens bringen müsse: „Publikum und Klub werden sagen: ... wir sind verloren, denn Forster schickt seine Frau und Kinder schon fort; und er hat auch nur das Maul aufgerissen, wie die anderen, um uns im Stich zu lassen, jetzt, da es gilt."

Mit Thereses Weggang gibt es einen Einschnitt in Carolines Leben. Von nun an sorgt sie für Forster, für seine Wirtschaft, wohnt wohl auch in seinem Haus. Sie durchlebt mit ihm gemeinsam die vier schwierigsten Monate bis zum März 1793, in denen der Kampf um die Mainzer Republik ein Kampf auf Leben und Tod der Stadt und des sie umgebenden Landes ist. Caroline sieht, wie Georg Forster als „öffentlicher Beamter vor dem Volk" konsequent seinen eingeschlagenen Weg zu Ende geht.

„...Forsters Betragen wird gewiß von jedem gemißbilligt werden", schreibt Schiller am 21. Dezember 1792 an Körner, „und ich sehe voraus, daß er sich mit Schande und Reue aus dieser Sache ziehen wird. Für die Mainzer kann ich mich gar nicht interessieren, denn alle Schritte zeugen

mehr von einer lächerlichen Sucht, sich zu signalisieren, als von gesunden Grundsätzen..."
Die meisten Zeitgenossen, selbst die fortschrittlichen, „konnten einen Menschen nicht begreifen", wie Forster in einem Brief am 1. Januar 1793 schreibt, „der zu seiner Zeit auch handeln kann und finden mich verabscheuungswerth, nun ich nach den Grundsätzen wirklich zu Werke gehe, die sie auf meinem Papier ihres Beifalls würdigten". Einsam und unverstanden geht Forster seinen Weg. Sein Vater verstößt ihn, sein Schwiegervater sagt sich von ihm los, die Verbindungen zu Deutschland sind fast vollständig abgebrochen.
Caroline hält zu ihm. Sie bekennt sich – und darin unterscheidet sie sich von der überwiegenden Mehrheit der deutschen Intellektuellen – gerade in der Phase seiner direkten revolutionären Tätigkeit unbeirrt zu ihm.
Vielleicht weil sie die Reichweite seiner Taten nicht ermessen konnte? Weil sie niemanden hatte und hier eine Aufgabe fand? Ihre Briefe belegen, daß sie sich durchaus der Kühnheit dieses geschichtlichen Experiments bewußt war, wenngleich sie, wie alle Mainzer Revolutionäre, die Stärke der Reaktion und die Aufrüstung der Preußen völlig unterschätzte. Aber gerade aus ihrer Lebenssphäre heraus, die von der Erfahrung geprägt war, Denken und Handeln zu vereinen, bewundert sie Georg Forsters Fähigkeit, „so zu handeln, wie er dachte" und den „Adel, die Intelligenz, Bescheidenheit und Uneigennützigkeit" seiner Haltung. Forster lehrt sie verstehen, daß die Mainzer Revolution nicht – wie er sagte – in „ihrer gegenwärtigen Beziehung auf Menschenglück und Unglück" zu betrachten ist, sondern als „eins der großen Mittel des Schicksals, Veränderungen im Menschengeschlecht hervorzubringen".
Was nun ist Caroline für Forster? Von „armen Weibern, die mit der Revolution nichts zu tun hatten", spricht er. Wird Caroline später ihre Bindungen zu den Brüdern Schlegel und zu Schelling auf der Basis gleichberechtigter Partnerschaft im Gespräch und in der Arbeit knüpfen, so bringt die Mainzer Zeit selbst ihr nicht das Glück einer solchen Beziehung. Die politische Situation ist zu überstürzt, verlangt rasches, allzu rasches Handeln, die persönlichen Lebensumstände der beiden sind zu verschieden und Forster durch

seine Ehekrise, die für ihn eine Tragödie ist, zu sehr auf sich selbst zurückgeworfen.
Er schätzt sicher Carolines Klugheit, empfindet ihre Gegenwart als anregend und wohltuend, zumal, da sie für ihn und sein Haus sorgt, am Teetisch – an dem nur sie beide verblieben sind – die einzigen Gäste empfängt, die er in dieser Zeit zu sich lädt, den französischen Revolutionsgeneral Doyre und seinen Adjutanten, Leutnant Crancé. Ob Caroline Forster bei der Arbeit mit Abschriften oder dergleichen half, wissen wir nicht. Einen echten Gesprächspartner bei seinen weitreichenden und komplizierten politischen Entscheidungen sieht er in Caroline nicht. Und das kann sie ihm – als Frau ausgeschlossen von der aktiven und verantwortlichen Tätigkeit – auch schwer sein. Doch die Einsamkeit, über die Forster in seinen Briefen klagend spricht (er wünscht sich einen Freund, der seine „Ideen über die gegenwärtige Lage der Sache anhört und mit Teilnehmung prüft"), hat nicht ihre Ursachen in Carolines Verhalten und seiner Ehekrise, sie ist vor allem die Einsamkeit des zu früh Gekommenen.
Im Januar bereits steht der Ausgang der Revolution fest. Forster selbst sagt es in seinen Briefen. Die Aktionen der französischen Armee in Mainz sind nicht entschieden genug. Custine, ihr Führer, wird dafür im August 1793 in Paris von den Jakobinern guillotiniert. Caroline spricht von der „jämmerlichen Unentschiedenheit der Massen", Forster bezeichnet die Ursache: „allein ihre lange Knechtschaft trägt die Schuld aller ihrer Mängel und Gebrechen".
Hat Caroline am 17. Dezember noch geschrieben: „Ich bleibe hier – man gewöhnt sich an alles, auch an die tägliche Aussicht einer Belagerung", so will sie ab Ende Januar Mainz verlassen. Auch Forster hofft, aus dem „politischen Geschäft aussteigen zu können", geht dann aber unbeirrt seinen Weg. Hat er mit Caroline davon gesprochen? Hätte sie ihn allein gelassen? Deutlich ist ab Januar ein Umschwung auch in Carolines politischen Ansichten erkennbar: Der Enthusiasmus wird von Enttäuschung abgelöst. Als Georg Forster am 25. März 1793 im Auftrag der Mainzer Revolutionäre nach Paris aufbricht, zögert sie nicht länger. Wenige Tage später verläßt sie mit ihrer kleinen Tochter die Stadt Mainz.

Am 30. März, am gleichen Tag, da Georg Forster von der höchsten Institution der bürgerlichen Revolution in Paris den Anschluß des rheinisch-deutschen Freistaates an die Frankenrepublik fordert, haben die gegenrevolutionären Armeen des Königs von Preußen das Rheinland von Bingen bis Worms erobert und belagern Mainz. Vier Monate trotzt die Stadt Mainz, dieses letzte Bollwerk der Revolution auf deutschem Boden, der Reaktion. Am 23. Juli 1793 fällt Mainz in die Hände des Absolutismus zurück.
Georg Forster, der große deutsche Jakobiner, stirbt, neununddreißig Jahre alt, an der skorbütischen Gicht, im Januar 1794 im Pariser Exil. Wenig später, am 28. Juli 1794, fällt Robespierre durch die Guillotine, und mit ihm schwinden die Hoffnungen auf eine grundsätzliche Veränderung der sozialen Verhältnisse. Die praktische geschichtliche Bewegung beginnt von ihren Idealen abzufallen, die „Bourgeois-Orgie" (Engels) setzt ein.
Die Begeisterung für die Französische Revolution und die Zukunftshoffnungen, die diese in ihrer jakobinischen Phase erweckte, werden von Zweifel und Enttäuschung abgelöst. Die durchlebte Erfahrung, daß die Ideale der Revolution unabgegolten bleiben, durch die Realität widerlegt werden, „der hochtönendsten Phrase überall die erbärmlichste Wirklichkeit entspricht" (Engels), weist, zumal unter deutschen Verhältnissen, einem revolutionären Charakter keinen Handlungsraum mehr zu. Wo ist ein Held? Die von dem jungen Friedrich Schlegel bewunderten „Götter der Revolution", Robespierre, Mirabeau, Forster, sind nicht mehr.
„In den Frauen liegt jetzt das Zeitalter, nur unter ihnen gibt's noch interessante Charaktere, jede eine andere Art Disharmonie." Der unmittelbare Anlaß für diese kühne Behauptung Friedrich Schlegels ist die Begegnung mit Caroline. Hatte bereits der Briefwechsel dieser Frau mit seinem Bruder ihn angezogen, „ich bin bereichert durch die Briefe der B.", schrieb er, so löste die persönliche Bekanntschaft ein starkes und nachhaltiges Erlebnis aus. „Alle seine Krankheit und Zerrissenheit heilte und vernichtete der erste Anblick dieser Frau, die einzig war, und die seinen Geist zum erstenmal ganz und in die Mitte traf. Die Vergötterung seiner erhabenen Freundin wurde für seinen Geist ein fester Mittelpunkt und Boden einer neuen Welt", be-

kennt er später in dem Roman „Lucinde". Politisches Schicksal, menschliche Reife und Ausstrahlungskraft der Weiblichkeit fesseln ihn gleichermaßen an Carolines Persönlichkeit.

Der einundzwanzigjährige Student, der bisher verächtlich von den Weibern sprach, begegnet Caroline im Spätsommer 1793 unter merkwürdigen Umständen in dem kleinen Städtchen Lucka bei Leipzig. Caroline ist schwanger, erwartet hier, verborgen vor der Gesellschaft, die Geburt eines Kindes.

Sie durchlebt eine der schwersten Krisensituationen ihres Lebens, die brutale und erniedrigende Zeit ihrer politischen Verfolgung. Waren ihre Aktionen in Mainz als Frau beschränkt, so trifft sie die Wut der feudalen deutschen Reaktion bei der Niederschlagung der Mainzer Republik und bei der Verfolgung der deutschen Jakobiner mit gleicher Härte wie die Revolutionäre. Ihre Anwesenheit in Mainz, ihre Bekanntschaft mit Georg Forster sind Anlaß genug, sie auf ihrem Weg nach Frankfurt gefangenzunehmen. Zusammen mit den Mainzer Klubisten wird sie in Königstein im Taunus eingekerkert. Der preußische König hält sie für die Frau des Jakobiners W. Böhmer. Er war Sekretär bei Custine, dem französischen Befehlshaber der Stadt Mainz. Der Kurfürst von Mainz hingegen läßt sie als Geisel festnehmen, offensichtlich, um sie gegen Forster auszutauschen. Auf dessen Kopf sind hundert Dukaten gesetzt. Caroline weiß nicht, in welcher Gefahr sie schwebt. Sie hat kaum eine Vorstellung von der Grausamkeit der Reaktion. In Mainz herrscht Lynchjustiz, die auch Frauen und Kinder der Klubisten trifft. Eine Neunzehnjährige, die im Mainzer Theater bei der Aufführung jakobinischer Dramen mitgewirkt hat, wird z. B. mit Gewehrkolben zusammengeschlagen. Zwei Tage später erliegt sie ihren Verletzungen. Goethe, der an der Belagerung von Mainz auf der Seite der Reaktion teilnimmt, wird Zeuge solcher Mißhandlungen. In der „Kampagne in Frankreich" schildert er: „Aus einem Wagen" wird ein „Erzklubist" herausgerissen, man schleppt ihn „auf den nächsten Acker, zerstößt und zerprügelt ihn fürchterlich; alle Glieder seines Leibes sind zerschlagen, sein Gesicht unkenntlich".

Nach dem Erleben der Mainzer Republik ist die Gefangen-

schaft, die unverhüllte Begegnung mit der Reaktion für Caroline eine bleibende und tiefgreifende Erfahrung. Sehr klar erkennt sie die Zusammenhänge: „Königstein bildet eifrige Freiheitssöhne." An Gotter schreibt sie in einem Brief, der nicht durch die Zensur geht: „Sie scheinen den Aufenthalt in Königstein für einen kühlen Sommertraum zu nehmen, und ich habe Tage da gelebt, wo die Schrecken und Angst und Beschwerden eines einzigen hinreichen würden, ein lebhaftes Gemüth zur Raserey zu bringen ... Sie sprechen von Formalitäten, die sezen Anklage, Vertheidigung, Untersuchung voraus – wo fand dergleichen Statt? Räuberformalitäten übt man an uns ... Mir müssen Sie es wenigstens nicht sagen, die ich 160 Gefangne sah, welche durch deutsche Hände gingen, geplündert, bis auf den Tod geprügelt worden waren ..."
Während der Gefangenschaft bekommt Caroline Gewißheit, daß sie ein Kind in sich trägt. Die Befreiung aus der Haft wird für sie eine Frage auf Leben oder Tod. Denn das Bekanntwerden einer unehelichen Schwangerschaft bedeutet nach den damaligen Gesetzen die Vernichtung ihrer Existenz: Entzug des Erziehungsrechtes für die neunjährige Auguste und Verlust des Witwengehaltes und damit ihrer materiellen Existenzgrundlage. Die notwendige Geheimhaltung der Schwangerschaft hat zudem auch einen politischen Aspekt. Der Vater des Kindes nämlich, Jean Baptiste Dubois Crancé, ist Angehöriger des französischen Freiheitsheeres. Er, Neffe eines Jakobiners, des Deputierten des Nationalkonvents Crancé, erlebt an der Seite des französischen Generals Doyre, mit dem er ebenfalls verwandt ist, die Mainzer Republik und verteidigt zu der Zeit, da Caroline mit anderen Klubisten in Königstein gefangen ist, die belagerte Stadt. Caroline kann den Kanonendonner hören und sieht den Widerschein des Feuers, mit dem Mainz in Flammen geschossen wird. Nicht nur als „Straßendirne" wie später, als Hure von Besatzern wäre sie in den Dreck gezogen worden.
Verzweifelt wendet sich Caroline an ihre Freunde um Hilfe. Die ihr bisher am nächsten Stehenden lassen sie im Stich. August Wilhelm Schlegel ist es schließlich, der neben der persönlichen Sympathie den politischen Mut aufbringt, sich für Caroline einzusetzen. Durch Wilhelm von Hum-

boldts Vermittlung kommt die Gefangene zunächst von Königstein nach Kronberg. Carolines jüngster Bruder bewirkt dann durch eine Bittschrift an den König von Preußen – er stellt sich freiwillig als Arzt zum Dienst in den preußischen Hospitälern zur Verfügung – die Freilassung, die am 5. Juli erfolgt. Caroline ist bereits im fünften Monat schwanger. Schlegel bringt sie nach Leipzig und dann in das südlich von Leipzig gelegene, schon zum Herzogtum Altenburg gehörende Städtchen Lucka. Er gibt seinem Bruder Friedrich den Auftrag, sich um Caroline zu kümmern und ihm, den seine Stelle als Hauslehrer nach Amsterdam zurückruft, ständig von ihrem Ergehen zu berichten.

Am 3. November 1793 schenkt Caroline einem Sohn das Leben. Friedrich Schlegel bezeichnet ihn heiter-übermütig als „kleinen citoyen" und will an „seiner Oberlippe Spuren einer moustache" entdeckt haben. Caroline teilt dem Vater die Geburt des Kindes mit und spricht mit Achtung von ihm: „Ich kann diesen Mann nie gering schätzen, werde mich des Verlorenen immer mit Liebe erinnern." Sie fürchtet für das Leben des Geliebten in Frankreich, denn Crancé ist als Neffe eines Jakobiners in Gefahr. Sie zittert, wenn sie in die Zeitungen sieht: denn „schon mehr wie ein bekannter Kopf" sei ihr „entgegen gefallen". Crancé erkennt das Kind an und hat „alles gethan, was in seiner Gewalt stand, um das Schicksal des Kindes auf die Zukunft zu sichern, und auf den Fall, daß er selbst noch in dem blutigen Abgrund unterginge". Er fiel, nachdem er als Kriegsgefangener in die Hände Preußens geraten und später ausgetauscht worden war, im April 1800 beim Rheinübergang.

Caroline hat einen schrecklichen Tiefpunkt ihres Lebens überwunden. „Mein Leben ist mir wieder so lieb", schreibt sie und bekennt sich zu ihrem Sohn, „dem Kind der Glut und Nacht", und zu ihrer Liebesbeziehung zu Crancé: „wenn ich die Folge vor mir sehe – kan ich den Ursprung bereun?" Mut und Selbstbewußtsein gehören zu einer solchen Äußerung. Beides erlernt Caroline unter schwierigsten Bedingungen.

Den Zeitgenossen bleibt die Geburt des Kindes und Carolines Beziehung zu dem Franzosen verborgen. So kann z. B. ein von unbekanntem Verfasser 1793 erscheinendes tragikomisches Schauspiel mit dem Titel „Die Mainzer Klubi-

sten zu Königstein oder Die Weiber decken einander die Schanden auf", das mit Klatsch und Halbwahrheiten die Mainzer Republik als einen üblen Haufen eitler Schwätzer und liederlicher Weiber darstellt und vor allem die Frage debattiert, wer es mit wem „getrieben" habe, von Carolines Schwangerschaft nichts berichten.
Die politische Inhaftierung aber zerrt Caroline in unangenehmer Weise an das Licht der Öffentlichkeit, als Revolutionsnärrin verschrien und als Abenteuerin verleumdet, ist sie einem „gehässigen Publikum schmählich überantwortet".
Wird der geniale Forster als Scharlatan verunglimpft, so werden gegen eine Frau keine politischen Argumente vorgebracht. Sie trifft neben der direkten Verfolgung durch die reaktionäre Staatsmacht die Härte der moralischen Verleumdung. Nur in bezug auf ihre Verbindung zu Männern wird ihre Rolle in Mainz bestimmt: Gerüchte werden verbreitet, sie sei die Mätresse Custines, die Geliebte Georg Forsters gewesen. Leider haben an diesen Verleumdungen gerade auch fortschrittliche Kreise einen entscheidenden Anteil: Therese Forster, die sich damit allerdings verzweifelt gegen ungerechte, ebenso borniert moralisierende Angriffe der Gesellschaft gegen sie selbst zur Wehr setzt, der Dresdner Kreis um Körner und nicht zuletzt Friedrich Schiller. „Die Würde der Frauen" nun sieht letzterer in ganz anderem; sein idealistisches Frauenideal im gleichnamigen Gedicht zeugt davon. Nachdrücklich und gehässig verurteilt er – der Caroline nur „Dame Luzifer" nennt – die Einmischung der Frauen in die Politik überhaupt. Sein berühmt-berüchtigtes Xenion auf Georg Forster bezeugt es auf makabre Weise: „O ich Thor! ich rasender Thor! und rasend wie jeder / Der auf des Weibes Rath horchend den Freiheitsbaum pflanzt."

Wird vom Beginn der frühromantischen Bewegung gesprochen, so steht das Zusammentreffen der Brüder Schlegel, Carolines, Schellings und Tiecks im Sommer 1797 in Dresden und dann die Jenaer Gemeinsamkeit im Blickpunkt. Lucka, die kleine Stadt im Altenburgischen, wird kaum genannt. Und doch war jene Freundschaft und geistige Partnerschaft zwischen der selbstbewußten jungen Frau, die

ihre „Privatbegebenheit" in die „Stürme einer großen Revolution verwickelt" hatte, die im Widerschein der französischen Revolutionsereignisse auf Mainzer Boden sich selbst fand – und dem Philologiestudenten, der sich anschickt, die Folgerungen der Französischen Revolution für die Umgestaltung der deutschen wie der politischen Welt überhaupt zu ziehen, der geistige Kopf einer neuen literaturpolitischen Bewegung zu werden, sehr bedeutsam.
Unter dem Eindruck dieser Begegnung setzt sich Friedrich Schlegel zum einen mit der Revolution in Frankreich und mit der Wirkung und Leistung Georg Forsters auseinander; zum anderen beginnt er, als einer der ersten in Deutschland, die Konsequenzen aus den revolutionären Entwicklungstendenzen der Epoche hinsichtlich einer zukünftigen Rolle der Frau zu ziehen. Beides trifft weltanschauliche und ethische Grundlagen der frühromantischen Bewegung.
Friedrich Schlegel, den 1791 die Revolution „vornehmlich mittelbar als Vehikel des Gesprächs mit sehr vielen Leuten" interessierte, wendet sich ihr 1793, also in jenem Jahr der Begegnung mit Caroline, zu. Es ist genau die Zeit, da sich demokratische Gruppierungen mit breiterer Massenbasis durchsetzen und in der mit plebejischen Schichten verbündeten Jakobinerdiktatur ihren politischen Höhepunkt erreichen. Es ist die Zeit, da sich die Überzahl der deutschen Intellektuellen – abgeschreckt durch den revolutionären Terror – von den Ereignissen in Frankreich und Mainz abwendet.
Der junge Friedrich Schlegel bekennt sich nachdrücklich und öffentlich in einem großen Aufsatz zu Georg Forster. Es gehört Mut dazu. „Die Freiheitsfreunde hüllten sich seitdem in tiefes Schweigen, ... sie gingen traurig herum, mit gebrochenem Herzen, mit geschlossenen Lippen", so charakterisiert Heine später das politische Klima. Wer auf sein Fortkommen bedacht ist, schweigt lieber. Lichtenberg, aufgefordert, über seinen Freund Forster zu schreiben, bekennt in einem privaten Brief: „O wie gerne, wie gerne hätte ich ihm ein paar Bogen gewidmet, wäre ich noch das kinderlose und wegen der Zukunft unbekümmert frei denkende und frei schreibende Wesen, das ich ehemals war. Jetzt muß es beim frei Denken sein Bewenden haben." For-

sters Schicksal teilte auf andere Weise auch Gottfried August Bürger. Verfemt von seiner Stadt Göttingen, die zu betreten auch Caroline verboten ist, stirbt er im Juli 1794, sechsundvierzig Jahre alt. Lichtenberg beobachtet mit dem Fernglas aus seiner Wohnung das einsame Begräbnis des Dichters. Caroline bewegt Bürgers Tod sehr. „Armer Mann", schreibt sie noch im Mai 1794 an Meyer. „Wär ich dort, ich ginge täglich hin, und suchte ihm diese lezten Tage zu versüßen, damit er doch nicht fluchend von der Erde schiede." Ebensolchen Anteil nimmt sie an Forsters Schicksal. Bis zu seinem Tod steht sie mit ihm im Briefwechsel. „Seine Festigkeit als Bürger verläßt ihn nicht, unverbrüchlich gehört er seinem neuen Vaterland...", schreibt sie kurz vor Forsters Tod aus Lucka, nachdem sie Nachrichten von ihm aus Paris bekommen hat.

Die wenigen erhaltenen Briefe Carolines aus dieser Zeit geben Auskunft, daß ihre politische Haltung entschieden republikanisch geblieben ist, „weder ihr Herz gebrochen" noch „ihre Lippen geschlossen sind". Den in Paris weilenden August Wilhelm attackiert sie geradezu, wie aus Äußerungen Friedrichs zu schließen ist. „Auch denkt er etwas anders über meine Freunde, die Republikaner ... Seine Partheylosigkeit über diesen Gegenstand ist ein Reiz mehr seiner Unterhaltung. Ach ich werde ihm noch Leidenschaftslosigkeit ablernen..." Lenkt Caroline als Augenzeugin der Mainzer Ereignisse und von Forsters Handeln den jungen Schlegel auf dessen Schicksal, so schwärmt sie ihm auch von Mirabeau vor und weist ihn auf Condorcet hin. „Friz, es gibt 2 Bücher, die Sie lesen müßen", schreibt sie ihm, „und das Eine derselben knüpft sich in meiner Erinnerung an die Materie vom Wißen an. Das ist Condorcet."

Hat Forster Carolines Begierde, zu wissen, zu erkennen, gefördert und gelenkt, so wird ihr im Zusammensein mit Friedrich zum erstenmal das Glück zuteil, Anregende und Gebende zu sein. Ohne dessen Herausforderung wäre es nicht denkbar. Der junge Schlegel stärkt auf schönste Weise durch seine Bewunderung, die sicher auch Verliebtheit ist, durch seine Gier nach partnerschaftlichem Gespräch und Beisammensein Carolines Selbstbewußtsein und Selbstwertgefühl. Er ist es auch, der sie zu eigenen Arbeiten ermuntern will und ihr als erster den Kunstcharakter ihrer Briefe bewußt macht. Und das in einer seelisch und körperlich äußerst schwierigen Lebensphase, da sie gesundheitlich stark angegriffen, politisch und moralisch von der Gesellschaft geächtet, „bürgerlich tod" ist, da Caroline das Kind eines Mannes erwartet, mit dem sie nicht zusammen leben will und kann.

„... ein fester Mittelpunkt und Boden einer neuen Welt ..." ist Caroline für den jungen Schlegel. Unter dem Eindruck ihres politischen und menschlichen Schicksals wird ihm die Französische Revolution Ausgangspunkt einer Debatte über dringende Fragen der Emanzipation, der Moral und der Gesellschaftsethik; zunächst in den Schriften „Über die weiblichen Charaktere bei den griechischen Dichtern" und „Über die Diotima"; dann in dem Romanfragment „Lucinde", dessen Grundidee in den Jahren 1793 und 1794 entsteht. Die darin verfochtene Verteidigung der Ideale der Französischen Revolution als Verteidigung der Liebe gleichberechtigter Partner enthält zum einen über die Zeit hinausreichende Elemente eines neuen Menschenbildes, zum anderen gibt sie die theoretische Grundlegung für das historische Experiment des freilich nur kurzen Zusammenlebens der Gruppierung der Jenaer Frühromantiker.

Der Widerspruch zwischen öffentlichem Urteil über Caroline und dem, was er erfährt und erlebt, über ihre politischen Anschauungen, ihre Auffassungen von Liebe und Freundschaft, ihr Verhältnis zum Kind, ihrem unter schwierigsten Bedingungen vertretenen Recht auf Selbstbestimmung ihrer Persönlichkeit, sind ihm wesentlicher Impuls, und viele Ansichten Carolines finden wir in seinem Romanfragment wieder. „Es ward Grundsatz", heißt es in „Lucinde", „die gesellschaftlichen Vorurteile, welche er bisher nur vernachlässigte, nun ausdrücklich zu verachten."

Friedrich Schlegel formuliert seine Auffassungen über Liebe, Ehe, die Stellung der Frau und der Geschlechter zueinander sowohl in der Auflehnung gegen die herrschende Moral als auch gegen ein idealistisches Frauenideal, wie es z. B. Friedrich Schiller vertritt. Schlegel sieht in der Frau zunächst den Menschen und akzeptiert sie als ein gleichgestelltes Wesen, als soziale Persönlichkeit. Zugleich proklamiert er – für seine Zeit unerhört – ihre vollkommene sexuelle Gleichberechtigung.

Als Freundschaft und Sinnlichkeit sieht Caroline die Liebe. In Mirabeaus Briefen an Sophie findet sie das „in schönster Weise" bestätigt. Auch Friedrich Schlegel drängt auf eine Synthese von Sinnlichkeit, Empfindung und vollster Bewußtheit. Er vereint in Polemik gegen eine einseitig radikal-sinnliche „Emanzipation des Fleisches" wie auch gegen eine nur seelisch-schwärmerische Liebe beides zu einer Utopie der schöpferischen menschlichen Selbstverwirklichung. Im Namen der „Freiheit, Gleichheit und Brüderlichkeit" fordert er eine harmonische Entwicklung, sieht er in der Einheit von Weiblichkeit und Männlichkeit die Allegorie der „vollen ganzen Menschheit".

Das Weibliche ist für Friedrich das Zielstrebige, Organische, die Weitergabe des Lebens. Als er Caroline begegnet, ist sie hochschwanger. Die Geburt des Kindes und ihr Glück über den Sohn erlebt er mit. Was ihn nicht minder beeindruckt, ist ihr partnerschaftliches Verhältnis zu ihrer elfjährigen Tochter. Ton und Umgangsformen Carolines nimmt Friedrich später auf, als er, der Sechsundzwanzigjährige, seiner kleinen zwölfjährigen Freundin bezaubernde Briefe schreibt, Briefe, wie sie kaum ein Erwachsener an ein Kind gerichtet hat.

In Schlegels Liebes- und Eheauffassung spielt das Kind eine entscheidende Rolle. Bisher war das in der Literatur so noch nicht ausgesprochen worden. In der Ehe, die wie bei Fichte und Jean Paul auch bei Friedrich Schlegel mit der Liebe gleichgesetzt wird, finden beide Partner in dem die Zukunft verkörpernden Kind ihren sozialen Auftrag. Entschieden greift Schlegel dabei die bestehenden Eheformen an, sieht in ihr allenfalls „provisorische Versuche und entfernte Annäherungen zu einer wirklichen Ehe", bezeichnet sie, wie später die Junghegelianer und Marx, als „Konkubinate": „Da liebt der Mann in der Frau nur die Gattung, die Frau im Mann nur den Grad seiner natürlichen Qualitäten und seiner bürgerlichen Existenz, und beide in den Kindern nur ihr Machwerk und Eigentum." Nur die Natur allein hat für ihn das Recht, den Menschen zu binden.

Caroline verfolgt Entwurf und Ausführung des Romans „Lucinde" mit großer Anteilnahme. Manuskriptteile gehen hin und her. Caroline macht Änderungsvorschläge, korrigiert, streicht. War die Grundkonzeption 1793/94 entstanden, so wurde das Werk erst Jahre später in der unwahrscheinlich kurzen Zeit von vierzehn Tagen niedergeschrieben. Der relativ große Zeitraum zwischen Entwurf und Ausführung ist folgenreich. Geschieht die Konzipierung noch ungebrochen unter dem Aspekt, die durch die Revolution angeregten Emanzipationsbestrebungen in einem großen zukünftigen Gesellschaftsentwurf leidenschaftlich zu debattieren, so fällt die Schreibphase schon in die Zeit des Zweifels an den Ergebnissen der Revolution. Insofern geht das Programm der „Lucinde" in Schlegels Intention „viel weiter", als der „überhastet aufs Papier gewühlte, auf den engen Bezirk von Liebe, Ehe und Sexualität beschränkte erste Teil erkennen läßt".

Der Versuch, in der „Lucinde" eine neue Moral auf der Grundlage der Gleichberechtigung zu gründen, scheitert. Die politische Revolution ließ sich nicht durch die ästhetische ersetzen. Dennoch: Friedrich Schlegel rüttelt mit seinem Angriff auf existierende und überkommene Moralnormen heftig am morschen feudal-bürgerlichen Überbau. Die Reaktion auf den 1799 veröffentlichten Roman „Lucinde" zeigt, daß er als Oppositionsschrift aufgenommen wird. Nicht das Künstlerisch-Ungelöste, Fragmentarische ruft Erregung hervor, sondern pharisäerhaft tritt man für eine angeblich beleidigte Moral ein. Trafen Caroline borniert Vorurteile, so fällt auf Friedrich nun ebenfalls der Vorwurf der Sittenverderbnis. Wie eng aber politische und moralische Sphäre zusammenhängen, zeigt uns auf kuriose Weise das Reskript der Zensurbehörde der Universität Hannover an den Prorektor der Universität Göttingen vom 26. September 1800, in dem beiden die „Ehre" widerfuhr, gemeinsam genannt zu werden: Caroline und Friedrich werden aus Göttingen „verbannt", dürfen die Stadt nicht betreten: sie, wegen ihrer politischen Vergangenheit, er, wegen seiner „sittenverderblichen Schriften".

Die Freundschaft zwischen Caroline und Friedrich ist für beide ein tiefes und beglückendes Erlebnis. „Die Überlegenheit ihres Verstandes über den meinigen habe ich sehr frühe gefühlt", bekennt der junge Mann unverstellt und schreibt: „Ich bin durch sie besser geworden. ... Welches Weib! ... Alles, was von ihr kommt, ist mir merkwürdig. ... Ich habe bei Weibern nie etwas von diesem Triebe nach dem Unendlichen gefunden..." Das schöpferische Verhältnis aber sollte keinen Bestand haben. Kaum vier Jahre danach verkehren beide, im selben Hause lebend, nur in „höflicher Korrespondenz offener Zettelchen". Die Gründe für die tiefe Entfremdung, die von seiten Friedrichs zu unglaublichen Gehässigkeiten, aber auch von Carolines Seite zu Unsachlichkeiten führen, sind vielschichtig und differenziert. Keinesfalls – wie leicht lösen solche Klischees die Probleme – ist es allein der Einfluß von Schlegels Gefährtin Dorothea. Unterschiedlicher Lebensstil, persönliche Entfremdung (Carolines Abkehr vom Bruder August Wilhelm und ihre Liebe zu Schelling), Friedrichs Existenzsorgen, sein Scheitern in der Öffentlichkeit, schließlich die Negierung früher vertretener Grundpositionen, die Wendung zur Religion sind Ursachen. Hinzu kommt, daß Friedrich in einer bestimmten Phase seiner Entwicklung Caroline als die große Anregerin brauchte, ihre Rolle für ihn dann aber zu Ende gespielt ist.

„Was ich bin und sein werde, verdanke ich mir selbst; daß ich es bin, zum Teil Ihnen", gesteht er Caroline am dritten Jahrestag ihres Kennenlernens freimütig, Egozentrik nicht verbergend. Die ganze Wahrheit ist wohl, daß er seine schon früh an sich gestellte Frage, „... ich weiß aber nicht, ob ich sie selbst verehre oder ihr verschönertes Bild in dem Spiegel einer edlen männlichen Seele", zugunsten des letzteren beantwortet.

Schon in Lucka, Ende 1793, Anfang 1794, denkt Caroline über ihr zukünftiges Leben nach. Ungewöhnlich für ihre Zeit ist ihr Bekenntnis zu dem unehelichen Sohn. Entschlossen entwirft sie Pläne für ein Leben mit beiden Kindern. Sie lehnt sowohl das Heiratsangebot des Franzosen Crancé ab, als auch seinen Vorschlag, den Sohn zu Verwandten nach Frankreich zu bringen und zu adoptieren. Ihre Vorstellungen, abgetrennt von der Welt zu leben („hätte ich eine Hütte in einer freundlichen Gegend – ich verstünde so gut allein zu leben mit meinen Kindern"), sind nicht von Dauer. Es zieht sie in ein geistig-kulturelles Zentrum. Prag, Berlin, Riga, Dresden sind in ihren Überlegungen. Aber alles scheitert an finanziellen Fragen, und so geht sie zunächst zu ihren Freunden nach Gotha.

Ein Jahr lebt sie dort. Diese Zeit ist die deprimierendste ihres Lebens. Am Ende hat sie alle selbstbewußten Pläne aufgegeben. Sie heiratet, wohl wissend, daß dies die einzige Chance ist, wieder Fuß in der Gesellschaft zu fassen.
Als „Ungeheuer" bezeichnet Friedrich Schlegel in der „Allegorie der Frechheit" die öffentliche Meinung. Caroline sollte dies am eigenen Körper spüren: „Unter Menschen ist die Frölichkeit meiner Ruhe von mir gewichen", schreibt sie aus Gotha. „Das politische Urtheil, das hier so schneidend ist, wie an irgend einem Ort, gilt als Vorwand, um sich erklärt von mir zu wenden... meine Existenz in Deutschland ist hin, ... beinah alles ist wahr geworden, was ich damals voraussah, als ich überlegte, ob es besser sei zu sterben oder zu leben." Gotters, bei denen sie wohnt, geraten „in Verlegenheit durch ihre Gegenwart". Die Gothaer Gesellschaft beginnt das Haus zu meiden, obwohl Caroline „den Mund nicht öffnet über Politika".
Verzweifelt klagt sie: „Wer kent mich, wie ich bin – wer kan mich kennen. Man hält mich für ein verworfnes Geschöpf, und meint, es sey verdienstlich, mich vollends zu Boden zu treten." Der von Gotter im Zusammenhang mit Carolines Ablehnung des Heiratsangebots gebrauchte makabre Vergleich vom Bettler vor den Gothaer Stadttoren bekommt eine beängstigende Realität. Man läßt sie spüren, wohin sie ihre „Sophistereien" gebracht haben. „Ich bin ja ausgestoßen und muß wenigstens ins Freye blicken können – in einen Spiegel, der mich nicht entstellt zurückwirft."
Ein solcher Spiegel ist für sie in dieser Zeit die Begegnung mit dem Großonkel ihres Sohnes, dem französischen Revolutionsgeneral Doyre. Nach dem Fall von Mainz wird er von den Preußen gefangengenommen und kommt durch Gotha. In einem anderen Spiegel erkennt sie sich unverstellt: in der Begegnung mit August Wilhelm Schlegel, dem Freund, der ihr so uneigennützig in ihrer verzweiflungsvollen Lage in Königstein geholfen hat. Im Frühjahr 1795 geht Caroline, die politisch borniert, spießige Atmosphäre Gothas nicht mehr ertragend, zu ihrer Mutter nach Braunschweig. Sie hofft, endlich ihre finanzielle Lage zu klären. Vergeblich! Im Sommer des gleichen Jahres besucht sie August Wilhelm. Im Spätsommer zieht er nach Braunschweig.

Ein Jahr später heiraten Caroline und August Wilhelm. Für den achtundzwanzigjährigen Schlegel, der am Beginn seiner beruflichen Karriere steht, gehört Mut zu diesem Schritt. Sein Bekenntnis zu der Verfemten ist nicht ohne Risiko. Der Bruder drängt ihn: „Carolines politische Lage würde dadurch ganz verändert werden. Mit einem neuen Namen würde sie eine neue Person annehmen."
So selbstverständlich, wie uns das spätere Wirken beider im Jenaer Kreis erscheint, war es nicht. „Ich bin entschlossen, Deutschland zu verlassen", schrieb Caroline unter dem Eindruck ihrer Aufnahme in Gotha. Nun steht die Frage der politischen Emigration für beide. „Geben Sie mir doch auch nur einige Nachricht über Euer Amerikanisches Projekt", bittet Friedrich. „...Das war doch hoffentlich nur eine flüchtige Phantasie, daß Ihr ... Euch dem Revolutions-Riesen in den Rachen stürzen wolltet?" Als Friedrich Schiller Schlegel nach Jena einlädt, lösen sich die Probleme.
„Schlegel konnte Dich retten, aber doch nicht führen kann er Dich", warnt Therese Forster und schreibt: „Die bloßen gesellschaftlichen Verhältnisse sind Dir gefährlich." Eben jene gesellschaftlichen Umstände sind es, die Caroline eine Vernunftehe eingehen lassen. Nach all dem Erlebten hat sie nicht die Kraft, sich eine eigene Existenz zu schaffen. Die Ehe macht ihr die Rückkehr in die offizielle Gesellschaft möglich und gibt ihr und ihren Kindern Sicherheit.
Selbstkritisch enthüllt sie später die Motive ihrer Bindung an Schlegel. „Schlegel hätte immer nur mein Freund seyn sollen, wie er es sein Leben hindurch so redlich, oft so sehr edel gewesen ist." Ich „hätte behutsamer seyn sollen", schreibt sie 1803, „die Heyrath mit ihm nicht einzugehen, ... Es ist zu entschuldigen, daß ich nicht standhafter in dieser Überzeugung war, und die Ängstlichkeit andrer, dann auch der Wunsch, mir und meinem Kinde in meiner damaligen zerrütteten Lage einen Beschützer zu geben, mich überredeten..." Vier Jahre lebt sie mit August Wilhelm Schlegel zusammen, drei weitere in formaler Ehe. Durch Goethes Vermittlung wird sie 1803 von Herzog Karl August ohne Prozeß und große Formalitäten geschieden.
„... Du verdankst ihr mehr, als Du ihr je erwidern kannst", schreibt Friedrich seinem Bruder August Wilhelm über Caroline, und Alexander von Humboldt spricht von dem „ent-

schiedenen Einfluß", den Caroline auf dessen Bildung ausgeübt.
Wie leben Caroline und August Wilhelm zusammen? Der scharfzüngige und bissige Heine schreibt in der „Romantischen Schule", A. W. Schlegels Geburtsdatum habe er in „Spindlers Lexikon der deutschen Schriftstellerinnen" gefunden, damit auf Schlegels Impotenz anspielend! Hat August Wilhelm Schlegel in seinen vielen Beziehungen zu berühmten Frauen nicht immer wieder verzweifelt Selbstbestätigung gesucht, Erniedrigungen und Demütigungen in Kauf nehmend, als er z. B. nach der Trennung von Caroline zwölf Jahre mit Germaine von Staël zusammen lebt, als Sekretär, Ideengeber, Bediensteter, niemals als ihr Mann? Nach dem Tod dieser Frau schließt der einundfünfzigjährige August Wilhelm mit der siebenundzwanzigjährigen Sophie Paulus einen Ehevertrag. Er bleibt nur Papier, nach zwei Tagen trennen sie sich. Die Jahre des Zusammenlebens mit Caroline – für Schlegel die fruchtbarsten und produktivsten überhaupt – waren ausgefüllt und harmonisch.
„Liebe!" schreibt Caroline einmal polemisch gegen Schillers Anschauung, die Frauen (= Blumen) brauchten die Liebe eines Mannes, um „zu gedeihen": „Zwar, ... denken Sie nicht, daß ich diese verleugne", aber „es braucht nicht eben die zu diesem oder jenem Mann zu sein..." – „Ich kann ohne Liebe leben, aber wer mir die Freundschaft nimmt, der nimmt mir alles, was mir das Leben lieb macht." Das ist ein Schlüsselsatz für Carolines aus dem Leben gewonnener Erfahrung über die Liebe, genauer gesagt, über Erotik und Sexualität. Natürlich äußert sie sich an keiner Stelle ihrer Briefe über ihre intimen Beziehungen, über ihre Wünsche und Bedürfnisse. Ob Carolines erster Ehemann sie außer zur Mutter von drei Kindern auch zu seiner Partnerin und Geliebten werden läßt, können wir nicht wissen.
Ihre Witwenzeit dann gibt ihr keinerlei Rechte auf sich selbst, will sie nicht ihre beiden Kinder gefährden. Man hätte sie ihr entzogen, hätte sie ein uneheliches Kind zur Welt gebracht. Es ist durchaus in den damaligen Ehen üblich, daß die Frau im Rhythmus von einem oder zwei Jahren den körperlichen Belastungen einer Schwangerschaft ausgesetzt ist. Auch Caroline graut, als sie vor der Frage stand, aus sozialen Erwägungen die Ehe mit Löffler einzu-

gehen, vor erneuten Schwangerschaften. „...und was die kleine Familie betrifft", schreibt die Freundin beschwichtigend, „die da noch kommen soll, so hat mich Deine geschäftige Einbildungskraft, die diese schon Dutzendweise herum laufen sieht, herzlich zu lachen gemacht."
Die Kindersterblichkeit ist hoch, und die vielen Schwangerschaften fördern keineswegs das Bedürfnis der Frau, ihren Körper in erotischer Beziehung zu ergründen und Bedürfnisse zu entwickeln. Zudem werden ihr ja überhaupt keine Rechte zuerkannt. Als Friedrich Schlegel in der „Lucinde" eine vollkommene sexuelle Gleichberechtigung der Frau proklamiert, schreien die Spießer, aber nicht nur sie, schokkiert und laut auf, am lautesten vielleicht die, die unter dem Ladentisch erstandene „Wollustliteratur" genüßlich lesen. Und Schlegel hat auch noch die Kühnheit, Ursachen zu benennen: „Prüderie ist Prätention auf Unschuld, ohne Unschuld. Die Frauen müssen wohl prüde bleiben, solange Männer sentimental, dumm und schlecht genug sind, ewige Unschuld und Mangel an Bildung von ihnen zu fordern."
Wenn Caroline in der Atmosphäre von Mainz überkommene Tabus abstreift und neue Maßstäbe einer Sittlichkeit in der freien Verfügung über sich selbst findet – vielleicht war die kurze Beziehung zu dem jungen Franzosen die erste, die sie als Frau beglückte –, so sind die Folgen für sie so lebensbedrohend, stürzen sie in eine so tiefe Krise, daß auch dieses Erlebnis nicht dazu angetan sein konnte, für Caroline die intime Beziehung zu einem Mann als etwas Notwendiges und Schönes zu sehen. Freundschaft aber ist für sie lebenswichtig. Die ersten dreieinhalb Jahre ihrer Wohn- und Arbeitsgemeinschaft mit August Wilhelm Schlegel sind für Caroline die beglückendsten im Hinblick auf Bekanntschaften und Freundschaften, die sie schließt, im Hinblick auf den schöpferischen Kreis, den sie – unermüdlich tätig – in ihr Haus zieht; die produktivsten, da sie an den Konzeptionsbildungen einer kühnen literarischen Bewegung junger Leute Anteil hat. Es sind die Jahre, die ihren Namen untrennbar mit der Frühromantik verbinden.

Am 8. Juli 1796 kommen Caroline und August Wilhelm in Jena an und beziehen eine Wohnung am Löbdergraben nahe dem Roten Turm.

Heiter-übermütig ist der Ton, in dem Caroline – glücklich über Aufgeschlossenheit und Achtung, mit der man ihr begegnet – von der ersten Jenaer Zeit berichtet. Goethe macht ihr seinen Besuch. Sie lernt Schiller kennen, erlebt Fichte im Jenaer Klub.
Als sie im Dezember einige Tage in Weimar zu Gast weilt, begegnet sie Herder, Wieland, Corona Schröter. In das Haus am Frauenplan wird sie geladen. „Göthe gab ein allerliebstes Diner, sehr nett, ohne Überladung, legte alles selbst vor, und so gewandt, daß er immer dazwischen noch Zeit fand, uns irgend ein schönes Bild mit Worten hinzustellen."
Zuweilen parodiert sie in ihren Berichten den Klatschstil, zuweilen aber läßt sie sich selbst zu einem klatschhaften Ton hinreißen, vor allem, wenn sie über Frauen urteilt, z. B. über Charlotte von Kalb oder Christiane Vulpius.
Die einzige Äußerung, die sich in ihren Briefen zu Goethes Zusammenleben mit Christiane findet, zeigt, wie wenig Caroline, die so vorurteilslos an die Dinge des Lebens heranging, sich in diesem Fall über das allgemeine Zeiturteil erheben kann. „Was ich sah, paßte alles zum Besitzer – seine Umgebungen hat er sich mit dem künstlerischen Sinn geordnet, den er in alles bringt, nur nicht in seine dermalige Liebschaft, wenn die Verbindung mit der Vulpius (die ich flüchtig in der Comödie sah), so zu nennen ist. Ich sprach noch heute mit der Schillern davon, warum er sich nur nicht eine schöne Italiänerinn mitgebracht hat?"
Carolines und August Wilhelms Ehrgeiz ist es, ihr Jenaer Heim zum Mittelpunkt des gesellschaftlich-literarischen Lebens werden zu lassen. Die Atmosphäre der ersten Mainzer Monate im Hause Forsters, die lebhaften Debatten der Gleichgesinnten über Politik und Literatur sind Caroline noch in lebhafter Erinnerung. Geistige Kultur, frauliche Entschiedenheit, Attraktivität und menschliche Wärme Carolines tragen dazu bei, daß ihr Haus das Zentrum frühromantischer Gemeinsamkeit wird, es hier zur ersten Gruppenbildung der deutschen romantischen Literatur kommt. Energisch zieht sie junge Leute in ihr Haus. Goethe ist dem Kreis freundschaftlich verbunden. Fichte steht ihm nahe. Ihren poetischen und ihren philosophischen Lehrmeister sehen die jungen Leute in den beiden.

Caroline bewundert an Goethe zeitlebens nicht nur seine Werke, sondern vor allem die Vitalität und Harmonie seiner Persönlichkeit, die Kunst, sein Leben bewußt zu gestalten. Die produktive Haltung des Kreises zu Goethe hat Caroline nicht unwesentlich mitbestimmt, z. B. als sie die Brüder Schlegel für die „Iphigenie" begeistert oder August Wilhelms Arbeiten über „Hermann und Dorothea" und die „Römischen Elegien" fördert. Auch zum „Wilhelm Meister", der dann Anlaß heftiger Streitigkeiten des Kreises und Angriffe auf Goethe wird, hat sich Caroline nur bejahend geäußert. Sie liest den Roman, den Goethe bei seinem ersten Besuch in Carolines Haus, hinter den Pferdesattel geschnallt, mitbrachte. Während sie an Goethes Werk und Persönlichkeit Realismus und Erdverbundenheit bewundert, stört sie an Schiller das Abstrakte, nur Idealische. Aufschlußreich ist eine Episode, die Caroline berichtet: „Über ein Gedicht von Schiller, das Lied von der Glocke, sind wir gestern Mittag fast von den Stühlen gefallen vor Lachen." Die Frühromantiker sind nicht bereit, die in diesem Gedicht vollzogene Idealisierung und Harmonisierung der bürgerlichen Wirklichkeit zu akzeptieren, sie empfinden sie eher als unerlaubte Glorifizierung einer philiströsen und engstirnigen Welt.

Die Versammelten entwickeln ihre philosophischen und literarischen Grundsätze in unmittelbarer Nachfolge zur bürgerlichen Revolution in Frankreich, wollen, ihrem Beispiel folgend, in Deutschland eine geistige Revolution auslösen. Gegen „das alte offizielle Deutschland, das verschimmelte Philisterland" treten die „Jakobiner der Poesie", wie sie Varnhagen von Ense nennt, mit den Waffen der Kritik an.

Jung sind sie alle! Anfang Zwanzig bis Mitte Dreißig. Zum Teil haben sie wichtige öffentliche Funktionen inne. So August Wilhelm Schlegel und Friedrich Wilhelm Schelling. Mit dreiundzwanzig Jahren wird letzterer als Professor nach Jena berufen. Großen Zulauf und Erfolg haben die Vorlesungen beider. Im gemeinsamen, mit viel Witz und Ironie und jugendlicher Leidenschaft geführten Kampf gegen politische und literarische Feinde schließen sie sich zusammen. Dem Kreis gehören keineswegs nur Schriftsteller an, sondern Philosophen, Naturwissenschaftler, Ärzte, Ästhetiker,

Literatur- und Kunstkritiker, Maler, Bildhauer: Friedrich Schlegel und Dorothea Veit, die Philosophen Friedrich Wilhelm Schelling und Joseph Steffens, der Physiker Johann Wilhelm Ritter, der Übersetzer Johann Diederich Gries, die Dichter Novalis und Ludwig Tieck sowie dessen Bruder Christian Friedrich Tieck, der Bildhauer; für kurze Zeit auch Clemens Brentano und der Maler Tischbein mit seiner Frau. Briefliche Verbindungen gibt es zu Schleiermacher und Rahel Levin nach Berlin.
So wie die Beziehungen zu anderen Kunstgattungen, vor allem zur Malerei, gefördert werden, strebt man eine innige Verbindung zwischen Philosophie und Literatur, Literatur und Naturwissenschaften an. Novalis z. B., der an der Bergakademie in Freiberg studiert hat und Aufseher der Salinen in Weißenfels ist, hält an dieser Tätigkeit fest, sieht sie in Beziehung zu seiner Dichtung. „Philosophieren", sagt Friedrich Schlegel, „heißt die Allweisheit gemeinschaftlich suchen." In einem intensiven, ungezwungenen geistigen Austausch bereichern sie sich wechselseitig, streben danach, ihre Individualitäten zu respektieren und voll zu entfalten, die männlichen wie die weiblichen gleichermaßen. Ein Kollektiv findet sich zusammen, das in „logischer Geselligkeit" und „gesellschaftlichem Witz" die höchste geistige Produktivität sucht. Das „Symexistieren", wie Friedrich sagt, das gemeinsame Essen, die gemeinsame Wohnung wie das „Symfaulenzen" sind ihre Symbole. In der wechselseitigen Bereicherung verschiedener Künste und Wissenschaften wollen sie das Ideal einer „Symphilosophie" und „Sympoesie" verwirklichen, sie glauben, in dieser mit den Mitteln des Geistes zu erringenden Synthese die als problematisch empfundene Zeitsituation zu meistern. Mit der Zeitschrift „Athenäum" schaffen sie sich ein Forum der Öffentlichkeit. Im Winter 1797/98 entsteht der Plan. Friedrich ist der Initiator. Im Mai 1798 erscheint das erste Heft in einer Auflage von 1 250 Exemplaren. Zwei Jahre lang wird die Zeitschrift unter großen finanziellen Schwierigkeiten verlegt. Die Zeit ihres Erscheinens umschließt die entscheidenden Jahre des frühromantischen Wirkens.
Caroline hilft August Wilhelm in den ersten Jenaer Jahren vor allem bei der Übersetzung Shakespeares. Sie ist ihm Mitarbeiterin und Abschreiberin. „Wir sind fleißig und sehr

glücklich. Seit Anfang des Jahrs komme ich wenig von Wilhelms Zimmer. Ich übersetze das zweite Stück Shakespear. Jamben, Prosa, mitunter Reime sogar." Später verlagert sich ihr Interesse mehr zum „Athenäum". Ihr Skeptizismus gegen das Unternehmen überhaupt (im Brief vom 15. November 1798 an Novalis spricht sie sich gegen die Zeitschrift aus, da sie Kraft und Zeit der beiden Schlegels übersteige) hindert sie nicht daran, für die Zeitschrift tätig zu sein. Sie regt an, organisiert, übernimmt die Arbeit eines Redakteurs und Sekretärs. Ihr Anteil liegt mehr im Praktischen, nicht in eigenen Beiträgen. Friedrich fordert Caroline auf, Artikel für die Zeitschrift zu schreiben. Auch aus ihren Briefen will er Fragmente herauslösen und aus ihnen eine „philosophische Rhapsodie" komponieren. Caroline verneint. Sie hat keinen Ehrgeiz. Und ihre einzige Arbeit, die dann im „Athenäum" Aufnahme findet, will sie viel lieber in Goethes „Propyläen" abgedruckt sehen.
Im Frühjahr 1799, ein halbes Jahr nach dem Erscheinen der ersten Nummer ihrer gemeinsamen Zeitschrift, wird Fichte im Ergebnis des Atheismusstreites aus Jena vertrieben. Wesentliches aus Fichtes Theorien hat die Gruppe zur Grundlage eigener Anschauungen gemacht. An seiner Wissenschaftslehre, „dem ersten System der Freiheit", fasziniert die jungen Leute die Persönlichkeitsauffassung, das Ich, das tätig der Welt sein Gesetz aufprägt und in dem sich die Illusionen und Hoffnungen des Citoyen, des politisch aktiven und selbstbewußten Bürgers, verkörpern.
Caroline, die sich vorher nur zu Fichtes Person äußerte, beschäftigt sich nun auch mit seinem philosophischen System. Entwaffnend offen schreibt sie, daß sie „über diese Dinge ohne irgend eine Kenntnis des philosophischen oder metaphysischen Wortgebrauchs" spricht, ja „viele Bedürfnisse des spekulierenden Geistes" gar nicht kennt. „Das Gute um des Guten willen, das begreife ich in ihm, das erhebt meine Seele, und ausserdem bewundre ich an ihm die Höhe des menschlichen Geistes und interressiere mich für den Verfechter der Freyheit des Denkens – seine persönliche Bravheit abgerechnet."
Und sie ergreift Partei für Fichte. Es sei „sehr schlimm für alle Freunde eines ehrlichen und freymüthigen Betragens", schreibt sie an die Freundin. „Wie Du von der ersten An-

klage, die von einem bigotten Fürsten und seinen theils catholischen theils herrnhutischen Rathgebern herrührte, zu denken hast, wirst du ungefähr einsehn ... Alle Hofdiener, alle die Professoren, die Fichte überglänzt hat – er hatte 400 Zuhörer in dem letzten Winter – schreyen nun über seine Dreistigkeit, seine Unbesonnenheit. Er wird verlassen, gemieden."

Entschieden kritisiert Caroline Goethes Haltung, die „weder warm noch kalt, doch eher das letztere" sei. In demselben Brief, gerichtet an den Mitstreiter Gries, geschrieben am 9. Juni 1799, steht ein Satz, der das Leben des Kreises in den folgenden anderthalb Jahren bestimmen sollte. „Wir halten uns in den schlimmen Zeiten enge zusammen", sagt Caroline. August Wilhelm formuliert es noch schärfer. An Novalis schreibt er: „Der wackere Fichte streitet eigentlich für uns alle, und wenn er unterliegt, so sind die Scheiterhaufen wieder ganz nahe herbeigekommen."

Fichte unterliegt. „Wir gehören doch alle zu der einen Familie der herrlich Verbannten", sagte Friedrich, auf Fichtes Schicksal anspielend. Mit Recht deutet der Kreis Fichtes bittere politische Erfahrungen als Vorbote eigener. Die Vorstellung von einer breiten gesellschaftlichen Tätigkeit, eines öffentlichen Wirkens erleidet im Verlauf des Streites um Fichte und am Ende des Jahres unter dem Eindruck des 18. Brumaire des Napoleon Bonaparte einen heftigen Schock. Die politische und kulturelle Misere Deutschlands, die Zersplitterung der Staaten, das „Drohen des Scheiterhaufens", ihr Leben unter „kümmerlichen Moosmenschen", wie Novalis an Caroline schreibt, lassen sie aber noch nicht aufgeben, führen im Gegenteil im Sommer und Herbst des Jahres 1799 zu einem engen Zusammenschluß.

Carolines Haus, eher bescheiden und ohne jene reiche großbürgerliche Atmosphäre, wie die des Berliner Salons von Henriette Herz, wird das Zentrum, von dem wichtige Impulse der literarischen Opposition ausgehen.

Die Formierung der Kräfte geschieht im Rückzug in den privaten Kreis. Was die Gesellschaft als Ganzes nicht verwirklicht, wie die jungen Leute im Taumel ihrer Revolutionsbegeisterung erhofften, wollen sie nun in der Praxis ihres eigenen Zusammenlebens realisieren und verstehen dies durchaus als Modell einer gesamtgesellschaftlichen Utopie.

Caroline tut alles, um den Kreis, der sich gegen Mittag und am Abend bei ihr versammelt, zu vergrößern. War Caroline glücklich, als sich im Herbst 1796 mit der Ankunft Friedrichs „die heilige Dreyzahl" des „häuslichen Zirkels" in eine „partie quarrée" verwandelt, hofft sie Anfang 1799 auf ein gemeinsames Leben mit den Freunden. „Sehr möglich, daß ein Dach uns alle noch in diesem Jahr versammelt", schreibt sie am 20. Februar. Sie bietet Friedrich und Dorothea an, in ihrem Haus zu leben. Novalis, Carolines Freund und Briefpartner, schreibt an sie: „Denken Sie nur unseren prächtigen Kreis. Vor dem Jahre standen wir noch so verwaist da ... Jetzt kann erst rechte Freundschaft unter uns werden..."
Was Caroline für kurze Zeit gelingen soll, schwebte auch Fichte vor: „Er meint, wir sollten alle eine Wirtschaft machen, er weiß allen Schwierigkeiten scharfsichtige Gründ entgegensetzen zu lassen."
Carolines Beharrlichkeit hat Erfolg. Spätsommer und Herbst 1799 sind Höhepunkte einer „schönen Geselligkeit", die die Gemeinsamkeit im geistigen Bereich wie im täglichen Leben beinhaltet. Friedrich und Dorothea kommen. Sie versuchen ein Leben zu viert, müssen sich ziemlich einengen, das Haus ist nicht groß. Im Oktober weilt Tieck mit seiner Frau in Jena. Novalis bleibt über Wochen da. Sophie Tischbein kommt mit zwei Kindern. Die Kinder toben in den engen Räumen! Schelling ist ständiger Gast. An Carolines Mittagstisch sitzen zu dieser Zeit täglich etwa fünfzehn bis achtzehn Personen.
Caroline hofft auf einen gemeinsamen Winter. Diese Hoffnungen aber erfüllen sich nicht. Von „plötzlichen Umwandlungen" spricht sie. „So sieht unsre winterliche Geselligkeit ganz anders aus als unsre sommerliche ... Wir sehn fast niemand außer uns, die bloßen Bekannten haben sich ziemlich von den Freunden geschieden."
Caroline führt es auf den Streit um das „Athenäum" zurück. In wachsendem Maße stoßen die Frühromantiker auf die Abwehr der literarischen Öffentlichkeit. Ein Ausdruck dafür ist der frontale Angriff auf das „Athenäum" in einer Rezension von Ferdinand Huber vom 21. November 1799. Carolines große Verteidigungsrede des „Athenäums" in den Briefen vom 22. und 24. November 1799 an Huber ist rüh-

rend und groß zugleich. Rührend, weil ihr ausdrücklich die Abwesenheit F. und A. W. Schlegels die Feder in die Hand gibt und sie dies entschuldigend betont: „... ich habe geschwiegen, wie ich das eben in politischen Angelegenheiten auch thun würde, im Glauben, daß, aller unsrer Vernunft zum Trotz, die Männer dieses doch besser verstehen." Groß als ein Zeugnis ihrer literaturpolitischen Haltung. Hier artikuliert sich die Caroline der Mainzer Zeit und beurteilt sehr scharfsichtig die politischen Fronten der literarischen Szene. Caroline erinnert Huber an Mainz: „Sie kennen revoluzionäre Zeiten, und sollten an der Weise nicht krittln. Was Sie wollen, nennt man im Politischen halbe Maßregeln." In einem zweiten Brief sagt sie ihm den wahren Ursprung seiner Schmähschrift unverhohlen ins Gesicht: „Wie heiß werden Ihnen auch Böttiger, Kotzebue, die ALZ, Nicolai etc. samt allen Gegnern Fichtens und alles, was Höfen und Fürsten anhängt, dafür danken."
Mit dümmlicher männlicher Arroganz reagiert Huber. Einer Frau zu antworten, findet er unter seiner Würde. Nicht an Caroline, an Schlegel schreibt er: „Ich bin zu galant, um zu sagen, daß ein Brief von einer Frau des Zurückschickens an seinen Eigentümer nicht wert ist."
Caroline wehrt sich gegen Hubers Vorwurf der Fraktionsbildung. „Was sprechen Sie von Faction? Keine Revoluzion ohne Faction ... Ich habe Ihnen das schon gesagt, es ist ein allgemeiner Kampf." Und sie verteidigt die gemeinsame Zielstellung des Kreises leidenschaftlich: „Denken Sie nicht, daß diese Männer sich unter einander schmeicheln, und etwas weis machen: sie kennen sich, sie sagen sich ihre Wahrheiten, aber sie haben ein Ziel – und das haben sie sehr fest in den Augen."
Caroline täuscht sich. Der Kreis geht auseinander, zerfällt so schnell wie kaum eine andere literaturgeschichtliche Gruppierung. Die tiefen historischen Ursachen werden den Beteiligten kaum bewußt. Gerade die Nähe, das tägliche Miteinander, die Debatten im Herbst 1799 bringen sehr kraß Verschiedenheit und Unvereinbarkeit ästhetischer und weltanschaulicher Anschauungen zutage. Man war sich einig, von welchen „alten Perücken die Lorbeerkränze gerissen" werden sollen, geriet aber sofort in heftigen Streit, wenn es um gemeinsame Ziele und gar Wege zu deren

praktischer Realisierung ging. Schleiermacher hat das bereits um 1800 sehr genau beobachtet: „Wenn man betrachtet, wie gänzlich verschieden in ihren Produktionen und in ihren Prinzipien, in der Art, wie sie dazu gekommen sind und wie sie selbst sich ansehn, Friedrich Schlegel, Tieck und August Wilhelm Schlegel sind, so muß man wohl gestehn, daß hier keine Neigung sein kann, offensiv eine Sekte zu bilden, sondern höchstens defensiv…" Von „Sprachverwirrung" beim „Turmbau zu Babel" spricht Steffens in einem Brief an Tieck aus dem Jahre 1814, sich der Jenaer Gemeinsamkeit erinnernd: „So gewiß, wie es ist, daß die Zeit, in welcher Goethe und Fichte und Schelling und Schlegel, Du, Novalis, Ritter und ich uns alle vereinigt träumten, reich an Keimen mancherlei Art war, so lag doch etwas Ruchloses im Ganzen. Ein geistiger Babelturm sollte errichtet werden, den alle Geister aus der Ferne erkennen sollten. Aber die Sprachverwirrung begrub dieses Werk des Hochmuts unter seine eigenen Trümmer. Bist du der, dem ich mich vereinigt träumte, fragte einer den anderen – Ich kenne deine Gesichtszüge nicht mehr, deine Worte sind mir unverständlich – und ein jeder trennte sich in den entgegengesetzten Weltgegenden…"

Caroline wird hier wie auch in den Briefen der Freunde nie in bezug auf das geistige Profil der Gruppe erwähnt. Über ihr Äußeres, ihre „Weiblichkeit", finden wir um so mehr klatschhafte Urteile bei vielen Zeitgenossen. Persönlichkeiten wie Schiller, Humboldt und Hegel machen hier keineswegs eine Ausnahme. Hängt dies mit Zeitgeschmack und Rollenauffassung zusammen, so liegt die Ursache auch mit darin, daß Caroline wohl geistiges Klima und produktive Atmosphäre des Kreises wesentlich mitbestimmt, aber kein eigenes Programm vorlegt. Sie weiß, wie sie Novalis gegenüber sagt, „von nichts etwas als von der sittlichen Menschheit und der poetischen Kunst". Und: „blutwenig von der Literaturgeschichte". Alles mündet für sie in Anregungen zur „Kunst, zu leben".

Unter dem Aspekt einer im Goethischen Sinne auf das Harmonische orientierten Lebensauffassung beurteilt sie auch das Schaffen ihrer Freunde. „Sie glauben nicht, wie wenig ich von eurem Wesen begreife, wie wenig ich eigentlich verstehe, was Sie treiben", schreibt sie am 4. Februar 1799 an Novalis. Und: „Was ihr alle zusammen da schaffet, ist mir auch ein rechter Zauberkessel." Caroline wagt aus ihrer stark antireligiösen, ja beinahe atheistischen Haltung Novalis gerade dort zu widersprechen, wo er das Christentum in seine Vorstellung einbezieht. Mit vielen der Produkte aus der Sphäre der „Nebler und Schwebler", wie Caroline mit Goethe sagt, kann sie sich nicht abfinden. Sie liebt poetische Stellen, z. B. die Bergmannslieder im „Ofterdingen", mag Tiecks „Genoveva". Zu seinem „Sternbald" hat sie sich jedoch sehr kritisch geäußert. Grundschwächen der Romantik überhaupt damit treffend: „... es fehlt an durchgreifender Kraft – man hoft immer auf etwas entscheidendes ... Viele liebliche Sonnenaufgänge und Frühlinge sind wieder da; Tag und Nacht wechseln fleißig, Sonne, Mond und Sterne ziehn auf, die Vöglein singen; es ist das alles sehr artig, aber doch leer, und ein kleinlicher Wechsel von Stimmungen und Gefühlen im Sternbald, kleinlich dargestellt."

Es bleibt, wie Hegel das stärker auf den Begriff bringt, „ein Sollen, Bestreben, Sehnen", das „in dieser Einsamkeit..., zu keinem Inhalte, keiner Bestimmung ... im Praktischen sowenig als im Theoretischen zu einer Realität kommt", nur eben die Wirklichkeit „bequengelt". „Diese Subjektivität bleibt Sehnsucht, ... verglimmt in sich..."

Stimmen Carolines Freunde zunächst mit Fichte in dem Kampf gegen die Realität der Feudalgesellschaft – in Illusion über das Wesen der bürgerlichen Revolution – überein, so läßt sie die Verzweiflung über die Ergebnisse der Revolution nur noch krämerhaften Alltag, philisterhafte Enge, platten Ökonomismus empfinden. „... nur die prosaische Fratze" sah er in „unserem ganzen modernen Leben", sagt Heine später über August Wilhelm und über Friedrich, „er fühlte alle Schmerzen der Gegenwart, aber er begriff nicht die Heiligkeit dieser Schmerzen und ihre Notwendigkeit für das künftige Heil der Welt."

Hilflos gegenüber durchaus wahrgenommenen Widersprüchen der neuen geschichtlichen Etappe, überspringen sie die Realität, siedeln das Individuum aus der Geschichte aus und pflanzen es in ein phantastisches Reich der Poesie. „Meine Phantasie wächst, wie meine Hoffnung sinkt", sagt Novalis 1797 und Friedrich Schlegel: „Das wahre Universum ist im Innern."

„... bleiben sie in der magischen Atmosphäre, die sie umgibt, und mitten in einer stürmischen Witterung, mitten unter kümmerlichen Moosmenschen wie eine Geisterfamilie isoliert, so daß keine niedern Bedürfnisse und Sorgen sie anziehen und zu Boden drücken können", schreibt Novalis am 20. Januar 1799 an Caroline. Die „niedern Bedürfnisse" aber beschleunigen das Auseinanderfallen des Kreises. Das Leben aller wird durch nackte Existenzsorgen, durch große sozialökonomische Unsicherheit bestimmt. Der von dieser jungen Schriftstellergeneration erstmals als Gruppe unternommene Versuch, „freiberuflich" zu arbeiten, schlägt fehl, ihre zumeist theoretischen und kritischen Publikationen haben es auf dem literarischen Markt sehr schwer. August Wilhelm verdient sich nach dem Studium sein Geld als Hauslehrer, in Jena dann mit Übersetzungen (hinter der Vielzahl und Schnelligkeit seiner Shakespeare-Übersetzungen steht ein harter ökonomischer Zwang). Die Professur bessert seine finanzielle Lage, aber das akademische Lehramt bietet auch keine hinreichende Lebensbasis. Friedrichs Lage ist noch härter. Im Juni 1800 macht er einen verzweifelten Versuch, in Jena eine Anstellung als Professor zu erhalten. Nach vielen Verhandlungen, begleitet von Intrigen, promoviert er und hält im Winter 1801 als Privatdozent zwei Vorlesungen, die mit einem finanziellen Fiasko enden. Als August Wilhelm 1800 nach Berlin geht und damit seine Jenaer Professur verliert, sind seine Einnahmen als Privatdozent so gering, daß sie für Carolines und sein Leben nicht reichen. Carolines Ersparnisse und ihre Erbschaft sind inzwischen aufgebraucht. In den Briefen der beiden zwischen 1800 und 1803 dominiert das Geldthema schon bis zur Peinlichkeit. Schlegel hat noch jahrelang mit der Abtragung seiner Schulden in Berlin zu tun. Im Februar 1802 muß er von Schelling sechshundert Reichstaler borgen. Zu den sozialen Schwierigkeiten und den divergierenden weltanschaulich-ästhetischen Anschauungen treten persönliche Spannungen und Gegensätze, ja Feindschaften.
Die Beziehungen zwischen Caroline Schlegel und Friedrich Wilhelm Joseph Schelling sind das auslösende Moment. Mit Hölderlin und Hegel hat sich Schelling als Stiftsschüler in Tübingen für die Französische Revolution begeistert. Hochbegabt und kühn greift der junge Philosoph schon mit

seinen ersten Schriften, die großes Aufsehen erregen, in die Epochendebatte ein. Mit dreiundzwanzig Jahren wird er 1798 als Professor an die Jenaer Universität berufen. Goethe veranlaßt es, und er ist Schelling in der Jenaer Zeit und auch später in Freundschaft verbunden. Caroline, die ihn im April 1797 flüchtig in Dresden kennengelernt hat, lädt ihn gleich nach seiner Ankunft in ihr Haus ein. Bald ist er ständiger Gast. Ist es Zufall, daß genau seit der Zeit Carolines Schriftzüge in August Wilhelms Manuskripten nicht mehr zu finden sind? „Was Schelling betrifft, so hat es nie eine sprödere Hülle gegeben. Aber ungeachtet ich nicht sechs Minuten mit ihm zusammen bin ohne Zank, ist er doch weit und breit das Interressanteste was ich kenne", schreibt Caroline am 4. Februar 1799 an Novalis, und dieser erwidert: „Je tiefer ich in die Untiefe von Schellings Weltseele eindringe, desto interessanter wird mir sein Kopf." – „Glauben Sie, Freund, er ist als Mensch interessanter, als sie zugeben", sagt Caroline zu Friedrich; Schelling ist „eine rechte Urnatur, als Mineralie betrachtet, echter Granit".

Der junge Schelling findet in Caroline eine Gesprächspartnerin, eine Freundin. Ihre reife Persönlichkeit beeindruckt ihn. Er liebt sie. „Unter den großen Philosophen ist es nur Schelling", sagt Jaspers, „für den eine Frau durch ihre Persönlichkeit von entscheidender Bedeutung wurde, und zwar nicht nur durch erotische Leidenschaft und menschliche Verbundenheit, sondern in eins damit ursprünglich durch ihr geistiges Wesen. ... Schelling ... wurde erst durch Caroline gelockert zu der Freiheit und Weite, die er erreicht hat."

Und Caroline? Was löst dieser Mann in ihr – der für damalige Begriffe schon alternden Frau – aus? „Wie ich in mir selbst erwachte", schreibt sie ihm später, „da macht es sich so, daß ich lange, lange glaubte, in der Wirklichkeit wäre das Glück niemals zu Hause und nichts, was dem innern Dasein eigentlich entspräche. Und durch diese erste Erziehung bin ich immer ein wenig bescheiden geblieben." Nun, da sie in Schelling dem Menschen begegnet, der eine unbedingte und tiefe Empfindung in ihr weckt, „bescheidet" sie sich nicht mehr. „Wer wollte sich aufopfern, ... das geschieht nur dem ... der Leere zu verbergen hat", hatte Caroline bei ihrem Entschluß, nach Mainz zu gehen, gesagt. Ihr in den revolutionären Umwälzungen gewonnenes unerhörtes Selbstbewußtsein, ihr Mut, sich radikal zu sich zu bekennen, bricht wieder durch. Wir haben aus der Zeit der beginnenden Liebe, der Zeit der vielleicht tiefsten Erschütterung und Beglückung Carolines keine Briefe. Wehrte sie sich gegen diese Liebe? Ihre schwere Krankheit im Spätherbst 1799, in der offensichtlich der innere Konflikt für beide einen Höhepunkt erreichte, und Carolines flehender Brief an Goethe, Schelling Silvester 1799 zu sich zu nehmen, sind die einzigen Zeugnisse.

Den in Carolines und August Wilhelms Haus Versammelten bleibt die Annäherung zwischen Caroline und Schelling nicht verborgen.

„Wegen Schelling und der Schlegelin nimm Dich doch ja in acht!...", schreibt Fichte am 23. Oktober 1799 an seine Frau. „Schelling macht sich einen üblen Namen, und das tut mir sehr leid. Wäre ich persönlich in Jena gegenwärtig, so würde ich warnen ... Macht denn doch der Mann der Sache nicht ein Ende?" Alle Klischees sind hier vereint. Welches Mißverhältnis zu dem, was Fichte in seinen Werken über die Ehe und die Beziehung der Geschlechter schreibt. August Wilhelm denkt nicht daran, ein Ende zu machen. Wie hätte er es auch tun sollen? Doch nur mit den üblichen Gewaltmitteln. Enttäuscht und tief getroffen, stellt er sich den Dingen mit bewundernswerter Sachlichkeit. Anders Friedrich Schlegel und Dorothea Veith. War Friedrich, der vielleicht um des Bruders willen auf Caroline als Frau verzichtet hatte, über die Wendung ganz einfach verbittert? Und Dorothea? Mit fraulichem Spürsinn hat sie bald entdeckt, daß Caroline August Wilhelm nicht liebt; beide verhalten sich, schreibt sie, mehr „als liebende Freunde, es ist nicht viel vom Sakrament zu merken". Warum versagt sie, die gerade den Mut aufbrachte, sich von einem ungeliebten Mann zu trennen, der anderen ebendieses Recht? Wie auch immer die Motive im einzelnen gewesen sein mögen, dies ist der Beginn von persönlichen Zerwürfnissen. Das eigentlich auslösende, zu häßlichsten Verleumdungen und Intrigen gegen Caroline Schlegel und Schelling führende Moment ist aber ein Ereignis, das Caroline auf das tiefste trifft, ihr Lebenskraft und Mut nimmt. Im Sommer 1800 verliert sie ihre fünfzehnjährige Tochter Auguste. Innerhalb weniger Tage

stirbt sie auf einer Reise in Bocklet an der Ruhr.
Caroline ist eine wunderbare Mutter mit für ihre Zeit ganz ungewöhnlichen Vorstellungen von Erziehung. Sie ist ihren Kindern stets Partnerin, Freundin. Sie läßt sie „zu freier Entfaltung" kommen, hält sie „bloß in Entfernung vom Gemeinen". Erziehung ist ihr „nicht Abrichtung" ... „keine Kunst", sondern „nur eine gewiße Unthätigkeit, welche höchstens vor bösen Gewohnheiten zu bewahren und die ersten entscheidenden Eindrücke zu lenken sucht".
Vier Kinder hat sie geboren, drei davon im jüngsten Alter verloren. Der erste Sohn lebt nur wenige Wochen. Ihre kleine Therese stirbt mit drei Jahren. „Ich habe nur noch eins" – Auguste –, „und es ist mir unschätzbar, weil doch meine einzige feste Bestimmung in ihm liegt." Den kleinen „citoyen", für den sie so entschlossene Lebenspläne hat, muß sie zunächst in Lucka bei Pflegeeltern lassen. „Wenn wir allein sind, sprechen wir von ihrem Bruder", schreibt Caroline, „den ich sehr sehr wohl, schön und lebendig verlassen habe." Auguste bewahrt das Geheimnis um den kleinen Bruder, dessen Existenz beide gefährdet. Als Caroline verreist, vermeidet sie den Weg über Leipzig, um nicht der Versuchung anheimzufallen, ihren Sohn zu sehen.
Am 20. April 1795 stirbt der Kleine – anderthalbjährig – an den Frieseln. Caroline ist nicht bei ihm, und sie muß ihren Schmerz verbergen. Das Schicksal, Kinder in sehr frühem Alter zu verlieren, teilt sie bei der damaligen hohen Kindersterblichkeit mit vielen Frauen. Traf sie der Verlust ihrer drei Kinder schwer, so rührte der Verlust des vierten an ihre Lebenssubstanz.
Auguste, die Erstgeborene, hat ihr Leben geteilt, in Mainz, wo sie Forster „Väterchen" nennt, in der Gefangenschaft auf dem Königstein, wo sie die „frühe Vertraute" von Carolines Leiden ist. Die Atmosphäre im Jenaer Kreis bringt ihre Fähigkeiten und Anlagen voll zur Entfaltung. Alle lieben sie, August Wilhelm und Friedrich Schlegel, Schelling. Sie muß ein ungewöhnlich heiteres, natürliches und anziehendes Geschöpf gewesen sein.
Im Sommer 1799 trennt sich Auguste erstmals von der Mutter, geht nach Dessau. Die Briefe, die Caroline ihr dorthin schreibt, ungeduldig auf ihre Rückkehr wartend, sind Zeugnisse ihrer tiefen Bindung an die junge Erwachsene. „Wärst

Du nur erst da, kämst durch die Lüfte geflogen in dichte Schleyer gehüllt ... Du bist eine neue Bekantschaft für mich, mein Töchterchen nicht mehr, sondern ein Schwesterchen aus der Ferne kommend."

Sieht Caroline, vom Verlust der Fünfzehnjährigen tief getroffen, im Tod Augustes ein „Zeichen" gegen ihre „verbotene Liebe"? Wie anders ist es zu erklären, daß sie – die von Religion und Mystik nie etwas wissen wollte – sich von nun ab Schelling verweigert, von ihrer Liebe als einem „Verbrechen" spricht und sich nachdrücklich zur Ehe mit Schlegel bekennt. Stendhal hat in seinem Roman „Rot und Schwarz" in der Gestalt der Madame Rênal psychologisch sehr glaubhaft geschildert, wie die Frau, in jahrtausendelanger Tradition gefangen, in der Krankheit des Kindes ein Zeichen Gottes erkennt und sich zur Sühne vom Geliebten trennt. Die Gesellschaft aber bestärkte sie noch in solch widersinniger Auffassung.

Ist auch für Caroline die Haltung der Gesellschaft vielleicht überhaupt das auslösende Moment? Nicht die Philister, sondern ausgerechnet die, die gegen Krämergeist, verlogene Moral und Spießigkeit angetreten sind, erheben ihre Stimme. Kein Geringerer als Novalis schreibt: „...Wilhelm dauert mich am meisten. Hat ihr Tod einen Zusammenhang mit Carolines Geschichte? ... Der Himmel hat sich ihrer angenommen, da ihre Mutter sie verließ und ihr Vater sie hingab ... Für die Mutter ist es eine ernste Warnung. Ein solches Kind läßt sich nicht so leicht wie ein Liebhaber erhalten. Sie ist nun ganz frei, ganz isoliert." Nimmt Novalis das Wort vom „Sühneopfer" nicht in den Mund, so sprechen es andere aus, Friedrich, Dorothea, Frau Paulus: Caroline habe die Tochter mit Schelling verkuppeln wollen, da sie ihn selbst liebte, mußte diese sterben.

Schelling, der von seinen Eltern aus sofort nach Bocklet kam, als er von Augustes Krankheit erfuhr, wirft man vor, er habe in die Behandlung der Ärzte „hineingepfuscht". Er wandte die damals sehr umstrittene Brownsche Methode an, die Caroline ein Jahr zuvor das Leben gerettet hatte. Einen „vorsätzlichen Totschlag" nennt der Theologe Berg in einer Satire auf Schellings Philosophie Augustes Tod. 1802 werden Caroline und Schelling gezwungen, nochmals die genauen Todesumstände des Mädchens zu rekapitulieren,

um sich zu verteidigen. August Wilhelm stand im Gegensatz zu den Freunden auf Carolines und Schellings Seite, protestierte öffentlich gegen die „Ehrenschändung".
Können diese entwürdigenden Umstände Carolines Verhalten erklären? Ihre Briefe aus den Jahren 1800 bis 1803 zeigen ihren verzweifelten, aussichtslosen, weil widernatürlichen Kampf; den einen, den Geliebten, nicht zu verlieren, den anderen, den in Dankbarkeit und vor Recht und Gesetz verbundenen Mann, zu behalten.
Ihre wundersamen Briefe an Schelling bezeugen, daß dies der einzige Mann ist, dem sie Geliebte, Frau, Freundin und Mitarbeiterin in einem sein wollte und konnte. Im Herbst 1800 bekennt sie sich zu ihrer Liebe. Schellings Ring ist „der einzige echte Trauring für mich, und er bleibt einzeln ... Liebe mich, ich knie vor Dir nieder in Gedanken und bitte Dich darum. ... verlaß mich nicht", fleht sie Schelling an: „Wenn Du mich von Dir losmachen wolltest, so würdest Du mein Leben mit zerreißen." Zugleich lehnt sie ein gemeinsames Leben ab und verweigert sich ihm entschieden als Frau. Ihn durch ihre leidenschaftlichen Geständnisse an sich ziehend und ihn zugleich zurückstoßend, bringt sie den Vierundzwanzigjährigen in eine tiefe Krise.
Die Vorschläge, die Caroline dem Geliebten in ihrer Not macht, die Rollen, die sie ihnen beiden zuteilen will, lesen wir heute nicht ohne Befremden. Sie wünscht sich Schelling als Sohn. Goethe bezeichnet sie als Schellings Vater, sich als seine Mutter: „Er der große Gewaltige und ich als die kleine Frau. Er liebet Dich väterlich, ich Dich mütterlich – was hast du für wunderbare Eltern." Ja, Caroline nennt sich die „sterbliche Mutter" und ihn den „göttlichen Sohn". Sie gibt ihm den „heiligen Segen", „als Deine Mutter begrüße ich Dich, keine Erinnerung soll uns zerrütten. Du bist nun meines Kindes Bruder ... Es ist fortan ein Verbrechen, wenn wir uns etwas anderes sein wollten."
Ganz anders lesen sich die Briefe an August Wilhelm. Keine Überhöhung, keine Gefühlsemphase, aber auch kein echtes Gefühl. Freundschaftlich versucht sie den, der sie im Februar 1800 verlassen hat und nach Berlin ging, zurückzuholen. Sie will ihn wieder als Mittelpunkt des Jenaer Kreises sehen, will nicht wahrhaben, daß die Gruppe endgültig und unwiderruflich zerfallen ist. Zudem überschätzt sie Au-

gust Wilhelms Rolle im Kreise der Jenaer Romantiker. Sie, die immer einen so klaren Blick in der Beurteilung der Dichtung bewies, läßt sich nun verführen, August Wilhelms poetische Leistung überzubewerten. Oder ist es nur Taktik, um den sensiblen und wenig selbstbewußten Schlegel wieder an sich zu binden?
Die Geschichte um sein Drama „Ion" ist aufschlußreich. Goethe studierte das Stück mit großer Sorgfalt am Weimarer Theater ein. Am 3. Januar 1802 wird es uraufgeführt. Caroline bespricht es am 16. Januar in der „Zeitung für die elegante Welt". Ihre Rezension ist freundlich, ausführlich, eigentlich aber eine an der Aufmachung und Darstellungskunst orientierte Beschreibung. Wie anders sollte sie ein solch blutloses und leeres Stück besprechen? Schlegels nach Euripides verfaßtes Drama findet keine gute Aufnahme.
Enttäuscht verteidigt Schlegel sich öffentlich gegen einige Kritiken, auch gegen die Rezension seiner Frau. Caroline wirft er vor, sie kenne kein Griechisch und habe nicht einmal die Übersetzung des Euripides gelesen.
August Wilhelm sieht sich als Dramatiker gescheitert. Was soll er in Jena? Immer wieder schiebt er seine Rückkehr hinaus. Er weiß, Caroline liebt ihn nicht. Was kann ihm das „Gelübd" sein, das sie ihm gibt: „Ich kann niemals Schelling als Freund verleugnen, aber auch in keinem Falle eine Grenze überschreiten, über die wir einverstanden sind."
„Sie macht keine Ansprüche an mich, begleitet aber jede meiner Tätigkeiten und mein ganzes Leben mit reger Teilnahme", sagt August Wilhelm seiner Freundin Sophie. Caroline schreibt fast jeden Tag. Ihre Briefe sind rein berichtend; Mitteilungen, Vorgefallenes, Neuigkeiten, Klatsch. Unfähig, sich zu verstellen, verrät sie sich durch ihren Ton. Zuweilen ist er übernatürlich heiter, hektisch-kokett. Vergleicht man ihn mit den in dieser Zeit an Schelling geschriebenen Briefen, läßt er durch seine Kälte und inneres Unbeteiligtsein ahnen: hier ist die Trennung schon vollzogen.
Als Caroline und Schlegel sich nach langem Drängen von Carolines Seite im März 1802 in Berlin wiedersehn, wird der Bruch vollständig. Sie beschließen, ihre Ehe zu lösen, und werden ein Jahr später, am 17. Mai 1803, geschieden.
Daß ein „freundliches und selbst freundschaftlich zärtliches Verhältnis" zwischen Caroline und ihm immer fortdauern

wird, schreibt August Wilhelm. Und in der Tat, er verhält sich Caroline gegenüber äußerst fair und sachlich. Nie läßt er sich zu gehässigen Äußerungen hinreißen, obwohl mehr als genug durch seinen Bruder und dessen Frau dazu angetrieben. Auch Schelling bleibt er freundschaftlich verbunden, beide hören nicht auf, sich als für gemeinsame Ideen Kämpfende zu betrachten und sich gegenseitig zu unterstützen. Auch bei späteren Begegnungen, so im Mai 1804 in München, fällt kein Wort der Mißachtung, alle sind bemüht, die „Bitterkeit der Erinnerung auszulöschen".

Für Caroline löst schon die Gewißheit der Trennung die Konfliktsituation: „Ich kann Dir nicht ausdrücken, wie ruhig ich seit dem Moment bin, wo wir uns entschieden hatten", schreibt sie im Februar 1803 an die Freundin, „ich bin fast glücklich zu nennen, und meine Gesundheit hat beträchtlich gewonnen."
Caroline und Schelling verlassen Jena. Am 26. Juni 1803 kaum einen Monat nach der Scheidung, werden sie auch vor dem Gesetz Mann und Frau. Schellings Vater traut sie in der Prälatur Murrhardt. Im November des gleichen Jahres ziehen sie nach Würzburg. Schelling ist von der Universität berufen worden.
Beide fühlen sich in dem „verruchten Nest" nicht wohl. Die Würzburger Universität ist von einer religiösen Lehratmosphäre beherrscht, Schellings Ideen sind hier entschieden zu kühn. Angehende Priester z. B. dürfen seine Vorlesungen nicht besuchen. Er wird befehdet und erhält im November 1804 einen scharfen offiziellen Verweis. Gegen Caroline wird eine regelrechte Verleumdungskampagne gestartet. Sollte sich für sie in Würzburg das Gothaer Schicksal wiederholen? Auch hier ist das „politische Urteil schneidend", freilich nicht so, um sich wie dort „erklärt von ihr abzuwenden". Immerhin kam sie als Frau des in ganz Deutschland berühmten Philosophen. Aber: „Ihre Lebensgeschichte ist ziemlich im Umlauf ... sie mochte raisonnieren, soviel sie wollte, so konnte sie weder den Königstein noch Mainz wegwaschen, da wußten die Würzburger sehr gut, was für eine Rolle sie dort gespielt hatte", schreibt Frau Paulus an Charlotte von Schiller nach Jena. Die Würzburger Professorenfrauen in ihrer geistigen Beschränktheit, ihrem

dümmlichen Neid auf Caroline, die so „anders" war, urteilen: „Die Törin! ... Es wäre zweckmäßig für ihre Lage, wenn sie wüßte, wie man eine gute Suppe kocht und eine Wasch behandeln muß." Caroline, die Weibergesellschaften, Teestunden und Kaffeekränzchen sowieso haßt, legt keinen Wert auf den Umgang mit diesen Frauen, „... ich weiß gar zu gut – wie viel – das heißt wie wenig, überhaupt der Haß und die Liebe von dergleichen Wesen wert sind, beides gilt mir keinen Kreuzer".
Trotzdem leidet Caroline darunter. Denn es sind ihre einstigen Freunde Friedrich und Dorothea Schlegel, die sie in Briefen an die mit ihr im gleichen Haus lebende Frau Paulus verleumden. Es ist jener Friedrich, den Carolines Mainzer Schicksal faszinierte, der den großen Forster-Aufsatz verfaßte, der nun – auf die napoleonische Herrschaft in Marburg anspielend – schreibt: „Geht es ihr wohl unter dem Einfluß der Franzosen? Mir deucht, es müßte ihr sehr wohl gehen, von da ging sie aus, nun ist sie wieder da und hat ihren Kreislauf vollendet..." Und er hofft, daß der „Teufel sie bald holen mag...". Schelling empfiehlt er, bei der Entwicklung seiner Theorie der „Gicht, Krätze und Schwerenot" von „seiner Frau als einem treffenden Symbol Gebrauch" zu machen. Dorothea übertrifft Friedrich noch. Sie schreibt von einem „eifrigen Katholiken", der einen „recht kräftigen Exorzismus studiert" hat, um, wenn er nach Würzburg kommt, „... die Legion Teufel aus Madame Luzifer zu bannen...". Mit dem „Teufelsgeißelchen, das die besondere Eigenschaft hat, den Satanas wenn er sich auch in den schönsten Engel verkleidet habe, ... in seiner ursprünglichen Gestalt zu zeigen...", wird er es tun. „Dies ... in einem eleganten Teezirkel heimlich der Madame Luzifer unter den Allerwertesten geschoben, müßte von erfreulicher Wirkung sein. Sind auch in Würzburg die Kamine weit genug zu einer möglichst schnellen Retirade?"
Schillers Wort von der „Dame Luzifer" bekommt in diesem Kontext und auf dem Hintergrund der Wendung Friedrich und Dorothea Schlegels zum Katholizismus und des allgemeinen geistigen und politischen Klimas in der Stadt Würzburg einen äußerst makabren Beigeschmack.
Caroline aber läßt sich nicht beirren, sie bewahrt ihre republikanische Gesinnung. Ein Beispiel: Wie sie in Mainz den

Empfang der Könige und Fürsten durch den Erzherzog vom Standpunkt einer Demokratin als albernes Schauspiel empfunden hat, so sieht sie den des neuen Kurfürsten von Würzburg. Heiter-ironisch beschreibt sie seinen Einzug: „Die Stadt sieht jetzt mit allen den Anstalten wie ein schlechtes Theater bei Tage aus." Die ganz reale Perspektive, von der aus sie den Kurfürsten sieht, wird zum lächerlichen Zerrspiegel: „Von dem Kurfürsten habe ich von oben herab, da er auf unserer Seite saß, gerade die Hände gesehen, die er gleichsam in der Stille rang, und dann rieb er sie sich."
Als Würzburg durch den Krieg Napoleons mit der österreichisch-russischen Armee aus dem bayrischen Staat herausgelöst wird, nehmen Caroline und Schelling das als Gelegenheit, Würzburg zu verlassen. „Schelling hat sich bereits aus der Schlinge gezogen", schreibt Caroline 1806 an die Freundin, „... am 6ten März den neuen Diensteid nicht geleistet, und wir gehen gleich nach Ostern von hier weg, zu meiner großen Freude. Schelling geht nach München und wartet dort seine anderweitige Anstellung ab, ich werde indeß seine Eltern besuchen."
Schelling verläßt Mitte April Würzburg, Caroline folgt ihm erst im Herbst. Ihr bleibt die Arbeit, die Wohnung aufzulösen. Dazwischen ist sie länger krank.

Im Spätherbst 1806 kommt Caroline nach München. Die bayrische Regierung hat Schelling eine Stelle geboten. Wäre Caroline in Jena geblieben, hätte sie den Krieg aus nächster Nähe, vielleicht am eigenen Leib erlebt, denn nach der Schlacht von Jena und Auerstedt wird das Thüringer Land Opfer der Sieger. Besorgt verfolgt Caroline das Schicksal der Freunde, vor allem das Goethes.
München, der Staat Bayern, steht auf der Gegenseite, ist der treue Alliierte Napoleons. „Unser Geschick hat uns allen kriegerischen Szenen bis jetzt entzogen", schreibt Caroline, „aber ... jenes Los der Welt" hat uns „wirklich keinen Augenblick Ruhe gelassen ... mitten in der scheinbaren Ruhe, die wir hier genießen." Und sie fügt einen merkwürdigen Satz hinzu: „Besiegte sind wir zwar sämtlich." Was mag sie meinen? Fühlt sie das Ende einer Epoche, den Zusammenbruch der Hoffnung?
War in Jena, wie sie 1799 schrieb, ihr politisches Interesse

wieder durch die „Teilnehmung an den französischen Begebenheiten, besonders seit Buonaparte Konsul ist, erregt", so wird ihre Haltung zu Napoleon, als sie seine Macht direkt als Bürgerin in Würzburg erfährt, etwas distanzierter. Fragend steht sie seiner Politik gegenüber: „Für mich ist er immer nur noch das personnificierte Schicksal gewesen, das ich nicht hasse und nicht liebe, sondern abwarte, wohin er die Welt führt", schreibt sie am 24. August 1807. Was wird diese Entwicklung bringen? Caroline hat in den letzten Jahren unter den politischen Verhältnissen gelitten, ihnen ratlos und mit berechtigter Angst gegenübergestanden.
Besonders betroffen zeigt sie sich durch die „abscheuliche Verwirrung aller moralischen Dinge". Viel lieber wollte sie „in einem Dorf auf der Schlachtlinie von Jena gewohnt haben und in Staub mit getreten sein", als sich „die Seele davon anstecken lassen". Es sind die politischen Verhältnisse, die sie in ihren letzten Jahren empfinden lassen: „Es liegt ein Druck auf der Welt, unter dem man nicht mehr frei zu atmen vermag." Schelling hat nach ihrem Tode gesagt, daß „... die Zeit der Denunziationen und politischen Verfolgungswut ... gerade auf Carolinen den widrigsten Eindruck" machte.
Zuweilen aber hat sich Caroline in Illusionen gerettet, z. B. über München. Sie glorifizierte die Stadt als ein noch intaktes Refugium. „Wahrlich, wir sind so ziemlich das einzige Land, ..., wo Regent und Volk noch Eins sind", schreibt sie 1808. Das ist kurz nachdem der Kronprinz Schellings Büste „für seine marmorne Gesellschaft großer deutscher Männer" zu haben wünscht. Das ist nachdem Schellings Lage „um ein Ansehnliches dadurch verbessert worden ist, daß ihn der König neben seiner Stelle als Mitglied der Akademie der Wissenschaften zum Generalsekretair der Akademie der bildenden Künste ... ernannt hat. ... Die Rede, welche er am Namenstag des Königs hielt ... hat denn doch die Veranlassung gegeben, daß man ihn eben auf diese Art in mehrere Thätigkeit gesetzt hat", schreibt Caroline und berichtet über die Auszeichnung Schellings mit dem Ritterkreuz des Zivildienstordens der bayrischen Krone: „Mir macht es indeß einiges Vergnügen, daß mein Mann es so weit wie mein Vater gebracht hat."
Nicht ohne Befremden nehmen wir Carolines Haltung zur

Kenntnis. So ganz ohne Fragen und kritische Distanz sieht sie nur, „wie herrlich weit" es ihr Ehemann gebracht hat. Wußte sie von Forsters Anstellung als Hofbibliothekar beim Kurfürsten von Mainz, was diese „gelehrte Galeere" mit sich brachte, hatte sie, als August Wilhelm seine Professur erhielt, nur ironisch heiter von seiner äußeren Anpassung gesprochen, sich im übrigen aber um Höfe und Könige, Privilegien und Titel wenig gekümmert, so ändert sich hier ihr Ton. Das Wort des Königs gilt, seine Anerkennung von Schellings Arbeit macht sie stolz. Ihr Ehrgeiz besteht darin, Schelling in einer guten Position zu sehen.

Caroline findet in der Liebe zu Schelling Erfüllung. Schelling gelingt, was die Brüder Schlegel nicht vermochten: Caroline zu eigenen kleinen Arbeiten zu überreden. In den Jahren 1805 bis 1807 erscheinen sechs Rezensionen. Und sie ist Schellings Sekretärin: „Fast alles, was bei Cotta jetzt unter der Presse ist, ist von meiner Hand..."

Zugleich ist ihr das Leben des Geliebten alles, ihr eigenes wenig. Züge einer Selbstverleugnung ihrer Persönlichkeit, der Aufgabe eines für sie immer so charakteristischen, eigenständigen Urteils sind nicht zu übersehen. „Ich lebe nicht in mir, sondern völlig in Dir", gesteht sie Schelling. „Du, mein Herz, meine Seele, mein Geist, ja auch mein Wille." Demütig bittet sie um die „Befehle" des Gatten, den sie Baal nennt. „... ich habe ... oft vor der verschloßnen Tür gestanden und allerlei Anliegen gehabt, allein Baal war taub, und ich habe mir bald gesagt: Baal dichtet."

Sie, die es einst unverständlich fand, daß Dorothea Veith sich Friedrich Schlegel völlig unterordnet, ihn ihren „Herrn" und „Gott" nennt, verfällt nun der gleichen weiblichen Schwäche. Schellings Geist erscheint ihr „einzig, groß und unerreichbar, ihr eigener dagegen arm und unzulänglich". Schelling wird – es ist peinlich zu lesen – ihr Führer, der ihr das Geheimnis der Identität von Natur und Geist enthüllt, ihr „Prophet", dessen Offenbarungen ihr wie „Worte aus dem Munde Gottes" sind. Wir glauben, Caroline nicht wiederzuerkennen.

Daß dieser realistische und lebenskluge Mensch in den letzten Jahren zur Selbstaufgabe neigt, hängt nicht nur mit ihrer bedingungslosen Liebe zu Schelling zusammen. Es hat einen tiefen Grund: Caroline kann den Schmerz um den

Tod ihrer Tochter nicht überwinden. Als Novalis, neunundzwanzigjährig, im März 1801 stirbt, schreibt sie: „Hardenberg ist also in Ruhe, wohin meine Seele auch so gern gelangen möchte." – „Ich lebe nur noch halb und wandle wie ein Schatten auf der Erde", sagte sie nach Augustes Tod, und dieses Gefühl beherrscht sie in den letzten Lebensjahren immer ausschließlicher. Die Verzweiflung über den Verlust des Kindes läßt Caroline dem romantischen Kult des Übersinnlichen und Unendlichen zugänglich werden. Irrationale Momente tauchen in ihrem Denken auf. Schellings physikalische Untersuchungen, die das Verwobensein des Menschen mit dem ganzen Universum nachweisen wollen, sieht Caroline als eine Möglichkeit, sich mit dem toten Kind zu vereinigen. Nicht eine ästhetisch stilisierte Todesmystik wie bei Novalis finden wir bei Caroline, die ihr erwächst aus dem Nichtbewältigen ihres persönlichen Schmerzes.

1806 hat Carolines bewegte Teilnahme an den Zeitereignissen sie sagen lassen, „das allgemeine Weh verweist alle meine Schmerzen zur Ruhe". Auch 1808 wird für sie nochmals ein Jahr erneuten Lebensmutes. Der produktiv-lebendigen Atmosphäre des Jenaer Kreises trauert Caroline auch in München nach. „O wie sind die einst zu Jena in einem kleinen Kreis Versammelten nun über alle Welt zerstreut."

Im Herbst 1808 aber kommt Ludwig Tieck nach München und liest in Carolines und Schellings Haus des Abends seine neuen Stücke vor. Der Bildhauer Tieck, Sophie Bernhardi, Clemens Brentano und seine Schwester Bettina weilen in München. „Es läßt sich überhaupt dazu an, als würde sich hier ein Sammelplatz bilden, wie Jena war, eine Menge Faden laufen hier wieder zusammen...", frohlockt Caroline, die sich aber sehr bald in ihren Hoffnungen getäuscht sieht und sich von den Freunden zurückzieht. Vor allem ihre Lebensweise, ihr unstetes Wanderleben stößt Caroline ab. Freilich äußert sie sich nur zu Erscheinungsformen, fragt nicht nach Ursachen. Und es ist nicht zu übersehen, daß sie zuweilen in den ihr früher so verhaßten Ton des Klatsches verfällt, wenn sie Sophie Bernhardi als „eine ganz verrückte Person" bezeichnet, „falsch wie eine Katze, treulos gegen jedermann, voller Lügen und Streiche"; oder wenn sie vom Standpunkt der sozial gesicherten Professorenfrau über die Geldangelegenheiten der Familie Tieck spricht. Das Urteil Carolines über den in München weilenden Clemens Brentano, der sich durch Reisen und Geschäftigkeiten über innere und äußere Haltlosigkeiten hinwegtäuscht, ist nicht weniger hart. Hat Caroline Kommendes geahnt? Den künstlerischen und geistigen Selbstmord, den Brentano fast zehn Jahre später mit seinem Kniefall vor dem römischen Klerus begehen wird? Scharf hat sie Friedrichs und Dorotheas Wendung zum Katholizismus verurteilt: „Friedrich hat die Anlage, ein Ketzerverfolger zu werden"; im Übertritt anderer sieht sie das rein Äußerliche: „Ich habe nie unfrömmere, in Gottes Hand weniger ergebene Menschen gesehn als diese Gläubigen."

„Mein Kummer ist nur, daß sie alle miteinander nichts mehr dichten –." Caroline fühlt, daß bohemehaftes Leben, Berufslosigkeit und Zweifel an der Berufung die Produktivität ihrer einstigen Freunde erstickt. „– Ach, wie sind jene von der Bahn abgewichen –", klagt sie. „Ich habe sie alle in ihrer Unschuld, in ihrer besten Zeit gekannt."

Im Frühjahr 1809 beginnt der Krieg Österreichs gegen das mit Frankreich verbündete Bayern. Die Hoffnungen von Caroline und Schelling, nach Italien zu reisen, zerschlagen sich. Durch die Wirren des Krieges, die Landstraßen sind von Truppen verstopft, fahren sie zu Schellings Eltern. Von einer dreitägigen Fußwanderung, die sie von dort aus unternehmen, heimgekehrt, fühlt sich Caroline unwohl. Sie hat sich die Ruhr zugezogen. Vier Tage später, am 7. September, stirbt sie. Am Abend des 10. September 1809 wird sie in Maulbronn hinter der Klosterkirche beigesetzt. Sechsundvierzig Jahre hat Caroline gelebt.

Sie hatte das seltene Glück, den Persönlichkeiten, mit denen sie in Freundschaft verkehrte oder in Liebe verbunden war, immer zu einem Zeitpunkt zu begegnen, da diese ihre schöpferischste Lebensphase hatten.

Sie erlebte Georg Forster in den zwei Jahren, da er seine ganze praktische und theoretische Lebenskenntnis in die Waagschale warf und in einem unvergleichlich kühnen historischen Experiment die Französische Revolution auf deutschem Boden hinübertrug.

Sie war dem jungen Friedrich Schlegel in den Jahren Vertraute und Lehrmeisterin, da dieser geniale Mann, angeregt durch die Ereignisse in Frankreich, als Kopf einer jungen progressiven Bewegung literaturtheoretische und ästheti-

sche Impulse vermittelte, die international ausstrahlen und lange nachwirken sollten.
Sie verbrachte die Jahre 1794 bis 1800 an der Seite A. W. Schlegels, als er das „Athenäum" mitbegründete und sich mit den Arbeiten über Goethe und durch die Shakespeare-Übersetzungen bleibende Verdienste erwarb.
Sie liebte Friedrich Wilhelm Joseph Schelling, als er dreiundzwanzigjährig seinen philosophischen Siegeszug an der Jenaer Universität begann, durchlebte an seiner Seite und dann als seine Ehefrau seine produktivsten und schaffensreichsten Jahre.
Es blieb ihr erspart, August Wilhelms Bedeutungslosigkeit, Friedrichs Übergang zu spekulativer Mystik mit anzusehen. Und vor allem blieb es ihr erspart, zu erleben, wie Schelling ein anderer wurde, viele Jahre schwieg, sich vom Zeitgeschehen abwandte und in den vierziger Jahren dann in Berlin eine „Philosophie der Mythologie und Offenbarung" lehrte; er, der doch, wie Engels sagt, einst die „Torflügel des Philosophierens weit aufriß, daß der frische Hauch der Natur durch die Räume der abstrakten Gedanken wehte".
Ein Paradoxon: Carolines früher Tod bewahrt sie vor der Gefahr eines möglichen „Salto mortale in den Abgrund der göttlichen Barmherzigkeit". Die Schatten, die in späteren Jahren auf die Genannten fallen, hätten auch ihre Persönlichkeit verdunkeln können. So aber tritt Carolines Gestalt uns in ihrer demokratischen und republikanischen Gesinnung, in ungebrochener Menschlichkeit entgegen.
Ihre Briefe lassen uns auf erregende Weise erkennen: Carolines Leben war widerspruchsreich, reich, unerfüllt und erfüllt. Heiterkeit, feine Ironie und Lakonismus zeugen von der Souveränität, mit der sie ihr wechselvolles Leben meistert. Ebenso ihre feine Beobachtungsgabe, die lebhafte Empfänglichkeit und ihr sicheres politisches und ästhetisches Urteil! Der Reichtum ihres Lebens erschließt sich uns in der Mannigfaltigkeit ihrer Gedanken und Gefühle, im unverstellten Aussprechen ihrer Wünsche und Sehnsüchte. So natürlich, wie sie war, schrieb sie. Sie erarbeitete sich einen Briefstil, der völlig ungekünstelt ist. Darin bestand ihre Kunst.
Zu Carolines Zeit, in der zweiten Hälfte des 18. Jahrhunderts, blüht die Kultur des Briefes. Auch die Briefe der jun-

gen Caroline bezeugen, dies gehört zum guten Ton. Aber schon die aus Clausthal haben eine andere Funktion. Sie sind aus Einsamkeit und Verzweiflung geborene Versuche einer Selbstanalyse und Kommunikation mit der Welt, die freilich eng genug ist: die Schwester, Meyer, der Hofbibliotheksrat. Für Männer sind Briefe – wie die von Forster, Lichtenberg, Humboldt und anderen belegen – Möglichkeiten, mit der sie interessierenden geistigen und wissenschaftlichen Welt Europas Verbindungen herzustellen.
Carolines Briefe aus Göttingen und Marburg sind eigentlich Tagebücher. Der Adressat, ein sich interessant gebender eitler Scharlatan, ist völlig unwichtig. Caroline enthüllt, was sie im Innersten erregt und bewegt, debattiert ihre Lebenspläne. Der Freund, dessen Antworten wir nicht kennen, ist Medium, das ihre psychische Entspannung, ihren Drang nach Auseinandersetzung mit sich selbst ermöglicht. Der bekenntnishafte, das Innerste enthüllende Ton der Briefe vor ihrem Entschluß, nach Mainz zu gehen, wird sich nur noch einmal wiederholen: in den Liebesbriefen der reifen Caroline an Schelling. Sie sind auch die einzigen Zeugnisse, wo sich Caroline ganz unverstellt, naiv, bedingungslos in einer großen Zärtlichkeit und Leidenschaft einem Mann gegenüber ausspricht. Einen ebenso menschlich tief berührenden Ton haben die Briefe an die Tochter Auguste.
Andere Briefpartner forderten Carolines geistige Potenzen heraus, so Novalis und Friedrich Schlegel. Ob Georg Forster und Gottfried August Bürger dies gleichermaßen gelang, entzieht sich unserer Kenntnis. Die Briefe sind nicht erhalten. Die Briefe aus Mainz und aus Jena sind aber gleichermaßen interessant als politische Dokumente und Zeugnisse einer bedeutenden literaturgeschichtlichen Gruppierung wie als ganz persönliche Bekenntnisse Carolines. Die späten Briefe aus München geben im wesentlichen Zeitvorgänge, Carolines Erlebnis- und Erfahrungssphäre wieder; weniger enthüllt sich uns ihr Inneres.
Carolines Briefe lesen wir als Selbstaussagen eines bedeutenden Menschen, versuchen sie aus ihrer Zeit und aus unserer Zeit heraus zu verstehen, nehmen „die Dokumente eigner verworrner Begebenheiten" ... als eine uns „interessirende Erfahrung".

Berlin, Februar 1978 *Sigrid Damm*

I.

Briefe der jungen Caroline aus Göttingen
1778–1784

> *„Soll ich Dir noch eins sagen, das auch wohl Folge einer kleinen Sonderbarkeit ist, ich würde, wenn ich ganz mein eigner Herr wäre, und außerdem in einer anständigen und angenehmen Lage leben könte, weit lieber gar nicht heyrathen, und auf andre Art der Welt zu nuzen suchen."*

1 AN LUISE STIELER

Göttingen d. 7. Oct. 1778

Könt ich Dir doch, beste theüerste Freündinn, die Empfindungen meines Herzens ausdrüken! Aber ich kans nicht, und warum solt ich etwas unternehmen, wovon ich schon zum voraus sehe, daß ich nie Worte genug werde finden, die Dir ganz das sagten, was mein dankbahres Herz für Dich fühlt! Mit welcher Schonung tröstest Du mich. Nein, Louise, ich kan nie ganz unglüklich seyn, da Du meine Freündinn bist. Glaub es nur, ich bin keine Schwärmerinn, keine Enthousiastinn, meine Gedanken sind das Resultat von meiner, wens möglich ist, bei kalten Blut angestellten Überlegung. Ich bin gar nicht mit mir zufrieden, mein Herz ist sich keinen Augenblick selbst gleich, es ist so unbeständig, Du must das selbst wißen, da Dir meine Briefe immer meine ganze Seele schildern. Ich habe wahres festes Vertrauen auf Gott, ich bitte ihn so sehnlich mich glücklich zu machen, aber ich habe so verschiedne Wünsche, wodurch ich das zu werden suchte, daß, wenn er sie alle nach meiner Phantasie erfüllen wolte, ich nothwendig unglüklich werden müste. Du mein Gott, der du mein Herz kenst, der du mich schufst, erfülle keinen Wunsch, der dir misfällig, ich verlaße mich auf dich!

Hätte ich nicht ein so muntres Temperament als ich wirklich besize, wie würds da um mich aussehen! Wie viele Ursachen zur Betrübniß habe ich nicht, und doch vergeße ich sie so leicht, tröste mich so gut ich kann und laße Gott für das Übrige sorgen. Daß mir meine Geschwister von meiner Mutter vorgezogen werden, ist das nicht schon Kränkung genug? dazu komt eine so fehlgeschlagne Erwartung, und doch will ich die am leichtesten verschmerzen; aber, meinen guten Nahmen verlohren zu haben, doch so arg ists vielleicht nicht, meine Einbildungskraft vergrößert mir mein Unglük, aber doch bin ich wenigstens das Gespräch des schlechtern Theils unsrer Stadt, und das durch eine Ursache, an der ich so wahrhaftig unschuldig bin, bloß meine Unbesonnenheit hat mich da hieneingestürzt, ich darfs Dir nicht schreiben, weils meine Mutter verboten hat, Du weist noch gar nichts davon. Habe ich einmal eine einsame Stunde, wo ich nicht fürchten darf überrascht zu werden, so solst Du es erfahren, aber bis dahin bitte ich Dich laß Dir nichts davon merken.

Mein Bruder ist glüklich in London angekommen. Aber Louise, kein Wort, kein einziges Wort von ihm in Deinem lezten Briefe, warumm nicht? fürchtest Du Dich ihn zu bedauren? lieber hättest Du es nur von Grund des Herzens thun sollen, als diese Furcht davor, Dein Stillschweigen verrieth mehr als die beredteste Theilnehmung hätte thun können. Er geht nach America als Stabs Medicus bei den Heßen, die Bedingungen sind sehr vortheilhaft, und wenn er wieder zurükköomt, so ist ihm eine Versorgung auf Lebenszeit gewiß. Ich bin sehr betrübt darüber, die anscheinende Lebens Gefahr bei dieser Bedienung durchdringt mich mit Furcht, und ich weis gewiß, das gütige theilnehmende Herz meiner Louise wird meine Besorgniße theilen, solte sie es auch nur durch Stillschweigen zu erkennen geben. Nicht wahr, meine Beste.

Ganz gewiß ist die Sache noch nicht, es beruht aber nur jezt bloß auf seiner Entscheidung, und da habe ich nicht viel mehr Hofnung übrig, daß die Sache noch zurükgehen könte, Du weist wie er ist, sein entschloßnes Temperament scheüt keine Gefahr, ich fürchte also Europa verliert ihn. Wenn nur sein Leben nicht in Gefahr wäre. Gott beschüze ihn!…

Mache an Deinen lieben Vater tausend Emphelungen von mir, vergist er auch mich wohl, bringe Du mich wieder bei ihm in Errinrung. Deiner lieben Mutter küße die Hände in meinen Nahmen, Deine lieben Geschwister umarme statt meiner, und Du, meine theüre Louise, waß kann, waß soll ich Dir sagen, daß im Stande wäre nur das geringste von dem auszudrüken, waß ich für Dich fühle.

Caroline Michaelis.

2 AN LUISE STIELER

Göttingen den 15ten May 1780
... Ob ich Oberon gelesen habe, ob er mir gefallen hat? Welch eine Frage, wie könt ich sonst leben? Wo ist der Mensch, der *so schiefen Kopfs und harten Sinns* gewesen wäre nicht darüber *entzückt* zu seyn. – Im Ernst aber, er hat mir sehr gut gefallen und ich wüste in der Art nicht leicht etwas interreßanters gelesen zu haben. ...

3 AN LUISE GOTTER

Göttingen d. 8. September 1780
... Du kenst doch gewiß, Dank seys der Göttin des Ruhms! unsre göttingische Muse Mlle Gatterer, und ihre Gedichte. Wie wahr ist doch das Sprichwort: Kein Prophet gilt in seinen Vaterlande, und wie sehr recht hat Miss G., wenn sie sagt, man weiß mich hier nicht zu schäzen. Hier redt man nicht von ihr, man bewundert sie nicht, ohngeachtet ihres lebhaften Verstands, ihres feurigen Wizes, der lezte hat im Gegentheil [sie] schon manchen Unannehmlichkeiten bloß gestellt, und kaum läst sie sich auswärts blicken, so ist alles voll von ihr. Sie hat kürzlich eine Reise nach Caßel gemacht, und hat so viel Beyfall gefunden, daß man fürchtet, sie werde ganz betäubt davon werden. Tischbein hat sie gemahlt als Muse in einem himmelblauen Gewand, auf die Leyer gestüzt und einen Kranz von Lorbeern und Rosen im Haar. Ein Bild hat er ihr im schönen Rahmen hieher geschickt, das zweyte hat er behalten, das dritte ist in der Caßelschen Bilder Gallerie aufgestellt worden. Sie ist nichts wenger als schön, das Portrait soll ähnlich seyn und doch

hübsch. Das ist das schöne der Kunst. Aber was würde nicht Tischbeins Pinsel verschönern? ... Kurz ihr ist so viel Ehre wiederfahren, daß es kein Wunder ist, wenn ihr der Kopf schwindelt. Vor den Leipziger Almanach wird sie in Kupfer gestochen werden.
Zu diesem allen sezt nun noch die leidige Medisance so sehr viel zu, waß sie alles von sich selbst bey diesen Gelegenheiten gesagt haben soll, daß ichs nicht wiederholen will, weil vermuthlich der gröste Theil falsch ist. Wenn die Gatterer aber mehr Bescheidenheit hätte, so würde sie noch sehr viel liebenswürdiger. Ihr Herz ist gewiß gut, ihr Verstand untadelhaft, aber für ein Frauenzimmer hat sie zu viel Muth, denkt und redt zu frey, hat überhaupt so wenig vom sanften weiblichen Charakter, als daß sie aus dem Gesichtspunkt betrachtet gefallen würde. Ich habe Briefe von ihr, denn ich habe hier mit ihr correspondirt, die ihr immer Ehre machen.

4   AN LUISE GOTTER
Göttingen d. 12. Januar 1781
... Daß doch die alten Onkels und Tanten immer und ewig alles Unheil stiften müssen. Ich wolte, sie ließen endlich einmal die liebe Jugend in Frieden die mühselige Lebensbahn durchwandern, quälten die Leute nicht mehr und begäben sich zur Ruhe. Stell Dir vor, da hat der arme Link so einen alten Abscheu von Onkel, der unglücklicher weise sein Vormund seyn muß, und noch überdies sein zeitliches Glück so ziemlich in Händen hat, denn er ist reich. Der läst sich einfallen, alle Briefe von Links Freund aus Göttingen aufzufangen, und entblödet sich nicht allein sie zurückzuhalten, sondern möchte ihm auch gar zu gern mit eigner hoher Hand eine liebe Frau geben. Wahrhaftig es ist unausstehlich! Ist je ein solcher Frevel erfunden worden? ... Was wird draus werden? Nächstens werd ich Euch ein Avertissement eines Romans, betitelt: Der alte Onkel, schicken, den ich auf Subscription und Praenumeration herauszugeben gedenke, troz Herr Wezels Gefahren der Empfindsamkeit! Ich lache wohl drüber, aber freylich wie einer der mit Thränen in den Augen den Mund zum Lächeln zieht. Du frugst

mich, liebe Louise, ob ich an Linken geschrieben hätte. Nein, das würde weder mit meiner Pflicht, noch mit meinen Grundsäzen bestehn können. L. correspondirt blos mit seinem Freund, der ihm wohl Nachricht von mir giebt, aber dem ich weder etwas an ihn, noch er etwas an mich aufträgt. Weiter werde ich mich nicht einlaßen. Ich bin nicht so romanhaft gesint, daß ich dächte, L. oder keinen, und da ich das nicht bin, so würd ich schlecht zu handeln glauben, wenn ich weiter ginge. Beste theure Louise, ich will nicht meine guten Eltern, meinen geliebten Bruder betrüben, nicht meiner Schwester Fehler durch mein Beyspiel rechtfertigen, nicht meiner Louise Freundschaft unwerth handeln, und wäre die Stimme der Leidenschaft auch noch so stark, so würd ich mich dennoch besiegen, denn die Redlichkeit meiner Gesinnungen und gutes Herz sind mir mehr wehrt als zeitliches Glück. So denk ich jezt, und Gott erhöre mein ernstliches Gebet, daß ich immer so denken möge. – In Gotha habe ich Link kaum genant, ich wollte, mochte nicht mich meinen Ideen zu sehr überlaßen, auch bitt ich Dich, antworte mir lieber nicht hierauf, denn es erneuert nur immer ein Andenken, daß ich, wo nicht ganz unterdrücken, doch nicht zu lebhaft werden laßen sollte. Also auf lange lange Zeit leb wohl, Lieb! Du warst gut und liebenswürdig, und Dein Schicksaal müße glücklich seyn!
… Jeder neue Brief von Lotten macht sie mir immer lieber. Ich kan das nicht beschreiben, welche Freude ich über ihre Beßrung empfinde, sie belohnt mich beynah für die trüben Stunden deren mir das arme irrende Mädchen so viel gemacht hat. Wenn sie will, so kan sie sehr gut werden. Heute habe ich einen Brief von Therese Heyne gelesen, der mich beynah wieder mit ihr ausgesöhnt hat. Er war an Lotten, sie werden immer offen in unser Haus geschickt, nachdem meine Mutter Mad. Heyne ihre Besorgniß mitgetheilt hat, daß durch ihre Töchter, die ganz auf Hockels Seite sind, Lotte etwas von diesen erfahren möchte. Vielleicht bekömst Du ihn auch zu lesen, denn ich weiß eben durch die Briefe von Theresen, daß Dein Mann welche davon gesehn hat. Er wird Deinen Beyfall haben, so wie er den meinigen ganz hatte. Das war eben die Seite, durch welche Therese mich blendete. Sie hat auch wirklich diese Grundsäze, das glaub ich immer behaupten zu können. Aber jezt wird sie zu sehr

vom Wirbel fortgerißen, als daß sie sie so wie sonst ausüben könte. Man verzeiht ihr nur ihr sehr freyes Wesen eher, weil es in ihren Temperament zu liegen scheint. Sie spricht unaufhörlich und immer wizig, daher wird sie einigen unerträglich und blendet manche. Im Ganzen ist man ihr nicht gut, aber sie hat verschiedne declarirte Anbeter. Heimliche Schritte wird man ihr aber nicht Schuld geben können, doch würde ihr Ruf auch nicht sich so erhalten haben, wenn sie das Ansehn ihrer Mutter nicht schüzte, da diese die Tochter eines Mannes ist, von dem beynah die Universität abhängt, in Hannover viel Freunde hat und überdem eine würdige Frau ist. Mit Damens hat die Heynen so wenig wie die Blumenbach Umgang, aber sie sind bey allen möglichen öffentlichen Belustigungen und versäumen sie nie, Heynens sind jedesmal die ersten, die dabey genant werden. Sie haben also blos mit Herrens Umgang, die auch meistentheils in ihr Haus freyen Zutritt haben. Das verleitet, fürchte ich, Theresen Schritte zu thun, die sich nicht mit ihren ehemaligen Reden reimen. Aber bey allen ihren guten Grundsäzen, hat sie viel Falschheit und – ich will nicht so streng seyn zu sagen, ein böses Herz, aber doch auch nicht die geringste Gutherzigkeit. Da ich noch so vertraut mit ihr war, warnte mich mancher vor sie, man bat mich so oft ihr nicht zu trauen, aber Du weist, wie ich bin, ich vertheidigte sie immer mit dem grösten Feuer, man konte mich nicht bittrer kränken, als wenn man mir übel von ihr redte. Hätt ich nur gefolgt. Sie hat mich nunmehr Mistrauen gelehrt, aber die Erfahrung ist mir sehr sehr theuer zu stehn gekommen. Sie brach mit mir plözlich unter dem unbedeutendsten Vorwand, ich war untröstlich, und ob ich gleich auf meine Unschuld hätte stolz seyn können, so gab ich ihr doch die besten Worte. Umsonst, sie antwortete mir mit der bittersten Verachtung! Da erhob sich das Gefühl meiner selbst, ich ward aufgebracht. Und nun lockte sie mich wieder durch Freundlichkeit, um mich wieder zurückzustoßen. Das geschah vor einem Jahr. Seitdem kamen wir gar nicht zusammen, sie wählte sich eine andere Vertraute, und ich hätte sie vergessen, wenn ich da nicht aufeinmal, durch Lottens Brief an Hockel, den wir fanden, entdeckt hätte, waß sie gegen mich im Sinn hatte. Sie war mit dieser nachgrade bekanter worden, und da sonst Lotte nicht einmal mit mir zu Heynens gehn durfte, weil sie Verführung für die jüngere Tochter Marianne befürchteten, so ward sie nun der Gegenstand der Zuneigung, weil sie, da ich unmöglich ihres Betragens wegen auf ihrer Seite seyn konte, auch nicht auf der meinigen war. Lotte bekam also den Auftrag aus meinen Papieren Theresens Briefe zu suchen, und wenn sie sie zurückhätte und nicht eine ähnliche Rache befürchten dürfe, so wolte sie die meinigen an sie auszubreiten suchen, Hockel war mit in dieser Verschwörung. Ich sank nieder, wie ich den Brief las – o meine Louise, wie gern dankte ich dir in diesen Augenblick, daß Du fern von Falsch meine wahre Freundinn bist, ich kans nicht, glaub aber nur, daß mein Herz ihn fühlt. – Denselben Tag schrieb sie mir ein Billet und forderte ihre Briefe zurück, denn da sie alle verbrannt waren, hatte Lotte keine finden können. Meine Mutter antwortete für mich, daß ich keine mehr hätte. Nun brach das ganze Ungewitter auf mich los. Therese und Hockel mit seinen Anhängern suchten mich auf alle ersinnliche Weise zu stürzen und aufs empfindlichste zu kränken. Ach es gelang ihnen nur zu gut! Wenn gleich nicht das erste, aber das lezte ganz. Ich habe alles gelitten, was nur eine jugendliche Seele leiden konte. Es zerrüttete meinen ganzen Körper. Ich unterlag bald meinen Schmerz, aber O Religion, Du Trösterinn der Allertrostlosesten! Dir dank [ich]s daß ich nicht verzweifelte, und nun wieder zu einen Grad von Ruhe gelangt bin. Gott beßerte mein Herz und zog mich zu sich.

Dazu kam noch die ewige Besorgniß wegen Lotten, und die unnenbaren Arten, durch die sie mich täglich kränkte, die im Grund Kleinigkeiten sind, aber ein fühlbarers Herz tief rühren. Denk Dir also meine entsezliche Lage, ach liebe Louise, wie manche Nacht hab ich durchweint, wie oft erblickte ich das Licht des Tages ohn ein Auge geschloßen zu haben. Die Reise zu Dir gab mir wieder neues Leben, und befreyte mich zugleich von einen Theil meines Kummers. Ich will auch nun nicht mehr klagen, ich habe doch viel Freunde in Familien, und da ich nicht mehr im rauschenden Zirkel von Göttingen bin, und nicht den mindesten Anlaß geben kan übel von mir zu reden, so wird Meiner Feinde Rache von selbst unkräftig werden. Ich habe nie von Theresen übel gesprochen, und werde es nie thun, aber ich

weiß, daß sie sogar im Gespräch mit Studenten meinen Nahmen aufs bitterste schmäht. Äußerlich ist sie, wenn wir von ohngefähr wo zusamen kommen, sehr freundlich. Wie oft fält mir dann Leisewizens Schildrung einer solchen Lage in Guidos von Tarent Munde ein. Sie hat nun wieder neben Lotten eine neue Freundinn; die nach mir folgte, ist schon wieder vergeßen. Über Blumenbach und seine Frau spottete sie sonst, auch wo keine Ursach war, jezt ist sie mit Leib und Seele die ihrige. Friedericke Böhmer ist zu sehr meine Freundinn, überdem ist der Contrast was Schönheit betrift zu groß, als daß sie ihr gut seyn könte, denn das Therese häßlich ist, das ist die allgemeine Stimme.
Wer war nun Anstifter alles des Unheils? Link war der unschuldige Urheber, er, der sein Leben gegeben hätte mir zu dienen. Es war gut, daß er bey allen diesen Scenen nicht mehr hier war, er wäre rasend geworden, und um sich zu rächen hätte er uns beyde unglücklich gemacht. Sie glaubte, er mache ihr die Cour, weil er sich mit ihren Wiz amüsirte, das schrieb sie mir so deutlich, wie ichs Dir hier sage. Sie fand sich nachher betrogen und war ihm gut – –
Ich möchte ihm wohl gram drum seyn, wenn ich nur könte. Bey dem allen glaube ich, daß Therese, ohne diese unselige Anlage zur Falschheit, mit etwas Dämpfung ihrer zu großen Lebhaftigkeit ein vorzügliches Mädchen seyn würde. Sie hat ihr Gefühl für Religion, so lang ich sie kante, nie verläugnet, aber wozu kan nicht verschmähte Neigung und Mangel an Gutherzigkeit verbunden, fähig machen. Ich werde nicht unversöhnlich seyn, aber ich fürchte sie ists, denn wer beleidigt hat, verzeiht dem andern Theil eignes Unrecht schwerer, als der Beleidigte jenem das seinige....

5 AN LUISE GOTTER

[Göttingen Ende Oktober 1781]

[Anfang fehlt]
... Du hast Schlözer und seine Tochter kennen gelernt. Was sagst Du zu dieser Reise, und zu der sonderbaren Erziehung? Ich wundre mich, daß ein Mann mit so viel feinen, durchdringenden, umfaßenden Verstand, zuweilen mit so wenig Vernunft handelt. Es ist wahr, Dortchen hat unend-

lich viel Talent und Geist, aber zu ihren Unglück, denn mit diesen Anlagen und den bizarren Projecten des Vaters, die sie zu der höchsten Eitelkeit reizen werden, kan sie weder wahres Glück noch Achtung erwarten. Man schäzt ein Frauenzimmer nur nach dem, was sie als Frauenzimmer ist. Ein redendes Beyspiel davon habe ich an der Prinzeßin von Gallizin, die hier war, gesehen, sie war eine Fürstinn, hatte viel Gelehrsamkeit und Kentniße, und war mit alledem der Gegenstand des Spotts, und nichts weniger wie geehrt. Dortchen wird eine andre Gallizin werden. Zumal da der Vater sehr reich ist, und alle seine Absichten durchsezen kan. Und nun diese Reise, die Vater und Tochter den dringendsten Gefahren aussezt; nach einem Lande, wie Italien ist, ein junges Mädchen, solte sie auch noch ein Kind seyn, ohne weibliche Aufsicht! Und der Vater, da die Reise durch Länder geht, wo er von der Rache der Jesuiten, denen er durch sein Journal wesentlichen Schaden gethan hat, alles befürchten muß, wenn ich alles andre nicht rechnen will; und durch die Schweiz darf er gar nicht einmal reisen, das weis er auch wohl. Er hat im lezten Heft von Lichtenbergs Magazin etwas eingerückt von Wasers Todt, das eine Revolte in der Schweiz hervorbringen kan, und unsre hiesigen Schweizer sind so wüthend aufgebracht gegen ihn, daß ich froh bin, daß er schon weg war, wie der Aufsaz erst erschien. Alle seine Freunde, und vorzüglich mein Vater, thun ihm oft genug Vorstellungen, aber er ist taub, sein Wiz, sein beißender treffender Wiz verleitet ihn, er kan keinen satyrischen Gedanken unterdrücken, und wär er noch so bitter. Und doch hat er gewiß einen guten Charakter. – Nikolai war denn auch hier, und was [wars?] freylich selbst der mir sagte, daß er einen Tag länger geblieben wäre um *Dich* spielen zu sehn. Sein Aeußerliches gefält mir sehr gut, aber ich halte mehr von seinem Verstande wie von seinem Herzen, der Sohn gefiel mir ganz wohl. Sie soupirten bey uns.

Der Auszug vom Göthischen Stück, für den ich Dir sehr danke, macht mich sehr begierig die Ausführung zu sehn, die aber freylich interreßanter seyn muß wie der simple Plan, wenn sie die Ehre haben soll mir zu gefallen. Wär Dirs nicht möglich mir etwas davon zu schicken, denn Deine Rolle hast Du doch wohl. Schade daß Göthe, der so ganz herrlich, so hinreißend schön schreibt, so sonderbare Gegenstände wählt; und doch kan ich weder seinen Werther, noch Stella, noch die Geschwister unnatürlich nennen, es ist so romanhaft, und liegt doch auch so ganz in der Natur, wenn man sich nur mit ein bischen Einbildungskraft hineinphantasirt. – Sag doch Deinem lieben Mann, daß Meyer hier den Graf Eßex über alle Beschreibung schön gespielt hat, er ist vergöttert worden und man wußte ihm nicht genug Bewundrung zu bezeugen, es ist aber auch ganz seine Rolle, tausendmal hätte ich Deinen Mann hergewünscht. Zweytens sag ihm, daß ich mich neulich sehr über die Entdeckung gefreut habe, daß er einen gewißen Grafen Lichnovsky und Hrn. von Berg, beyde die besten unverdorbensten Seelen, kent. Berg ist auf Reisen gegangen. Man glaubte nicht, daß er sein Vaterland wieder sehn würde, aber seine Gesundheit stärkt sich. Der arme Graf, der mir seines ofnen, unbefangnen Charakters, und seines kunstloosen, gar nicht pretension machenden Verstands [wegen] vorzüglich interreßant ist, ist so schwächlich, daß man sehr um ihn besorgt ist. Er schäzt Deinen lieben Mann ganz außerordentlich, so kurze Zeit er ihn gesehn hat, und wünscht sehr Gotha noch einmal zu sehn....

6 AN LUISE GOTTER

Göttingen den 1. November 1781
... Vielleicht sind auch meine Begriffe von der Freundschaft zu ausgedehnt, und ich begreife die Liebe mit drunter, doch wirklich verlieben werde ich mich gewiß nie (denn was ich bisher dafür hielt, war nur Täuschung meiner selbst, ich entsagte diesen Hirngespinsten mit so weniger Mühe;) aber wenn ich heirathen sollte, so würde ich für meinen Mann die höchste Freundschaft, und doch vielleicht nicht so viel, wie für meinen Bruder hegen. – Soll ich Dir noch eins sagen, das auch wohl Folge einer kleinen Sonderbarkeit ist, ich würde, wenn ich ganz mein eigner Herr wäre, und außerdem in einer anständigen und angenehmen Lage leben könte, weit lieber gar nicht heyrathen, und auf andre Art der Welt zu nuzen suchen. ...

7 An Luise Gotter und Wilhelmine Bertuch

Göttingen den 16.[–18.] April 1782

... Morgen erwart ich Lotten, ich kan nicht läugnen, daß mir das Herz schlägt, wenn ich dran denke; ich habe diese ganze Zeit her nicht so eigentlich dran denken mögen, aber nun muß ich wohl. Wie wird das werden? Wie werde ich mit ihr leben? wie wird sie sich künftig betragen? Von dem allen weis ich noch kein Wort. Ich kenne Lotten nicht mehr, sie ist mir jezt eine fremde Person, mit der ichs aufs Gerathewohl probiren muß, und doch liegt meiner künftigen Ruhe so viel daran. Du schriebst mir im Vorbeygehn, Wilhelmine, sie hätte Deinen Beyfall nicht, und das ist mir freylich keine gute Vorbedeutung. Bedauert immer meine Lage ein bischen, sie ist nicht die annehmlichste.
Diese Woche ist mir desto annehmlicher verflossen. Ich habe Caßel gesehn. Mad. Schlözer reiste ihren Mann dahin entgegen, und nahm mich mit. Ich hatte eine gewaltige Freude drüber, die Tage vorher aß, trank und schlief ich nicht, und ich fastete und wachte nicht vergebens, denn es waren ein paar himmlische Tage. Schon die Zusammenkunft der beyden Eheleute wäre der Mühe werth gewesen, aber Caßel zu sehn, was seit so langer Zeit mein Tichten und Trachten gewesen war, das verlohnte sich der Freude wohl. Im Hinweg wohnten wir auch in Münden einem merkwürdigen aber traurigen Schauspiel bey, der Einschiffung der Truppen nach Amerika. Welch eine allgemeine mannichfaltige, grause Abschieds Sceene. Was sie *mir* vorzüglich war, das läst sich begreifen. Die Gegend um Münden ist so romantisch, daß sie zu solch einer Sceene geschaffen zu seyn scheint. Dir, liebe Luise, brauch ich nicht zu sagen, wie mir Caßel gefallen hat, nur machte mich der Gedanke unwillig, daß der Landgraf in Münden Menschen verkaufte, um in Caßel Palläste zu bauen. Wir logierten auf dem Königsplaz. Die Collonnade, wo ich die Wachparade aufziehen, und auch, mit allen Respect gesprochen, das Vieh den Landgrafen sah, hat mir vorzüglich gefallen. – Schlözer kam mitten in der Nacht. Diese Zusammenkunft zwischen Mann und Frau, Eltern und Kindern nach so langer und gefährlicher Trennung war ein schöner Auftritt, den gesehn zu haben ich um nichts hingeben möchte. Seine

Reise ist ohne den geringsten Unglücksfall abgelaufen, nur wir werden ihn wahrscheinlich verlieren, denn der Kayser hat ihm 4000 rh. Besoldung und den Adelsbrief angeboten. – Unsre Rückreise war äußerst lustig. Es war nichts als Lachen und Jauchzen, Postillons, Bedienten, und alles theilte die Freude. Wir hatten auch verschiedne lächerliche Abendtheuer. Wir zogen endlich gar prächtig in Göttingen ein: 3 zu Pferde vorauf, dann unser Wagen mit 4, die römische Reisegesellschaft mit 6 Pferden, und ein Cabriolet machte den Beschluß. Unser Gefolge vermehrte sich so, daß beym Absteigen vor dem Schlözerischen Hause über 100 Menschen versammlet, Schlözer fast ins Haus getragen wurde und wir uns mit Mühe durchdrängen musten, und hier erscholl ein freudiges Willkommen! überall....
Wir bekommen jetzt die Grosmannische Schauspieler Gesellschaft hieher. Ich freue mich die schöne Frau wiederzusehn. Man schreibt und erzählt mir von Gotha aus Wunderdinge von Ifland und der Räuber Scene. Ich hätte Deinen Mann dabey sehn mögen, er sah zum Theil sein Werk.
... d. 18. Apr. Lotte kam gestern Abend ohngeachtet des schrecklichen Wegs und einer fürchterlichen Nacht, in einer wahren und wahrhaftigen Mörder Grube und Räuberhöle mitten in einem Diebswalde zugebracht, glücklich an. Ihr Äußerliches hat sich gar nicht verändert außer einer gothaischen Sprache, daß wir hier alle Maul und Nase aufsperrn.

8 AN LUISE GOTTER

Göttingen den 5. October 1782
... Ich habe nicht einmal eine gescheute Feder, inmaßen mein Federschneider, der Ludimagister, schon seit 8 Tagen mit dem Sohn und Erben unsres erlauchten Hauses auf die Kirmse gegangen ist.
... Deine Theilnehmung vermehrt mein Glück, und Deine Wünsche sind zu schön, um mich nicht ihre Erfüllung hoffen zu laßen. Aber wie auch mein Schicksaal seyn möge, so werd ich doch niemals der Freundschaft vergeßen, die Dir mein Herz, sobald es empfinden lernte, auf ewig geweiht hat. Meine Anhänglichkeit für Dich bleibt so warm und

zärtlich wie immer, keine Liebe kan sie schwächen, keine neue Verbindung die erste heilige zerreißen. Ich habe kein enges Herz, wo solt ich auch denn mit Euch allen hin? Es ist mir schwer zu bestimmen, wer mir der theuerste ist. Ich habe es immer behauptet und es bleibt mir wahr, ich kann ohne Liebe leben, aber wer mir die Freundschaft nimt, der nimt mir alles, was mir das Leben lieb macht....
Bendas werden auch nach Gotha kommen, er spielt auf der Violine, wie ichs noch niemals gehört habe, aber sie ist dem allgemeinen Urtheil zu Folge nicht Mara, wie man anfangs behaupten wolte. Wilst Du Dir aber die Dichterinn Gatterer lebhaft vorstellen, so sieh die Benda an, nur ist die lezte häßlicher, sonst alles bis auf die Grübchen....

9   AN LUISE GOTTER

Göttingen d. 23. Oct. 1782

So muß ichs denn zum zweytenmal meiner lieben gütigen Louise sagen, daß es eine Unmöglichkeit für mich ist, ihrer Einladung zu folgen? Aber soll ich ihr auch sagen, wie schmerzlich dies für mich ist, was es mir gekostet hat, und wie gern, mit welcher unbeschreiblichen Freude ich sie angenommen hätte? O Du weißt es nur zu gut, daß die Erfüllung eines meiner heißesten Wünsche darinn lag, Dich wieder zu sehn. In dieser Brust hätte nicht mehr das Herz voll Freundschaft für Dich und Anhänglichkeit für den Ort Deines Aufenthalts schlagen können, das bisher da wohnte, ich hätte nicht mehr ich selbst seyn können, wenn ich dieser Reise aus einem andern Grunde entsagte, als weil ich *muß*.
Und darum bedaure mich im Stillen, liebe Louise, sage mir aber aus Mitleid nichts davon, denn ich thue mir selbst so herzlich leid, daß ich oft in Versuchung gerathe, vor den Spiegel zu gehn und zu mir zu sagen: Gräme Dich doch nicht zu sehr, Carolinchen.
Und so muß ich denn Louise Schlaeger statt meiner diesen Brief für Dich geben? Vergebens sind Klagen und Wünsche. Man macht so viel Einwürfe gegen die Reise und läßt meine Antworten als partheyisch so wenig gelten, daß ich schweigen und auf beßre Zeiten warten muß. O Zukunft! bring mir die lieben Festtage nur auf eine kurze Dauer zu-

rück. Glaubst Du, daß die ich regrettire jemals wiederkommen? Ach *die* nicht, wo wir noch in halb kindischer Frölichkeit uns zusammen ein Abendeßen bereiteten, und Du Dich einmahl so herzlich freutest ein Gericht Zwetschen glücklich zu Weg gebracht zu haben. Das fiel mir heute recht lebhaft, da ich mit der Böhmern das nähmliche kochte, ein. Alles das kömt nicht wieder. Und es ist doch das beste des Lebens, denn jeder Mensch fühlt es so, aber selten im Augenblicke des Genußes, und da fühlte ichs! Ich habe alle Freuden eines glücklichen Bewustseyns geschmeckt. Noch erwarten mich gute Tage, schöne mannichfache Auftritte von Glück, aber die ersten bleiben so unauslöschlich wie die freundschaftlichen Verbindungen, die aus ihnen, und aus denen sie entstanden.

Unsre lieben Meiners und Leßens sind wiedergekommen; auf die lezte habe ich mit Ungeduld gewartet. Ich wollte ihr mündlich alles sagen, was indeßen vorgefallen ist, ihr Beyfall sollte das Siegel meines Glücks seyn, und ich habe ihn ganz. Ich bekenne es mit Thränen der Freude, geliebte Louise, ich bin ganz glücklich. Wohl mir, daß ich endlich im ruhigen Hafen bin! Gefährlich war die Fahrt. Unbesonnenheit führte mich auf Irrwege, Leidenschaften warfen mich hin [und] her, ich hätte sinken können, aber die Hand der Vorsehung hielt mich, und ließ mich nur darum alle Unannehmlichkeiten des Wegs fühlen, um mich seines glücklichen Ziels werth zu machen. Und *hier* danke ich dem Gott, der es mir bereitete. Dich fordre ich auf, Dich mit mir zu freuen. ...

Deinen lieben besten Mann küß in meinem Nahmen den Zipfel seines Rocks und seines Mundes, dafür daß er mich Dir zu Gefallen wohl hätte bey sich leiden wollen.

Deine C. M.

10 AN LUISE GOTTER

Göttingen am 30. Sept. 1783

... Noch in aller Eil ein Wort, meine Liebe. Göthe war hier, und ich hab ihn nun gesehn. Er hielt sich zwey Tage hier auf. Am ersten waren wir mit seinem Anblick zufrieden, weil wir uns nicht träumen ließen, daß er so weitläuftige Besuche geben würde, der folgende Tag war zu einer klei-

nen Reise aufs Land bestimmt, die einige Herren veranstaltet hatten, uns jungen Damen in die schönsten Gegenden vom ganzen Hannöverischen Land einzuführen. Wir fuhren mit schwerem Herzen weg, und die liebe Sonne am Himmel freute uns nicht. Alles Schöne, was wir sahn, konte ihn uns nicht vergeßen machen. Da ward denn ein bischen geschwärmt, aber nicht tragisch, versteht sich. Ich machte mir unter andern weis, wir wären hieher gegangen seine Gegenwart zu feyern, wir konten uns ihm nicht so ganz nahen: daß er uns lieb gewonnen hätte, wie Werther das Pläzchen am Brunnen, wollten ihm also entfernt huldigen, wie Werther Lotten, da er sich auf die Teraße warf, die Arme nach ihrem weißen Kleid ausstreckte – und es verschwand. Wie wir Abends zu Haus kamen, war er bey Böhmers und bey uns gewesen, und unsre Väter aßen bey Schlözer, wo Göthe war. Da ging ein Wehklagen an.
Jedermann ist zufrieden mit ihm. Und alle unsre schnurgerechten Herren Profeßoren sind dahin gebracht, den Verfaßer des Werther für einen soliden hochachtungswürdigen Mann zu halten.

11 AN LUISE GOTTER

Göttingen den 3. Aprill [17]84

... Eure Reise in unsre Gegenden ist die leichteste Sache ... und Dein Mann muß mir das Versprechen halten sie einst mit Dir zu machen. Wir wollen ihm auch ein Hüttchen auf der Spize des Brocken gegen Aufgang der Sonne bauen ... Wir haben ein artiges Haus, insofern wenigstens, daß es äußerst bequem ist und so freundlich, wie sichs thun läßt, ausgeschmückt wird, und wenn ich ein Schild aushängen möchte, so sollte es gewiß der Tempel der Freundschaft seyn, aber ich liebe das affichiren nicht. Beyde Flügelthüren werden aufgemacht, wenn Ihr komt. Wenn Ihr müde seyd darinnen zu verweilen, so kan ich Euch außer demselben manches angenehme zeigen. Führe Dich, außer Bergwerke und Gruben, in das Haus des Generalsuperintendent Dahme ein, deßen Frau eine Engländerin und meine Cousine ist. Eine Familie, die durch englische Einrichtung und englische Liebenswürdigkeit der Gegenstand der Bewundrung eines jeden und der Neugierde der Fremden ist ... Alsdann siehst Du schöne Gegenden; in Ermanglung der Schweizer. Man nent ja den Harz die Schweiz im kleinen, und Lichtenberg versichert, Clausthal habe die gröste Ähnlichkeit auf den ersten Blick mit *Bath* in England ... dann lernst Du meinen Böhmer kennen, und ich möchte so gern aus Deinen Munde Beyfall hören. Er ist, wie mir buchstäblich so gesagt ist, der Liebling des Harzes, und was wirst Du Dir für eine Idee von ihm machen, wenn ihn eine gewiße ansehnliche dicke Madam, die sich ihm mit ihren ganzen Gewicht wiedersezte, jetzt unwiederstehlich nent? Das bahnt mir den Weg zum Wohlwollen meiner künftigen Mitbürger, und so der Himmel sein Gedeihn dazu giebt, will ich ihn, so viel ich kan, gehn ... Die Spittlern traf ich nicht, aber morgen will [ich] ihr danken und zugleich von ihr Abschied nehmen, denn sie geht auf ein halbes Jahr nach Schwaben in ihr Vaterland, und ich sehe sie nicht wieder. Wenn Du die liebenswürdige Frau kentest, so würde Dirs sehr natürlich vorkommen, daß mir bey dem Gedanken Thränen in den Augen stehn. Sieh! sie ist das Ideal der Frau, die ich meinem Bruder wünschte, und würde das seinige erfüllen. So viel Verstand und Naiveté, frohen Sinn, Güte des Herzens und Selbständigkeit habe ich kaum beysammen gesehn, und in ihrer Figur liegt das alles mit der grösten Anmuth gezeichnet. Ein schönes schwarzes Auge und ein schlanker Wuchs sind das hervorstechende. Doch ich komme ins Beschreiben, und da hat der Erzähler und der Hörer so wenig Genugthuung von, sonst müst ich Dir noch viel von ihrem Mann sagen, der sie übermäßig liebt. Der feinste, beynah spizfindige Kenner des menschlichen Herzens, aber menschenfreundlich, voll Wißenschaft und Wiz, das mag genug seyn. Ich bin so glücklich, daß mir beyde sehr gut sind. Sie und ich kamen in dem ersten Augenblick unsrer Bekantschaft zusammen; sie ist nur zwey Jahr älter wie ich, und gefiel sich im Mädchenzirkel, den sie eben verlaßen hatte. Spittler verlangt, ich sollte einen Nachmittag ganz allein hinkommen, eh er weggieng, weil er mir ein Collegium über den Ehestand lesen wollte. Ich hab es aber versäumt und muß nun unvorbereitet in den verfänglichsten aller Stände treten. Hab ich viel verlohren oder komt man mit guten Glück am besten fort? Er komt ganz

gewiß mit seiner Frau nach Clausthal mich zu besuchen, und zu horchen, wies steht. Denn unter uns, er ist der Meinung *der Gemahlinn* des Grafen Lindenhall in der unversehnen Wette, die Dich Dein Mann so übermüthiger oder unvorsichtiger weise einst spielen lies. Er behauptet, jede gute Frau beherrscht ihren Mann auf erlaubte weise. Ich habe ihn gebeten ganz davon zu schweigen, weil ich mich so klein dabey dünkte beherrschen zu wollen, und er meint, das sey sehr fein philosophirt.
Vor einigen Wochen habe ich bey Therese Heyne mit Meyer und Fr[iederike] Böhmer dejeunirt, und wenn wir einmal zusammen kommen, so kans freylich laut genug werden. Wir besahen Meyers Portefeuille, eine Sammlung von Gemählden der besten Künstler, die er auf seinen Reisen antraf. Angelica Kaufmann ist auch dabey. Eine ähnliche Merkwürdigkeit habe ich eben in Lenardo und Blandine vom Baron Göz radirt gesehn. Hat man es schon in Gotha? Gotter wird sich daran erquicken. Wenn die Zeichnung nur nicht so unrichtig wäre, und statt des Gefühls das Lächerliche zuweilen rege machte. Das Ganze ist herrlich und ein uniquer Einfall. Durch Hofrath Schlözer und Meyer habe ich sehr viel vom Baron von Götz gehört. Er soll im guten und bösen Verstande das gröste Genie seyn. Aus seinem Werk sieht man eine schaffende Einbildungskraft hervorleuchten, wie sie in ganz Europa nicht mehr existiren muß. Therese und ich, wir geben uns dann zuweilen ein Rendésvous im Geist, denn was der eine merkwürdiges kluges oder besonders Dummes ließt, wird sogleich zum andern geschickt. Sie strickt mir jezt ein paar Strümpfe, weil ich in dem Stück nicht so fleißig gewesen war wie Madam Louischen, und zum Abzeichen komt der Cameelskopf aus le diable amoureux oder Biondetta hinein, damit ich, wie ich ihr gesagt habe, sie erkennen, und wißen kan, was es bedeutet, wenn mir das Tanzen in die Füße kömt. Wir haben uns sehr wizige Billetchen über dies Sujet geschrieben ...
Sag mir doch, ist eine gewiße Charteke: Schattenriße teutscher Frauenzimmer genant, schon zu Euch gekommen? Es ist freylich unter aller Critik und der Verfaßer aller möglichen Verachtung werth. Aber es bleibt immer für Frauenzimmer, die nur unbekant ihr eigenthümliches Verdienst

behalten, und nur im häuslichen Zirkel zu leben begehren, höchst ärgerlich von einem seichten Kopf fürs Publikum hingestellt zu werden; sich bis zur Satyre loben, und auf die plumpeste Weise tadeln zu laßen. Ein gewißer Müller, ehedem Informator beym Hauptmann Schroeder in Lüneburg, ist der Verfaßer und hat die Damen allerseits nicht weiter gekant, als wie man gewöhnlich mit jemand, den man bey Tisch am dritten Ort sieht, Bekanntschaft macht. Er schreibt jezt ums Brod in Dresden. Mich deucht, es wird überhaupt Mode, daß solche Leute Privatpersonen zur Schau ausstellen, um die angebohrne Neugier, die uns für alles, was um und neben uns in Nachbarhäusern vorgeht, interreßirt, zu locken. Böhmer brachte mir das Buch in einer Gesellschaft, wo die Meiners war, ich muste vorlesen, und wir kamen nicht aus dem Lachen. Das Apollonische Haar ist zum Sprichwort geworden; und da er ihre Schönheit in den Göttinnenrang erhebt, kanst Du Dir vorstellen, wie es mit den andern steht ... Hofrath Heyne wolte seiner Frau eine Galanterie machen und legte es auf ihren Schreibtisch, der in seiner Stube steht, und horchte hoch auf, wie sie beym Durchblättern ganz leise für sich hin le coquin! sagte ... Jedermann fürchtet sich vor dem nächsten Theil.
Von unsern Koppe habe ich noch gar [nicht] mit Dir geredet. Wir verlieren und Ihr gewint einen herrlichen Prediger, der aussieht wie der Jünger Johannes. Ich würde mich nicht drüber trösten, wenn ich hier bliebe. *Sie* ist eine artige kleine Frau mit dem besten Anstand und einen allerliebsten Phantasie Gesichtchen. Du wirst Dich wundern, wie sie grade eben so niedlich und klein ist wie – verneigen Sie sich, Madam Louischen – wie Du.
Liebe Freundinn, hast Du mir wirklich die ganze Zeit über ruhig zugehört ohne mich zu unterbrechen? Kein Wörtchen Gegenrede? Ach Du schläfst! Nun so ruh sanft. Geschwind will ich Dich noch einmal küßen, und mich dann leise von Dir schleichen. Adieu, in der Thüre werf ich Dir noch einen Kuß zu.

Caroline Michaelis.

II.
Briefe aus Clausthal
1784–1788

> „... *die Liebe giebt mir nichts zu thun als in leichten häuslichen Pflichten* ... *Auch bin ich keine mystische Religions Enthousiastin – das sind doch die beyden Sphären, in denen sich der Weiber Leidenschaften drehn. Da ich also nichts nahes fand, was mich beschäftigte, so blieb die weite Welt mir offen – und die – machte mich weinen."*

12 An Luise Gotter und Wilhelmine Bertuch

Clausthal d. 9. Jul. [17]84

Hier siz ich in einer ländlichen Laube meines neuen Gartens, und bin ganz bey Euch, meine Besten. Die Einsamkeit von einigen Stunden, beynah die ersten seit so langer Zeit, sey Euch gewidmet. Wenn ich Euch hier bey mir hätte, und statt des langweiligen Schreibens, bey dem so unendlich viel verlohren geht, erzählen könte! Denn wie ich Euch durch 4 solche Wochen hindurchführen werde, mit der Feder, weis ich nicht. Erspaart mir wenigstens die Geschichte meiner Empfindungen; *was* sie waren, könt Ihr aus dem Geschehen errathen, und *wie* – kan ich doch nicht beschreiben. Welch einen Taumel von Liebe, Freundschaft und Glück hab ich durchlebt, und mit welcher süßesten Wehmuth – immer die Gränze, wo Schmerz und Freude sich treffen – mit welchem Dank genoß ich ihrer.

Es wär wohl unnatürlich, wenn eine junge Frau nicht beym Hochzeitstag anfienge. Meiner war ganz schön. Böhmer frühstückte bey mir, und diese Morgenstunden waren mit der frohsten Heiterkeit bezeichnet, mit einer Ruhe, die blos aus der vollen Ueberzeugung glücklich zu machen und glücklich zu seyn entstehn konte. Keine hochzeittägliche Furcht – nur die Seelen tauschten sich um. Mein Bruder kam. Wir blieben bis 11 beysammen, und beym Abschied segnete er uns durch Thränen ein. Unter Tisch ließ ich mich friesiren, Friederike und Lotte banden indeß den Brautkranz von natürlichen Myrthen. Dann redte ich noch mit meinem Vater und zog mich an. Während dieser Zeit schickte mir die liebe Meiners schöne selbst gestickte Strumpfbänder nebst einen Billet, verschiedne meiner Freunde schrieben mir, und zulezt bekam ich die Silhouette von Lotte Nieper und Friederike in ganzer Figur auf Glas gemahlt, beschäftigt den Brautkranz zu winden. Wie ich mit meinen Anzug fertig war, war ich eine hübsche Braut. Der Saal war durch meiner Mutter Hände allerliebst zurechtgemacht. Nach 4 Uhr kam Böhmer und die Gesellschaft, die aus 38 Personen bestund. Dem Himmel sey Dank, alte Onkels und Tanten waren nicht dabey, sie war also sehr viel erträglicher, wies bey solchen Gelegenheiten zu seyn pflegt. Ich stand da von meinen Freundinnen umringt, und dachte *das* am lebhaftesten, welch ein Zustand der meinige seyn müste, wenn ich den Mann vor mir nicht liebte. Mein Vater, der noch beyweiten nicht ganz gesund war, führte mich vor den Prediger, und in diesen Augenblick sah ich mich nun neben Böhmer auf mein ganzes Leben, und zitterte nicht! weinte nicht während der Trauung! aber wie sie vorüber war, und Böhmer mich mit aller Gewalt der stärksten Liebe umarmte, und Eltern, Schwestern, Brüder, Freunde mit Wunsch, Seegen und Liebe mich begrüßten, wie noch je eine Braut begrüßt worden, mein Bruder außer sich war vor freudiger Rührung, da schmolz mein Herz und strömte über von Seeligkeit.

Das übrige des Tags sah kaum einer Hochzeit ähnlich, so ungezwungen war alles. Hofrath Feder versezte die Theilnehmung in einen rauschähnlichen Zustand, der wenigstens 8 Tage dauerte. Schlözer, der wirklich mein Freund ist, wie ers von wenig Menschen seyn mag, sah aus wie die Freude, meine Leßen, Niepern und mehrere – Ihr könt Euch die Freundschaft kaum denken, mit der man unsern Tag feyerte. An alberne Ceremonien, nicht einmal Strumpfband, war irgend zu denken. Am folgenden Morgen ward ich durch ein Lied vor der Thür geweckt, und sah mich sogleich von der ganzen Schwesterschaar umgeben. Bis Mittag war Gesellschaft da, und um 4 fuhren unsre beyden Familien zu der Leßen, wo diese und die Meiners uns ein kleines Fest geben wolten. Nach dem Caffee führt mich Leß in den Garten, und hier ward ich so entzückend überrascht, daß ichs jezt noch fühle. Die Leßen stand am Eingang mit ihrem Sohn, der wie Hymen gekleidet, ein Körbchen mit Blumen in der Hand, die er streute, uns zu der entgegenstehnden Laube führte, in der ein Thron von Moos und Blumen mit hohen Stuffen, einem Thronhimmel, Ehrenpforte, und wie nenn ich das alles? errichtet war. Hinter einen kleinen Gebüsch stand ein Harfenspieler und Sänger. Wie wir uns sezten, sangen sie:

Die Liebe, die dies Paar entzündet etc.
– – – – – – – – – – – – – –
Auf einem Thron von Blumen findet
es stets die Kunst beglückt zu seyn etc.

Mit welchen Gefühl ich in Böhmers Arme sank, das weis Gott! Die Liebe dieser vortreflichen Menschen legte mir neue heilige Verbindlichkeit auf, gut zu seyn. Es war ein herrlicher Nachmittag, der mein Herz so erschöpfte, daß ich Abends recht gern in einer unbedeutenden Gesellschaft bey Osann war. Die Meiners und Leß waren die Schöpferinnen des schönen Auftritts. Leß segnete Böhmer und mich – Meiners war bis zu naßen Augen gerührt. Wenn ich Euch alles sagen wollte, Lieben, wie die besten Seelen unsre Verbindung gefeyert haben, wie man so ganz allgemein Theil dran nahm, von allen Seiten sich drängte es uns zu bezeugen, so würdet Ihr glauben, es wär zu viel, wie ichs selbst dachte. Böhmer ist sehr beliebt hier – ich interreßirte viele – die *Familienfreude* war solch ein freudelockender Anblick, und so zogen wir beynah die ganze Stadt mit unsern Glück fort.

Donnerstags gab mein Bruder ein großes Dejeunée von 40–50 Personen in des Onkels Garten. Hier waren Heynens und Blumenbachs. Wieder ungewöhnliche Bezeugungen von jedermann. Die Heynische Familie interreßirt sich so wahrhaftig für mich, sogar der Alte kam expreß mir Glück zu wünschen. Blumenbach nahm Böhmer allein, redte ihm so viel zu meinem Lobe, war so gerührt – die Leute hatte zuverläßig eine Art von Schwindel ergriffen, und derglei-

chen ist dann ansteckend. Wir tanzten. Mein Bruder macht den Wirth wie sonst niemand; er streut das Vergnügen mit vollen Händen aus.
Bey Böhmers waren wir zum Souper. Eine Gesellschaft an zwey Tischen. Das war ein *englischer* Abend! Du soltest den alten herrlichen Vater einmal sehn. Bey Tisch ward ich unter dem Vorwand der Hitze hinaus in den Garten complimentirt bis in die Clause des Profeßors, wo eine kleine Illumination brante, mit dem Spruch: wohl dem der ein tugendsam Weib hat, des lebt er noch eins so lang. Eine artige Idee vom Einsiedler. Wie wir zurückkehrten, kam der Punch, und Punch und Freude ließ uns die halbe Nacht im schönsten Rausch hinbringen. Was ist doch das für ein Anblick, eine Familie, die in jedem Glied sich liebt, und gut ist, und nun darinn empfangen zu werden wie eines jeden Braut! Mit meinen Bruder und Böhmer hatt ich auch einige Auftritte, die meine Seele matt machten.
Freytag früh standen wir lezt genannten drey beym zweyten Onkel zu einem neugebohrnen Söhnlein Gevatter. Das muß ein Junge werden, weil die Gevatterschaft so allerliebst ausgedacht war. Er ward genannt Friedrich Wilhelm Theodor. Den lezten Nahmen von dem meinigen Dorothea, weil der älteste Sohn grade schon Carl hieß. Apropos, Ich werde von den meisten Leuten, von Heynens, Spittler etc. Frau oder Madam Caroline genannt. Nachmittag fuhren wir herum Visiten zu geben. Abends bey Gräzels. Hr. Gräzel brachte dem Prinzen einen Pokal zu, unsre Gesundheit zu trinken, und in dem Moment ließ sich Musick hören. Der Prinz führte mich hinauf in seine Etage, alles folgte, und wir tanzten bis nach ein Uhr. Da brachte er uns ein Ständchen. Sonnabend wieder ein Dejeunee. Abend Ball bey Schlözer, der bis aus der Thür des Gartens mir entgegen kam und feyerlich sagte: Sie sind Königinn! Und ich wars auch, und es ist ein Glück, daß meine Vernunft sich bey allen Reizungen der Eitelkeit wie eine Schnecke zurückzieht. Sonntag früh bekamen wir Visieten, Nachmittags machte ich welche und war 3 Stunden bey Theresen allein, bis ich von da zu Feders ging, wo wir soupierten. Montag früh ging mit Abschiednehmen hin – ich ließ mich noch für meine Mutter mit Böhmer und Fritz auf ein Tableau silhouettiren. Mittag reisten wir von beyden Familien begleitet ab, trennten uns in Nörthen, und

nun fühlt ich zum erstenmal, daß ich verheirathet war, da ich dem Mann folgen mußte und alles zurückließ. Die Nacht brachten wir in Osterode zu, wo Louise Nieper ist, den andern Nachmittag um 6 Uhr war ich hier.
... Von meinem Glück schweig ich noch. Wer würde die Schilderung nicht auf die ersten 6 Wochen des Ehestands rechnen? Und doch glaub ich, es wird bleibend seyn, weils nicht übertrieben ist. Böhmer mus ein guter Ehemann seyn, so lang ich ihn liebe, und meine Zärtlichkeit für ihn trägt nicht das Gepräge auflodernder Empfindungen.

13 AN LOTTE MICHAELIS

[Clausthal 1784]

[Anfang fehlt]

... Schlafmüzen sinds nicht, aber ihre Spirits haben keinen seinen Spiritus, und auch das möchte hingehn, wens nur nicht so ein bös Menschengeschlecht in the whole wär, doch davon sagt Lottchen niemand etwas. Die Gesellschaften hier sind in 4 Abscheerungen geteilt, eine hölzerne Wand zwischen jedes Part nach den 4 Himmelswinden zu: die Weiber, die Männer, die Mädchen, die Junggesellen. Die ersten West und Nord – das ist der Wetter und Regenwind, wie die Ehe bey ihnen oft solch Fähnlein wehen mag, die lezten Süd und Ost – da brent die Sonne am stärksten und es giebt Ungewitter – ob die reine Sonne brennt, das himlische Feuer, das erwärmt, erhellt, Wachsen und Gedeihn giebt, und das in tiefer Andacht so viel Völker anbeteten, oder eine Aftersonne, die ooo treibt statt Ananas, weiß ich nicht. Wenn doch zwischen der Ballhorn Heyrath ein Schifbruchswind wehte – das Mädchen mus ja unglücklich werden, oder wenigstens nie werth glücklich zu seyn. Die Mutter, die Mutter; schwarze Kleider trägt sie seit dem Tod ihres Mannes, und seine Tochter verschleudert sie – das Kleiderwesen ist doch all mein Lebtag zu nichts nüz. Weißchens Seeligkeit kan ich mir denken, 40 Jahre Hofnung gekrönt von fürstlichen Händeküßchens; ich gönne es dem Käuzchen doch, lieber Gott, so kleine Leutchens erregen immer ein zärtlich Mitleid. Aber Diezens haben ohngeachtet der Corpulenz [Abgebrochen.]

14 An Lotte Michaelis

[Clausthal 1784]

[Anfang fehlt]

Und nun Kling Ling! Mit dem Narrenkäpchen hervor! So lang ich die Glocke habe, kömt der Cavaliere Servante immer von selbst. Es ist ein närrischer Junge, dumm nicht, aber er hat so viel Sancta Simplicitas. Diesen Morgen sag ich Böhmer, ob ich wohl mit Meyers aus Osterode nach Hannover reisen könte. Der sagt ja, es wär ihm lieb, wenn er allein seyn könt, ich sollte Friedrich mitnehmen. Marie solte *ihn* friesiren und waschen und kämmen. Friedrich sagt: das solte mich lieb seyn, pakt schon in Gedanken Weste, und Hosen und Tauben ein, und frägt nachher ganz ernsthaft, ob Frau Doktorin von Osterode (wo wir Sonnabend hingehn) wieder herauf kämen.

Ich für mein Theil werfe mich alle Tage mehr in Clausthal herein, ohne mich in die hiesige Form zu gießen. Misgönn doch einem ehrlichen Menschen die Lust nicht sich an 20 bis 30 albernen Menschengesichtern zu amüsiren, und laß lieber in der catholischen Kirche in der kurzen Straße eine Meße dafür lesen, daß ich das Ding von der Seite zu nehmen anfange. ... Heut hab ich wieder visitiert, bey Vetter Schichtrupp unter andern; dessen Frau – ein gutes Vieh – wie eine leibhaftige Tellermüze aussieht. Er ist fürchterlich unwißend. Hatte mal von amerikanischen Krieg gehört, wuste [nicht] ob ihn Hänschen oder Gretchen führt. Bey Prauns, wo ich doch, wie *ich* die langen Buchstaben schrieb, hinging, amusirt ich mich gut. Fr. v. Reden war sehr holdseelig, sie behangen von oben bis unten wie ein fürstlich Wochenbett. bouche close! Sie ist mir gewiß nicht gut von wegen des schwarzen Gürtels, und weil ihr Mann englisch mit mir sprach.

Schick mir mit der Botenfrau Gallisch, hörst Du? Schneider wird besoldet von Böhmer. Die übrigen Theile von Möser allenfals auch und den lezten von Cecilie, oder sonst was auf dem – in der Garderobe zu lesen. Vernünftige Sachen hat mir Therese geschickt. ... Vom übrigen nächstens ein mehrers, denn da komt Böhmer und sagt: Du darfst nicht einen Augenblick länger schreiben. Adieu Adieu, Beste. Dank Mutter tausendmal.

C. B.

15 AN LOTTE MICHAELIS

Sonnabend [Clausthal 1785]

Meisterin brodloser Künste – unholdiger Geist, ich beschwöre Dich, schick mir keine Uhrbänder, sondern diesmal etwas zu lesen in gothischen Buchstaben. Ich bitte Dich um Brod, und Du giebest mir einen Stein. Wie kan ich lachen? Der Spiritus verfliegt, Keine Macht

> kan ihn feßeln und gefangen nehmen,
> leicht wie Aether schlüpft er fort.

Du must mir andre Kost auftischen. Versteh, *Du* solst mir was aus dem Buchladen schicken, und künftige Woche komt der ganze Braß mit eins zurück. Bring diesen Brief ja Louisen selbst.
Ich danke Dir dennoch für Deinen gestrigen Wisch, und empfele mich und mein ungebohrnes Kindlein Dir in höchster Eile.

16 AN LOTTE MICHAELIS

[Clausthal] d. 15ten Junius [1785]

> als an der Jahresfeyer des Tages, der mich heut zwischen 4 Wände, bey einem geheizten Ofen, wie eine Mistbeetpflanze, die Sonne und Luft nur durch Glas geniest, verbant.

... [Übelbefinden.] Diese Nachricht ist eigentlich für Mutter, denn ich weiß, daß Dich dergleichen nicht interreßiren. Ach wie gleichgültig hört ich darüber hin, wie ich noch nie krank gewesen war. Noch hab ich seit meiner Niederkunft kein ganz gesundes Gefühl gehabt und ich fürchte nichts mehr wie das Kränkeln, weswegen ich auch alles thun werde, bald wieder hergestellt zu seyn, und wieder gut zu machen, waß ich etwa verdorben – ich muß mir nur selbst predigen, damit ich andern Leuten den Mund zubinde. Meinem guten Mann wolt ichs auch wohl wünschen, daß er eine gesunde Frau hätte...
Das sind mir hübsche Parthien im Walde und auf der Bibliothek. Ein angenehmes Leben führst Du! – das verdünkt mich. Liebe Lotte, laß die Gewißensruhe, die zum Grunde

deßelben liegt, nur fortdauren, sonst wird sich das angenehme Leben bald wieder verwandeln; ein frey und reines Herz, das seine Freuden nicht hinter den Thüren sucht – mögest Du es nicht wieder verscherzen...
Don Carlos wird gut werden, mein ich, wenn er seine Sprache nur ein wenig vom Schwabenland reinigte. Das Übrige der Rheinischen Thalia hat mir gar nicht gefallen. Für den Kinderfreund dank ich recht sehr...
Ja, heut ists ein Jahr, seit ich verheyrathet bin. Wie schnell, wie schleichend ist es dahin gegangen. Mädchen und Mutter sind sich nur um einen Glockenschlag auseinander in dieser Stunde.
Bring dies *sogleich* Mad. Böhmer.
Leb wohl, Liebe. Es thut mir in allen Gliedern weh, ich kan das Genicke nicht beugen, und wo ich mich anrühre, läufts weiß und roth auf. Ich wollte, daß Du schwarz würdest!

                Caroline.

17 AN LUISE GOTTER

            Clausthal den 22. Jun. [17]85
Dein Mann ist ein falscher Prophet, meine liebe Louise, und Du hast mich mit Deinen schönen Beyspiel zu trüglichen Hofnungen verleitet. Du weist, Beste, wie froh Du mich durch die glückliche Geburt Deines Gustav und die liebe Gevatterschaft gemacht hattest; aber noch eh die entscheidende Stunde kam, ward die heitre Aussicht durch den unerwarteten Tod zweyer Töchter unsrer Freunde Dahmens, von denen die eine mein Liebling war, schon sehr verdunkelt. Die lezten 14 Tage über, eingeschloßen in meinem Zimmer vom bösen Wetter und der Furcht vor Ansteckung; zwar wohl Freuden, aber auch Leiden der Mutter im Voraus fühlend – so kam endlich der Tag, der mich in tausend langwierigen Schmerzen und Angst selbst zur Mutter machte. Die lezten Augenblicke vorher trieben meine Anstrengung aufs höchste, denn ich fürchtete, das Kind sey todt – diese Vorstellung, vereint mit dem Anblick des lezten gebrochnen Strahls der Sonne, der in das gegenüberstehende Bett fiel, als wolt er es zu Thränen einweihen – o es war Zeit, daß sie unterbrochen ward. Dann folgte ein nur zu kurzer Rausch der Freude, der sich durchs ganze Haus

verbreitete – mein Mann, außer sich über das gerettete Leben seiner Frau und seines Kinds, die arme Lotte, die ich einige Tage nicht gesehn, in der Wonne ihres Herzens, kniend vor meinem Bett – ich deßen alles genießend. Ich fiel in einen Schlummer aus den ich ohne Besinnung erwachte, und nun folgten 14 fürchterliche Tage und Nächte, die ich unter einem heftigen Nervenfieber zubrachte, während welcher ich, ohngeachtet einer starken Neigung zum Schlaf, kein Auge schließen durfte, ohne von Zuckungen und schrecklichen Phantasien geweckt zu werden; wo Böhmer oft für mein Leben, und ich für meinen Verstand fürchtete, deßen Zerrüttung ich mir in äußerster Traurigkeit bewust war; wo ich überall Trauer sah, selbst mein liebenswürdiges Kind mir keine Freude machte, außer der betrübten Genugthuung, über daßelbe gebeugt, weinen zu können! Aeußerst schwach an Leib und Seele must ich Ruhe und Bewegung gleich scheuen. Eß ist vorbey, und Gott sey Dank, der mich durch die Bemühungen meines Mannes gerettet, für den sich bey dieser Gelegenheit meine Achtung und Zärtlichkeit durch die vielfachen Beweise der seinigen und die Standhaftigkeit, die er nie verläugnete, selbst in der dringendsten Gefahr nicht, noch verdoppelt hat. Ich bin sehr langsam wiederhergestellt, und hab erst seit wenig Tagen das volle Gefühl der Gesundheit wiederbekommen. In dieser Zeit haben mich meine Eltern besucht, und die jungen Meyers auf ihrer Reise nach Hamburg. Es hat der armen Kranken nicht an Aerzten jeder Art gefehlt, und könte Liebe heilen, hätt ich bald, wie durch ein Wunder erschüttert, wieder umher gehn und wandeln müßen. Aus dem Gustav ist nun eine Auguste geworden, und das liebe Geschöpf bittet durch ihre Güte und Schönheit stillschweigend, mit ihr doch zufrieden zu seyn; auch ist mir für mich eine Tochter, bey der das Mutter Herz gewiß sympathetischer schlägt und mit der ich mich früher beschäftigen kan, lieber, und der Vater? – ach er vergaß gern die Wahl.
Ich war noch sehr krank, wie ich Deinen Brief erhielt, meine beste Louise, allein er hat seines freundschaftlichen Zwecks nicht verfehlt, und war mir durch seinen ganzen Inhalt äußerst angenehm. Möge der Himmel Dir durch Deine übrigen Kinder ersezen, was er in Paulinen Dich leiden

ließ, und diese arme Kleine bald in eine süße Ruh übergehn laßen. Das Gefühl des Verlusts ist doch um so vieles weniger schmerzhaft, wenn man dahin gebracht ist, ihn für Wohlthat anzusehn, die Errinrung weniger bitter, als wenn in der vollen Blüthe der Gesundheit, im reizendsten Genuß des Lebens der Liebling unsres Herzens dahin stirbt. Wie zerreißend mag die Empfindung seyn, mit der wir dann die Vorsehung fragen – warum? Wie wiederstrebend gesellt sich dann das Bild des Todes zum Andenken des Lebenden. Du bist Stuffenweise zur Ergebung geleitet – sie wird Dir nun nicht schwer werden – der Blick, mit dem Du Dein Auge gegen die Vorsehung [wendest], kan nur Dank für überstandnen Kummer verrathen. Es ist hart zu scheiden, wenn noch die schönsten Hofnungen uns beseelten, sind sie aber schon zu Grabe getragen – wolten wir mehr als eine wehmühtige Thräne über dem Monument vergießen?

Könt ich doch Augusten mit meinem keinen Patchen zusammenbringen. Mein guter Bruder hat mir zwar auf Michaelis eine Reise nach Gotha vorgeschlagen, allein ich darf nicht dran denken, da ich Böhmern ohnedies bald auf einige Wochen, die ich in Göttingen zubringe, verlaßen werde. Meine Schwiegermutter ist jezt wieder hier in der Nähe im Bad, und mit ihr geh ich dorthin; ich freu mich übermäßig drauf, und man freut sich dort auf mich, und mein Kind. Auf dem Weg, der vor Catlenburg vorbeygeht – so heißt das Feenschloß des Amtmann Reinbolds – denk ich die Sturzen zu sehn. Bis dahin mach ich noch einige Spazierfahrten nach Gittelde zu Mad. Böhmer, Louise B. und dem Hofrath. Der Sommer, der so langsam gekommen ist, wird geschwind und unter manchen Abwechslungen verfliegen. Das Ende deßelben ist mit einer Trennung bezeichnet, deren ich mich kaum zu erwähnen getraue.

Außerordentliche Schicksaale sind für Theresen gemacht – sie haben ihren Grund in ihr selbst. Gott wende sie zum Besten!

Schwachköpfig war ich auch noch, meine gute Louise, wie ich die ausgefüllten Endreime laß, aber dem ohngeachtet stand ich nicht einen Augenblick an zu entscheiden, wer von diesem und jenem Verfaßer sey. Liebchens himmlische Gestalt lies sich in des einen Mund nicht verkennen; und

das ziemlich satyrische *Gesicht* nicht im Auge des andern. Solte die Herzogin wohl sehr gnädig beym Empfang des lezten ausgesehn haben?
Ich muß Abschied von Dir nehmen, meine theuerste Freundinn. Sobald ich kan, bin ich wieder bey Dir. Vergiß indeßen Deine Caroline nicht.

18 AN LOTTE MICHAELIS

[Clausthal] d. 13 Juli [1785]

Meine liebe Lotte

Morgen sag ich – übermorgen! Übermorgen – morgen und dann – *Heute* bin ich bey Euch! Sonnabend Mittag eßen wir in Osterode, also kommen wir erst Abends. Ich höre, daß Schlözer seinen Ball bis Sontag verschoben. Das ists nicht, worauf ich mich am meisten freue...
Vor allen Dingen, mein Engel, und darum bitte auch die Mutter fusfälligst, laßt mich im väterlichen Haus ganz und gar nicht fremd seyn, alles wie sonst, in aller Ehrbarkeit; ich komme Z. E. Sonnabend Abend, da wird das Tischzeug zum leztenmal aufgelegt, und da soll Mutter nicht etwa schon das sontägige hergeben, sondern nur eine Serviette für mich, und die behalt ich dann auch bis zum nächsten Sontag – und so weiter. Dank Mutter auch im Voraus für das Leinen zum Kleidchen, und es wär meiner Treu so wenig so gemeint gewesen, daß ich schon hier indeß was hätte kaufen wollen. Mad. Böhmer hätte mir auch so ein fertig Kleid angeboten. Ich *hofte* von dieser, sie würde wieder dran denken. Sie hat aus Zärtlichkeit gegen Augusten so fürchterliche Gesichter gemacht, das das liebe Mädchen erschrak. Auf *der* Fahrt übrigens keine Ungelegenheit, schlafend ganz hin, und her wachend, in den Himmel hinein kuckend, der in ihren Himmels Äugelchen sich spiegelte. Lotte, das Kind ist nach wie vor ein Engel, hat zwar nun ein decidirtes Stumpfnäschen, allein nicht minder allerliebst. Was schwaz ich denn noch lang? Sonnabend mehr! mehr! mehr!

19 AN LOTTE MICHAELIS

[Clausthal] d. 25 Abends ½ 12 Uhr [Aug. 1785]
Allerliebst müde, heiß, kalt, froh, glücklich hier angelangt, mein Mädchen, vor ¾tel Stunden. Ohne Zufall, mit dem herlichsten sternlichtesten Abend, Mondschein, alle Planeten verschworen aus diesen Tag einen himlischen zu machen! Errinnerung! Errinnerung! Du fülst mein Herz mit Wonne. O wie wahr kan eine plattitude am rechten Ort werden...

20 AN LOTTE MICHAELIS

[Clausthal] Mittwoch nach Tisch [Anfang 1786]
Es ist immer ein eigner Gram für mich, wenn ich ohne Plan bin, es sey im Großen oder Kleinen, ich mag keine Nadel abstricken ohn den Eifer und die Aussicht etwas fertig zu bekommen, und hinterher zu denken, ich habe wirklich was gethan – da kan ich ordentlich deliberiren, was ich thun will, das am nöthigsten ist und mit einiger Anstrengung vollendet wird. Bin ich zwecklos, so ist mir wie denen, die gewohnt sind, sich von Sonnenaufgang bis Untergang zu schnüren, und ungeschnürt nicht wißen, wo sie den Leib laßen sollen. Komt nun noch der Pfal im Fleisch dazu, daß ich etwas thun will, was ich nicht mag, und habe doch nicht die Macht es zu forciren – und – Deiner Barmherzigkeit seys zu Gemüth geführt, auch kein angenehmes verzweifeltes Mittel, als lesen, sticken etc. im Haus, so bin ich ein elendes Geschöpf, das mit Gleichgültigkeit das Morgenlicht durch die Vorhänge schimmern sieht, und ohne Satisfaction sich niederlegt. Nachdem ich diesen meinen Trab Euch vorgelegt, kom ich zu der betrübten Application, daß dies alles seit 3 Tagen mein Fall war. Geschäfte waren geendigt, und andre, die Vorbereitungen sind zu einer gewißen Kindtaufe, mocht ich nicht anfangen, weil ich wuste, gestern und heut unterbrochen zu werden. Schreiben wolt ich *einen Brief* – weh weh weh über Leute, die das wollen; an die Offeney solt er, und mein Herz war ein unwirthbares Eyland. Der Anfang liegt da, ein Ding zum Weglaufen, ich kan ihn

nicht schreiben, außer in einem schreibseeligen Rappel, wo ich die Briefe Duzendweis expedire. Zu lesen hatt ich nichts mehr. Auch mein Gustav war rein alle; ich laße ihn ungern von mir, so manche recht vergnügte Stunde hat er mir gemacht. Ich hoffe, Du hast mich bey Meyer nicht vergeßen; ich erwarte viel diesmal. Wenn folgendes Buch auf der Bibliotheck wär, so möcht ichs sehr gern. Mémoires de Louise Juliane, Electrice palatine, par Frederic Spanheim. 4to. Leyden 1645. Schreibs doch auf und schicks ihm noch diesen Abend. Von Dir bekomm ich auch wohl etwas. Garve behalt ich und leg einen halben Gulden dafür bey, nicht weils etwa einen Talgfleck bekommen hätte, sondern weil es an guter, wahrhaft philosophischer, nicht zu gespanter, noch dehmühtiger Stimmung des Gemüths zu einer Streitschrift ein Muster ist. Anton Reiser, auf den ich laure, wird wieder ein Herbstnebel seyn.

Möchte Dir dies Jahr in der behäglichen Ruh verfließen, mit der Du es zu beginnen scheinst, und beym Anfang des künftigen lebhaftere Erwartungen, als das Sandwüstenbild verräth, an seinem ersten Morgen Dich ermuntern. Meine Wünsche sind mäßig, aber eben so viel mehr gesagt, wie ein feurigerer, als die Locke in den Eimer Waßer zu tauchen mehr hieß, als in den Ocean.

Du wirst aber bey jeden ernsthafteren gefühlvollern Nachdenken finden, weil es uns ins Allgemeinere leitet, daß die schönsten Farben der Zukunft in dergleichen Bilder übergehn – daß das Gefühl einer gewißen Nichtigkeit sie am Ende alle auflöset. Lotte, wir wären elend – wenn nicht aus Kleinigkeiten unsre Glückseeligkeit zusammen gesezt wär, deren Summe eitel ist, aber die im einzelnen doch fähig sind uns ganz zu beschäftigen. Denn aus jener Stimmung, wo die Seele in sich zurück kehren zu wollen und im Begriff schien, ihre Tiefen und unser Wesen zu ergründen – ruft uns doch so leicht das mindeste zurück, eine Stimme, ein schneller Blick, der auf ein Band fällt, auf ein etwas – und das leitet uns wie ein Blitz zurück auf die Gegenwart, auf Annehmlichkeit und Abwechslung des Lebens. Geschmack und Freude daran leben auf. Es ist so – weiter weis ich nichts davon. Gestern hab ich tracktirt, und da war mir der Braten wichtiger wie Himmel und Erde. Ihr habt auch Fremde gehabt, und zwar Meyer, und da hast Du si-

cher nicht an dürre Wüsten gedacht. Unter Ilsemann, der bey mir saß, dacht ich mir immer Meyer, weil ichs von Louisen eben erfahren hatte, er wär bey Euch. Das war höchst drollicht. Zumal da dieser politische Kannengießer sich jezt Airs giebt, denn denk! es war im Vorschlag ihn zum Profeßor zu machen; auf den wolt er schon einlenken, wolte reformiren in seiner Apothekenschnappsstube, und die jungen Trunkenbolde thaten ihm alles zum Poßen. Hardenberg hatte neulich Musikanten hinbestellt, wie in eine Schenke, da hat er gepustet! In Hannover hat man, wie das Rescript sagt, convenabler gefunden ihn zum Bergchymisten zu machen. Es wär auch ein Schimpf für Göttingen, wenn einer, der nie auf einer Universität war, Profeßor geworden wär.
Was geht Dich das an? Laß uns von den Louisen sprechen. Das wenige, was ich bey der einen thun kan, ist bey der besten Gelegenheit geschehn, da sie mir selbst viel von einem Zank mit Busch schreibt, ein Ding, was ich nicht ausstehn kan, und wodurch, wie ich ihr auch sage, Marianne alle Achtung verlohren hat. Sie hat allen Leichtsinn ihres Alters; neben den heimlichen Freuden der Liebe nimt sie auch noch alles an, was Eitelkeit darbietet, und so gar keine Überlegung, daß das eine dem andern nachtheilig ist. Für sie ists gewiß nicht gut in Eurer großen Welt zu leben. Ich fürchte, sie wird auch erst durch bittre Erfahrung gescheut werden, denn hat sie nicht alles Segens ohngeachtet zehn Schritte vor einen gethan, so unbesonnen wie möglich? Noch der lezte, Rudlof zum Vertrauten zu haben – wie wars möglich ihn zu thun? Mutter darf freylich nichts wißen, ich möchte ihr keine Unruhe machen, und könt ich auch Gutes damit bewürken, aber in Ansehung ihrer öffentlichen Aufführung muß sie doch nicht zu sorglos seyn, denn Aufsicht und Warnung *vermögen* gewiß etwas über Louise. Sie ist so leidenschaftlich nicht, die üblen Folgen aus der Acht zu laßen. Fahr Du auch ja fort, sie zu errinren, vorzüglich indem sie just im Begriff ist etwas albernes zu thun. Unsre andere Louise, fürcht ich, hast Du doch anfangs ein bischen dem Vorurtheil eines Mädchens gegen eine Frau aufgeopfert, und dadurch vielleicht gemacht, daß sie sich ganz in die Frau hinein warf, denn sie hatte außer Dir keine unverheyrathete Freundinn, und da fehlt es ihr an Eigenheit eine Rolle allein zu spielen. Hättest Du den

Umgang gleich ganz mit der alten Cordialität fortgesezt, es hätte nicht ganz so kommen müßen, aber ich bemerkte selbst schon damals in Dir etwas wieder sie, was gegen die Hochzeit zunahm. Du schienst Dir vorher einzubilden, es werde nachher nichts mit ihr anzufangen seyn. Ich bitte Dich, suche Dich grade zu oder gradweise wieder mit ihr auf den alten Fuß zu setzen. Was kan auch in der offensten Erklärung liegen, was sie ihrem Manne wieder zu sagen Lust hätte, denn für ihn wärs nicht interreßant. Auch thut man das so leicht nicht, wenig Weiber werden eine Freundinn dem Mann verrathen, und auch Louise nicht. Doch bin ich selbst mehr für ein langsames Näher kommen; Erklärungen machen den einen Theil leicht heftig, und den andern dadurch bitter. Sag ihr manches, was Du denkst, das ist schon ein Schritt. Tadle sie, wenn sie von Cartoffeln spricht, sag ihr, warum sie nicht just auf dem Fuß komt wie sonst, aber ohn ein feyerliches Ganzes draus zu machen. Es wird Louisen selbst wohl seyn, wenn sie mit Dir schwazen kan. Dann beurtheilst Du sie wohl in manchen zu strenge – sieh, es ist und bleibt unmöglich, daß eine Frau ist wie ein Mädchen. Bey dem ausgezeichnetesten Geschöpf wird es einen Unterschied machen, nur auf eine andre Weise, wie soll es nicht bey einem gewöhnlichern seyn, dem der Zwek des Weibs vielleicht Hauptzwek des Menschen wird. Glaubst Du nicht Z. B., daß Therese *ganz* partheyisch ihres Mannes sich annehmen würde? Daß sie vieles *durch ihn* gut findet oder schlecht?

Man kan wie Louise im Anfang ein kindisches Interreße für den Haushalt haben, mit Eifer davon reden um sich zu unterrichten, und da er in der That keinen geringen Einfluß auf das Leben hat, so ist der Diskurs auch keines wegs so fade – ach, wie er auch mir ehedem schien! Louise treibt es vielleicht zu weit – Deiner lebhaften Beschreibung nach wenigstens – aber es kan nur Embarras und Schuzwehr seyn, da sie nicht weiß, was sie sagen soll, nachdem Du ihr nichts mehr zu sagen hast. Schwester Louise hat auch mehr an der Verkältung schuld, ohne ihre Schuld – sie ist Dir Gesellschaft, wenn Du außerdem andre gesucht hättest, doch mir ist, als hätt ich das schon verhandelt. Kurz, laß mir Wischen nicht stecken. Von wegen des Prädicats alter Weiber, das sagt nicht viel. Unterhaltung hatte Louise nie in ei-

nem hohen Grad, ihr Reiz war der Reiz des Mädchens und des naiven Mädchens, sie hat den einen verlohren, wagt sich nicht mehr an den andern, und so hat sie wenig verlohren, und der Reiz ist doch davon! Von der Sündlichkeit des gesuchten Anzugs ließen sich beyde Meinungen, mit gehörigen Übertreibungen und Einschränkungen unterstüzt, behaupten. Es ist ein bischen Familienart bey ihr, im Guten zu weit zu gehn. Doch halt ich auch für wahr, daß der Anzug der Frau darin unterschieden ist, daß man damit vorzüglich auf den Charakter Rücksicht nimt, den man selbst zu behaupten wünscht, nicht so sehr auf andrer Beyfall.
Thu, was Du kanst, mein liebes Mädchen. Ich muß in einer halben Stunde in den Clubb und bin noch nicht frisirt.
Sag der Schlözern, diesmal könt ich das Geld noch nicht schicken.

                                                                Deine Caroline.

21   AN LOTTE MICHAELIS

                Clausthal. Montag Abend [20. März 1786]
Mich deucht, ich sehe hier den Winter mit leichteren Herzen kommen, als den Frühling. Der Winter darf nun einmal rauh seyn, und die Natur im Winter arm und kalt. Auch seh ich die Hälfte des Tages über nichts von ihr, und bin die andre Hälfte ungestört ich, in meiner Stube. Der Frühling macht mir Heimweh; es ist immer die Jahrszeit süßer Schwermuth; but, as there is no occasion for a sweet one, so wird dann eine bittre draus. Doch wer weiß, was das für tausend kleine Ursachen sind, die mich diesen Abend unzufrieden machen und mit denen die wärmere Sonne nichts zu schaffen hat. Ich weiß es selbst nicht. Meine eigne Last drückt mich. Es geht mir immer so, wenn ich einmal lange nicht über mich nachgedacht habe, und halte dann Révue, es findet sich so vieles zu verbeßern, die edle Thätigkeit ist so schlaff geworden, und man merkt dann, wenn man wenigstens unpartheyisch mit sich umgeht, daß beynah alles, was uns Mismuth macht, eigner Mangel derselben war. Hernach wird es wieder beßer – man *ist* wieder beßer – bis man von neuen sinkt – und sich von neuen erhebt. Ich freue mich, daß ich das erste bald wahr nehme; aber weil

ich weiß, wie leicht es ist mit sehenden Augen blind zu seyn, so warne ich Dich so oft, meine liebe Schwester, welches Du mir nicht übel nehmen mußt; das würde nichts helfen, ich laße nicht ab Dich zu errinren, so lange Dein Schicksaal unsicher ist. Quälen will ich Dich nicht, nur möcht ich wohl, daß Dir Deine Freuden dann und wann ein wenig zittrig schmekten, damit die Sicherheit des Genußes Dich nicht zu weit führe. Misfallen habe ich ja weiter gar nicht geäußert. Nimm Dich nur ja immer vor der argen Welt in Acht; ich sehe nicht recht ein, wie das noch geschehn kan, da Ihr so muthwillig seyd, und es kömt doch so viel darauf an.

Am Mittwochen hatten wir noch eine große Schlittenfahrt, zu der uns Fr. von Reden einladen ließ. Wir fuhren vor dem Amthause weg, es waren 17 Schlitten, aber der Aufzug freylich nicht so glänzend, als wenn Vorreuter Fahnen tragen. Die Wahrheit ist, daß wir gar keine Vorreuter hatten, und die Schlittenéquipage hier, dafür daß man so viel fährt, überhaupt sehr unhonorig ist; es sind Z. B. nie Federquäste auf den Pferden, und wie neulich ein solches paßirte mit einem Fremden, erzählten sichs die Damen wie die Geschichte vom grünen Esel. Dafür war unser Weg der reizendste, den man sich denken kan; er ging in einem Thal hin, und durch eine Allee von grünen Tannen, die in der Nähe immer sehr grün aussehen, die Ferne schwärzt sie nur. Dazu war das Wetter sehr gut, und wir kamen in $^3/_4$tel Stunden in einem neu gebauten Hause mitten im Walde an. Da fanden wir Musik und eine prächtige Bewirthung, alles was man verlangte, ja wir blieben sogar des Abends, und Fr. von Reden hatte alles mit hinausgenommen bis auf silberne Leuchter und Wachslichter. Gegen Abend wurde ving-tun mitunter sehr hoch gespielt, die Reden hat gewiß 3–4 Louisd'ors verlohren. Ich brach ab, weil ich nicht hoch spielen mochte, und das niedrige ennuyirt neben jenem. Wir brachten unsre Zeit ganz erträglich hin; ich sprach lange mit Ußlar von Göttingen. Er ist kein übler Mensch. Die Reden machte, und wollte machen, eine sehr gute Wirthin. Er war verreißt....

d. 22sten März

Hätte nicht brauchen in Vorrath zu schreiben, da die Donna erst Morgen weggeht. Sie wird hinunter geregnet werden; wir haben heut ordentliche Gewitterschauer gehabt; und bey Sonnenuntergang die prächtigste Erleuchtung, auf die die Sonne traktiren kan. Aber ich für mein Theil bin nicht wohl, ich stäche die Feder lieber unter die Nachtmütze als daß ich sie zwischen Fingern halte – ja diese Begierde wird so leidenschaftlich bey mir, daß ich ihr nachgeben – Abschied von Dir nehmen muß. Nur das noch, ob Du nichts zu lesen für mich hast? Ich vertrockne seit einiger Zeit, weil alle meine Bücherquellen sich verstopfen. Marianne schickt nichts – Blumenbach ist ein Gevatter Johannes – Mad. Volborth hab ich den Kauf aufgesagt – Du? und so gehts mir wie dem, der Gäste laden wollte, und alle entschuldigten sich. Sans comparaison mit den Blinden und Krüppeln, nun bitt ich Meyern, erstlich um etwas amüsantes gut zu lesen, wenn man auf dem Sopha *liegt*. Das muß kein Foliant seyn, sondern was man mit einer Hand hält. Wohl möcht ich *neuere* französische Trauerspiele, kleine Romane, Memoires oder auch etwas ernsthafters. Gott! er muß es ja wißen. Mir ist alles willkommen, waß ich noch nicht gelesen habe. Zweytens möcht ich etwas zu lesen, wenn man auf dem Sopha sizt und einen Tisch vor sich hat, als ältere englische Geschichte aus Alfreds Zeiten; und den 4ten Theil von Plutarch (die andern hab ich gelesen). Alles auf einmal will ichs nicht. Bey der nächsten Gelegenheit kömt auch Winkelmann und Oßian wieder. Betreib dies ein bischen für Deine Schwester; es ist unverantwortlich, daß man mich so gleichgültig zum Aschenbrödel werden läßt. Mach es Meyern wichtig. Bekomm ich nichts, so glaub ich nicht an Deine Gewalt über ihn. Die Drohung zeigt Dir wenigstens, daß es mir mit meinem Wunsch ein Ernst ist.

Mir ist wirklich übel zu Muth. Ich muß mich ausziehn. Leb wohl, meine Liebe, liebe mich, folge mir, und sorg für mich.

Caroline.

22 An Lotte Michaelis

[Clausthal] d. 28 May [1786]

Du bist ein Unglücksvogel mit Deinen Frisuren! Gewiß, sie stehn unter dem Einfluß eines bösen Gestirns, der meinen armen Geldbeutel nicht wohl will. Aber Du bist doch unschuldig, meine Seele, nur ein Werkzeug in der Hand des unerbittlichen Schicksaals – nur um den Gram zu versüßen oder zu verbittern. Wie kontest Du wißen, ich hätte in diesem Lumpennest Crep gekauft ... Und nun wolt ich, daß die Fee Cocombre allen Puz holte!

Wohin reißt denn Meyer eigentlich? wie ich verstehe, komt er so spät zurück, daß er Dich noch hier treffen könte. Anfangs sagtest Du von 3 Wochen, *so* müstens wenigstens 7 seyn. Innig freu ich mich auf Dein Kommen. Dann gut Wetter! und wir wollen den Harz durchlaufen. Diese Gegenden fangen an mir zu gefallen, da ich sie näher kennen lerne. Clausthal sieht von vielen Seiten äußerst hübsch aus – meine Sinnen freuen sich, auch *diese* Fluren, die mich sonst so schwarz dünkten, wie unsre Tannenwälder und der Schiefer, der unsre Häuser deckt im Regen – fangen an zu lächeln. Aber Sonnenschein wird dazu erfordert, und vom ersten Eindruck bleibt genug zurück, um dem Ganzen einen Anstrich von Schwermuth zu geben, den ich gern verwischen möchte. Was Meyer übrigens einst sagte, ist thöricht. Ich bin nicht unglücklich, wenigstens nicht durch meine Lage, ja was sag ich wenigstens? Bin ichs denn überall? Nennt ers ein Unglück eine Seele zu haben? So scheints mir beynah. Es war eine Zeit, wo Therese sich alle die unglücklich dachte, die sie liebte, daher schreibt sich das. Sie ist von dieser Grille zurückgekommen. Sie glaubt an Glückseeligkeit. Die meinige ist nicht überspannt, aber ich bin ihre Schöpferin, fiel mir auch in den ersten Zeiten wohl der Gedanke ein – warum must Du hier Deine Jugend verleben, warum *Du hier* vor so vielen andern; und vor manchen doch fähig eine größre Rolle zu spielen, zu höhern Hofnungen berechtigt? Das war aber Eitelkeit. Jezt sagt mir mein Stolz, was ich habe ist mir gegeben, diese Situation zu tragen, mich selbst zu tragen. Ich bin sehr zufrieden. Ich leugne es nicht, es im Anfang nicht gewesen zu seyn. Das klagte ich freylich Theresen. Viel kam mit daher, daß ich nicht gesund war, nie so sehr wie jezt, und das schwächt meinen Kopf, und Schwäche erzeugt bey mir immer glühende Phantasien. Die können nicht anders wie sich zur Traurigkeit neigen mit meinen sonstigen von entzückter Schwärmerey entfernten Gefühlen. Wie wenig Gegenstände giebts, wo die halbweg vernünftige Einbildungskraft sich an Freuden übt. Ich bin nicht mehr Mädchen, die Liebe giebt mir nichts zu thun als in leichten häuslichen Pflichten – ich erwarte nichts mehr von einer rosenfarbnen Zukunft – mein Loos ist geworfen. Auch bin ich keine mystische Religions Enthousiastin – das sind doch die beyden Sphären, in denen sich der Weiber Leidenschaften drehn. Da ich also nichts nahes fand, was mich beschäftigte, so blieb die weite Welt mir offen – und die – machte *mich* weinen. Da ist immer die Rede von schwachen Stunden. Weh mir, wenn in guten es mir an Freuden mangelte. So eingeschränkt bin ich nicht. Durch Interreße an Dingen außer mir, durch Betrachtung, durch Mutterschaft, durch alles waß ich thu, genieß ich mein Daseyn.

Genug, mein Schaz. Hör, ich lese noch in der Valiska, aber schick mir doch ja Archenholz das nächstemal. Ich sterbe, wenn ich ihn nicht kriege. Ist er denn in keinen Buchladen? keiner Leihbibliothek? Lichtenberg hat ihn recensirt, der muß ihn Z. E. haben, Heyne gewiß auch. Es muß sehr amüsant seyn.

Schreib mir doch den Verfolg von Luthers und Mariannens Liebe – es ist so interreßant. Vielleicht verführt er sie, wird abgesezt, sie flüchtet mit ihm, gehn nach Rom, werden katholikisch, die Priesterehe wird eingeführt, er wird Cardinal – Pabst – Himmelsfürst – Leb wohl – leb wohl. Der Wind bläßt schrecklich. Hattet Ihr auch gestern Sonnabend Abends zwischen 7–8 Uhr auf einmal durch einen Windstoß einen plötzlichen Heyderauch, der stank? Böhmer wolts gern wißen.

Caroline.

23 AN LOTTE MICHAELIS

[Clausthal 1787]
... Auguste ist reizend lieblich, ich bete sie an, das zu hoffende Kind ist nur ein Unkepunz in meiner Einbildungskraft, ich lieb es nicht vorher, wie ich jene liebte....

24 AN PHILIPP MICHAELIS

[Clausthal] Freytag d. 25. 8. [1788]
Wie das Jünglein pipset, das eben aus Mutters Schoos entlief – hudder hudder es ist kalt – ach wo sind meine weichen Decklein und meine weichen Läkelein – es schauert mich so – laß mich lieber wieder unterkriechen, Mütterchen. Die Häuser nickten sich entgegen wie ein paar alte Basen mit langen Nasen – muß meine langen Beine so hoch heben um die alten Perucken zu ersteigen. Weh weh wo ist mein Freund blieben, mit dem ich die Fluren durchstrich? Wo find ich eine Liebschaft wieder? Kluge Damen sind nicht für mich. Sonne der Eleganz, du bist untergegangen. Ihr seyd zu Ende, meine wählichen Tage.
So wehklagt Bruder Neuling. Ich wolte von ganzen Herzen, es gefiele Dir recht gut, denn das machte mir auch Muth, allein bedauren kan ich Dich nicht. Man muß ja so was in der Welt gewohnt werden, man muß früh lernen sich jeden Aufenthalt erträglich zu machen, und ich denke, auch dieser wird Dirs bald werden, wenn Du nur ein Menschenkind gefunden, daß halbwegs mit Dir simpathisirt und mit Dir spazieren läuft. Immer allein spazieren gehn, davon halt ich nicht viel, so viel Freude mir es dann und wann machen würde – es isolirt das Daseyn.
Bei Gelegenheit wird sich die Mutter wohl erbarmen, und Dich beßer betten. Was Friz mir sagen läßt, das rapportirst Du mir entweder nicht, oder er hat Dir nichts aufgetragen. Mein Gott, Ihr habt doch wohl nicht gleich einreißen und bauen laßen? Denn mit dem armseeligen Heerd ists doch nicht gethan. Da ist ja Z. B. kein Winkelchen, wo die Domestiken schlafen könten – nicht ein Örtchen, wo man Dinge bergen könte, die man nicht alle Tage braucht. Die Küche so nah am Vorsal – wie würde da Bruder Friz oft

gestört werden. Kein Boden, kein Fleckchen, wo sich waschen läßt, kein Plaz die nöthigsten Schränke zu placiren. Kurz, ein ordentlicher Haushalt ist da gar nicht zu führen. Es wäre nichts halbes und nichts ganzes, es wäre nichts. Weist Du, was ich wollte? Entweder, daß sich mein lieber Friz geduldete, bis er ein ander Haus hätte, oder daß es möglich wäre ohne Haushalt bey ihm zu wohnen, sich speisen zu laßen, und nicht so für Ewigkeiten zu bauen. Da braucht ich nichts wie Raum für mich und meine Kinder. Da ließen wir, Du und ich, uns das Eßen holen, und er ginge an seinen Tisch. Wo ißest Du denn jezt? Es werden ja doch eßbare Dinge gekocht werden – Ihr werdet ja doch in Marburg keine Gaumen haben wie ein Rhinoceros? Du mußt mir das noch weitläuftig vorschwögen, eine Sache, in der Du Dich bey so bewandten Umständen anlernen laßen kanst.

Spricht Friz noch von Weynachten? Ich frage nicht hinter seinen Rücken, denn Du magst ihm diesen Brief getrost zeigen. Das ist einmal gewiß, meine Pension muß erst entschieden seyn, eh ich gehe, *dazu räth mir Trebra,* und die Bergrechnung ist erst im December, da mögen die Kobolde wißen, wann etwas bestimmt wird! Ja ich gesteh frey, den Winter über bleib ich gern noch hier. Trebra räth ferner Fritzen, sich ja zu verheyrathen, wenn er dächte an Leib und Geist je recht gesund zu werden. ...

Mein guter Bruder wird meinen Brief bekommen haben, den der Pastor für ihn in Verwahrung hatte. Wenn er die Umstände bedenkt, die Leidenschaft, mit der ich damals den Entschluß faßte mich in seine Arme zu werfen – so wird er mich doch etwas entschuldigen, daß ich ihn auch wieder änderte.

[Ende fehlt.]

III.

Briefe aus Göttingen und Marburg
1789–1792

> *„Göttern und Menschen zum Troz will ich glücklich seyn*
> *– also keiner Bitterkeit Raum geben, die mich quält –*
> *ich will nur meine Gewalt in ihr fühlen."*

25 An Friedrich Ludwig Wilhelm Meyer

Göttingen 1. März 1789

Wenn mir etwas unerwartetes begegnen konnte, in einer Welt, die ich alle Tage wunderbarer finde, und worüber ich mich also immer weniger wundere, denn l'Admiration est la fille de l'Ignorance – sagte mir sonst Mad. Schlegel – so war es Ihr Brief, aber befremdet hat er mich nicht, denn Sie konnten und mußten sehr gut wißen, daß ich Sie gern um Nachrichten von Ihnen befragt hätte? wie ich sehr oft nach Ihnen gefragt habe, wenn ich nur die geringste Veranlaßung dazu gehabt hätte. Ja, meine Schwester und ich haben uns mehr wie einmal mit der abentheuerlichen Idee getragen – abentheuerlich nenne ich sie, weil vieles was natürlich ist so genannt wird – ohne alle Veranlaßung, ein Sendschreiben an Sie ergehen zu laßen, daß Ihnen mein leztes Wort wiederhohlt hätte: Sie würden uns nie fremd werden. In Göttingen mußten Sie es zu seyn scheinen, wo ich Sie aber künftig auch finde und weiß, da sind Sie mir es nicht. An Ihrem Schicksal Theil zu nehmen, das ist vielleicht ein undankbares Werk, doch in so fern Sie und Ihre Laune der Schöpfer desselben sind, muß ich ihm unwillkürlich folgen. Sie sollen sich aber so wenig um das meinige bekümmern und nur *mir* den Antheil nicht ganz entziehen, den Sie ihm zusagen – ich bekümmere mich selbst nicht sehr darum, ich sorge nicht und mache keine Pläne, nur Einem glaube ich mit festem Schritt nachgehen zu müssen, dem Wohl meiner beiden kleinen Mädchen, alles übrige liegt vor mir da wie die wogende See, schwindelt mich vor dem Anblick, so schließe ich meine Augen, allein ich vertraue mich ihr ohne Furcht. Ich weiß nicht, ob ich je ganz glücklich seyn kan, aber das weiß ich, daß ich nie ganz unglücklich seyn werde; Sie haben mich in einer Lage gekant, wo ich, von allen Seiten eingeschränkt, durch den Druck meines eignen Gewichts niedersank – grausam bin ich herausgerißen, doch fühle ich, daß ich es bin, denn es ist so hell um mich geworden, als wenn ich zum erstenmal lebte, wie der Kranke, der ins Leben zurückkehrt und eine Kraft nach der andern wieder erlangt und neue reine Frühlingsluft athmet, und in nie empfundenem Bewußtseyn schwelgt. Ein Schleier fällt nach dem andern, es ist mir nichts mehr sehr wichtig – Erfahrung mindert den Werth der Dinge, denn es nimmt ihnen die Neuheit – ich schätze nichts mehr als was mir mein Herz giebt, und erwerbe nichts als was ich mir selbst bereite. Sie prahlen ein wenig mit Ihrer Armuth, und meine kränkt mich wenigstens nicht, mir ists, als hätte ich die Menschen nie weniger bedurft und höher herabgeschaut, als seit sie wohl gar meinten, ich würde mich fester an sie anschließen. – Wir sind stolze Bettler, lieber Meyer, und ich kenne noch einige von der Art, laßen Sie uns lieber einmal eine Bande zusammen machen, einen geheimen Orden, der die Ordnung der Dinge umkehrt, und wie die Illuminaten die Klugen an die Stelle der Thoren setzen wollten, so möchten denn die Reichen abtreten und die Armen die Welt regieren. Ich habe Ihre Idee Bürgern zu heirathen vortrefflich gefunden, doch meint Lotte, Sie würden eine schlechte Parthie thun, und das ist gewiß,

> Auf Erden weit und breit
> Ist kein Altar vorhanden,
> Der Eure Liebe weiht.

Er hat mir gesagt, daß Sie wahrscheinlich zusammen nach Berlin gehen – aber wenn ich es nun versuchte, Sie zum Profeßor der Aesthetik in Marburg zu machen, wohin ich vermuthlich gehe, Sie nehmen ja nur Schweinefurt aus, und haben wohl nicht allen Feßeln entsagt. Ich wollte, Sie könnten in London bleiben, denn eine große Stadt, wo Sie sich in der Menge, aber nicht in Ihrem Cirkel verlieren, wo Sie alle Abend die Last, die Sie den Tag über an sich selbst gewogen haben, bei einem Fest oder im Schauspielhause von sich werfen, und sich im Gedränge der Mannichfaltigkeit selbst vergeßen könnten, wäre doch Ihr Element. Sind Sie nicht einer von denen, die sich berauschen müßen um glücklich zu seyn, und wenn nun die schreckliche Lücke zwischen Rausch und Rausch durch keinen äußern Gegenstand gefüllt wird – was fangen Sie dann an? es ist eine traurige alternative, diese Leere ganz zu fühlen, oder sie alltäglich ausfüllen. So leite Sie denn Ihr guter Geist! auf ebener Bahn wird es wohl nicht seyn. Vater und Mutter danken, die Schwestern erwiedern. Lotte ist glücklich, Louise ist glücklich, die eine schreibt eben, die andre ist auf einem Ball. Sie nennen Feder in Ihren Briefen an T[atter], ich habe ihn ganz kürzlich von Ihnen reden hören, und nie hat ein ehrbarer Mann so vortheilhaft über Sie gesprochen wie dieser, ich freute mich es zu hören um beider willen. Nochmahls dem Guten befohlen, und daß kein Böses Ihnen etwas anhaben kan!

Caroline Böhmer.

26 AN LUISE GOTTER

Göttingen d. 8. März [17]89

Eine Einladung wie die Deinige, meine immer gleich geliebte Freundinn, durft ich nicht mit leeren Worten des Danks beantworten, deswegen habe ich warten müßen, denn erst jezt kan ich Dir etwas entscheidendes darüber sagen; es wiederspricht zwar meinen Wünschen nur zu sehr, und Dein freundschaftliches Herz wird nicht damit zufrieden seyn, aber ich weiß auch, daß es in der Ursache, die unsre Zusammenkunft verhindert, Gründe auffinden wird, um dem Geschick zu verzeihn. Ich komme nicht zu Dir, ich darf alles, was Du mir so liebreich anbietest, Dein Haus, Deine Gesellschaft, die Freuden der Errinrung der ersten glücklichen Jahre meiner Jugend, die eine so ganz andre Zukunft zu weißagen schien, ich darf sie nicht annehmen, weil ich eine andre Reise zu machen habe, und welche die ist, das erräthst Du leicht. Mein Bruder bot mir sein Haus an, sobald ich meine Heymath verlohren hatte; der Zustand, in dem ich war, und die Wünsche meiner Eltern, denen ich leicht nachgab, weil ich nicht die Kraft haben konte zu überlegen, zu einer Zeit, wo ich sie alle aufbieten muste, um dem Unglück zu wiederstehn, machten, daß ich damals wenig Rücksicht darauf nahm, und es ihm vors erste ganz abschlug. Wie ich aber nach und nach die Verhältniße in einem helleren Licht zu sehn anfing, wie ich in alle diejenigen zurückkehrte, die man mit einem Herzen, das jenseits seines Grams nichts mehr erblickt, so leicht vernachläßigt, und die wiederholten Bitten meines Bruders hinzukamen, da reifte der Entschluß, den ich nun gefaßt habe. Ich glaube, er ist gut, und das muß mir manches Opfer versüßen, daß ich ihm bringe. Dort kan ich nüzlicher und thätiger und freyer seyn für mich, und was mich eigentlich bestimmt, für die Erziehung meiner Kinder. Sie sind das einzige, worauf ich sicher rechnen können muß, sie sind meiner Glückseeligkeit nothwendig, und ich fühle, daß sie ein mir anvertrautes Gut sind, das ich also nie nach *meinen* Convenienzen behandeln darf. Erziehung ist nach meinen Begriff nicht Abrichtung, das ist ein Zweck, den ich durch Strenge allenthalben erhielte – es ist die Entwicklung der angebohrnen Anlage durch die Umstände – und diesen getraue ich mir hier, wo ich meine Kinder nicht allein habe, wo sie unter dem Einfluß des Beyspiels stehn, nicht so entgegen arbeiten zu können, daß sie würden, was ich aus ihnen machen möchte – meine Kunst, die eigentlich keine Kunst ist, sondern nur eine gewiße Unthätigkeit, welche höchstens vor bösen Gewohnheiten zu bewahren und die ersten entscheidenden Eindrücke zu lenken sucht, traut sich das nicht zu, und so will ich lieber den freyen Boden wählen, wo sie gedeihn muß, wenn Kinder ihren Eltern gleichen, als mich der Gefahr aussezen sie misglücken zu sehn. Ich könte doch auch für die Zukunft nicht ruhig daran denken, Töchter, die keinen Schuz haben wie ihre Mutter, auf einer Universität erwachsen zu sehn. Marburg ist zwar auch eine, aber es hängt ganz von mir ab, in wie fern M. es nicht seyn soll, ich erwarte überhaupt nichts von dem Ort, und es ist blos der, wo das Haus meines Bruders liegt, wo ich mehr Einsamkeit, Freyheit und Ruhe finden werde. Die Freude, die ich diesem Bruder mache, selbst der

Nuzen, den ich ihm leisten kan, ist ein Bewegungsgrund, der schon hinreichend wär, ohngeachtet er mein erster nicht ist. Dir braucht ich vielleicht nur diesen anzuführen, aber hier, wo man nicht ganz begreift, warum ich eine ganz angenehme Situation mit einem offenbar weniger angenehmen Aufenthalt verwechsle, will man ihn nicht gelten laßen, und ich kan doch nicht wohl einen andern nennen. Es wird mir auch schwer von hier zu gehn, das leugne ich nicht, Göttingen ist eine Stadt, von der im Allgemeinen nicht viel tröstliches zu sagen ist, allein in keiner von so geringen Umfang wird man so viel einzelne merkwürdige gescheute Menschen antreffen, und ich konte diese einzelnen genießen, und brauchte mich an den Ton des Allgemeinen nicht zu binden, wenn ich dafür leiden wollte, was sich nach Weltlauf gebührt. Ich hatte ein bequemes Leben, ich mag aber kein bequemes Leben haben, wenn es nicht ewig dauern kan. Kurz, das Loos ist nun geworfen – zwischen Ostern und Pfingsten werde ich abreisen. Was aus unsern Wiedersehn wird, das wißen die Götter! So offen, wie jezt alles vor meinen Sinnen da liegt, so jeder Möglichkeit unterworfen, verzweifle ich an nichts, ich erwarte aber auch nichts – was mein Wille kan, das wird er – und was die Nothwendigkeit fordert, werd ich ihr einräumen, doch niemals mehr ihr geben, als sie wirklich fordert. Es ist mir nicht wahrscheinlich, daß ich Dich nicht bald einmal sehn sollte, und wo und wie und wann es geschieht, wird es uns sehr glücklich machen, und geschäh es noch so spät, nicht weniger wie heute.

Dein Mann, meine liebe Louise, könte Dich wohl einmal hierher bringen, und es würd ihn für sich selbst nicht gereun. Ich will zwar keinen schönen Geist und Dichter nach Göttingen einladen, wo eine wahre Auswandrung seit kurzen vorgegangen ist, es muß also nicht ihr gelobtes Land seyn, wie könte man das auch da vermuthen, wo Wißen allein interreßant macht, und sich eine Menge Leute vorbereiten, nicht um interreßant zu werden, sondern um zu eßen zu haben. Bürger, deßen Bekantschaft ich ganz kürzlich gemacht habe, denn ich bin ein Jahr mit ihm hier gewesen ohne ihn nur zu sehn, er führt, wie er selbst sagt, ein Bären Leben, und komt selten aus seiner Höhle hervor, Bürger wird auch wohl weggehn; er und Meyer wißen noch nicht wohin, vielleicht nach Berlin. Meyer hat mir geschrieben, und wie er versichert, weiß er nichts von seinem künftigen Aufenthalt, als daß es nicht Schweinfurt seyn würde. Ich wünschte, daß es ihm wohl ginge, aber das wird der frommen Wünsche einer seyn. Mad. Forkel ist sicher in Berlin, und ein gewißer Herr Seydel ist ihr sodann dahin gefolgt – er ist der Unglückliche unter vielen andern, die gleiches Recht dazu hätten.

Die Genesung unsres Königs ist eine äußerst erwünschte Begebenheit. Prinz August befindet [sich] ebenfals sehr wohl, und es wird nun bald in Hières so warm werden, daß er wieder zurückkommen muß. Könt ich nur einmal die balsamische Luft eines so milden Himmelstrichs einathmen, nur einmal im Regen der Orangenblüthen spazieren gehn, ein muntres Volk sehn, oder das Schauspiel wärmerer Leidenschaften, als unsre gemäßigte Zone aufkommen läßt – auch fromme Wünsche! – doch eröfnet mir das Leben mit meinem Bruder eine etwas weitere Außicht, ich komme den Rheingegenden näher. Es ist doch betrübt zu wißen, daß man noch gar nichts schönes gesehn hat.

Lebe wohl, meine liebe Freundinn, bis der Zufall günstiger ist. Grüße Deinen Mann und Schwiegerin recht herzlich von ihrer alten Bekantin. Ich möchte wohl wißen, wie Ihr mich fändet, wenn Ihr mich sähet. Eines wird sich immer gleich bleiben – die sanfte Zuneigung, mit der ich die Deinige bin.

Caroline Böhmer.

Ich lege Dir ein Gedicht bey, das meine Kinder ihrem Grosvater an seinem Geburtstag mit einen von mir gestickten Kopf des Aesculap, unter den die unter das Gedicht geschriebne Inschrift stand, überreichten. Beydes von Schlegel.

27 AN FRIEDRICH LUDWIG WILHELM MEYER

Marburg d. 24. Oct. [17]89
Nicht als ob ich Ihren Becher spröde von mir gewiesen hätte – nein, mein lieber Freund, ich habe ihn getrunken, *gekostet*, bis auf den lezten Tropfen – deswegen schwieg ich

nicht, allein ich war, ich weiß nicht, vielleicht zu glücklich, um Ihnen aus Bedürfniß zu antworten, und hatte noch immer nicht genug Eigenliebe oder nicht genug Vertrauen, um es *Ihretwegen* zu thun. Dann wollt ich Ihnen auch sagen, ob Ihre Prophezeyhungen eingetroffen wären – jezt weiß ich schon seit langer Zeit nicht wo Sie sind, auch nicht wo Sie dieß erreicht, zu dem ich aber eine besondere Veranlaßung habe, und mich also nicht durch diese Ungewißheit abhalten laße. Dieser Anlaß ist nur eine Idee, man muß aber so wenig Ideen verschließen wie möglich. Sie kam mir und meinem Bruder zugleich. Der Erbprinz von Caßel lebt hier unter der Führung eines gescheuten Mannes, des Herrn v. Dörnberg, außer diesem und einem Cavalier hat er einen Lehrer, der den Prinzen von Jugend auf gehabt hat, mit dem man indeßen wohl wechseln mögte, wenn sich ein anderer darböte. Der Prinz ist 13 Jahre, wahrscheinlich bleibt er eine sehr kurze Zeit hier, und geht dann nach der Schweiz. Was glauben Sie, würde diese Stelle nicht zu klein für Sie sein? Versteht sich, daß die Besoldung honnet wäre, daß Sie einen Titel bekämen, und Aussicht aufs künftige. Eigennützig bin ich nicht, ich wünschte kaum Sie hier zu sehn, sondern daß sich die Ausführung des Projekts[?] verzögern könnte, bis der Prinz Marburg verläßt, denn wie Meyer hier ausdauern würde, das seh ich nicht ab. Es ist ein kleiner, eingeschränkter und ohne Zweifel sehr langweiliger Fuß, auf dem der Prinz lebt, er selbst noch ein Kind, dem man biblische Geschichten erzählt. Der Ort hat keinen Vorzug als den einer schönen Lage, er wär für uns eine wüste Insel, und dahin könnt ich Sie mit mir nicht einladen. Ich höre außerdem, daß Sie den Vorsatz haben, nach Italien zu reisen, und davon will ich Sie nicht abwendig machen, wenn man das vereinigen und Sie bei Ihrer Zurückkunft hierher kommen könnten – das wäre mein Plan. Mein Bruder glaubt, es müße früher etwas daraus werden, wenn es gelingen sollte. Schreiben Sie mir Ihre Meinung, dann redet mein Bruder mit Dörnberg, deßen Ohr er sich auch schon über diesen Punkt geneigt gemacht hat, und wenns möglich wäre, kämen Sie hernach selbst. Das ist der Entwurf des Luftgebäudes, mit dem ich mich gern beschäftige, weil Sie mir werth sind, dem ich aber eben deswegen mistraue, weil man im Lauf der Welt Unglauben aller Art einsaugt. Sie schweigen vors erste darüber, um so mehr wenn Sie die Ausführung wünschen. Dörnberg ist der einzige, durch den die Sache anhängig gemacht werden könte, und den haben wir hier. Mein Bruder grüßt Sie, er macht sich bei mir ein Verdienst aus seinem guten Willen, Sie können sich vorstellen, daß ich ihm nicht wiederspreche, allein mir aus dem Meinigen – nicht einmal aus der Uneigennützigkeit, mit der ich allem entsage, was Sie nicht glücklich machen würde, wenns mir auch viel Freude gäbe – keins bei Ihnen mehr. Immer wünsch ich, daß Ihnen der Vorschlag bald zu Händen kommen mag.

Sie haben mir Wahrheit gegeben, die für mich einen unwiederstehlichen Zauber hat. Es ist das Einzige, was mich täuschen könte. Der Mensch, welcher sie inniger liebt wie ich, muß ungeheure Fähigkeiten haben – oder steht unter allem Vergleiche. Wißen Sie aber, daß man sie geben kan ohne mehr [wahr?] zu seyn? Ich ziehe Sie nicht in Verdacht, doch gestehe ich – ich ergründete Sie noch nicht, und wollte, daß Sie mir so viel über sich wie über mich sagten. Was liegt denn am tiefsten in Ihrem Wesen gegründet? Herrscht der Leichtsinn Ihres Kopfs, oder der Ernst Ihres Herzens da, wo Ihre heftigste Leidenschaft spricht – wanken Sie zwischen beiden – ich begriff Sie nie ganz und konte auch nicht, denn wie wenig kannt ich Sie durch mich selbst. Wie ich Sie kannte, interreßierten Sie mich aus meinem Geschmack – den viele Leute falsch nennen – und einer seltsamen Uebereinstimmung mit dem, was den leisesten, den halb unverstandnen Bildern meiner Phantasie schmeichelt. Ich hätte Empfindungen erregen mögen, wie Sie sie schilderten, und doch nicht die Ihrigen – denn mein Herz hatte sich von aller Wirklichkeit entwöhnt – ich wußte nicht mehr damit umzugehen. Das gab mir einen Ernst gegen Sie, den Sie nur erwiedern wollten, und so, daß ich ihn nicht für natürlich hielt, zurückgaben. Vertrauen hatte ich für Sie nur durch andere. Daß Sie meine Lage vollkommen richtig beurtheilten, wußt ich sehr wohl, aber ich konte auch *darüber* nicht offen seyn, weil ich den lezten Wahn zu retten hatte, der mir mein Schicksal erträglich machte, den lezten Wahn der Liebe: Zärtlichkeit. Zu delikat, zu gut, zu sanft diese wegzuwerfen – vielleicht auch zu sehr eingeengt – behielt ich sie bey, und sie lebt selbst noch in der Errinrung, ob ich gleich mit Schauer und Beben an jene Zeit zurückdenke, und von ihr wie der Gefangene von dem Kerker mit einer schrecklichen Genugthuung rede.

Hier leb ich seit 4 Monaten ohngefähr so, wie Sie es voraus sahn; ich habe den Sommer ganz genoßen und gehe dem Winter mit der Hoffnung der Frühlingsblüthe entgegen. Lotte ist bey mir, denn sie mochte Göttingen nicht mehr – von dem zu scheiden mir nichts kostete, so wenig wie Ihnen. Marburg hat wenig – aber doch nicht die tödtende Einförmigkeit und den reichsstädtischen Dünkel. Die Menschen nicht so cultivirt und geschwäziger, allein doch toleranter. Man liebt mich sehr, weil mein Herz ein Gewand über die Vorzüge des Kopfs wirft, daß mir beides Aeußerungen als Verdienst anrechnen läßt. Daß ich gehn kann wann ich will, macht, daß ich alles Ungemachs zum Troz bleibe – das ist die Art von Trägheit, welche der hat, der den Tod nicht fürchtet.

Ich habe mir ein Ziel meines Bleibens gesezt – dann weiter, wohin mein Genie reicht – denn ich fürchte, das Geschick und ich haben keinen Einfluß mehr auf einander – seine gütigen Anerbietungen kan ich nicht brauchen – seine bösen Streiche will ich nicht achten. Wünsche hören auf bescheiden zu seyn, wenn in ihrer Erfüllung unsre höchste und süßte Glückseeligkeit läge – auf Wunder rechnet man nicht, wenn man sich fähig fühlt Wunder zu thun, und ein wiederstrebendes Schicksaal durch ein glühendes, überfülltes, in Schmerz wie in Freuden schweigendes Herz zu bezwingen.

Meine Kinder sind liebe Geschöpfe. Daß Sie kämen, Meyer – mit sanftem und festem Schritt käme Ihnen eine Freundinn entgegen in

                         Caroline.

Es ist gar nicht hübsch von Ihnen, daß Sie die erhabne französische Nation so bey allen Gelegenheiten herunter machen, wie in dem Aufsaz über eine Staatsschrift des General Loyd. Ich könte Ihnen gram seyn. Auch darüber, daß Sie so viel in Ihrem lezten Brief von Zwecken sprechen und andern Leuten Absichten unterschieben, an welche sie – sonst so toll und verdreht wie Sie wollen – gar nicht die Leute sind zu denken.

Gotter läßt Ihnen sagen, daß er eben in Weimar gewesen ist, und die Herzogin und Einsiedel viel nach Ihnen gefragt haben, und sich sehr huldreich über Sie auszudrücken geruhten. Gotter hat eine stolze Vastha [Vasthi] und eine demüthige Esther gemacht, die er dort vorlas.

28 AN LOTTE MICHAELIS

[Marburg 1789]

[Anfang fehlt.]

... Winterabende nach dem Tacitus gegeben hätte." Bey dem Achill von Ulyßes unter den Weibern entdeckt, erinerte sie, daß der König von Preußen diese Geschichte in einer Gruppe von Statuen besitze. Dann kam ein Stück aus einer englischen Ballade, wo ein Mädchen mit dem schönsten Ausdruck von Schmerz zwischen Vater und Mutter sizt, darunter steht –

> My Father urg'd me sear my Mother did nae speak
> But she loockd in my face that my heart was like to break.

Dann der Tod von Lord Robert Manners in der Schlacht vom 12ten Aprill. Sie hat sein Monument gesehn. Wir kamen zu *Dir* – das ist ein liebes Geschöpf, sagte sie – es ist das Ebenbild meiner Schwester – Lottchens? Und da sezt ich ihr alle Aehnlichkeiten aus einander. Bey den Wegdwoods bemerkte sie, daß Göthe seinen Kopf in Italien in eine Gemme hat schneiden laßen, Merk hat einen Abdruck davon genommen, ihn nach England geschickt, wo man nun auch mit Göthens Kopf siegelt. Meine Stickerey gefiel ihr sehr, sie wünschte mir Glück zu den Talent. Nach 8 Uhr wurde sie errinert wegzugehn. Ich habe ihr einen Kopf zu sticken versprochen, wenn sie mir die Mannheimer Briefe, die das Beste seyn sollen, was sie geschrieben hat, schenken wollte, da sie Philipp Miss Lony geschenkt hätte. Das war das erstemal, daß ich eines Werks von ihr erwähnte. Sie wollte es mit dem Beding thun, daß ich ihr meine Meinung von Miss Lony sagte – zum Glück hatte ich sie noch nicht gelesen, denn ich muß mich sicher auf etwas wahres, an etwas zu loben *besinnen*, was mich sicher nicht

interreßirt. Ich hätte das Recht freymüthig zu seyn, sagte sie mit viel Feinheit. Sie frug mich einigemal, ob ich ihr auch in der That gut wäre – worauf sie einigen Werth zu legen schien. Freytag Abend nahm ich von ihr Abschied. Es waren Studenten da, Theologen, schlechte Gesellschaft – La Roche sagte mir, da sizt nun meine Mutter und zieht sie doch alle an sich, und keiner glaubt weggehn zu dürfen, weil er sich einbildet der favorisirte zu seyn. Morgen komt sie wieder, und bleibt wenigstens, bis Merk zurück komt. Eins fällt mir noch ein, sie hatte sich gescheut Schillern anzugreifen – da hatte ihr jemand gesagt, sie schriebe ihm Riesenideen zu, und *darauf* hin könte sie schon vieles wagen. Ist das nicht sehr wahr?
Wenn sie zurückkomt, muß ich sie allein sprechen, um noch ausführlich über meine Lotte mit ihr zu reden. Ich begreife Dich so ganz, und am besten *das*, daß ich Dir zu viel seyn würde. Das macht auch, daß ich Dir nicht viel über Dich sagen kan. Wenn ich eine Zeitlang die Größe Deines Verlustes angestaunt habe – so verschwindet sie mir – es ist ein simples Menschenschicksaal, in dem der Mensch nicht versinken muß. Ich erhebe mich aus der Tiefe Deines Grams zu der Möglichkeit, daß Du noch manches durch die Wirksamkeit Deines Kopfes und Deiner Fähigkeit genießen kanst. Wohl ihm, daß er eins über Dich vermocht hat: leben zu wollen – nicht für Dich, aber für unsre Eltern, man muß doch so wenige mit sich unglücklich machen wie möglich, und sind sie es nicht schon genug? Marianne weiß alles, aber Ihr sprecht doch wohl nicht darüber? Mariannens Lage ist sehr sehr unangenehm. In dem einen Fall hielte sie es dort nicht aus, aber ist es möglich, daß er sich ereignen kan? Ein Besuch, aber doch kein Aufenthalt. Wenn er sich nur nicht in Mannheim, der verderbtesten Stadt Deutschlands, etablirt! O daß Therese sich einmal überwände – ich weiß nichts mehr von ihr, wenn sie es nicht thut, und doch wird das nicht ganz zerstört werden können, was ich in ihr anbete. Ihre Laster sind die Ueberspannung ihrer Kräfte.
Ich habe Tatter an diesen Brief verwiesen, weil Du die Geschichte von der Roche vollständig haben solltest. Du nimst es nicht übel, wenn ich Euch beyde vereinige. Er theilt Dir dafür wieder mit, was er will.
Eben laßen mir Schulers sagen, daß sie gekommen sind.

Diesen Nachmittag werd ich wohl Kronenbergs besuchen, denn mir ist nach einer ruhigen Nacht etwas beßer wie gestern, wo ich gar nicht wohl war. Bey der Nacht denk ich an die Schlafkammer; auch die hätte La Roche sehn dürfen. Es steht mein und meiner Kinder Betten und ein Nachttisch darinn, und alle Silhouetten – mit dem Schatten meiner Geliebten umrihgt – über meinem Ruhbett hängt die meines Vaters mit dem Kranz verwelkter Blumen und Lotte bey Werthers Grab, weil das in die Stube nicht gut genug war.

Le mal est fait, denn Schlegel hat seit Dienstag einen Brief – ich würde aber das Uebel doch begangen haben, wenn ich auch Deine Warnung gelesen. Er schrieb mir dreymal, und wie! Da Du am Donnerstag noch nichts von diesem ihn betroffnen Glücksfall erfahren hattest, so hoff ich, er geht ein wenig stiller damit zu Werk. Ich habe sehr über Jetten gelacht – Schlegel und ich! ich lache, indem ich schreibe! Nein, das ist sicher – aus uns wird nichts. Daß doch gleich etwas werden muß. Es ist ein verwünschter Gedanke, den nur die schiefe Jette erzeugen kan. Mit der Post einen Brief von mir zu erhalten, den Triumph vor dem Königl. Großbritt. Postamt und dem wohlbestallten Briefträger soll er nie haben. Und der Inhallt soll die Gabe haben, ihn verschwigen zu machen.

Cepog ist doch ums Himmels willen nicht in Marianne verliebt? Nach ihr wüste ich keine unglaublichere wie Lotte. Grüße ihn und Launay, wenn Du sonst nichts zu sprechen hast, und wer Dich frägt, dem antworte, daß ich über alle Erwartung vergnügt hier wäre. Frage *Du* mich nicht – und doch ist es wahr – ich finde, daß ich recht hatte zu gehn, und es ist ganz und gar nicht unangenehm hier zu leben.

Wie die Roche Thee bey mir getrunken hatte, ging ich noch mit Philipp nach Ockershausen, wo die Malzburg uns und Selchows ein kleines Souper gab, von dem wir erst gegen 12 Uhr wiederkamen. Die Selchow hat Verstand, sie sagt mannichmal Dinge, die Sinn haben, dann *schwazt* sie einmal nur, und macht verdrießliche Schmeicheleyen – et elle n'a pas un brin d'ame. Zwischen dem gnädigen Frl. und mir hat sich eine offenbare Sympathie entdeckt, denn wir lieben beyde die Genealogie und verheirathen die Prinzen und Prinzeßinnen des Calenders mit einander. Da ist ein Candi-

dat, der ami des gnädigen Hauses, ein Mensch von Kopf, aber unerträglich eingebildet, um den sich die Conversation oft dreht, weil er eine Art von Draht ist, an dem man Blumen bindet.
Nun, meine liebe Lotte, das mag genug seyn.

Mittag

Wenn meine Eltern zugeben, so kan ich kaum zweifeln, daß daraus etwas wird.
Ich will Dich nicht weich machen, meine theure liebe Lotte – es ist ein Vorurtheil zu wähnen, der Schmerz müße weh thun, unser Wesen auflösen, in Thränen zerschmelzen. Weine, wenn Du kanst, aber wolle nicht weinen. Ich *muß* schließen.

29   AN PHILIPP MICHAELIS [?]

[Anfang, ein Doppelblatt, fehlt.]
[Marburg Dec. 1789]
… sie schien etwas in stillen Phantasien zu sehn, wonach sich dann ihre schönen Arme verlängernd ausstreckten, das selbst ihre Finger sich auszustrecken schienen. Dann faßte sie fest in meine Haare – einmal zog sie meine Hand fest an ihr Herz – sie pflückte in leisen Krämpfen am Bettuch – und ich verblendete mich noch über dies Zeichen. Dabey war sie ganz bey Verstande – sie begriff mich noch, wenn ich ihr vom Weinachten sagte, den die Großmutter schikken würde – sie antwortete noch – Gusten auch. Den krampfhaften Zustand zu lindern verordnete Friz ein warmes Bad, worinn ich sie in unaussprechlicher Angst meines Herzens sezte. Ich war entzückt, wie es ihr so wohl darinn ward, daß ich es ihr ansah, und sie selbst sagte: gut! Gut! mit der innigen Stimme, mit welcher sie ihr Ja aussprach, und wie ich sie wieder ins Bett gelegt hatte, und sie um so vieles beßer schien – es war gegen 4 Uhr Nachmittags – ich *konte* nicht an ihrer Rettung verzweifeln … Gegen 8 Uhr … ein zweytes warmes Bad – in das ich sie mit einer schrecklichen Anstrengung meiner selbst noch zu sezen die Kraft hatte, indeßen alles zitterte für das Leben des theuren Lieb-

lings, und Lotte in einen heftigen Anfall von Schlucken und convulsivischen Bewegungen sinnlos auf der Erde lag – starke Dosen Moschus – alles wurde gebraucht – von meiner Seite ohne Erwartung – vermuthlich auch von den übrigen. Ihre Krämpfe äußerten sich nicht in Zuckungen, nur in einen leisen Dehnen, auf welches Steifigkeit folgte.
Ich war thätig, bis ich nichts mehr zu thun fand – dann sezte ich mich neben Lotte aufs Canapee – meine Rose wurde still – die Malsburger und Breidenstein knieten vor ihrem Bett – keins von den Mägden war gegenwärtig – alles wurde still – und ich wünschte sehnlich, daß doch diese Stille nie möchte unterbrochen werden. Ich bebte vor dem Augenblick, wo ich, bewegungslos mit festgehefteter Seele – mich wieder bewegen müßte. Wo bist Du, Geist der Schlummernden? Die Frage trat mir nahe unter Bildern, unter Ideen, von welchen die eingeschränkte Menschheit nur dumpfen Sinn hat – und wenn sich diese Dumpfheit mit Sehnsucht nach deutlichern Wißen mischt – und in denselben Vorstellungen auch das Gefühl des Verlustes erwacht – meine Brust arbeitete entgegen mit der Gewalt – die ich wohl kenne – allein ganz *so* noch nicht übte – Ich blieb mit Lotten zulezt allein – und rief nun die Leute, damit sie des Nachts bey der Entschlafnen wachen sollten. Sie kamen, und wußten noch nicht, daß sie todt war. Ob ich nachher schlief oder wachte, weiß ich nicht. Ich blieb ruhig – Auguste beschäftigte mich – sie schien es gar nicht zu merken – sie ging allein in die Stube – kam wieder heraus ohne weitre Äußerung, endlich sagt ich ihr, daß Röschen nun nicht mehr mit ihr spielen könte. Da brach es aus – sie schriee mit einem beynah widerwärtig heftigen Ausdruck: das *solst* Du mir nicht sagen, Mutter! als wenn sie es vor sich selbst hätte verbergen wollen bis dahin. Ich kan Dir das eigne davon nicht beschreiben – es schien innre Tiefe mit einer so sonderbaren Gedankenlosigkeit verknüpft – ich konte nicht wahrnehmen, daß etwas in ihr arbeitete – und doch, wenn es auch nachher wieder zu Thränen kam, schien es Ausbruch verhehlter Regung zu seyn. Jezt mischt sie viel kindischen Leichtsinn in ihre Errinrungen, welche sehr häufig kommen. Sie ruft Röschen – sie sagt: ich sehe sie, sie will nicht kommen, sie ist bey ihren Vater.
Ich brachte den übrigen Tag in einer Gleichgültigkeit zu, in

welcher ich mir nicht ganz bewußt war, wie viel ich dazu beytrug sie zu erhalten – die Erschöpfung sagte es mir. Ich war am Abend so matt, daß ich nicht gehn konte, und wie [ich] ins Bett kam, wurde mir sehr übel, und ich hustete Blut, welches die ganze Nacht anhielt, und worauf eine große Schwäche folgte. Ich gewann aber meine Kräfte bald wieder, und ward wenigstens nicht unthätig. Meine Gesundheit ist seit dem gewesen, wie Du es Dir bey meiner Constitution denken kanst – nur litt meine Brust und zog sich so zusammen, daß ich nicht grade sizen konte, und mitunter kam immer etwas Blut, welches vermuthlich davon herrührte, daß es sich im Unterleib angehäuft hatte. Es ist mir jezt doch erträglich zu Muth – ich bin zweymal spazieren gegangen – und mein Husten ist nur krampfhaft – die freye Luft stärkt meine Brust wieder....
Lebe wohl, ich kan nicht mehr schreiben. Die La Roche schreibt mir heute, daß sie Dich erwartete – Du bist also vermuthlich da gewesen. Sage Theresen, daß ich ihr wohl mit nächsten Postag schreiben werde – weil ich *gern* will. Gott erhalte ihr, was ich nicht habe, und was nicht mehr zu haben, ich nie schwächer fühlen kan, da ich es mit voller Besonnenheit fühle. Nur noch ein Kind – und das holde, das mir so viel süße Erwartungen gab – hin – mit allem, was ich für sie hätte thun können.

30 AN FRIEDRICH LUDWIG WILHELM MEYER

Marburg d. 11. Juli [17]91
Wenn Ihr Weg sich einmal durch meinen Wohnplaz kreuzt – wenn der Pilger, der es so fremd findet, daß ich Theil an ihm nehme, an die Thür klopft, die zwar nicht mein ist – denn ich habe ja so wenig ein Eigenthum wie er – die ich ihm aber doch öffnen kan, und ihn neben mir ausruhen heißen darf – dann werd ich ihn über vieles gern hören wollen, und ihm manches zu sagen haben. Ich wünsche das innig, weil ich Sie ganz kennen und nicht eine falsche Vorstellung mit der andern verwechseln möchte. Kan man so getrennt, so entfernt je die richtige faßen? Lieber Meyer, Abwesenheit ist der Tod der engsten Verbindung – man

hört auf sich zu verstehn – sollte man sich in ihr verstehn lernen können? Es ist möglich, daß der Grund dazu gelegt wird – zumal in unserm Fall, da uns außerdem nie ein ununterbrochner, ungestörter Umgang vergönnt war – ich meine auch davon hier überzeugt zu seyn – eine Ursache, um desto inniger zu wünschen. Sie würden mir nüzlich seyn, denn Sie kennen die Welt, ohne daß Ihre Erfahrungen Sie über die Begriffe, nach denen man sich selbst in ihr zu regieren hat, gleichgültig machten, und ich bedürfte den Rath eines solchen Mannes. – Ich wäre Ihnen wohlthätig – denn Sie würden das Gute überwiegend finden, und in den Abweichungen eine milde Gleichheit wieder erkennen – in der Geschichte Ihres Lebens darf keine Stunde, die Sie so zubrächten, übersehn werden. – Allein darum haben Sie sich schon betrogen, daß Sie meinen Rath einer fremden Eingebung zuschrieben – und wirklich – warum sollte er sich nicht mit mir vereinigen laßen? So lange das Leben Ihnen lästig ist – warum es endigen? Das wär ein Muthwillen, der sich nur nach Erschütterung und Veränderung sehnt. Sie werden dann morgen wie heut Menschen finden, mit denen Sie das Vergnügen Ihres Daseyns theilen. Vergnügen ist Nutzen – wer möchte unternehmen die Gränzen zwischen beyden zu bestimmen? Ich halte also nicht das anscheinend unbestimmte Ihrer Lage für das Unglück, welches nur in den Flammen zu ersticken wäre. Aber ich glaubte die Möglichkeit eines Zeitpunkts voraus zu sehn, wo die Fülle der Vergangenheit einen zu schneidenden Contrast mit der Aussicht ins Künftige machen könte – wo eine lange Arbeitslosigkeit Ihren Geschmack an Anstrengung zu sehr geschwächt haben möchte, um neue Welten zu erschaffen, und alsdann war *das* Ihre Zuflucht, was ich mir unter manchen Umständen, auch für mich, als den lezten glücklichen Augenblick – als das lezte Auflodern jugendlicher Kraft denke. Wenn diese Idee in der Anwendung auf Sie unrichtig war – wohl! so wird mir leichter – denn der Gedanke an Sie lag zu Zeiten schwer auf mir. Ihre Sorglosigkeit war mit zu vielen Rückblicken vermischt, als daß ich sie hätte für so rein halten können, wie meine heitre Ergebung. Und der Ton Ihres lezten Briefs war auch noch nicht der, welcher Ihre Freunde beruhigen durfte. – Ich tadle Sie nicht – Sie fühlen mit männlichem Wiederstand, wo sich der weibliche Geist hingiebt, und im Hingeben neuen Genuß entdeckt, und oft Beschäftigung statt herber Kränkung findet. – Mancher scheint bestimmt vom Zufall nichts zu hoffen und alles zu fürchten zu haben – und ich habe Ihnen längst gesagt, da geb ich Ihnen als Bruder die Hand. Muß aber nicht die Folge unsers eignen Wesens vom Zufall unterschieden werden? Wer da fordert, daß die Menschen von ihrem eigenthümlichen Weg abweichen sollen, begehrt nicht die Gunst des Geschicks, sondern Wunder vom Himmel. Ihnen ists Prinzip, das zwar nicht von der Gerechtigkeit eingegeben ist, allein dennoch auf eine weise Vertheilung abzweckt, für den unbedeutenden immer mehr wie für den bedeutenden zu thun. Mit dem besten Willen wißen Sies nicht beßer einzurichten – Sie sezen sich leichter an die Stelle des ersten, und der lezte scheucht Sie zurück – ja Sie vergeßen nicht selten über den Antheil an ihm, daß etwas für ihn zu thun ist, und über die Unabhängigkeit, die Sie in ihm entdecken, daß er etwas bedürfe. – Ich will nicht predigen – nicht trösten – Ihnen nur sagen, wie *ichs* ansehe. Es giebt viel andre Seiten, die ich nicht falsch zu nennen wagte – wenn sie nicht das Uebel vermehrten; der Veranlaßungen manche, wo es mir auch kostet *diese* zu behaupten. Doch bleibt der feste Wille Sieger – er hat ja das Begehren nach Freude mit in sein Intereße gezogen. Göttern und Menschen zum Troz will ich glücklich seyn – also keiner Bitterkeit Raum geben, die mich quält – ich will nur meine Gewalt in ihr fühlen. Wenn es gelingt, dann ergreift sich das kindische Herz wohl noch auf einer süßen Regung des Danks gegen die Mächte, denen es Troz bot. Das ist eine täglich wiederkehrende Geschichte. Ich habe Gelegenheit mich zu üben – die Zeit der Ruhe ist die der höchsten Unruhe für mich, weil sie statt des Ungemachs mir die Furcht desselben giebt. Das Detail davon ist nicht zu geben, auch wenn ich wollte und möchte, nur das glauben Sie: unter den tausenderley Mischungen von Menschenschicksaal kan nicht leicht eine peinlicher seyn – es ist so, daß ich mir kein Verdienst daraus mache sie zu ertragen – das wahre liegt darinn, sich ihr zu entreißen – und binnen eines Jahres muß das auch geschehn. Bis dahin nehm ich, wie bisher, die nächsten Verhältniße für die fremdesten, da ich nicht mit Liebe in sie eingehn kan – und was ich in Rücksicht auf sie thun muß, ist der Gegenstand meines Spottes – freylich eine ermüdende Zeitkürzung. Sie umzuändern ist nicht möglich, ich entziehe mich ihnen also, so oft ich kan – indeßen halten mich meine kleinen Beschäftigungen, die Frohheit meines Kindes und meine Erinnerungen hin – die beständig gegenwärtige Uebersicht des Ganzen hütet mich vor Ermattung – und dann und wann begeistert mich ein Projekt für die Zukunft, das mich mit schönen Erwartungen für den Augenblick täuscht, ohne den Mismuth fehlgeschlagener Erwartungen in seinem Gefolge zu haben – mit lächelndem Sinn entdeck ich den Betrug, eh er sich festsezen konnte. Das Unmögliche bleibt *Vorstellung* – das Mögliche wird *Entschluß*. So bin ich mit beklemmter Brust, und mit freyeren Athemzügen – War ich immer so? nein, ich habe manchen Pfad des Schauens und Glaubens und Unglaubens betreten, eh ich zu diesem reineren Gottesdienst zurückkehrte – zurück – denn gegründet lag er immer in dem sanften Muth meines Herzens – meine Handlungen folgten diesem Zuge, wenn auch meine Denkart wechselte – und wenn gleich nicht stark genug, stets die Feßeln eines wiedersprechenden Einflußes zu brechen, fand ich doch mir selbst überlaßen den Weg bald, den ich nach einmal erlangter Freyheit unverrückt gehn werde. – Entsagungen waren und bleiben nothwendig, um so zu genießen – also werd ich nicht weichlich werden. Aber Genügsamkeit allein kan mich nicht befriedigen – sie wäre nur Begränztheit, wenn nicht die Quellen nur vertauscht würden, aus welchen der Beßre am unersättlichsten zu schöpfen trachtet.

Sie nennen unter den Orten, die Sie auf Ihrer Reise nach Hamburg berühren werden, einige, die meinem verwünschten Schloß so nah liegen, daß Sie es kaum vermeiden können – und sagen mir nicht, daß ich Sie sehn soll? Ich soll also bitten, denn warum Sie mir aus dem Weg gehn wollten, das wüßt ich nicht. Wenn dies Blatt, mit welchem ich mich wieder verspätet habe, nicht der rechten Zeit verfehlt, so rechne ich auf Ihre Erscheinung. Finden Sie die Verspätung nicht wunderbar – es kostet mir Ueberwindung zu schreiben, wo es nicht so ganz in den täglichen Faden meines Lebens verflochten ist – es macht mich ungeduldig, deutliche, lange gefaßte, stündlich ausgeübte Ueberzeugungen hinzuwerfen, oder von einem herzlich innigen Gefühl zu erzählen. Allein laßen Sie sich darum nicht abschrecken – das Geschäft wird mir, Ihnen gegenüber, immer leichter werden. – Jezt arbeiten manche Ideen in meinem Kopfe, die ich Ihnen mittheilen würde, um die Ihrigen dafür zu hören – ich denke ernstlich an eine Veränderung meines Aufenthalts – aber das *wie* und *wo* liegt noch in Dämmerung. Eingeschränkt wie ichs bin, muß irgend eine Spekulation der Ausführung vorhergehn, nur abendtheuerlich darf sie nicht seyn. Der Muthwillen meines Geschmaks würde mich leicht dazu hinneigen – die späteren Folgen und Rücksichten für andre, für mein Kind, halten mich zurück. – Meine Weltkentniß reicht nur hin, mich über nichts erstaunen zu laßen, und in alles mich zu finden – nicht um vorherzusehn. – Meine Menschenkentniß betrügt mich noch oft – und leider um so öfter, je näher mir der Gegenstand meines Urtheils steht – ich bin allein – ohne schüzende forthelfende Verbindungen – meine Freunde fordern Rath von mir – es fällt ihnen nicht ein, mir welchen zu geben – dem sich selbst überlaßnen Weibe. Sie haben in so fern recht, daß ich mich von jeher gewöhnt habe, nicht auf Hülfsmittel zu bauen, die ich nicht in mir selbst fand. – An einen völlig unbekanten Ort kan ich mich nicht wagen – ich habe etwa zwischen Gotha, Weimar und Mainz zu wählen – und dann da meiner Existenz, die ich eignen Bemühungen verdanke, den möglichst anständigen und anziehendsten Anstrich zu geben – das erste für andre – das lezte für meine eigne Fantasie. – Mainz hätte zwey große Anlockungen – die Gegend – und Forsters, aber es ist auch weniger geschickt, weil es der Veranlaßungen zu Depensen und Prätensionen zu viel hat – und weil ich – nicht aus Ehrgeiz, sondern weil ich fühle, daß es so am besten für mich ist – meinen eignen Weg gehn muß. Kan man *das* – und Therese lieben – kan mans, und sie sich erhalten wollen? – Damit verdamme ich sie nicht – was von ihrer Gewalt zeugt, zeugt nicht gegen sie – auch *Ihre* Aussage nicht, mein lieber Meyer! Sie können recht in manchem haben und *sie* ist nicht verdammenswerth – Sie sind aber in vielem ungerecht – und wer ists dann? – Sie sind ungerecht wie – ein Mann! ich höre nicht auf Sie. Therese kan dem Bild gleichen – das Bild ist doch nicht sie – warum zeichnen Sie aus dem Hohlspiegel, der den erlauchten Fremden auf der Göttinger Bibliothek vorgewiesen wird? Einige Beschuldigungen können gegründet seyn – als wüßten Sie nicht, daß bey vielem Licht starker Schatten ist! Ich möchte sie einzeln durchnehmen – wenns nicht zu weitläuftig wäre. Beurtheilten Sie sie immer so, oder kennen Sie sie nicht mehr? Vielleicht ist sie verändert – genug, sie ist so wenig, was Sie aus ihr machen, daß sie vielmehr Ihren Umgang genuzt zu haben scheint. Ihre Unglückssucht – in der Sie die convulsivischen Bewegungen einer großen Seele nicht verkennen werden – hat sich in Liebe zu häuslichem Frieden verwandelt – sucht sie sich durch den sanfteren Hang nur über die innere Unruhe ihres Herzens zu täuschen – was kan sie dafür? aber liebenswürdig, wohlthätig ist sie in dieser Erhohlungsstunde. Wo sie das lezte nicht ist, da steht ihr ein Grad von Energie im Weg, der ihr verbietet tolerant zu seyn. Wo sie drückt [?], da ist sie mehr wie andre. Es ist keine Vereinigung mit ihr möglich, außer wo Wahn und aller Trug der Liebe hinzukommt – was ihre Zusammensezung darinn den Menschen entzieht, giebt sie in sonst nie gekanntem Maaß dem einzelnen wieder, der die individuelle Stimmung hat, sich *ihr* hinzugeben. Sie ist wenigen alles – soll sie lieber vielen etwas seyn? Mir ist sie das interreßanteste Schauspiel, und es widersteht mir zu denken, daß ich ihre freyen Wirkungen hemmen wollte – nur das wäre bey der Cur gewonnen, die Sie vorschlagen – ein Mann, wie Sie ihn beschreiben – aber freylich unrichtig bezeichnen – denn die Vereinigung zwischen diesen beyden müßte fürchterliche Folgen haben, oder in drey Tagen aufgehoben werden. Wie werden Sie einst über *seine* Stumpfheit erstaunen! – Könt es Ihnen Freude machen ein außerordentliches Geschöpf von *kleinen* Leidenschaften geneckt zu sehn? *Das* hätte ein solcher Mann in seiner Gewalt – mehr nicht. Therese ist ihrer fähig, wie der erhabenste Mensch, weil er Mensch ist, dem Loos der Unvollkommenheit nicht entgeht – ein mittelmäßig gutes und solides Weib wird vielleicht die Klippe der Eitelkeit vermeiden, wo *sie* es nicht thut. Ihre Kühnheit dabey löscht die Schwäche darinn aus. – Mit wenigen Gaben kan der verdienstloseste unter euch die vorzügliche unter uns feßeln, durch Ungewißheit, durch Beweggründe, die man um ihrer Geringfügigkeit willen zu überwinden nicht der Mühe werth achtet, deren Aufopferung in der Seele kein Gleichgewicht, im Bewußtseyn der dabey angewendeten Stärke, findet. Der denkende Mann wird ohne Anstrengung erobert – der Thor durch Reize, denen wir, weil sie uns fremd sind, weil sie einer gewißen Verdorbenheit der Einbildungskraft, die in unserer Kühnheit gegründet ist, schmeicheln, nachstreben. Das alles liegt im Umfang unserer Empfänglichkeit – diese in unserer weichen Organisation – o was wolt Ihr doch? – Gestehn Sie mir – Sie haben aus dépit so gesprochen – ich würde es an Ihnen lieben – wer des dépits noch fähig ist, deßen Gefühle sind nicht abgeschliffen und können noch reich an Freude für ihn werden. – Sie schreibt nicht mehr – darum hat sie Unrecht gegen Sie. – Uebrigens ist sie wohl und ihr Wochenbett glücklich vorüber – wahrlich jedes derselben ist auf alte weise eine Selbstverläugnung, die ihr nicht vorgeworfen werden müßte. Sie hat ein Mädchen, das Luise heißt. – Wenn ich gleich Bedenken trage, neben ihr zu leben, so wird sie doch ihre Vertheidigerin an mir nicht verlieren – und wenn ich auch wüßte, daß sie die meinige nicht in gleichem Fall wäre, so muß ich sie doch lieben. Eben weil ich so an sie gezaubert bin, komt es mir in den Sinn, sie zu fliehn. – In Gotha herschen noch alle gute Vorurtheile für mich, und ich kan mir einen Ruf geben, wie ich ihn zu meinen Absichten brauche. Weimar ist in der Nähe, wo es allerley industrieuse Leute giebt, die meine Hand- und Kopfarbeiten brauchen können. Schreiben Sie mir etwas darüber. – Ich wollte, Sie wären in Paris und könten mir sagen, wie es dort seit der verunglückten Flucht des Königs aussieht, welche Häupter das Volk leiten, das sich von Freyheit begeistert dünkt, und ob sich die wüthenden Wellen verhaßter Uebertreibungen bald legen werden. – Hätt ich noch Plaz, so schrieb ich Ihnen litterarische Dinge – von Schiller, der Bürgern um alle menschliche Ehre recennsirt hat, und Bürgern, der sich nur durch Ironie zu helfen weiß – eine Waffe, die in den Händen der meisten Schriftsteller, weil sie meistens Männer sind, verunglückt, und à plus forte raison in der seinigen – auch von Bürger dem Ehemann, an dem sich die Schatten seiner seeligen Frauen in der lebendigen rächen – von Schlegel, der in Amsterdam gut ißt und trinkt und Hofmeister ist – aber Sie sehn, ich muß enden. Leben Sie wohl.

31 An Friedrich Ludwig Wilhelm Meyer

Göttingen d. 6 Dec. [17]91

Es war eine Unbesonnenheit von mir, lieber Meyer, Hrn. von Launay diesen Brief zu geben, und ihm überall einen für Sie zu geben; aber – ich hoffe in meinem 80sten Jahr noch welche zu begehn, wenn ich nicht so glücklich bin vor dem 40sten zu sterben. – Das kan ich nun gar nicht leugnen, daß der Ton Ihres Briefs ein wenig verdroßen ist – allein Sie zu bekehren, ist meine Absicht nicht. Ich weiß wohl, daß man dies nicht in Briefen thut – ich werde mir nur eine warnende Lehre aus Ihrem Beyspiel nehmen. Könt ich Sie sehn – wohl – *meine* Heiterkeit würde Sie nicht berauschen – es wär also etwas davon zu hoffen. Sagen Sie mir, ist es denn gar nicht möglich, ehe ich dahin gehe, wohin Sie nicht kommen? – Das ist für diesmal weder der Himmel noch die Hölle, sondern Mainz, ein Ort, wo Menschen wohnen, also ein Mittelding zwischen beyden. Ich wage mich mit getrostem Muth dahin, denn eine kleine Neigung hab ich doch zu Unternehmungen, die wie eine Aufgabe aussehn, und wenn ich nicht viel ausrichtete, wenn ich nichts besonders zum Fortgang brachte, so bewirkte ich doch wohl einen kleinen Stillstand, und blieb selbst ganz unverändert. Vielleicht werd ich Theresen nüzlich, und das wird mir viel Freude machen, denn ich weiß sehr gewiß, daß ich ihr nur edle Dienste leisten werde, und die Unabhängigkeit, welche ein Bedürfniß für mich geworden ist – nicht als Meubel des Luxus, sondern des Gebrauchs – nicht dabey leiden kan. Ihre Gesundheit leidet, das ist nur zu wahr – Forster ist unerträglich – das ists nicht minder. Sie haben ihr jüngstes Kind an den inokulirten Blattern verlohren. – F. sorgt indeß für Ersatz, und das ist zehnfach ärger – und wenn Sie das nicht für ein Leiden halten, wenn Sie F. billigen können, der doch wißen muß, daß er seines Weibes Herz nicht besizt, – nun so sind Sie ungerecht – wie die Männer alle. Aber was streite ich noch mit Ihnen darüber – ist es nicht einerley, was Sie glauben, wenn Ihr Herz sich wohl dabey befindet? Ich will Ihnen nicht einmal verhehlen, daß ich von Ihrem Glauben genommen, was mir dienen konte, und der lezte Götze, den ich mir nicht freywillig dazu erkohr, gestürzt ist. Auf ihre

Freundschaft hab ich nie gerechnet – es giebt keine unter Weibern – ich zweifle selbst daran, daß sie mir recht aufrichtig gut ist – doch muß sie mich achten, und das thut das nehmliche – ich bin eine Art von Nebenbuhlerin, ohne meine Rechte geltend zu machen – das ist heilsam – und ich liebe *sie*, weil sie mir merkwürdig ist, und es bleiben wird, wenn sie mir auch nicht mehr neu ist. Außerdem ist Mainz eine Stadt, wo ich unbekant leben, und neben einer gewißen Einsamkeit Vergnügungen des Geistes und der Sinne genießen kan. In Gotha hab ich unausstehlich viel Verbindungen, die mir viel Zeit rauben würden, und haben die Lieben nicht gezeigt, daß sie sich schlecht genug auf mein Glück verstehn, um mich in der mir nothwendigen Lebensweise allenfalls zu hindern? – Da geb ich Ihnen Rechenschaft wie über den Mann Gottes! Ich thu es gern, weil ich wünsche Ihnen nicht fremd zu werden. Es kan seyn, daß wir immer getrennt bleiben, und die Blüthe eines wohlthätigen Zutrauens nie Früchte bringt, aber sie ist mir doch lieb – jeder angenehme Augenblick hat Werth für mich – Glückseeligkeit besteht nur in Augenblicken – ich wurde glücklich, da ich das lernte. Darum, wenn ich Sie auch nur auf kurze Zeit sehn sollte – wie gern würd ich es! Ist denn kein Mittel? Sie kommen nicht an diesen verhaßten Ort – Sie gehn nach keinem, der auf meinem Wege liegt? Wenn nun die Anschläge glückten, welche man für Sie gemacht hat – wär es denn nicht thunlich? Ich weiß ohngefähr, wohin es dann geht, und wünsche herzlicher wie Sie, daß es gelinge. Es ist Ihnen gleichgültig, weil Sie es entbehren können – es würd es weniger seyn, wenn Sie es besizen. Auch darüber hilft das Reden nichts – aber glauben Sie mir, mein lieber Meyer – die Zeit wird mir bis zur Entscheidung so lange dauern, wie sie Ihnen verdrießlich ist. Ich würde Theil daran genommen haben, wenn wir uns auch nicht näher gekommen wären, wie wirs vor 8 Jahren waren – und werde fortfahren es zu thun, wenn ich in langer Zeit nichts von Ihnen vernehme. Wenn das Sie wundert, so möcht ich wohl fragen, wo die Geseze geschrieben stehn, die Sie dazu berechtigen. – Ich verlaße Göttingen in diesem Jahr noch nicht, vermuthlich erst im Februar des künftigen, so ungern ich hier – das heißt doch noch mehr, so ungern ich in diesem Haus bin – aber die Mutter glaubt, ich könne meinen

Schwestern nüzlich seyn – und so lange ich ohne Nachtheil für meine Kleine und mich kan, will ich ihren Glauben ehren. Lottens Schicksaal ist in einer Krisis, wo ich etwas thun konte – gebe der Himmel einen guten Ausgang, jenseits reichen meine Augen nicht, wie es auch seyn möge. Die Folgen einer unrichtigen Erziehung liegen traurig am Tag – alle Anlagen, die da waren, zeigen sich nur in verkehrten Wirkungen – das bischen Verstand mehr ist Eigenliebe und Thorheit, und die Vorurtheilslosigkeit – Schlaffheit geworden. – Ein genauer Umgang mit einer gewißen Madam Bürger ist den beyden Mädchen jezt wieder sehr unvortheilhaft gewesen! Frau Menschenschreck! Du kenst die Menschen, Du hast wahr prophezeiht! Es ist ein kleines niedliches Figürchen, mit einem artigen Gesicht und Gabe zu schwazen – empfindsam wo es noth thut, intriguensüchtig im höchsten Grad – und die gehaltloseste Coquetterie – der es nicht um einen Liebhaber so wohl – ohngeachtet sie auch da so weit geht, wie man gehn kan – sondern um den Schwarm unbedeutender Anbeter zu thun ist, die ihre ganze Zeit damit verdirbt, und den Kopf dabey verliert. Mir thuts sehr weh für Bürger – eine vernünftige Frau, seinen Jahren angemeßen, hätte ihn noch zum ordentlichen Mann gemacht – aber jezt droht seiner Haushaltung ein völliger Untergang, weil sie sich um nichts bekümmert – nicht einmal um ihr Kind – den kleinen Agathon, der, seit die Leute sich nicht mehr über den Nahmen wundern, von aller Welt und von der Mutter vergeßen ist. Nicht ein Funken mütterlich Gefühl in ihr! Sehn Sie, Meyer – darum müßen Weiber keine Liebhaber haben, weil sie so leicht Kind und Wirthschaft darüber vernachläßigen. Ich könte Ihnen hiervon Anekdoten erzählen, die mir die Thränen in die Augen gebracht haben – mein innerster Unwille wird reg, wenn ein Weib so wenig Weib ist, das Kind vergeßen zu können, und wär ich Mann, ich möchte sie nicht in meine Arme schließen. Bürger fühlt alles und weiß sich nicht zu helfen – ist es denn so schwer Mann neben euch zu seyn? sagte mir Tatter. – Er wird eigentlich stüpide neben ihr – ist still – und starrt mit abgestorbnen Augen in das Wesen hinein. Neulich klagte ers mir bitterlich, daß er so gar keinen Geist mehr habe – kommen Sie doch ihn wieder aufzuwecken – vor *ihrem* Nez sind *Sie* sicher – ein gescheuter Mann war bis

jezt noch nicht darinn. Ach dann wärs ja zu verzeihn – denn daß *ich* nicht aus Intoleranz so urtheile, versteht sich wohl. Mein Liebesmantel ist so weit, als Herz und Sinn des Schönen gehn.
Nun sagen Sie mir noch, was ich für einen Brief geschrieben habe, der nicht an Sie war, und den Sie lasen, und der Bezug auf Sie und wiederum Bezug auf „die Liebliche" hatte (meine Grüße nach Gotha lauten immer an die Stattliche, die Liebliche und die Gute). Ich errinre mich nichts dergleichen, aber wißen muß ich es, denn ich möchte gern „falschen Scharfsinn" verlernen. Amalie ist sehr liebenswürdig – wir *sind* was wir einem *Manne* scheinen – ich sah sie mit Wohlgefallen, weiß aber sonst wenig von ihr – mit solchen Menschen muß man eine Weile leben, um ihrer froh zu werden. Ich sagte Wilhelminen eine Stelle aus dem Schauspiel Juliane in Schillers Thalia – über welches ich Ihr Urtheil wißen möchte. – „Gieb dieser Blume *Liebe*, und so wie sie heute sich meiner Freude an *ihrer* Pracht erfreut, so wird sie morgen sich ihrer blühenden Nachbarin freuen". Liebe! es braucht nicht eben die zu diesem und jenem Mann zu seyn. Zwar, lieber Meyer, denken Sie nicht, daß ich diese verleugne – ich habe *die Furcht* nicht – denn wär mein Gefühl schon weniger frey – die *Eifersucht* es zu verbergen könt ich wohl haben, wenn ich fürchten müste es zu entweihn – aber Ihnen hab ich nichts verhelen wollen – ich habe nur nicht erzählt – und damit leben Sie wohl.
Launay hat mir einen Brief über das Theater geschrieben, wollen Sie das nicht auch thun?

8. Dec.
Dies blieb wieder meinen guten Willen noch einen Postag liegen, und so hab ich noch Gelegenheit Sie *erstlich* zu bitten, daß Sie Launay nicht etwa gesprächsweis etwas von *meinem* Urtheil über die Bürger sagen sollen – car il est un des *amateurs* – und zweytens – Sie möchten mir oder einem Ihrer Freunde, die ich auch kenne, als Gotter oder Bürger, eine Erläuterung des *lezten Seufzers des Opfers ihrer Kunst* geben – denn ob ich gleich fest behaupte, daß in den lezten Zeilen von der Dreyfaltigkeit die Rede ist – so verdünkt es mich doch, als wäre der Commentar nicht so grade zu ei-

nem sittsamen Frauenzimmer vor Augen zu legen – und jene sind auch im Dunkeln darüber. Ein andres Ihrer Gedichte – wer nicht kan was er will – verstehe ich sehr gut, und habe es sehr lieb. Was halten Sie aber überhaupt vom 92ger Allmanach?

IV.
Briefe aus Mainz
1792–1793

> *„Das rohte Jacobiner Käppchen, das Sie mir aufsezen, werf ich Ihnen an den Kopf ... Für das Glück der kaiserl. und königlichen Waffen wird freylich nicht gebetet – die Despotie wird verabscheut, aber nicht alle Aristokraten – kurz, es herrscht eine reife edle Unpartheylichkeit..."*

32 AN LUISE GOTTER

Mainz 20. April [17]92

Dies ist ein Supplement zu dem Brief an Wilhelmine, den ich eben endigte, weil der Bogen aus war – oder jener eines zu diesem – wie Du wilst – laß Dichs nur nicht irren, daß ich, wie ich eben sah, verkehrt angefangen habe – es können doch gute Sachen darauf stehn. – Mirabeau hat in seinem Kerker die göttlichsten Dinge auf Stückchen Papier geschrieben, die er von gedruckten Büchern abriß – erwart aber nur ja nichts dergleichen – im Verhältniß, als meine Anstalten beßer sind, werden die Sachen schlechter seyn. Dir liegt auch nur dran zu wißen, wie es der Frau Eigensinn ergeht, die bey Deinem Mann den Spottnahmen der Kalten bey einer Gelegenheit davon getragen hat, die eben nicht von ihrer Kälte zeugte. Im Grund hält er mich doch für eine Schwärmerinn – nicht wahr? – und Du liebes gutes Weib dazu? Schwärmerey nimt so viel Gestalten an, daß ich die Kühle meiner Ueberlegungen, nicht dagegen anzuführen wage – aber was ist übles dabey, wenn sie sich so menschlich, ohne irgend ein auffallendes Schild auszuhängen, vielmehr im Schleyer der stillsten Gewöhnlichkeit mit der Wirklichkeit vermählt? Dann ist doch diese Schwärmerey nur die eigenthümliche, höchstens in etwas abweichende

Natur des Menschen. Ich bin nun hier seit 8 Wochen, und habe recht – es ist viel, das zum Anfang eines Aufenthalts an einen ganz fremden Ort zu sagen, wo man sich unmöglich schon seine ganze Existenz gemacht haben kan. Auch fühl ich, das ichs noch nicht habe, und mehr Beschäftigung mir gut thun würde. Die Zeit wird mehr Mannichfaltigkeit in meine Art zu seyn bringen, weil sie Bande anknüpfen wird. Kein Augenblick geht leer vorüber – meine Theilnehmung an Forsters Haus, Fleiß, Lecktüre und das Kind – das ist schon sehr viel – aber ich war so gewohnt für mehrere zu sorgen, in mehreren zu genießen! Halt das nicht für Unzufriedenheit – sieh es nur als einen Beweis an, daß weit davon entfernt, daß das neue meiner Lage mich blenden sollte, ich ihre Mängel sehe – aber sie sind nothwendig, sind geringer als die schweren Uebel der vorigen, und von einer Art, daß jeder Gegenstand, der sich der unruhigen Thätigkeit darbietet – jede einzelne Freude und Arbeit sie hebt. – Den Frühling hab ich schon in den schönsten Spazierfahrten und Gängen genoßen – er ist aber ja wieder auf eine Weile verschwunden. An meiner Kleinen hab ich mehr Freude wie jemals. Kurz, ich kan Dir sagen, es ist alles wie ich erwartete. Wir können noch sehr lebhafte Sceenen herbekommen, wenn der Krieg ausbrechen sollte – ich ginge ums Leben nicht von hier – denk nur, wenn ich meinen Enkeln erzähle, wie ich eine Belagerung erlebt habe, wie man einen alten geistlichen Herrn die lange Nase abgeschnitten und die Demokraten sie auf öffentlichen Markt gebraten haben – wir sind doch in einem höchst interreßanten politischen Zeitpunkt, und das giebt mir außer den klugen Sachen, die ich Abends beym Theetisch höre, gewaltig viel zu denken, wenn ich allein, in meinen recht hübschen Zimmerchen in dem engen Gäßchen sitze, und Halstücher ausnähe, wie ich eben thue. In meiner Nachbarschaft wohnen eine Menge Franzosen – man hört und sieht das Volk allenthalben – die Männer sind im Durchschnitt schöner wie die Teutschen, haben ein spirituelles Ansehn, und derselbe Grad von Verdorbenheit hat nicht so den Charakter von stumpfer schlaffer Abgelebtheit – unter den Weibern sah ich noch keine, die halb so liebenswürdig und einfach gewesen wär, als meine französische Bekante Mad de Liocon in Gött[ingen], das einzige nebst ihrem kleinen Zirkel,

was ich dort regrettirte. – Die Leute machens hier theuer – für Familien wenigstens – bey meiner Einrichtung fühl ich wenig davon – mein Logis ist auch wohlfeil, die sonst jezt, nebst Handwerkern, die für Ameublement arbeiten, sehr hoch im Preis stehn – nebst der Wäsche, Holz und allen Lebensmitteln außer Brod und Fleisch.
Gelesen hab ich schon viel, und was mehr ist, viel Gutes. – Kent Ihr Mirabeaus Briefe, aus dem Kerker an seine Geliebte geschrieben? ich glaube, Reichard übersezt sie – unter uns, wie will das der kraftlose Mensch anfangen den Aeußerungen des Kraftvollsten Sprache zu geben? oder die in eine andre zu übertragen, die im Original, so unaufhaltsam aus der Quelle strömend, zu der Seele, zu dem Herzen, zu den Sinnen redet. Liebe Madam Luise, Du köntest doch auch dergleichen lesen, wenn Du Deine Kleinen, die Dir im Schauspielerakzent vorgelärmt haben, zu Bett geschickt hast – aber ich weiß dann wirst Du müde, und forderst im Schlaf Ketterchen das Gänsebein ab – um es mir mit auf den Weg zu geben – denn Du Gute sorgst für Deine nahen Freunde und bekümmerst Dich nicht um einen häßlichen Böswicht, wie der außerordentliche Mirabeau war, der für tausend andre ehrliche Leute noch Tugenden, Talente und Kräfte übrig hatte, und zu viel wahren Geist um im Ernst ein Bösewicht zu seyn, wie mans aus einzelnen Zügen schließen möchte. Häßlich mag er gewesen seyn, das sagt er selbst oft in den Briefen – doch hat ihn Sophie geliebt, denn Weiber lieben gewiß nicht vom Mann die Schönheit – und doch imponirte der häßliche Mann auch durch sein Aueßres der aufrührerischen Menge, nachdem er einige Stunden Toilette gemacht hatte, ehe er in die Nationalversammlung ging. Aber er soll mir hier nicht allen Plaz wegnehmen – der groß Cophta muß noch den seinigen haben, und der muß recht weit und breit seyn, denn es ist die Art leerer Helden, vielen einzunehmen. Ich bitte Dich, wie komt er Euch denn vor? Forster bekam ihn am ersten April von Göthe geschickt, und that einen Sprung vom Stuhl auf, als wäre sein Heiland gekommen – denn wer würde da nichts Gutes erwarten, sey es auch in der simpelsten unscheinbarsten Einkleidung – aber diese da – diese so ganz unbedeutende Behandlung, wo beynah muthwillig alle benuzbaren Situationen weggeworfen sind – ein bloßes Gele-

genheitsstück – mich deucht, es kan nur auf *die* Wirkung thun, auf welche Cagliostro selbst Wirkung gehabt hätte, als der plumpe Betrüger, wie er hier erscheint – und das ist ja wohl eine Art von Lob für das Stück. Göthe ist ein übermüthiger Mensch, der sich aus dem Publikum nichts macht, und ihm giebt was ihm bequem ist. Schreib mir doch ja, ob es ein andres Urtheil über die Sache giebt. In der Vorstellung nahm sichs, mit Hülfe der aegyptischen Loge, wohl beßer aus. – Emilie Berlepsch hat ein ungeheures Unwesen mit Vorlesen in Göttingen getrieben – sie hat unter den jungen Herren dazu geworben, denn sie lasen Schauspiele und die Rollen wurden vertheilt – und hat die alten gelahrten Herren mit aristokratischen Zauberkünsten gezwungen von 5–12 Uhr Don Carlos anzuhören, bey welcher Gelegenheit sie seine Existenz erfahren haben. Ich war nicht dabey, denn ich war keinesweges artig gegen Emilien gewesen, und hatte mich nur gegen sie betragen wie gegen eine gewöhnliche Dame von Stande – dafür hat man mich – in Betracht unsrer ehemaligen Bekantschaft – schmälich hindangesezt. Die Franzosen fanden sie mit ihrer Elisabethstracht aus dem Carlos – auf dem Ball – horrible! Du weißt, daß Spanische Tracht und Modestie viel erlaubt, was unsere Halstücher Sucht verbietet – sie hat mit einem Feuer getanzt, das ihren Sohn, den lieben Jüngling, beschämte. Man schreibt mir eben aus Hannover, daß ein sehr naiver Junge in großer Gesellschaft folgendermaßen das Wort an sie gerichtet hat – gnädige Frau, Sie sind doch Liebhaberin von solchen Neuigkeiten – nun von welchen? – man sagt – Sie hätten den 2ten Theil des Donamar hier supprimirt. – Man behauptet nehmlich, die Laurette im D., der im 2ten Theil noch unter die unreifen Anlagen des ersten hinabgesunken ist, sey eine Copie von ihr, die der alberne Boutterweck im Grimm aufgestellt habe – Du kanst Dir die Wuth vorstellen. – Sie ließt jezt Medea, in Hannover vor einem *auserwählten* Auditorium – Klingers Medea nehmlich, die sie in Göttingen vor einem sehr gemischten profanirt hat, wo einer von den Herren anmerkte – Medea hätte den Jason doch recht unter dem Pantoffel gehabt – wie das alles einem gesunden Sinn wiedersteht.

In unserm Haus in Göttingen hängt der Himmel voll Hochzeits Geigen – der Alte ist entzückt von der Schwiegertoch-

ter, und der junge ist noch des Sinnes sie zur Frau zu haben, welches nach der Messe unwiederruflich gemacht werden wird. Nun, Ihr Götter, seyd gepriesen – und schickt für Louischen auch einen – der zur Bravheit nichts fehlt, als eines braven Mannes Frau zu seyn.
Die schönen Geister haben ein großes Skandal gegeben – Bürger steht vor der Welt zur Schau mit seiner Musenallmanachs Liebschaft, und hat sich mit Boutterweck gezankt, weil die Briefe an seine Frau unter deßen Couvert gingen – es sind auch edle Thaten. Wo die Dame ist, weiß niemand. – Habt Ihr von Meyer nichts gehört, der so richtig dem guten Bürger sein Schicksaal prophezeihte? Voß in Berlin kündigte Forstern Darstellungen aus Italien an von *Meyer* – er dachte der närrische Mensch hätte sich endlich zum Schreiben begeben – da kam das Buch in der elegantesten Form von der Welt statt eines abgeschabten Rockes, wie der Verfaßer voraussezen ließ – und war von Meyer in Hamburg, von meinem lieben Schwager. O Jemine! – ich bin dabey es zu lesen und zu loben – was mir so trocken abgeht, wenn der Geist mich nicht treibt. Adieu, bestes liebes Weib – für Dich sagt mir der Geist viel. Vergiß mich nicht und denke darauf, wie Du die Ufer des Rheines einmal begrüßen kanst – sie werden Dir Deinen Gruß lebendig zurückgeben, denn Deine alte Freundinn steht an der Brücke.

33   AN FRIEDRICH LUDWIG WILHELM MEYER

Mainz d. 29. Juli [17]92
Mit herzlichem Verlangen hab ich auf ein Lebenszeichen von Ihnen gewartet, und bekomme einen ungeduldigen kleinen Zettel, aus dem ich mir nichts zu nehmen weiß, als was ich nicht gern will. Ich habe Ihnen gleich antworten wollen, und es geschieht erst heute. Trauen Sie dem Anschein von Vergeßenheit nicht – man muß keinem – gar keinem Anschein trauen, lieber Meyer. Ich habe sehr oft an Sie gedacht, mich viel um Sie bekümmert – was thut es, daß Sie es nicht wißen, und es Ihnen nicht hilft? Mir selbst ist doch die Theilnehmung werth, die ich für Sie habe. Helfen sich Menschen überhaupt noch, die sich bis auf einen gewißen

Punkt isolirt haben, so ist es nur durch eine gute Stunde, die sie sich durch eine freundschaftliche Unterhaltung machen – und *das* Vergnügen ist in der Abwesenheit so unvollkommen. Darum schwieg ich wohl, wenn ich gern geschrieben hätte – allein immer schweigen ist auch Thorheit.
Ich könte Ihnen sagen – *wir* haben viel an Sie gedacht – Sie wißen vielleicht schon, daß Amalie hier war, und das waren recht sehr vergnügte Tage, von denen nur der lezte, durch den plötzlichen Tod von Theresens jüngstem Kind, einem Jungen, getrübt wurde, und uns allen Thränen gekostet hat. Amalie wird für sich selbst reden – sie sagte mir, daß sies bald thun wollte – ich habe die liebe Frau diesmal mehr wie in Gotha gesehen, und mich ihrer erfreut. Die Zusammenkunft des Deutschen Reichs hat so auch für uns zum Fest werden müßen – ohngeachtet es für unsern bürgerlichen Sinn eben keins seyn konte. Zuweilen dacht ich, Sie müßten bey der Ueberschwemmung von Fremden mit herbeyschwimmen – ich hätte Ihnen die Hand gereicht, und Sie heimlich in mein Haus geführt – aber ich habe nichts gesehn, das Ihnen ähnlich war. Wie Sie aussehn, errinre ich mich recht gut, so dick Sie auch geworden seyn mögen, wovon freylich viel verlautet. Ich werde hier auch stark, weil ich mich nicht ärgern und zanken darf, und zwischen dem 30 und 40sten Jahr hoff ich zu dem Rang einer holländischen Schönheit herangewachsen zu seyn. Ein Ingredienz von meinem Wohlseyn haben Sie mit diesem Geständniß – an häuslicher Ruhe fehlt mirs, in meinen einsamen kleinen Zimmern, mit meinem guten Mädchen, nicht. An mütterlichen Freuden auch nicht, denn sie verspricht ein liebes Geschöpf zu werden, das ich durch meine Behandlung gewiß nicht um seine Glückseeligkeit bringe. Man kan sich keine arglosere, neidlosere, frölichere Seele denken. Jedermann hat sie lieb – Therese zieht sie oft ihrer Kleinen vor, die durch Kränklichkeit verstimmt und schlaff geworden ist – Forstern nennt sie Väterchen – und er nimt sich ihrer recht väterlich an. Sie wird unter so viel beßern Eindrücken auferzogen, als es bisher in meiner Gewalt stand ihr zu geben – bey mir lernt sie, wie man sich allein beschäftigen, und wie viel man entbehren kan – und dort ist sie im Schooß einer Familie, und lernt Achtung gegen Menschen – Achtung gegen Männer fühlen. Es wird ihr bey den glücklichen An-

lagen also nicht an weiblichen Tugenden fehlen – und um ihrentwillen allein könte mich der Entschluß hierher zu gehn schon nicht gereun. Meine Mutterpflicht war mein Leitfaden, seit meine Kinder keinen Vater mehr hatten – wenn dies Band riße, so würd ich einen ganz andern Weg gehn – ich müste viele andere wieder anknüpfen, wozu ich bisher die Lust nicht hatte – und wohl auch die Fähigkeit bald verlieren könte – Gott gebe, daß es nicht reißt. – Wie es mir weiter geht? – Von dem vorigen Ungemach ist jede Spur verschwunden, sogar die Errinnerung – ich weiß kaum mehr, daß es so wunderliche verdrehte Menschen gab, als ich vorzüglich in meiner lezten Situation kennen gelernt habe. – Die, die ich jezt sehe, sind gut, in mehr wie gewöhnlichem Grade, gewähren meinem Kopf mehr Nahrung als – er bedarf – oder eigentlich mehr als er ihnen wieder geben kan, und erleichtern meine Lage durch alle Dienstleistungen der Freundschaft. Sie genießen ihr Leben, in dieser schönen Gegend – sie arbeiten und gehn spazieren und ich theile das alles mit ihnen. Jeden Abend bin ich dort um Thee mit ihnen zu trinken, die interreßantesten Zeitungen zu lesen, die seit Anbeginn der Welt erschienen sind – raisonniren zu hören, selbst ein bischen zu schwazen – Fremde zu sehn u. s. w. Außer Forsters hab ich gar keinen Umgang. – Darinn hab ich vielleicht unrecht – aber ich mag keinen andern. F. ist mein Freund, wie Sie mirs voraussagten – ich erkenne alle seine Schwächen, und kan die nicht von mir werfen, ihm gut zu seyn – ich thue alles, was ihm Freude machen kan. Im Anfang drückte es mich, mich theilen zu sollen, zwischen der Neigung für ihn und meinem Gefühl für Therese, aber, nachdem ich klar eingesehen habe, daß alles grade so seyn muß, wie es ist, und nicht anders seyn kan, vereinige ich es recht gut, und bin gegen keinen mehr ungerecht. Zwar gegen Th. würde ich es nie seyn – ob ich gleich noch immer behaupte, daß sie mich nicht liebt – mich deucht, darinn hat *sie* unrecht – sie kan es in mehreren Dingen haben – aber Sie, mein bester Freund, haben doch auch nicht recht, und es ist vieles anders, als Sie es sich vorstellen. Ich habe nicht den Eifer Sie bekehren zu wollen, aber die Genugthuung bin ich ihr schuldig, zu sagen, daß ich es nicht so finde, wie Sie mich fürchten ließen – und ich schreibe nicht in den ersten vier

Wochen. Mag die Welt sprechen! Kan das Meyern ein Beweis seyn, der gewiß schon der Fälle mehr erlebt hat, wo sie nie den rechten Fleck traf. – Theresens Gesundheit ist sehr gut – Forster seine würde es auch seyn, wenn er nicht so viel arbeiten *müste* – und mehr arbeiten könte. Ich habe mit ihm mehreremal von Ihnen gesprochen – wie ich denke – selbst darüber, wo ich Sie absolviren sollte – er ist ohngefähr meiner Meinung. Amalie, *er* und ich haben bey Tisch wieder unsers Wanderers Gesundheit getrunken. – Sehn Sie – Sie sind nicht vergeßen, und möge das Ihr hartes Herz erweichen.

Voß hat Forster geschrieben, daß Sie in Berlin sehr gute Connektionen haben durch Itzig, der mit Bischofswerder verbunden ist. Wie komt es denn, daß nichts glückt – mein stolzer Herr, Sie machen wohl keine Versuche – Sie ärgern wohl die Leute – und betrüben so Ihre Freunde, die nichts sehnlicher wünschen, als ein Joch über Ihren Nacken zu sehn, weil doch wahrlich ohne solch ein Joch noch weniger Gedeihn auf der Erde ist – wenn man nicht die Kunst des glücklichen Selims versteht, jedes Sümmchen um die Summe zu verdoppeln. Sie sind sorgenlos? – *Können* Sie es denn seyn – dann meinetwegen! Sind Sie vielleicht zu ehrlich – zu gottlos – für die jezigen Zeitläufte – à propos wer hat die Predigt in der Berliner Monatsschrift gemacht? Die war recht gut.

Ihre Uebersezung ist mir noch nicht vorgekommen – so viel ich auch lese. Sie wißen nicht, warum Sie Ihre Gedichte herausgeben? Ich denke, das Publikum wird so wenig fragen warum? wie ich gesonnen bin es zu thun, denn ich werde eine recht hübsche Ursache dafür finden.

Der 2te Theil von Forsters Ansichten ist beßer wie der erste – wandelt nicht so sehr auf Cothurnen – und unterrichtet. Mitunter schreibt er doch allerliebste Dinge.

Mir thät es auch Noth zu übersezen ums tägliche Brod – aber es ist noch nicht so weit gediehn, troz einiger Versuche. Sie glauben nicht, mit welcher Geduld ich alle *solche* fehlgeschlagne Plane ertrage, und fest auf die göttliche Vorsehung traue. – *Alles* schlägt mir fehl. – Wenn der Nebucadnezar nicht wäre, so könt ich jezt recht glücklich seyn. Sie sollen sehn, ich werde es niemals werden. Ist das nun wohl meine Schuld? Und dennoch zürnt meine milde Seele nicht mit dem Schicksaal – und trachtet nur darnach, sich auch das härteste zu versüßen. Es ist doch nicht zu läugnen, daß mir vieles fehlt – und wenn ich es tief im Herzen fühle, klag ich *mich* wohl am Ende darüber an. Nichts verzeih ich mir weniger als nicht froh zu seyn – auch kan der Augenblick niemals kommen, wo ich nicht eine Freude, die sich mir darbietet, herzlich genießen sollte. Das ist mir natürlich – das wird immer meine Unruhe dämpfen, meine Wünsche zum schweigen bringen – und wenn es auch lange noch keine Gleichmüthigkeit wird, so kan ich doch nie unterliegen. Ich habe mich nun einmal so fest überzeugt, daß aller Mangel, alle Unruhe aus uns selbst entspringen – wenn Du nicht haben kanst was Du wünschest, so schaff Dir etwas anders – und wenn Du das nicht kanst, so klage nicht – nicht aus Dehmuth, aus Stolz ersticke alle Klage. Die Moral hab ich mir nicht der Strenge wegen erfunden, ich konte aber nie mit einer andern fertig werden. Vom Geschick hab ich nichts gefordert, und bin ihm noch nichts schuldig geworden, als was es nicht versagen konte. Laßen Sie mich davon abbrechen.

Unser väterliches Haus in Göttingen ist verkauft, und ich habe dort nun keine Heymath mehr – mags auch nicht wiedersehn. Lotte hat mir eben einen Brief voll Glückseeligkeit geschrieben – Gott gebe, daß sie dauert – ich verzweifle nicht ganz daran. Meine Mutter ist mit ihrer jüngsten Tochter auf eine Zeitlang nach Hamburg und Lüneburg gegangen – mein jüngster Bruder ist auf Reisen.

Der arme Bürger schreibt mir zuweilen und hat doch wieder so viel Kräfte gewonnen, eine Arbeit zu vollenden, die er längst unternommen hatte – die Uebersezung von Popens Eloise. Er schickte mirs durch Wächter (Veit Weber) und wolte strenge Critik, die ihm geworden ist – Eloise war ein paarmal Bürger geworden. Veit Weber kante Sie – ich sah ihn nur kurze Zeit. Um Boutterweks Infamien wußte ich wohl – es giebt keinen jämmerlichern Menschen. Ich habe Louisen von ihm errettet, mit der er ein Spiel einfädeln wollte – seine Briefe waren wie aus einem schlechten Roman von einem Studenten. Er haßt mich bitterlich, und versichert den Leuten, daß ich meiner Schwester eine herrliche Parthie an ihm verdorben habe. Sie brauchen ihn nur gesehn zu haben, um zu wißen, ob das wahr ist.

Jezt sind Sie wohl mit deutscher Litteratur wieder vollkommen vertraut? Es giebt einen August Lafontaine, der deutsche Erzählungen schreibt, wie wir sie noch nicht haben – er ist Feldprediger, sagt man, und jezt in unsrer Nähe – Gott schüz ihn! – im Fall die Franzosen sich wehren, worüber man hohe Wetten eingeht. Göthens Gros-Cophta ist im Schlafe gemacht – sein Genius hat wenigstens nicht Wache dabey gehalten.
Daß der gute Herder so krank und jezt im Spaa ist, wißen Sie doch? Sie werden wohl alles wißen, da Sie alle Welt kennen.
Lieber Meyer – ich bitte Sie, schreiben Sie mir gleich. Sie müßens thun, weil ich so lange gewartet – wolten Sie eben so lange warten, so würde die Lücke zu groß. – Schreiben Sie unter Forsters Adreße, so geht der Brief frei – oder unter einer diplomatischen, als an Legatsecretär Huber, oder Legats. Müller, denn der kleine Ludwig Müller ist solch Ding geworden, und kam ein paar Tage nach mir an. Im Fall Sie einmal hier durchgehn, steht hier meine unmittelbare Adreße – im Reidtischen Hause in der Welschen Nonnen Gaße. Wenn ich die Freude hätte, daß Sie Gebrauch davon machten! Sagen Sie mir, ob ich gar nicht drauf rechnen kan.
Lauers aus Gotha waren auch hier – alle die Leutchen gingen nach Coblenz mit Forster – Therese blieb des Kindes wegen, das sie stillte, zurück. Den Tag nach Forsters Zurückkunft starb es.
Leben Sie wohl. Tatter grüßt Sie, das weiß ich gewiß. Ich wünsche Ihnen tausend Gutes – das weiß ich noch gewißer.

C. B.

34 An Friedrich Ludwig Wilhelm Meyer

[Mainz] d. 12. August [17]92

Hier saß ich um zu schreiben, ich weiß nicht mehr an wen – Forster schickt mir noch spät Ihren Brief, und nun ists mir nicht möglich für jemand anders die Feder zu rühren, wie für Sie – auch freu ich mich, daß ich dazu Gelegenheit finde – es ist das einzige, was mich diesen Abend beschäftigen kan. Ich bin sehr unruhig, Auguste hat mich gequält zu wißen, was mir ist, und ich hab es ihr anvertraut – sie will es nicht wichtig finden – vielleicht verstehen Sie sich beßer darauf. Nicht ob ich den Mann sehn werde oder nicht – morgen oder übermorgen – den Mann, der mir sehr lieb ist – sondern ob er so unnatürlich, so unmenschlich und wunderbar seyn kan, sich und mir die Freude zu versagen, die er haben und geben könte – weil sie nur im Fluge genoßen werden kan – das möcht ich wißen. In diesem Fall fühle ich die Abhängigkeit, die das Herz auferlegt, mit einer solchen Gewalt, daß ich den rebellischen Gedanken, ja den Wunsch haben könte, mich ihr zu entziehn – denn es ist nicht das erstemal, daß sie mich martert. Wenn *dies* nicht eintritt, so würd ich mich vor meiner Freude fürchten, allein nicht lange – die Gewißheit, glücklich seyn zu dürfen, würde mich bald zur Sanftmuth zurückbringen. Hier haben Sie die Erklärung dieser Worte, die ich Ihnen zwar nicht bey kaltem Blut sage, aber sie gesagt zu haben nicht bereuen kan: Friedrich August macht die Ronde der Bäder, die in unsrer Nachbarschaft liegen – er hat lange gewünscht Tatter bey sich zu haben, statt der Mistgabeln, die als Hofschranzen bey ihm dienen – ein Zufall hat das jezt möglich gemacht. Tatter ist vor ein paar Tagen von Hannover abgereißt. Der Prinz war in Ems – der eigentliche Weg geht nicht über Mainz, und der eigensinnige T. geht immer den graden Weg. Wird er sich besinnen – wird ihm unser freundlicherer Himmel beßere Anschläge einflößen – werd ich ihn morgen sehn – oder die Ungeduld über solche Thorheit mich mit ihm entzwein?

Sehn werd ich ihn gewiß – seit gestern ist der Prinz in Schwalbach – aber diese Freude, die das erste glückliche Ereigniß für uns ist, muß er sie mir verbittern? Ich habe leider in solchen Dingen, die nicht von der strengsten Nothwendigkeit befohlen werden, und in denen ich nicht selbst thätig werden kan, eine Heftigkeit, von der meine stille Außenseite nichts sagt. Wie oft hat er mich schon gegen meine Ueberzeugung nachgeben machen – wenn sie nun einmal stärker würde, als mein Wille sie zu beugen – wenn das Unrecht nun so offenbar wäre, daß ich ihn verdammen *müßte*? Das ist der Augenblick, gegen den sich meine ganze Seele sträubt. Lieber Meyer, ich würde mich betrüben, wenn Sie dies Gefühl für die Spannung der nächsten Erwartung, oder wenn Sie mich überhaupt für überspannt hielten. Ich kan es nicht anders sehen, nicht anders seyn. Wenn eine Empfindung zu quälend wird, wenn der Schmerz nicht mehr süß ist – ists nicht natürlich, daß man sich loszureißen strebt? Aber wenn dieser Sieg das Herz von dieser Seite nun für immer veröedet, ist es dann nicht schrecklich? Ich hätte dann nur noch mein Kind, und würde es nicht ohne Angst anblicken können – meine Sorge und Liebe würden von ihrer Entschloßenheit verlieren. – Meine Lage giebt mir nicht die wohlthätige Zerstreuung nüzlich für andre seyn zu können. Begreifen Sie mich nun wohl? Ich habe manches überwunden – nicht aus Stärke – sondern weil ich aus dem Leid noch Freude schöpfen konte – ich schied von dem Gegenstand einer in meinem Leben gewiß einzigen Anhänglichkeit und vergaß den Abschied über ihr – ich fügte mich in Verhältniße, die mich bey einem leeren Herzen unsinnig gemacht hätten – es erhielt meinen Kopf in der Faßung sich damit zu amüsiren. Ein Strom der reinsten Heiterkeit konte sich über mich ergießen, wenn die Sonne schien – oder auch der Wind an die Fenster stürmte, und ich nur über einer Arbeit eifrig saß. Mir ist jede Stunde wohl gewesen, wo mir wohl seyn konte. Bin ich es, die nach fruchtlosem Gram jagt? Nein, mein Sinn gehört jeder möglichen Glückseeligkeit – das Schicksaal gab mir wenig – es ist hart mir dies rauben zu wollen. Das würd ich vielleicht nicht überwinden, denn Gedankenlosigkeit ist mein Leichtsinn nicht. – Ihr Brief hat einen tröstlichen Eingang, der sich an die wachenden Träume meiner lezten schlaflosen Nacht schließt. Wenn die Vorstellung auch falsch ist, so weiß ich doch den Schöpfer schon nicht zu vertheidigen, der sie im Gehirn seines Geschöpfes entstehn ließ – die Idee vom vorigen lästigen Daseyn. Morgen lächle ich ihm wohl wieder gutherzig zu? – Sagen Sie, soll und muß sich ein Weib stets einem blinden Glauben ergeben? Könt ich das, so wär ich ruhig. Mir ist seine Rechtfertigung theurer wie das Wiedersehn. Getadelt hab ich ihn mehrmals um ähnlicher Ursachen willen, und er zwang mich mit der Hartnäckigkeit und Sanftmuth, die ihm eigenthümlich ist, seine Gründe zu ehren, wenn sie auch nie die meinigen gewesen wären. Hätte ich mit Mangel an

Liebe zu kämpfen, so wär der Kampf bald zu Ende – aber ich streite gegen ein sonderbares Wesen, das mich anzieht, und mich zur Verzweiflung bringt, weil es meine Gewöhnlichkeit nicht anerkennen will, und seine Ansprüche auf Glück aus Stolz nicht verfolgt, das sein Leben für mich gäbe, und meine heißesten Wünsche unerfüllt läßt – ein Mensch, zum Einsiedler gebohren, der sich der Liebe hingab wie ein Kind – der gefühlvollste Stoiker – der aus Empfindlichkeit gegen Freyheit sich unnöthige Ketten anlegt, und die liebsten Pflichten schlechter beobachtet wie die überflüßigen. Wenn ichs auch endlich müde würde, ihn zu entschuldigen, so soll mirs doch lieb seyn, wenn er von Hannover befreit wird, und mit dem Prinzen nach Italien gehn kan – und wenn ich auch fortfahre ihm gut zu seyn, so ziehe ich diese Trennung der bisherigen vor. Das wird ihm sehr gut thun, aus der Hofetikette, die die Leute wie ein Mühlenpferd umtreibt, herauszukommen.
Und Sie, lieber M.? wie würden wir uns zanken, wenn wir uns sprächen – nicht über unsre verschiedne Meinungen – sondern über die, welche Sie uns – und mir aufbürden. Das rohte Jacobiner Käppchen, das Sie mir aufsezen, werf ich Ihnen an den Kopf. Wir kennen die Helden von Brissots Schlag recht gut, für das was sie sind, und wißen, qu'il nage dans l'opprobre sans s'y noyer, puisque c'est son élément. Forster wolte neulich jemand die Augen auskrazen, weil er die attaque vom 20ten Jun. gut hieß, und die Nationalversammlung – samt den Jacobinern – item la Fayette – alles ist Preis gegeben – nur die Sache nicht. Für das Glück der kaiserl. und königlichen Waffen wird freylich nicht gebetet – die Despotie wird verabscheut, aber nicht alle Aristokraten – kurz, es herrscht eine reife edle Unpartheylichkeit – und wenn Sie nicht unser Bekentniß annähmen – so ist nur Dein teufelischer Geist des Wiederspruchs schuld.
Ein sonderbarer Zug ist die Bitterkeit der Emigrirten gegen ihre Helfer – mit Freuden würden sie die Waffen gegen diese kehren – und mit demokratischem Unwillen sprechen sie von dem aristokratisch militärischen Betragen der Preußen auf ihrem Marsch durch die hiesigen Lande, und zu Coblenz. Der Herzog von Braunschweig ist der einzige, den sie schäzen. Klopstock hat an diesen eine Ode gemacht, um ihn von dem Zuge abzuhalten – die hat er mit dem Mani-

fest beantwortet, das Sie wohl gesehn haben werden. – Göthe ist der Armee gefolgt. – Nein, gegen die Natur hat er im Gros Cophta gewiß nicht gesündigt. Ungerechter! Göthe hat auch sonst nur gewöhnliche Menschen – keine in die Höhe geschraubten Posas – und die liebte ich. – Lafontaine hat in seinen paar eignen Erzählungen – Liebe und Achtung, und Liebe und Eitelkeit – in der Reihe von Erzählungen unter dem Titel, die Gewalt der Liebe – auch nur solche – und ich finde ihn *wahr – psychologisch – treffend* – aber der Gr. C. ist ein plattes Gelegenheitsstück – als Schauspiel hat er die Situationen, die es wirklich anbot, darinn zu nuzen vergeßen – als Geschichte ists im Ganzen doch Lüge – und *Sie* sprechen – von gesunder Phantasie – und finden Großens Genius erträglich? Mir geht der Kopf rund um. Das er Sie als Abendtheurer interreßirt, verzeih ich, weil Sie ihn nicht in der Nähe gesehen haben. Er war ein planloser, gegen alle Schande aus Poltronnerie gefühlloser Windbeutel. Da Sie seine Memoiren gelesen haben, werden Sie auch wißen, daß die lezte Geschichte unser Haus betrift. Er hat mir da aus Rache ein paar Beynahmen gegeben – was ich von ihm sage, ist nicht Rache – es ist herzliche Indignation gegen dumme Bosheit, und völlige Kentniß der Sache, von der alle Aktenstücke jezt in meinen Händen sind. Es ist schlimm genug, daß Unerfahrenheit und gänzlicher Mangel an kühler Weltklugheit eine rechtschafne Familie mit einem so elenden Helden verwickelte, der zu geizig war, um sich zu Haus satt zu eßen, und dem an der Mutter Kaffee mehr gelegen war, wie an Louisens Küßen. Ein Spizbube zu seyn, war sein Ehrgeiz – er verstand sich nur nicht recht darauf, sonst wolt ich ihn selbst loben, ohngeachtet ich doch dieser Verdrehung keinen Geschmack abgewinnen kan. – Ich wolte, ich wär damals in Göttingen gewesen – ich hoffe, es wär so weit nicht gekommen. Ich sah ihn nur ein paarmal vor 4 Jahren, und da sah er aus wie ein Schusterknecht, in der gewißen Ueberzeugung, daß er Carl XII. aufs Haar gliche. Der Gauner Crecy Montmorenci, deßen Geschichte in der Berl. Monatsschrift steht, hat mir Große lebhaft ins Gedächtnis gebracht. Es ist doch erschrecklich, daß ein Mensch, wenn er lügen will, so viel vermag; wenn mans noch so gut weiß, daß er lügt – er zwingt einen wenigstens, ihn auf eine Vestung zu setzen. –

Das war mir immer ein Räthsel, wie Große bey einer einfachen bürgerlichen Erziehung dahin gekommen war.
Ich beantworte heut nicht alles – eins hab ich ja wohl schweigend beantwortet – wenigstens nicht mit Worten. Was ich Ihnen gab – mein Zutrauen, meine Freundschaft – ein Ausdruck, den ich selten genug brauche, um es hier thun zu können – ist in *Ihren* Händen – nur Sie selbst können mich es zurücknehmen machen. *Das* versteht sich von selbst. Ihre Frage – wirkts? – die würden Sie nicht thun, wenn Sie mich sähen; wenn Sie da nur eine Manier – eine Kopfbewegung – einen Einfall fänden, der Sie dazu berechtigte – wenn nicht ganz und gar die schlichte Caroline vor Ihnen stünde – die sich höchstens bey einer seyn sollenden Conversation ein bischen lebhafter umdreht und schneller spricht – so mögen Sie persiffliren – so gut Sie können. – Solte Amalie sich durch Theresens Schmeicheleyen von Ihnen abwendig machen laßen? Die Therese könte doch viel! Aber – wie Sie von ihr sprechen, sprach sie nie von Ihnen. Sie ist mit Amalie sehr gut – Amalie ist wahrhaftig liebenswürdig, und Therese half ihr noch erobern – macht ihr das nicht Ehre? Daß sie jenes damit gewollt hätte, hab ich nicht bemerkt. – Ludwig Müller ist Feders Stiefsohn und hannöverischer Legationssecretär. Er spricht nur keine fremde Sprachen, und redet in den Tag hinein, sonst schickt er sich recht gut zu einer solchen Stelle. Leben Sie für diesmal wohl – ich hab es so angelegt, Ihnen bald wieder schreiben zu müßen. Erhalten Sie mir Ihre Brudergesinnung.

35 AN FRIEDRICH LUDWIG WILHELM MEYER

Mainz, 6. Oct. [17]92

Lieber Meyer, ich schreibe aus dem Bett – bin krank – die Feinde sind den Thoren nahe – aber ich habe, da ich in diesem Augenblick einen Brief erhalte, der mir sagt, daß es der elende Bouterweck ist, der die Maske des Bajocco Romano gebraucht hat – nichts eiligers zu thun, als Ihnen Ehrenerklärung zu leisten. Es macht mich glücklich, bis zum Fieber glücklich. – Verzeihn Sie mir meinen Verdacht – doch *Verdacht* würd es nie gewesen seyn – denn da hätte ichs für möglich halten müßen von Ihnen. Nur die Gewißheit, die ich zu haben meinte, verschlang alles Raisonniren über Möglichkeit – meinem Schmerz und meinem heißen Unwillen allein überließ ich mich. Hier, Meyer, haben Sie meine Hand – schlagen Sie sie nicht aus – beruhigen Sie mich bald. Ich bin so froh wieder gut von Ihnen denken zu können. – Forster grüßt Sie – er war in diesem Augenblick bey mir. Vor 8 Tagen ging Tatter mit dem Prinzen nach Italien – er war bey mir ein paar Tage, und ich bin glücklich. Seit 6 Tagen erwarten wir täglich einen Einfall der Franzosen – alle Adlichen sind geflüchtet und der Alte auch in einem Wagen, wo er das Wappen auskrazen ließ. Sie sind wirklich in Worms. – Hier giebts schon Cocardes tricolores. Unser Schicksaal hängt von Esterhazy ab, der vielleicht Custines noch aufhält. Adieu, mein Lieber – noch zehnmal lieberer – gerechtfertigter Sünder.

36 AN FRIEDRICH LUDWIG WILHELM MEYER

M[ainz] d. 27. Oct. [17]92
Wenn Sie etwa glauben, daß man nicht mit Sicherheit hieher schreiben kan, so irren Sie sich – es sey dann, daß in Berlin ein Brief nach Mainz jezt für high treason gerechnet würde. Mir wird die Zeit lang zu wißen, wie Ihr gerechter Zorn wieder in Sanftmuth übergegangen ist. Ich hoffe, so leicht wie wir in Feindes Hand – wenn wir unsre höflichen wackren Gäste anders Feinde nennen können. – Welch ein Wechsel seit 8 Tagen – General Custine wohnt im Schloß des Churfürsten von Mainz – in seinem Prachtsaal versammelt sich der Deutsche Jacobiner-Club – die National-Cocarden wimmeln auf den Gaßen. – Die fremden Töne, die der Freiheit fluchten, stimmen vivre libre ou mourir an. Hätte ich nur Geduld zu schreiben und Sie zu lesen, so könt ich Ihnen viel erzählen. – Wir haben über 10000 Mann in der Stadt, und es herrscht Stille und Ordnung. Die Adlichen sind alle geflohn – der Bürger wird aufs äußerste geschont – das ist Politik, aber wenn die Leute des gueux et des miserables wären, wie man sie gern dafür geben wolte – wenn nicht strenge Disciplin statt fänd – wenn nicht der

stolze Geist ihrer Sache sie beseelte und sie Grosmuth lehrte, so würds unmöglich seyn, so alle Ausschweifungen, alle Insulten zu vermeiden. Die Leute sehn sehr delabrirt aus, weil sie lang im Feld lagen, aber arm sind sie nicht, und Mann und Pferd wohl genährt. Der Zustand der combinirten Armeen hingegen – Göthe, der den Ausdruck nicht zu übertreiben pflegt, schreibt seiner Mutter – keine Zunge und keine Feder kan die traurige Verfaßung der Armee schildern – und ein preusischer Offizier sagt: la situation imposante de leurs armées, et la déplorable de la notre. – Custinens Schritte sind so berechnet – er findet nirgends Wiederstand – hat nichts zu fürchten – ne vous fiés pas à vos armées mourantes, sagte er bey den Unterhandlungen. Frankreich ist geräumt, Longwy und Verdun zurückgegeben – die Belagerung von Lille aufgehoben – Montesquion und Custines ohne Blutvergießen siegreich – und was mich mehr wie alles freut, die Marrats in der Nationalversammlung nach Verdienst gebrandmarkt. Ich glaube jezt *dort* – *hier* kan man sich des Spotts nicht erwehren – man macht Projekte – man haranguirt – gestikulirt nach den 4 Weltgegenden hin – will das Volk aufklären. *Ein* Werkzeug ist mein Schwager George Böhmer, der seine Profeßur in Worms aufgegeben hat, und so was von Secretair bey Custine ist. Mir sank das Herz, wie ich den Menschen sah – o weh – wolt und könt Ihr den brauchen? aber wen kan man nicht *brauchen*? Die sich bey solchen Gelegenheiten vordrängen, sind nie die besten. – Ich kan Ihnen Forsters Betragen nicht genug rühmen – noch ist er bey keinem der Institute – er macht seinen bisherigen Gesinnungen Ehre, und wird vielleicht mit der Zeit den Ausschlag zu ihrem Vortheil geben. Der Mittelstand wünscht freilich das Joch abzuschütteln – dem Bürger ist nicht wohl, wenn ers nicht auf dem Nacken fühlt. Wie weit hat er noch bis zu dem Grad von Kentniß und Selbstgefühl des geringsten sansculotte draußen im Lager. Der Erwerb stockt eine Weile, und das ist ihm alles – er regrettirt die sogenannten *Herrschaften*, so viel darunter sind, die in Concurs stehn und die Handwerker unbezahlt ließen. Aber nur *eine* Stimme ist über den Priester – *er* sieht gewiß sein schönes Mainz nicht wieder, wenn es auch, wies wahrlich sehr zweifelhaft ist, seine Thore dem Nachfolger öffnete. Custine bevestigt sich, und schwört den Schlüßel zu Deutschland nicht aus den Händen zu laßen, wenn ihn kein Friede zwingt. Kaum 4 Monate sinds, wie sich das Concert des puissances versammelte um Frankreichs Untergang zu beschließen hier – wo nun auf dem Comödienzettel steht: mit Erlaubniß des Bürgers Custine.

Ich hab eine Hausgenoßin, lieber M., seit 8 Tagen – eine Landsmännin – die Forkel. Man hat sie mir nicht aufgedrungen – ich habe selbst die erste Idee gehabt. Sie wißen vielleicht, daß sie unter Protektion des Forsterschen Hauses steht. Ich kante sie beynah gar nicht – hab aber keinen Haß gegen Sünder, und keine Furcht für mich. Was sagen *Sie* dazu? Sie hat sich hier immer gut aufgeführt – hat sie je ganz ein solches Urtheil verdient wie in Bürgers Brief stand? – Und doch ist mir kaum daran gelegen das zu wißen – das kan mir ja einerley seyn – aber haben Sie sie außer Liebeshändeln falsch und intriguant gefunden? Das könte mich inkommodiren – denn ich weiß nicht, ob meine schlichte und ununternehmende Ehrlichkeit hinreicht, da Spize zu bieten. Die Frau gefällt mir bis jezt – ich bin gut mit ihr – da man das seyn kan, ohne sich hinzugeben, so seh ich nicht, warum ich damit nicht den Anfang machen sollte. Sie kennen sie, und können mir mehr Licht geben. Adieu, lieber Meyer. Schreiben Sie doch bald. Wie gefallen Ihnen Forsters Erinnerungen? Reichard hat einen Revolutions-Allmanach geschrieben, der künftig Jahr nicht zu brauchen seyn wird.

37 AN FRIEDRICH LUDWIG WILHELM MEYER

[Mainz] 17. Dec. [17]92

Daß Sie krank wären, fürchtete ich und sah es – Sie hätten sich sonst menschlicher bewiesen. Warum brechen Sie auch ein Bein – warum verderben Sie den Magen, wenn niemand in Ihrer Nähe ist, der Sie warten kan, der Ihre physischen Uebel linderte, und Ihren moralischen Gebrechen den Dolch aus den Händen wände, deßen Spitze sie gegen sich selbst zukehren. Das ist recht unsinnig schön gesagt, o sieh meine erhabnen Worte nicht an, mein Thun wär drum nicht geringer. Zweifeln Sie, daß ich für Sie sorgen können möchte und treu sorgen würde? – Ich kenne Sie nicht genug? – Das kan seyn, aber wenn ich mich *sehr* irre, so ist das nicht zu Ihrem Vortheil. Wir wollen uns mit Wohlwollen und Achtung begnügen? – Meinetwegen, wenn ich sie nach meiner Weise empfinden darf – und ich biete Ihnen Troz, daß die Ihrigen nicht ein herabgestimmter Ausdruck seyn sollten, wie sie tausendmal ein heraufgeschrobner seyn mögen. Verstehn Sie das? Ich bin wohl heute nicht sehr deutlich – das wäre dann nicht Kraft des Beyspiels, sondern ein Vermächtniß – wie Sie am Ende dieses Briefs einsehn werden. Sie sind versöhnt, aber meine Etourderie wirkt doch nach. Meyer, ich will mich nicht dehmüthigen, will meinen Kopf nicht verläumden, allein es ist wahr, daß ich Etourderien begehn kan, die wie Dummheiten aussehn. Mein Verbrechen gegen Sie ist von der Art. Wenn mir dann die Augen aufgegangen sind, begreif ich mich nicht mehr. Sollte man denn das einem Weibe nicht aus vollem Herzen verzeihn können? – Weiß ich, was Bajocco Romano für ein Ding ist? Vom Bettler Cabre hab ich einmal gehört und bey einem andern Meyer davon gelesen sogar – (so! den Meyern dank ich also meine Bettlerbekantschaften!). Hab ich seine Sinngedichte *wirklich* gelesen? Und kan ich immer unterscheiden, was Witz und reizlose Späße sind? Bruder, vergieb mir. Wer kan sagen, wie bald mein Haupt eine Kugel trift! Es würde Dich dann gereuen. Wenigstens bitt ich zum leztenmal – ich kan es nicht leiden, über Verdienst belohnt oder gestraft zu werden. – „Nach dem Frieden sprechen wir uns wieder", heist das, ich soll Ihnen nicht schreiben, so lange wir en état de guerre sind? So gehorch ich nicht – ich *will* schreiben – so wie ichs einrichte, können Sie keinen Nachtheil davon haben – und haben also Vortheil davon. Daß Sie uns en horreur haben, kont ich vermuthen. Wer giebt aber Dir Pillgrim im Jammerthale das Recht zu spotten? *Sie* sind unter jedem Himmelsstrich frey, unter keinem glücklich. Allein können Sie im Ernst darüber lachen, wenn der arme Bauer, der drey Tage von vieren für seine Herrschaften den Schweiß seines Angesichts vergießt, und es am Abend mit Unwillen trocknet, fühlt, ihm könte, ihm solte beßer seyn? Von diesem einfachen Gesichtspunkt gehn wir aus; der führt auf Abwege – Sie dürfen deswegen aber nicht glauben, daß wir toll sind und andre Propheten hörten, als die wir immer gehört haben, worunter W[edekind] und B[öhmer] nicht gehören.

Therese ist nicht mehr hier. Sie ist mit den zwey Kindern nach Strasburg gegangen – warum – das fragen Sie mich nicht. Menschlichem Ansehn nach, ist es der falscheste Schritt, den sie je gethan hat, und der erste Schritt, den ich ohne Rückhalt misbillige. Sie, die über jeden Flüchtling mit Heftigkeit geschimpft hat, die sich für die Sache mit Feuereifer interreßirte, geht in einem Augenblick, wo jede Sicherheitsmaasregel Eindruck macht, und die jämmerliche Unentschiedenheit der Menge vermehrt – wo sie ihn mit Geschäften überhäuft zurückläßt – obendrein beladen mit der Sorge für die Wirtschaft – zwey Haushaltungen ihn bestreiten läßt, zu der Zeit, wo alle Besoldungen zurückgehalten werden. Das fällt in die Augen. Er wollte auch nicht – ich weiß weder, welche geheime Gründe sie hat, noch welche sie ihm geltend machte – sie hats aber durchgesezt. Ich müste mich sehr irren, wenn nicht diesmal weniger verzeihliche Antriebe als leidenschaftliche sie bestimmten, vielleicht die Begierde nach Wechsel, und eine Rolle dort zu spielen, wie sies hier nicht konte. Viele vermuthen Trennungsplane – Sie und ich gewiß nicht. Würde sie so gerecht seyn? – Sie hören mich zum erstenmal so sprechen – weil ich zum erstenmal so denke – aber dies hat mich auch aufgebracht. Der Ausgang mag auch nicht zu ihrem Nachtheil ausschlagen – das kan mein Urtheil nicht ändern. Eine Entschuldigung hat sie – die Infamien zu Frankfurt hatten ihre Imagination erschüttert – aber das hätte eine andre Wendung genommen, wenn es nicht ihrer Neigung gemäß gewesen wär ihr diese zu geben. Er ist der wunderbarste Mann – ich hab nie jemanden so geliebt, so bewundert und dann wieder so gering geschäzt. Er ging seinen politischen Weg durchaus allein und that wohl daran – Ihr Geist ist nicht für die Sphäre, mehr thätig als würkend darinn. Er geht mit einem Adel – einer Intelligenz – einer Bescheidenheit – einer Uneigennützigkeit – wär es nur das! aber im Hinterhalt lauscht Schwäche, Bedürfniß ihres Beyfalls, elende Unterdrückung gerechter Forderungen – auffahrendes Durchsezen geringeres. Er lebt von Attentionen und schmachtet nach Liebe, und kan diesen ewigen Kampf er-

tragen – und hat nicht die Stärke sich loszureißen, die man auch da, wo man Superiorität anerkennt, haben müßte, wenn es uns mit uns selbst entzweite. Ich heiße[?] Egoismus – aber entweder muß man in Einfalt des Herzens Vollkommenheit anbeten – oder die Festigkeit haben sich nie geringer zu achten, als selbst das, was wir über uns erkennen. Dieses Mannes unglückliche Empfänglichkeit, und ihr ungrosmüthiger Eigennuz verdammen ihn zu ewiger Qual. Ich habe wohl gedacht, o man ihm die Augen öfnen könte – es versteht sich, daß ich nicht mittelbar noch unmittelbar dazu beitragen darf und werde – ich habe gefunden, man würde seine Liebe tödten können, aber seine Anhänglichkeit nicht. Spricht ihm das nicht sein Urtheil? Sie beschäftigt, sie amüsirt ihn – das kan ihm kein Wesen ersezen – darum ist sie einzig – sie reizt seine Eitelkeit, weil er sieht, daß sie auch andre beschäftigt, und daher nie erfährt, wie nachtheilig die Urtheile sind, die selbst diese von ihr fällen. Wer sie nicht mag, flieht sie – ein neuer Triumph! So hält sie ihn – geht hin, und nuzt seinen Nahmen, und führt ihn mit Stolz. Das ist nicht billig – ach und doch verdient ers. Guter Forster, geh und klag die Götter an.
Ich bleibe hier – man gewöhnt sich an alles, auch an die tägliche Aussicht einer Belagerung. Schreiben Sie mir durch Gotha – Sie könnens ja mit aller Sicherheit. Ich muß wißen, ob Sie gesund sind.

38 AN LUISE GOTTER

Mainz d. 24 Jan. [17]93
Liebe gute Louise – was seyn soll, schickt sich wohl! Halt mir nur ein gutes Gänsebein bereit. Du hast Dich schon freundlich zu dem erboten, warum ich Dich bitten wollte, mich in den ersten Tagen aufzunehmen, bis ich mich arrangirt habe – etwas das ich lieber selbst thun will, weil ich gefunden habe, daß man andern Mühe damit erspaart, und es sich am besten zu Dank macht. Also, bestes Weib – noch einmal unter Dein Dach – wann, weiß ich noch nicht genau. Ich erwarte erst Nachricht aus Frankfurt, ob Huber mich nach Sachsen mitnehmen kan. Dein Mann ist dort – wird er noch lange bleiben? Ich hätte Lust ihm zu schrei-

ben, daß er mich von Mannheim abholen soll, aber er wird wohl seine Reisegesellschaft nicht verlaßen dürfen. Sag ihm zu seiner Beruhigung, daß ich den Mund nicht öfnen werde über Politika, sobald ich über die freye Gränze bin. Auguste, die leichtsinnige, die immer rosenfarbne Bilder von den Dingen, die da kommen sollen, vor sich her flattern läßt, und mit der Gegenwart beständig zufrieden ist, schreit vive la nation und erkundigt sich dazwischen nach Deinem kleinen Mädchen. Adieu, Liebe. Grüß Wilhelminen.

39 AN FRIEDRICH WILHELM GOTTER

Mainz d. 18 März [17]93
Vor wenig Tagen theilte ich der lieben Mutter Schlaeger meine Reiseanstalten mit – gleich darauf erhielt ich Ihren Brief, der mir die angenehme Aussicht eröfnet, von meinen Freunden nicht übel empfangen zu werden. Ich bedarf so sehr dieses Trostes, um mich von den hiesigen Gegenden zu trennen, daß ich Ihnen mit verdoppelter Wärme dafür danke. Wohl dem, dem ein solcher Zufluchtsort noch wird! Meine Reise hat viel Schwierigkeiten – allein ich hoffe sie dennoch auf dem gradesten Wege zu bestehn. Auf einen Wagen von Gotha aus steht ein großer Theil meiner Hofnung – sollte nicht die Frankfurter Meße dies Projekt erleichtern? – Wenn ich über Mannheim gehn wollte, so wär nichts leichter als einen Paß zu erhalten – ich möchte mir nur gern den Umweg erspaaren. Dazu wär ein Paß von Braunschweig nöthig gewesen – wir müßen nun schon andre Mittel versuchen, und ich erzähl Ihnen dann meine Abendtheuer. Mein Nahme ist proscribirt – das weiß ich – gut, daß ich nicht selbst den Fluch über ihn gebracht, denn ein Fluch ist nicht so ehrenvoll wie der andre.
Im Voraus umarm ich alle meine Freunde, und Euch mit Regungen des herzlichsten Danks. Ich denke nicht lange Ihre Wohnung zu verengern, aber es ist mir ein großer Dienst, daß Ihr mich für den ersten Augenblick aufnehmen wollt.

Caroline B.

V.
Briefe aus Königstein, Lucka, Gotha und Braunschweig
1793–1796

"Meine Existenz in Deutschland ist hin. Es giebt keinen Mann, von dem ich noch abhängig wär, oder ihn genug liebte um ihn schonen zu wollen."

40   AN LUISE UND FRIEDRICH WILHELM GOTTER

Königstein d. 19. April [17]93
Ich danke Ihnen, lieber Gotter, für die Maasregel, sich an den Hrn. Coadjutor zu wenden – es war das, warum ich Sie bitten wollte. Es ist doch das härteste, was einem Weibe begegnen kan, in eine so ernstliche Gefangenschaft zu gerathen – ehe sie *das* verdient, muß sie sich mehr wie Unbesonnenheiten der Denkart vorzuwerfen haben, und Hr. von Dalberg, der die Menschen kent, wird fühlen, daß diese sogar nicht von ihr, sondern von dem Einfluß ihrer Freunde abhangen – *er* kan nicht wollen, daß sie darum zu Grunde gerichtet werden soll, wie ichs durch eine lange Gefangenschaft unausbleiblich werden würde. Ich bin nicht Verbrecherin, weder mittelbar noch unmittelbar – aber allerdings hab ich Bekanten gehabt, die es sind, und die mich nun verdächtig machen. Ich hatte mich auf ewig von ihnen zu trennen geglaubt, und es hat nie zwischen ihnen und mir eine solche Verbindung statt gefunden, von der ich mich nun als Märtyrerin betrachten könte.
Man hat mir von einem Ausweg gesagt, der mich bald befreyen könte, nehmlich wenn man Caution für mich annehmen wollte. Was halten Sie als Jurist davon? Schrecklich ists, von der Dauer der Belagerung von Mainz abhangen zu

sollen – und es heißt doch, daß man nicht eher förmlich untersuchen wird. Können nicht die Franzosen bey dem Mangel an auswärtigen Nachrichten rasend genug *seyn*, sich lange vertheidigen zu wollen?
Liebe Louise, wenn ich doch in dem Zimmerchen säße, was Du so gütig für mich bereitet hattest! Ich fühle Deine innige Theilnahme – wird es mir wohl so gut werden dir mündlich zu danken? Wird Deine Freundschaft nicht ermüden? Du siehst, ich mache denen, die mich lieben, keine Freude, und werde ihnen vielleicht noch viel Sorgen machen. Gott segne Dich Liebe – freue Dich Deiner Freiheit, und daß Du Deine Kinder selbst spazieren führen kanst. Ich mache mir beynah ein Gewißen daraus Augusten mein Schicksaal theilen zu laßen. Grüß Wilhelmine herzlich.
Dein Mann soll dem Hrn. von Dalberg bezeugen, wie lange ich schon mit ihm wegen meiner Abreise in Unterhandlung gestanden, und ihn, wie er in Frankfurt war, gebeten habe, mir einen Paß vom Herzog von Braunschweig zu verschaffen.

41 AN FRIEDRICH WILHELM GOTTER

[Königstein] 1. May [1793]
Wenn Sie mir einen *offnen* Brief schicken, so erwähnen Sie *nicht* deßen an Humbold, den Sie erhalten haben – *der Bericht von hieraus,* auf den ich mich berief, war nicht von mir. Haben Sie mir etwas zu sagen, was beßer für mich allein bleibt, so bestellen Sie nur bey Porsch, daß er den Brief zurückbehält, bis ich ihn holen laße. Man läßt von hier weder an Churfürst noch Minister Vorstellungen abgehn – thun Sie Ihr möglichstes. Sie haben mehr Wahrheit gesagt, als Sie glaubten – daß mein Leben durch eine lange Gefangenschaft in Gefahr kömt – obgleich in andern Sinn – wie Sie auf jeden Fall von mir erfahren sollen. Theilen Sie dies *niemand* mit.
Schuldig bin ich übrigens gewiß *nicht* – ich theile den ausgezeichnet bittern Haß, den man auf Forster geworfen hat. Man irrt sich in dem, was man über meine Verbindung mit ihm glaubt – um seinetwillen allein will man mich als Gei-

ßel betrachten. Wenn das helfen kan, so sprechen Sie von meinem Verhältniß mit einem Teutschen, der aber jezt zu entfernt ist, um mir helfen zu können.

42 AN FRIEDRICH WILHELM GOTTER

[Königstein] 12. May [1793]
Seit Sie mir die Abschrift von Dalbergs Brief schickten, hab ich nichts von Ihnen gehört – lieber Gotter – Möglich ists, daß bey Porsch etwas liegt, das muß ich diesen Abend erhalten.
Ich sandte Ihnen einen Brief für Humbold – einen zweyten öffentlichen – einen dritten, das nur ein paar Zeilen seyn mochten. Haben Sie das alles?
Noch hat sich nichts aufgeklärt. Wir sind von einer hiesigen Gerichtsperson verhört, über die Umstände der Abreise. Dies Verhör hatte blos Bezug auf jenen Clausius, der zum zweytenmal arretirt gewesen seyn soll – und in so fern auch wohl auf den Gesichtspunkt der Geißelschaft für uns, den nur dieser alberne Mensch durch sein Geschwäz herbeygezogen haben kan. Das scheint doch, daß Clausius Aufträge von Simon hatte, denn Simon ist vor 3 Wochen oder 14 Tagen mit Reubel, dem Comißar der National Convention, beym König im Lager gewesen, um wegen Mainz zu unterhandeln. Man hat nicht einig werden können, und die Franken vertheidigen sich mit so viel Erfolg und Muth, daß die Stadt noch nicht einmal beschoßen werden kan – alles Canonenfeuer geht auf die Schanzen außerhalb, die von beyden Seiten unermüdet aufgeworfen und zerstört werden. Ich höre hier im Schloßgarten den Donner des Geschüzes, und nur ein etwas naher Berg entzieht mir den vollen Anblick des Schauplazes selbst. – Schrecklich ist bey der völligen Dunkelheit über unsre Sache diese langwierige Belagerung, deren Ende uns doch sicher befreyen würde, da wir jezt nicht wißen, *was* uns befreyen kan, so wenig als was uns hieher bringt.
Unser Loos wurde in so fern leichter, daß der Genuß der freyen Luft in diesem verwüsteten Stück Garten uns zu jeder Zeit zu Gebot stand, und der Commendant menschlich

gesinnt war – aber es komt ein andrer und es ist nur zu wahrscheinlich, daß wir dadurch *jeden* Trost einbüßen. – War ich nicht schon unglücklich genug? – Muß ich nicht sogar fürchten, daß gehäßige Gerüchte meine hülfreichen Freunde von mir abwenden? daß sie an meinem Charakter irre werden, den wüthende Menschen, die nie mich persönlich kannten, darstellen, wie es ihr Gesichtskreis mit sich bringt?
Gotter, Sie wißen die Wahrheit – die Geschichte meines Aufenthalts in Mainz liegt vor Ihnen – *so* ist sie! Könt Ihr, die Ihr in jenem Zirkel mich liebtet, zweifeln – ich werde kein Wort weiter zu meiner Vertheidigung reden als dieses – könt Ihr zweifeln – nun so mag denn das die Hälfte des Tropfens seyn, von dem der Becher überfließt. – –
Ich sagte Ihnen in dem kurzen Blatt, wie *dringend* meine *nahe* Rettung für mich sey – Sie werden gethan haben, was Sie konten. Ich versuche selbst alles, denn Mut und Thätigkeit soll mir nichts rauben.
Kent niemand in Gotha Pauli, den Leibarzt des Churfürsten? Er gilt viel. Sollte nicht an ihn zu kommen seyn? Wenn er in Erfurt ist, so sprächen Sie wohl einmal selbst. Es geht nicht, daß ich ihm so abgebrochen schreibe, allein ich wünschte, einen Weg zu ihm zu haben. Er ist Wedekinds Feind – aber wie könt er der meinige seyn? Solte Grimm oder Sulzer ihn kennen? – Leben Sie wohl – ich umarme mit schwererem Herzen wie jemals meine Louise.
Vielleicht erhalt ich noch etwas von Ihnen.
Abends. es ist nichts gekommen.

43 AN FRIEDRICH WILHELM GOTTER

[Königstein] 16. May [1793]

Vorgestern kam Ihr Brief und die Einlage von Humbold – der sich doch des hofmännischen Tons nicht enthalten kan – vielleicht weil er glaubte, sein Schreiben käme nicht ungesehn zu mir. Sie sehn, daß der Trost gering ist, den er giebt – und meine Lage wird täglicher unleidlicher.
Die wahre Beschaffenheit der Dinge begreift Ihr alle nicht,

wies scheint. Hier ist nur von willkührlichen Verfahren, von falschen Gerüchten die Rede. Geißel soll ich seyn *darum*: Mainzer Bürger sind als Geißeln nach Strasburg geführt – man sucht sie frey zu machen, ehe Mainz übergeht, um nicht da etwa Verbrecher entwischen laßen zu müssen. Man will die Weiber schrecken, denen man genaue Verbindungen, wenn auch nicht avouirte, mit Französischen Bürgern zutraut. Mich soll Forster erlösen. Das *kan* F. nicht, und ich werds nie von ihm fordern – denn wir stehn nicht in diesem Verhältniß.

Nachher wird man auf Chicanen zurückkommen – das nimt Zeit weg – und indeßen schmacht ich hier, in der nahen Abhängigkeit elender Menschen, denen jede Gefälligkeit mit Geld abgekauft werden muß. – Wir haben unsern braven Commendanten verlohren, und auf der Stelle die Wirkung davon empfunden.

Ich hoffe dennoch jezt auf eine günstige Wendung und nahe Befreyung. Hoff ich zu viel – so ists auch gut.

Es versteht sich, daß ich in keinem Verhör fremde Dinge einmischen werde noch eingemischt habe. Glauben Sie mir, wir benehmen uns männlicher, wie unglückliche Weiber gewöhnlich thun. Meine Ideen über dies ganze Wesen sind ziemlich klar. – Könt ich nur ein zarteres Gefühl in mir betäuben, und über die Entweihung meines Nahmens hinweg gehn! Hätt ich die Rolle gespielt, die man mir schuld giebt, so würd ich dazu vermuthlich Stirn genug haben.

Ich habe eine große Begierde Meyers Schriften zu lesen – könte Ettinger sie nicht frey nach Frankfurt spediren, an Varrentrap[p] und We[n]ner nehmlich Ihr Exemplar – ich wills Ihnen wieder bringen! Ich weiß nicht, wie ich sie soll aus Frankfurt bekommen, da ich den Titel nicht weiß, ihn auch im Meßkatalog nicht finde. Meyer wird *mich* seit diesem Abendtheuer detestiren – er hätte recht, wenn ich mirs zugezogen hätte. – Von Schillers Freund hab ich Briefe und schrieb an ihn. Adieu, lieber Gotter und Louise.

(Nachschrift): Lieber Gotter – sie sagen, man wolle mich *auf Bedingungen* frey geben, das ist also vermuthlich Caution, eine hübsche Freyheit hab ich da zu erwarten – jezt an eisernen, dann an goldnen Ketten. Noch weiß ich nichts officielles.

Expediren Sie doch die Briefe. Man muß nun in Frankreich um mein Schicksaal wißen – im Moniteur steht ja, qu'on a mené à la forteresse de K. la veuve Böh. amie du Citoyen Forster. – Das ist tröstlich, ich *bin* seine Freundinn, aber nicht im französischen Sinn des Worts.

44 AN FRIEDRICH WILHELM GOTTER

Kronenberg d. 15ten [–16.] Jun. [17]93
Dies ist späte Antwort, aber es ist eine – Seit 3 Wochen hab ich das Bett wenig verlaßen können, denn der Geist ist willig, aber das Fleisch ist schwach. Ihr habt mir derweile erzkomisch gedünkt – Louise bildet sich ein, wenn ihr Herzogthum alle seine Canonen abfeuert, so käm es doch wohl einer Mainzer salve gleich, und Sie fertigen mich Gefangne, Bedrängte, Gemishandelte mit einer Galanterie ab! Schöne Werke des Geistes und der Hände! Ja Memoriale, Supliken und Strümpfe und Hemder für mein Kind! Gehen Sie hin, lieber Gotter, und sehn Sie den schrecklichen Aufenthalt, den ich gestern verlaßen habe – athmen Sie die schneidende Luft ein, die dort herscht – laßen Sie sich von den, durch die schädlichsten Dünste verpesteten Zugwind durchwehn – sehn Sie die traurigen Gestalten, die Stundenweis in das Freye getrieben werden, um das Ungeziefer abzuschütteln, vor dem Sie dann Mühe haben sich selbst zu hüten – denken Sie sich in einem Zimmer mit 7 andern Menschen, ohne einen Augenblick von Ruhe und Stille, und genöthigt, sich stündlich mit der Reinigung deßen was Sie umgiebt, zu beschäftigen, damit Sie im Staube nicht vergehn – und dann ein Herz voll der tiefsten Indignation gegen die gepriesne Gerechtigkeit, die mit jeden Tage durch die Klagen Unglücklicher vermehrt wird, welche ohne Untersuchung dort schmachten, wie sie von ohngefähr aufgegriffen wurden – muß ich nicht über Euch lachen? Sie scheinen den Aufenthalt in Königstein für einen kühlen Sommertraum zu nehmen, und ich habe Tage da gelebt, wo die Schrecken und Angst und Beschwerden eines einzigen hinreichen würden, ein lebhaftes Gemüth zur Raserey zu bringen. Und doch war das Ungemach der Gegenwart nichts ge-

gen die übrigen Folgen meines barbarischen Verhaftes.
Meine Gesundheit ist sehr geschwächt – aber wahrlich die innre Heiterkeit meiner Seele so wenig, daß ich heute den Muth habe mich in einem eignen Zimmer, wo es Stühle giebt (seit dem 8ten Aprill sah ich nur hohe hölzerne Bänke), und an einem Ort, wo ich keine Gefangenwärter und Wache mehr zu sehn brauche, glücklich zu fühlen, so heftig mein Kopf schmerzt und ein unaufhörlicher Husten, der ganz anhaltend geworden ist, mich plagt.
Sie werden vielleicht schon erfahren haben, daß der Churfürst (auf sehr dringende Vorstellungen hin, die ihr Gewicht haben konten) uns die Wahl zwischen zwey kleinen Städtchen ließ, um dort Orts Arrest ohne Bewachung zu haben. Wir wählten dieses Städtchen, das nur eine Stunde von Königstein und 2 von Frankfurt liegt.
Der Gesichtspunkt, uns als Geißeln zu behandeln, ist fest gefaßt, und von persönlicher Schuld nicht die Rede. Wir haben uns endlich an unsre Regierung gewandt und ihren Schutz begehrt, auch an den König von Preußen. – Diese bedingte Freyheit kan mir nicht genügen – ich muß vom Schauplatz abtreten können. Ist diese Erleichterung, die das wenigste ist, was man thun konte, wenn Königstein nicht mein Grab werden sollte, Befreyung? Wer giebt mir Ersaz für diese schrecklichen Monate, für öffentliche Beschimpfungen, die ich nie verdienen konte, für den Verlust meiner liebsten Hofnungen? – Sie sprechen von Formalitäten, die sezen Anklage, Vertheidigung, Untersuchung voraus – wo fand dergleichen Statt? Räuberformalitäten übt man an uns – und Sie thun nicht wohl im deutschen Eifer einer Nation ausschließend das Räuberhandwerk zuzueignen. Mir müßen Sie es wenigstens nicht sagen, die ich 160 Gefangne sah, welche durch deutsche Hände gingen, geplündert, bis auf den Tod geprügelt worden waren, und ohngeachtet die wenigsten von ihnen den Franken wirklich angehangen hatten, jezt der deutschen Grosmuth fluchen musten. Königstein bildet eifrige Freyheitssöhne – alles, was sich noch von Kraft in diesen Armen regt, lehnt sich gegen dies Verfahren auf. Ich kan es begreifen, daß man scharf straft, aber daß ganz Unschuldige ohne alles Verhör so lange jammern müßen, da die Mainzer Regierung M. nicht wieder einzunehmen, sondern Muße genug für die Uebung der Gerechtig-

keit hat – das ist unverantwortlich und sehr unpolitisch.
Verzeihen Sie meine Lebhaftigkeit um so eher, lieber G., da sie Eurer Freundschaft kein unwillkomner Beweis seyn muß, daß die Härte des Schicksaals mich nicht in den Staub gedrückt hat.
Ich höre von dem guten Porsch gar nichts mehr – unter uns, ich glaube, er wird ein bischen wild seit ihrem Tode. Das thut mir sehr leid.
Wenn man mir schreiben will, so bitt ich eine Adreße an Hrn. Franz Wenner, in der Varrentrapp und Wennerschen Buchhandlung, zu machen – offne Briefe sind forthin eine unnöthige Bemühung.
Ich umarme Louise und Wilhelmine – seyd ja nicht bös auf mich, lieben Leute – ich lache die Großen aus, und verachte sie, wenn ich tief vor ihnen supplicire, aber ich bin wahrhaftig nur eine gute Frau, und keine Heldin. Ein Stück meines Lebens gäb ich jezt darum, wenn ich nicht auf immer, wenigstens in Deutschland, aus der weiblichen Sphäre der Unbekantheit gerißen wäre.

16. Juni

Machen Sie um die Einlage noch ein Couvert an Meyer in Berlin, bey dem Hofbaurath Itzig, und senden Sie sie *gleich* fort.
Mir ist gar nicht wohl – der Husten ist hartnäckig und quälend. Adieu, lieber Gotter.

45 AN FRIEDRICH LUDWIG WILHELM MEYER

Kronenberg d. 15. Jun. [17]93

Im März haben Sie meiner noch gedacht und mir etwas alte Tugend zugetraut – ob Sie gleich viel Albernheit bey mir vermutheten. Wie es jezt mit Ihrer Meinung steht, weiß ich nicht. Ich schrieb Gotter lezthin: „Wenn Meyer hört, was mir wiederfahren ist, so wird er mich detestiren, und er hätte recht, wenn ich es mir wirklich zugezogen haben könte."
Wie viel hätte ich Ihnen zu sagen, wodurch Sie freylich um nichts weiser werden würden, wenn Sies wüsten, denn

Menschen Thorheit und Schlechtigkeit und die wunderbaren Verkettungen unvermeidlicher Zufälle kennen Sie lange. – Ich habe zwey schreckliche Monate durchlebt – meine Gesundheit hat sehr ernstlich gelitten – aber gieb mir morgen Ruhe und Verborgenheit, so vergeße ich alles und bin wieder glücklich.
Seit Jänner war ich fest entschloßen Mainz zu verlaßen und nach Gotha zu gehn – auch Sie schloß ich mit in meine Rechnung – in Gotha hofft ich Sie zu sehn. Theilnahme an Forster, der eben um die Zeit erfahren sollte, daß Therese die halbe Gerechtigkeit üben wollte, sich von ihm zu trennen, hielt mich in M. Gänzliche Unbekantheit mit allem, was außerhalb Mainz vorfiel, ließ mich diese Verzögerung als eine gleichgültige Sache betrachten, und mich selbst hielt ich für völlig unbedeutend bey meiner Art zu leben, die durch keine einzige öffentliche Handlung, kein Zeichen des Beyfalls oder eine solche Absurdität, wie Sie nahmhaft machen (sich Mährchen aufbinden zu laßen, *dem* Schicksaal scheint kein Mann entgehn zu können), unterbrochen oder befleckt wurde. Einer Gemeinschaft mit meinem tollen Schwager, der nie meine Wohnung betreten hat, macht ich mich nicht schuldig. Allein meine Verbindung mit Forster in Abwesenheit seiner Frau, die eigentlich nur das Amt einer moralischen Krankenwärterin zum Grunde hatte, konte von der sittlichen und politischen Seite allerdings ein verdächtiges Licht auf mich werfen, um das ich mich zu wenig bekümmerte, weil ich selten frage, wie kan das andern erscheinen? wenn ich vor mir selbst unbefangen oder gerechtfertigt dastehe. – Der Himmel weis, welche treue Sorge ich für F. trug. Ich wuste nichts von Theresens Planen – Ende Dec. schrieb sie mir: Lieb und pflege F. und denke vor dem Frühling nicht an Aenderung des Aufenthalts, bis dahin läßt sich viel hübsches thun. Das war der einzige und lezte Brief seit ihrer Abreise – seit dem keine Silbe, weder an die Forkel noch mich. Ich errieth indeßen ihre Absicht, und sah, wie vielmehr F. bey jeder Verzögerung leiden würde, da er nichts zu ahnden schien – darum schrieb ich im Jänner an Huber, worauf er mir antwortet: „Sie sind gut und brav mir so entgegen zu kommen, und ich danke Ihnen, daß Sie mir noch fühlbarer machten, daß ein Aufschub unedel sey". Hierauf folgte auch bald ein Brief von ihm an Ge-

orge, deßen Ueberbringerin ich seyn muste. – Therese schrieb zu gleicher Zeit – und die Sache ward ausgemacht, daß Huber Th. und Claren haben und George das älteste Kind behalten sollte. Forsters Stimmung war so schwankend, daß es alle unermüdliche Geduld weiblicher schwesterlicher Freundschaft erforderte ihn zu ertragen, allein Du, der Du alle seine anziehenden Eigenschaften kenst, wirst es leicht begreifen, wie sie eben in der Verbindung mit mitleidenswürdiger Schwäche mich zur allerfreywilligsten uneigennüzigsten Ausdauer bewegten. Hier sind ein paar Zettel von ihm, die ich Sie aufzuheben bitte – es sind die einzigen, die ich noch habe, ich zernichtete alles, was von seiner Hand war, und mag auch diese nicht mehr bey mir führen. In der Mitte des Febr. ging er aufs Land und blieb 3 Wochen aus – ich war indeß so krank an Gicht Anfällen, daß ich zu Bett lag, und nicht reisen konte. – Bis zu Ende März litt ich bald mehr bald weniger so schmerzhaft, daß ich eine Reise noch am 26sten für unmöglich hielt und in Todesangst da lag. Am 24. ging George nach Paris, und ich trennte mich auf immer von ihm. Endlich mach ich mich am 30sten mit Meta und der alten Mutter auf den Weg, um über Mannheim nach Gotha zu gehn, wo Gotter schon seit langer Zeit mein Absteigequartier bereitet hatte. Wir musten umkehren, weil die Preußen schon das Land im Besiz hatten – wir vertrauen uns einem Mann an, um nun grade zu nach Frankfurt zu reisen, der einer von den Leuten ist, die im Geruch der Rechtschaffenheit stehn, aber aus Furchtsamkeit aller möglichen Schurkenstreiche fähig sind – das war dumm, da ich ihn bey dieser Gelegenheit zum erstenmal sah – aber wie kont ich an Verrath denken, da mirs nicht einfiel, mich für verdächtig zu halten? Sobald man uns auf unsre ominösen Nahmen hin anhält, überliefert uns dieser Mensch, um seine Loyalität zu retten – immer ohne Ahndung des schrecklichen Ausgangs bleiben wir 3 Tage in Frankfurt und halten heilig den auferlegten Stadtarrest, indem er ins Hauptquartier geht, auf welche Expedition erst Bewachung im Hause, und dann ein Transport nach Königstein folgt. Ich erzähle Dir nur kurz, ohne die Empfindungen zu schildern, in die Du Dich noch wirst versezen können, so hartherzig Du seyn magst. Ich bin ja niemals eine unnatürliche Heldin, nur immer ein Weib gewesen –

ohne zu erliegen fühlt ich *alles* – weich machte mich nur der Anblick meines Kindes. Nach einem Verhaft von mehreren Wochen erfahren wir, daß man uns als Geißeln gegen Mainzer nüzen will, die nach Frankreich geführt wurden – man erwartete, wir würden in der Verzweiflung alles thun, um eine Auswechslung zu bewürken, und sie durch Forster und W[edekind] zu stand bringen können. Wir haben uns bis diesen Augenblick standhaft dagegen gesezt, und der Schritt wär auch nothwendig fruchtlos – häufige und dringende Verwendungen habens endlich dahin gebracht, daß man uns hier Orts Arrest gegeben hat, statt des ungesunden, fürchterlichen, unverdienten Gefängnißes in Königstein – Wie man diese Sache zu endigen denkt, weiß ich nicht – wir haben uns jezt an unsre Regierung gewandt – was ich da erlangen kan, ist wenigstens der Beweis nicht als Geißel dienen zu können – dann kan man mich noch mit falschen Anzeigen chikaniren – hätte man mit Untersuchung angefangen, so könt ich schon ganz erlößt seyn – allein man hat vorher gestraft – um eine Erbitterung zu befriedigen, die ich mit Forster theilen muß – wenn etwa nichts zu erweisen wär. Noch hab ich kein *Faktum* erfahren, daß man mir schuld giebt, nichts wie allgemeine schändliche und absurde Gerüchte.

Mir kan nicht genügen an dieser bedingten Freyheit – ich muß *bald* vom Schauplatz abtreten können, wenn ich nicht zu Grund gehen soll. Wolte Gott, Sie wären in der Nähe, und ich könte Sie sprechen. – Ueber meine Schuld und Unschuld kan ich Ihnen nur das sagen, daß ich seit dem Jänner für alles politische Interreße taub und todt war – im Anfang schwärmte ich herzlich, und Forsters *Meinung* zog natürlich die meine mit sich fort – aber nie bin ich öffentliche noch geheime Proselytenmacherin gewesen, und in meinem Leben nicht aristokratisch zurückhaltender in meinem Umgang, als bey dieser demokratischen Zeit. Von allem, deßen man mich beschuldigt, ist *nichts* wahr. Bey der strengsten Untersuchung kan nur *eine* Unvorsichtigkeit gegen mich zeugen, von der ich noch nicht in Erfahrung bringen konte, ob man sie weiß, und die grade *nur* Mangel an Klugheit ist.

Du mußt mir auf mein Wort glauben – es ist sehr möglich, daß es das lezte ist, was ich zu Dir rede.

Huber schreibt mir noch, von Therese kein Zeichen des Lebens und der Theilnahme. Ich verachte es, jemand mein Unglück schuld zu geben, – sonst könt ich fragen – wer hat mich nach Mainz gelockt? warum blieb ich dort? – Ich denke an Therese nicht. Forster schrieb ich – er konte vielleicht noch nicht antworten. Aber mögen Sie doch alle sich nur mit sich beschäftigen.

Meine Existenz in Deutschland ist hin. Es giebt keinen Mann, von dem ich noch abhängig wär, oder ihn genug liebte um ihn schonen zu wollen. Tatter hätte mich durch etwas mehr männlichen Muth und ein entscheidendes Wort retten können – der einzige Mann, deßen Schuz ich je begehrte, versagte ihn mir. Meine sehr entschiedne instinktmäßige Neigung zur Unabhängigkeit ließ mirs nie zu, meine Gewalt über irgend einen andern nuzen zu wollen. Tatters wird sich quälen – warum konte er nur das für mich? Er wolte nicht glücklich seyn – und für mich verfloß die Zeit auch, wo Entbehrung Genuß ist. Hätte Tatter im December, wie ich ihm ängstlich über meine Zukunft schrieb, gesagt – verlaße Mainz, so hätt ich ihm gehorcht – statt deßen heißts – ich bin in Verzweiflung nichts für Dich thun zu können. Meine Geduld brach, mein Herz wurde frey, und in dieser Lage, bey solcher Bestimmungslosigkeit meinte ich nichts Beßers thun zu können, als einem Freund trübe Stunden erleichtern, und mich übrigens zu zerstreun. – Seit dem Jan. hab ich Tatter nicht geschrieben und werde es auch nicht wieder – außer in einem Fall.

Ich bin nun isoliert in der Welt, aber noch Mutter, und als solche will ich mich zu erhalten und zu retten suchen. Was mich beunruhigt und zuweilen die Fröhlichkeit meines Muthes schwächt, ist der Zustand meiner Gesundheit – und die Leiden meiner Mutter. In derselben Woche, wo ich meine Freyheit verlor, büßte Lotte ihr Leben im Kindbett ein. Die Mutter jammert, aber Lotten ist so beßer – sie war glücklich, da sie starb, und sie hätte noch viel Unheil erfahren können, wenn sie länger gelebt hätte.

Von meiner Zukunft muß ich schweigen, weil ich nicht alles, was die Gegenwart betrifft, dem Papier anvertraun kan. Schreiben Sie mir *sogleich*, wie lange Sie noch in Berlin bleiben. Sie können sich darauf verlaßen, daß Sies mit Sicherheit dürfen, und mir liegt an der Antwort. Machen Sie einen Umschlag an Hrn. Franz Wenner, in der Varrentrapp und Wennerschen Buchhandlung in Frankfurt. Ich bekam Ihren Brief vom 9ten März vor ein paar Tagen durch Huber, dem ihn Amalie geschickt hatte.

Lebe wohl. Was Du von mir hören magst, jezt da ich einem gehäßigen Publikum schmälich überantwortet bin – und was für Entschlüße ich ergreifen möge – denk, ich sey dieselbe Frau geblieben, die Du immer in mir kantest, geschaffen um nicht über die Gränzen stiller Häuslichkeit hinweg zu gehn, aber durch ein unbegreifliches Schicksaal aus meiner Sphäre gerißen, ohne die Tugenden derselben eingebüßt zu haben, ohne Abendtheurerin geworden zu seyn. Nochmals lebe wohl.

46 AN FRIEDRICH WILHELM GOTTER

Frankfurt d. 13. Jul. [1793]
Meine theuren lieben Freunde – ich bin frey durch die unabläßigen und edlen Bemühungen meines jüngsten Bruders – vielleicht wißt Ihr es schon, wenn dies zu Euch komt, aber heiße Dankbarkeit für solche Theilnahme, wie ich bey Euch fand, heißt mich den ersten Augenblick eines wiedergegebnen Lebens Euch widmen. Ohne alle Bedingungen, ohne ein Wort von Untersuchung mußte man mich entlaßen. Philipp schickte dem *König* eine gut unterstüzte Bittschrift in seinen Nahmen – der mainzische Minister Albini hatte behauptet, nur von dieser Seite würde meine Befreyung verzögert. Aber es zeigte sich wohl anders – ja die Mainzer hatten schon einmal eine Untersuchung von dorther gehindert, und fest bey der Idee beharrt, als Geißel mich zu nüzen und zu quälen. Friedrich Wilhelm hatte bis dahin geglaubt, ich sey Böhmers Frau – er gewann Intereße, und sezte es troz allen Wiedersezlichkeiten der Mainzer Minister, die sich dem Guckguck ergeben wollten, durch drey auf einander folgende Briefe an seinen Commendanten zu Frankfurt durch. Hier sind die Rescripte – wo doch wahrlich im preußischen gütiger [Sinn] und im andern bonne tournure à mauvais jeu sichtbar ist. – Was mir süß ist, ist dies alles dem braven Bruder zu verdanken, und vielleicht in dieser guten That Belohnung für ihn aufblühn

zu sehn. Sein Betragen gegen eine unglückliche Schwester hat ihm [dem König] so wohl gefallen, daß etwas für seine Beförderung im preußischen zu hoffen steht – er hat in der Dankschrift seine freywilligen Dienste in den Hospitälern der Armee angeboten.

Aber schwer ists mir geworden, die eben so ungerecht gefangengehaltne Forkel zurük laßen zu müßen – allein ich hoffe hier auch baldige Erledigung.

Du erwartest nun, meine liebe liebe Louise, Deine unglückliche Freundinn wieder aufheitern zu können – Du erwartest mich in Deinen Armen – aber das ist nicht möglich. Ich konte die lezte Zeit nicht viel schreiben – die Verhandlungen, die mich an dies Ziel brachten, sind Dir also unbekant geblieben, und noch läßt sich nicht alles entwickeln – aber der dringende Rath solcher, denen ich hiebey viel zu danken habe, ist, bis alles, was Mainz betrifft, geendigt seyn wird, mich verborgen, unter fremden Nahmen aufzuhalten, obgleich im Preußischen. Mein Bruder fordert, daß ich in der nächsten Stunde gehe – ich muß also – ich darf Gotha nicht berühren, und ich brannte vor Begierde euch wenigstens auf kurze Zeit zu sehn – denn Erholung in tiefer Stille hat meine Gesundheit und meine Seele nöthig, und in so fern ist mir jenes Muß lieb. Ich schreibe bald wieder. Sprecht nicht von mir – laßt niemand rathen, in welcher Gegend der Welt ich seyn könte, als Wilhelmine und Mutter Schläger – ja, nicht einmal, daß ich verborgen seyn will. Vors erste heißt es nun, daß ich darüber mit meinen Verwandten erst zu Rath gehe, Gott segne Euch.

Lieber Gotter – ich danke Ihnen jezt noch einmal wörtlich, wie ich im Stillen Ihnen lebenslang für Ihre Freundschaft danken werde.

47 AN FRIEDRICH LUDWIG WILHELM MEYER

[Leipzig] 30. Juli 1793

Sie wißen nicht, welch eine Wirkung Ihr Brief vom 26. Juli auf mich haben muste, vielleicht ahnden Sie es um etwas deutlicher seit meinem lezten. Ihr Rath raubt mir die einzige Zuflucht, die ich mir bestimt dachte. Ich habe mich gehütet Ihnen in der ersten Stunde zu antworten, nicht als wäre *eine* unwillige Bewegung gegen *Sie* in mir gewesen – aber ich fürchtete mich meiner ganzen Bestürzung zu überlaßen und Sie damit zu bestürmen. Ich will ruhig seyn, so viel ich vermag – bedenken Sie nur, daß ich von allen Seiten angegriffen bin, von denen ein Weib leiden kan. Von einer Kleinigkeit, von einer Thorheit, über die ein Mann, der die Welt kent, die Achseln zuckt, ist hier nicht die Rede – so wenig wie von einer unedlen herabwürdigenden That – sondern von einem Unglück, über welches ich mir in *einer* Rücksicht bittre Vorwürfe zu machen habe, das ich aber zu sehr büße, als daß fremde mich rühren könten. Von Ihnen erwartete ich, daß Sie es ansehn würden, wie ich selbst, da ich mich nicht mit Entschuldigungen verzärtele, allein der Rettung werth halte. – Ich habe vergeßen, was ich meinem Kinde schuldig war – ich habe in einer gespannten Lage meines Gemüths aus leichtsinniger Kühnheit mich hingegeben, und die Folgen rächen sich in dem Nahmen, gegen den ich sündigte. Jezt übersehn Sie die Leiden der vergangnen Monate. Als ich Mainz verließ, war ich unbekant mit meiner Lage, und entdeckte sie in – [Königstein], damals kont ich doch noch mehr Muth haben wie jezt – ich hatte mir eine bestimmte Zeit gesezt; wurde ich innerhalb dieser nicht gerettet, so hätte ich zu leben aufgehört, denn meinem armen Kinde war es ja beßer ganz Waise zu seyn, als eine entehrte Mutter zu haben. Die Mittel dazu waren durch die Hülfe eines Freundes, den ich von der Nothwendigkeit überzeugt hatte, in meinen Händen – sie sollten mir nur im äußersten Fall dienen – ich würde also erst Flucht versucht haben – um mir im Leben oder im Sterben beyzustehn kam er zu mir – wenig Tage nachher wurde ich frey, und er begleitete mich hierher. Weiter kont er nicht, weil sein Dienst ihn zurück forderte – ich wollte nicht jenes Land zu meinem Zufluchtsort wählen, weil mich die Theurung und das Clima schreckten. In Berlin dachte ich Hülfe jeder Art, Geheimniß und einen Mann zu finden, deßen Kopf den meinigen in Zeiten beschäftigt hätte, wo ich mich nicht mit ihm allein trauen kan – einen Mann, auf deßen menschliches Gefühl und Rechtschaffenheit ich rechnen konte. Zugleich hätte dieser Aufenthalt meinen Verwandten mehr Beruhigung wie einer außerhalb Deutschland gewährt, und an politischem Schuz zweifelte ich nicht – oder glaubte vielmehr daran nicht weiter denken zu dürfen, weil der König sich meiner bestimmt angenommen hat, weil Menschen, auf deren Wort er es that, mir den Rath gaben, am ersten nach Berlin zu gehen, weil, wenn ich auf meinem Namen da erscheinen wollte, ich die schüzendsten Empfelungsschreiben hätte bekommen können, weil mein Bruder als freywilliger Arzt in preußischen Diensten steht, und hoffentlich ordentlich angesezt wird – und endlich der Paß des Commendanten in Frankfurt mich vors erste auch in Berlin sicher stellen muste. Ich muß Ihnen sagen, dürfte ich meinen Nahmen führen, so würden mich alle diese Umstände noch gegen Ihren Rath bestimmen, dem ich jezt wohl folgen muß, wenn Sie dabey beharren. Vielleicht ändert sich aber Ihre Ansicht, ich will Ihre Antwort hier abwarten. – Ist denn Berlin nicht groß genug um ein Weib zu verbergen? Ich will von der Idee abgehn auf dem Lande zu seyn. – Läßt sich denn nicht ein Zimmer haben, wo sich eine Frau mit einem Kinde einmiethet, etwas Aufwartung von den Leuten im Haus hat, und übrigens unbemerkt wie tausend andre existirt! Was man von mir sähe, würde keinen Verdacht gegen mich erregen, und mein Ansehn auch nicht. Außer Ihnen besuchte mich niemand – das geschähe nicht täglich – und möchte man davon denken, was man wollte. Für das weitere hätte ich nun Nachrichten von Ihnen gehoft. Gäb es Anstalten, so gut, wie die in Göttingen jezt ist, so hätte ich diese genüzt, und vorher dafür gesorgt, das arme Geschöpf gleich bey einer guten Bauerfrau unterbringen zu können. Wenn meine zerrüttete Gesundheit unterlag, so brachten Sie Augusten nach Gotha, und richteten meine übrigen Aufträge aus. Wenn ich es überlebte, so verließ ich dann Berlin um dahin zu gehn, wohin ich anfangs wollte – denn indessen waren alle Verhandlungen [Lücke] betreffend vermuthlich geendigt, und ich brauchte mich um meiner Sicherheit wegen nicht weiter zu verbergen, wie ich es jezt glauben mache, und als Vorwand die einzige Unvorsichtigkeit, die ich wirklich in politischem Betracht beging, angegeben habe. Was hab ich zu thun, wenn das alles fehlschlägt? Gotter kent mich – er *ist* diskret – ich habe seine und seiner ganzen Familie Theilnehmung in einem Grade, die meine herzlichste Dankbarkeit auffordert, aber kan ich mich ihm ganz vertraun? Er rieht mir hier den Aufenthalt auf dem Lande ab, denn in der Nähe dieser Stadt ist das Land im Sommer ärger wie die Stadt – man erregt dort mehr Neugierde. Die Befehle sind übrigens so streng, daß man Mauvillon, weil er Mirabeaus Freund war, nicht dulden will, ob er gleich Officier in Diensten des Herzogs von Braunschweig ist. – Bis zur Meße, noch zwei Monat, kan ich in diesem Haus nicht bleiben – man müste mich längst entdeckt haben, wenn man mich je vorher gesehn hätte. Bleiben Sie dabey mir Berlin zu misrathen, so muß ich darauf dringen, daß Göschen mir auf dem Lande einen Aufenthalt verschaft – ich muß ihm etwa daßelbe sagn, was ich meiner Mutter vorwandte, und Sie holen mich dann nach Erledigung Ihres Engagements ab, um, wo wirs dann für gut finden, bis zu Ende Nov. oder Anfang Dec. zu bleiben. Sie sehn, daß ich kein Mistrauen gegen Sie gefaßt habe, und thaten Unrecht sich so stark dagegen zu verwahren. Die Ueberzeugung hab ich einmal, daß Sie ein ehrlicher Mann sind, der eine ernste Sache ernst behandeln kan. Es kan seyn, daß ich daßelbe Zutraun hätte, wenn Sie es auch weniger verdienten, denn Argwohn kan mein Talent nicht seyn, so lange ich aus der Erfahrung meines Herzens weiß, daß Redlichkeit eine mögliche Sache ist. Soll ich jederman für weniger gut halten wie mich selbst? – Ich zweifle nicht daran, daß Sie einen kleinen Embarras überwinden werden um mir zu helfen. Mehr fordre ich nicht – es könte mir nicht einfallen, das Opfer eines gegebenen Worts zu begehren, und ich würde mich überhaupt scheuen Ihnen irgend etwas zu verdanken, wenn Sie mir das mindeste zu verdanken haben könten. Vielleicht ist es diese Denkart, diese unauslöschlich nothwendige Handelsweise, die in diesem Augenblick mich alles Schuzes beraubt. Mag es seyn! – Wie ich, von jederman verlaßen, mir allein nicht einmal die Möglichkeit zu sterben hätte verschaffen können, vertraute ich mich einem Mann, den ich von mir gestoßen, aufgeopfert, gekränkt, dem ich keinen Lohn mehr bieten konte, wie es wohl in der Natur meines Vertrauens lag – und er betrog mich nicht. Das sanftere Gefühl, das seine gränzenlos edle Güte in mir wieder aufweckte, ließ mich für die Hofnung aufleben, die Prüfungen, die ich nun nicht mehr gewaltsam endigen kan – dazu ists zu spät – würden erträglich vor-

übergehn. Daß aber mein Muth nicht dadurch erstickt ist, fühl ich heute, wo ich von neuem wahrnehme, daß die Vernachläßigung einer heiligen Pflicht jeden meiner Schritte mit Mühseeligkeit bezeichnen wird. Ich zürne nicht mit Ihnen – ich verzweifle nicht. Sie werden thun was Sie können – Können Sie nichts, so wird die Hülflosigkeit selbst Rettungsmittel werden.
[Schluß fehlt.]

48 AN FRIEDRICH LUDWIG WILHELM MEYER

[Lucka] 15 August 1793
Es muste mir sehr erwünscht seyn, meinen Entschluß gefaßt und schon seit 8 Tagen ausgeführt zu haben, da ich vorgestern Ihren Brief erhielt. Ich sah ebenfalls ein, daß Göschen so viel wuste, und er und seine Frau so viel errathen konten, daß es sichrer war, mich ihnen zu vertraun. Sie sind mir so thätig und herzlich entgegengekommen, daß ich mich sehr irren müßte, wenn ich ihnen nicht zulezt wie zuerst zu danken hätte. Göschen scheint so redlich, wie er diensteifrig ist, und sie ist gewiß ein gutes, aus Güte wirkendes [?] Weib. Ich bin durch seine Vermittlung in einem kleinen Grabesstillen Landstädtchen 3 Meilen von Leipzig im Altenburgischen gelegen, im Hause eines ältlichen unverheyratheten kränklichen Arztes, der in dem Fach, worin ich ihn brauche, geschickt seyn soll, und mehrmals Kranke bey sich beherbergt. Göschen kante den Mann vorher nicht – er gab mich für seine Stiefschwester, Verwandte zu versöhnen, der Mann noch nicht im Stande eine Heyrath zu erklären u. s. w. Ich überließ ihm die Fabel. Ihre Rathschläge sind so vortreflich, daß sich der Marchese von G[rosse] ihrer freun, und so vernünftig, daß ich sie befolgt haben würde, wenns nicht zu spät gewesen wär, und ich überhaupt anders als in einen Anfall von Muthwillen Lügen an den Mann zu bringen wüßte. Ich habe nichts gesagt, als es müste jezt Geheimniß bleiben, weil ich mich mit meiner Familie entzweyen, sie betrüben, weil die Welt in der Stimmung, in welche sie meine Gefangenhaltung versezt, die Wahrheit selbst nicht gelten laßen und ich eine Pension

verlieren würde, die ich *noch* nicht aufgeben könte. Das ist denn auch sehr wahr. Göschens rathen vielleicht auf jemand, vermuthen vielleicht eine heimliche oder doch zukünftige Ehe – allein ohne *mein* Zuthun.
Für mein Kind ist gesorgt, wenn ich selbst nicht sollte sorgen können. Der Vater lebt, und verlangt es, aber wenn ich irgend vermag, so soll es *mein* bleiben. Ich habe nie geglaubt, daß Auguste durch das, was es ihr entziehn könte, verlieren würde – nur die Überzeugung hatte ich, daß die Schande, der Scandal sogar, der in der Lage, worin ich mich befand, eine Entdeckung begleiten mußte, dem Schicksaal des achtjährigen Mädchens eine nachtheilige Wendung geben, und alles, was fern und nahe theil an mir nahm, unvergeßlich bitter kränken mußte. Darum kont ich den Gedanken faßen, den ich selbst für eben so abscheulich als nothwendig innerhalb der Mauren hielt, die mich umschloßen. Ich fühle ganz, wie wenig Sie von mir wißen, wenn Sie mit einer harten Bemerkung eine Schwärmerey niederschlagen zu müßen glauben, die mir meinen Kopf und mein Herz verächtlich machen würden, wenn sie ihrer fähig wären. Meine Pflichten kenne ich, und ich hoffe, ich übe sie jezt in ihrem ganzen Umfang, indem ich gut zu machen trachte, was ich verbrochen habe, und weder Muth noch Geduld noch Freundlichkeit verliere. – Sie können mich verwunden, denn ich bin weicher wie gewöhnlich, und Sie hätten mir Gutes thun können, aber meine Faßung bleibt die nehmliche, wenn Sie auch den Ton gegen mich ändern. Ich müste nicht argwöhnisch, sondern blind seyn, wenn ich die Aenderung nicht bemerkte. Nur eine einzige Vermuthung habe ich über die Ursache – der Canzleysekretair Br. hat Ihnen geantwortet und Sie über eine Frau zurechtgewiesen, die er durch pöbelhafte Gerüchte genugsam kent. Sie haben Verdacht gefaßt, weil Sie mit dem Weltlauf bekant sind. Worte, Briefe sind *nichts*. Das ist auch mein Glaube. Seit 4 oder 5 Jahren sahn wir uns nicht, was kan seitdem aus mir geworden seyn?
So viel ist gewiß, daß wir uns von nun an misverstehn müßen, bis uns der Zufall zusammenführt. Ich glaubte lezthin, Sie vielleicht noch innerhalb der 3 nächsten Monate zu sehn, aber Sie kündigen mir ein langes Verweilen in Berlin an. Was nachher geschehn kan, ist wenigstens zweifelhaft.

Mein Bruder schreibt mir, daß er Voß einen Brief für mich, mit einem Couvert an Sie, zugeschickt hat. Er müste schon angekommen seyn – können Sie sich nicht bey Voß erkundigen? Wenn Sie ihn mir schicken, so nehmen Sie ein Couvert an G., denn seine Leute vermuthen mich in B. und würden sich über einen Brief daher wundern. Die Gothaer glauben mich bey B. auf dem Lande. So viel zur Nachricht, damit Sie mir nicht schaden, was Sie nicht wollen.

49   AN FRIEDRICH SCHLEGEL

[Lucka, Ende August 1793]
... Sie fühlen, welch ein Freund mir Wilhelm war. Alles, was ich ihm jemals geben konnte, hat er mir jezt freywillig, uneigennützig, anspruchslos vergolten, durch mehr als hülfreichen Beystand. Es hat mich mit mir ausgesöhnt, daß ich ihn mein nennen konte, ohne daß eine blinde unwiederstehliche Empfindung ihn an mich gefeßelt hielt. – Sollte es zu viel seyn, einen Mann nach seinem Betragen gegen ein Weib beurtheilen zu wollen, so scheint mir doch Wilhelm in dem, was er mir war, alles umfaßt zu haben, was man männlich und zugleich kindlich, vorurtheilslos, edel und liebenswerth heißen kan....

50   AN FRIEDRICH SCHLEGEL

[Lucka] den 11ten October [1793]
Das köstliche Wetter hat mich gestern herausgelockt, und ich bin bis an die Berndorfer Mühle gegangen – aber dafür muß ich heute im eigentlichsten Verstande kriechen; es würde selbst Ihr Mitleid zum Lachen bringen. Sonst ist alles ganz gut. Schreiben Sie denn wirklich postäglich? Sie sind die Gewißenhaftigkeit selbst – Wilhelm wird sich zulezt nichts mehr aus Ihren Nachrichten machen, die Bülletins bey Seit legen, und in der nächsten Minute so wenig davon wissen, ob wohl oder übel darin gestanden hat, als wenn

von einer alten schwindsüchtigen Hofdame die Rede wäre. Seyn Sie doch ein wenig cokett, mit dem, was Sie ihm angedeihen lassen – in meiner Seele. Denn das glauben Sie nur, wir cokettiren mit Leben und Sterben...

51 AN FRIEDRICH SCHLEGEL

[Lucka, 5. Dec. 1793]
Ich bin wohl und gehe aus dem Stübchen ins andre Haus. Julius hat die Augen hell offen – ist hübsch und ruhig. Morgen ist Bustag und ich werde wohl ein Übriges thun, und zu des Herrn Tische gehen ... Der Doktor meynt, er könnte mich nun nur noch aufs Heimweh curiren...

52 AN FRIEDRICH LUDWIG WILHELM MEYER

[Lucka] 9. Dec. [17]93
Lieber M., ich hoffe Sie sind doch nicht ohne einige Besorgnis geblieben, wie es mir möchte ergangen seyn. Es ist alles glücklich, sehr glücklich vorüber – ich bin voll Dank und Freude – sagen Sie mir nun gegen wen und worüber. So zahm sind die Menschen, daß wenn das Schicksaal ihnen recht gräslich mitgespielt hat, sie bey der ersten Erholung sich gleich einen Götzen errichten möchten, um ihm Dankopfer darzubringen. Ich will aber auch mein frohes Gefühl nicht durch solche Reflexionen entweihen. Mir ist sehr wohl. Mein Leben ist mir wieder so lieb. Die glückliche ehrenvolle Mutter kan kein reineres Entzücken fühlen, wenn sie sich ihrer Familie gerettet und sie nun vermehrt sieht, als ich, da mein Kind gebohren war und ich mich gleich wohl genug befand, um doch die Erhaltung meiner Kräfte wahren [?] zu dürfen. Ich habe jedesmal aufs kläglichste gelitten, und diesmal war der erste Anschein gar übel, die Augenblicke selbst gewaltsam, aber schnell geendet – und jezt sind die ersten Wochen vorbey, ohne die mindeste Spur von Zufällen, die ich so sehr fürchtete. Ist das nicht wunderbar und Gnade des Himmels, who did

temper the mind! Das Kind ist ausgezeichnet groß, stark, gesund – ruhig wie ein Lamm, und das ich Dir das beste zulezt verkünde – kein Mädgen. Meine erste Frage war das, sagt der Arzt. Der Zufall hatte wenig Tage vorher einen hier etablirt, der mir vortrefliche Dienste geleistet hat. Die zweite Frage soll gewesen seyn, ob er schwarze Augen hätte. Bey der Gelegenheit müßen Sie wißen, daß er mir nicht ähnlich sieht, außer etwa im Mund und Kinn – übrigens kan er mir nie ausgetauscht werden. Beßer hätte ich es nun auch nicht wünschen können, als ichs mit seinen Pflegeeltern getroffen habe. Die Leute sind dem Jungen wahrhaftig gut. Weiß ich aber, ob diese Nachrichten von dem Kind der Glut und Nacht Sie interreßiren? Und nun also! – Gut, ich hab es auch beßer gehabt, wie ich verdiene; eine sorgfältigere und liebevollere Wartung ist mir in ehemaligen Tagen nicht geworden wie jezt. O lieber M., wenn es nur dabey bleibt, daß ich meine nächsten Verwandten nicht kränke und ärgre – (noch steht alles gut) – wie gut ists, daß ich den Ausgang abgewartet habe, und wenn ich die Folge vor mir sehe – kan ich den Ursprung bereun? Eben diese brachte mich in die verzweiflungsvolle Lage, und sie ists nun, warum ich mir verzeihe. Gustel hat eine unmäsige Freude über das Kind, als müste es nur so seyn. Wer hier Schuld finden will, darf nicht in unsre Nähe kommen, nicht in dies Stübchen – hier herscht unschuldiges Vergessen alles Unrechts und aller Sünden.

Gotter hat mich wieder in sein Haus geladen – ich werde im Januar wohl hingehn, und dann wollen wir weiter sehn.

Ein paar Tage, nachdem ich Sie gesehn hatte, kam ein Brief von Theresen an, ein Manifest der Selbstherscherin der Reußen an die Republik Pohlen. Sie berichtet mir, daß sie nun seit 12 Jahren an der Existenz meines Herzens gezweifelt, und mir ein bloßes *Kunstgefühl* zugetraut hätte – das soll ihr Unrecht gegen mich erklären. Haben *Sie* darum gewußt? Mir komt das wie ein rechter *Kunstgedanke* vor. Auch wären wir Rivalinnen gewesen von Kindsbeinen an. Es will hervorleuchten, als hätte sie mich mehr für die ihrige gehalten, als ich jemals selbst mich dafür hielt, und weiß der Himmel, daß es nie Einfluß auf meine Beurtheilung und meine Liebe hatte. – Ferner hätte sie immer gar viel Böses von mir gehört. Das will nun freylich etwas sagen. Ich hab ihr geantwortet, für eine Frau von Verstand hätt ich mich mein Leben lang erbärmlich betragen, und wär also nach ihrer Vorstellung so geist wie herzlos. Eines andern sie zu überführen möchte zu spät seyn. Sie will mich wieder – was ist das nun? Ich könt Ihnen mehr aus dem Brief sagen, aber ich thu es nicht, denn Sie würden Anlaß zum Spott finden, und wir könten ihr beide Unrecht thun, was ich nicht mag.

Ich weiß durch Minchen Bertuch, daß seit dem Mai Amalie nicht mehr mit Theresen in Verbindung ist, und ein Brief, den sie jener damals schrieb, A. sehr choquirt hat, vielleicht auch mit Unrecht. Leben Sie wohl – ich habe viel geschrieben für die unbequeme Lage, in der ich mich befinde. Antworten Sie mir gleich.

53   AN FRIEDRICH LUDWIG WILHELM MEYER

Gotha d. 20. Febr. [17]94
Lange hab ichs aufgeschoben Ihnen zu schreiben, denn es sollte erst hier geschehn, und so wie ich nun die Feder hinnehme, wünscht ich, daß alles, was ich zu sagen habe, schon stände, und von Ihnen erwogen worden wär – dann könt ich mich schon Deines Mitleids trösten. Mitleid, lieber Meyer – denn unter Menschen ist die Fröhlichkeit meiner Ruhe von mir gewichen. Ich bin seit 12 Tagen hier. Die drey Familien, die Sie kennen, Gotter, Schläger und Bertuch nahmen mich sehr freundschaftlich auf, aber die Stimme aller Uebrigen ist wieder mich, und so viel ich noch urtheilen kan, in einem Grade, den Sie, der Sie diesen Ort beßer wie ich kennen, nicht erwartet haben. Ich habe niemand besucht von der Menge meiner Bekanten – niemand gesehn, denn die acht Tage über, da ich in Gotters Haus war, vermied man es. Das politische Urtheil, das hier so schneidend ist, wie an irgend einem Ort, gilt als Vorwand, um sich erklärt von mir zu wenden. Für meine Freunde selbst bleibt so vieles im Dunkeln, daß sie vielleicht bald den Muth verlieren, für mich zu streiten. Die Verschuldungen meiner ehemaligen Freunde, die Fehltritte, zu denen

ich hingerißen wurde, ja meine Tugenden selbst haben sich gegen mich verschworen – der wunderbare Zufall so gut wie die natürliche Folge meiner Handlungen drückt mich nieder – und ich kan nicht verlangen, daß es anders seyn soll. Wer kent mich, wie ich bin – wer kan mich kennen! Man hält mich für ein verworfnes Geschöpf, und meint, es sey verdienstlich, mich vollends zu Boden zu treten. Die Verwünschungen, die über Therese ausgesprochen werden, treffen mich mit. Um diese Situation zu überwinden, müßt ich wahrhaftig eine Zauberinn seyn – die Natur war wohlthätig gegen mich – sie rettete mir Leben und Gesundheit, und erquickte mich mit süßen Freuden – o hätte ich in meiner Einsamkeit bleiben können! Wißen Sie keine Hütte für mich? Ich bin ja ausgestoßen und muß wenigstens ins Freye blicken können – in einen Spiegel, der mich nicht entstellt zurückwirft. Ich fürchte, der Schritt war falsch, unter bekante Menschen zu gehn. Zwar will ich nicht zu früh urtheilen – vielleicht kan ich auch dies noch durch Sanftheit besiegen – die Gefahr lauf ich nicht, es durch Erniedrigung zu thun. Du wirst mich nicht für muthlos halten, weil ich lebhaft gerührt bin – Du kanst nicht von mir erwartet haben, daß ich mit gemachten Heldenmuth dieser Art von Leiden trozen sollte – so wenig als daß es mich mit mir selbst sollte uneins machen. Der gewöhnten Achtung entbehren ist das härteste – ich habe Genügsamkeit, die mich jede Einschränkung tragen lehrt – ich bedarf den Umgang und die Liebe der Menge nicht – aber kan ich gleichgültig bleiben, wenn meine Freunde in Verlegenheit durch meine Gegenwart gerathen? Dürft ich dann nur noch frey bekennen – es *ist* so, und meine Vertheidigung aus vollen Herzen ohne Lüge führen. Tröste mich, wenn Du kanst. Gotters sind sehr edel gegen mich, aber Du weißt, sein Schuz hilft mir nicht. Die gute Mutter Schläger hält man vermuthlich für verblendet – sie hängt mit mehr wie mütterlicher Liebe an mir. Ich werde mit Fragen gequält, zu denen die Frager gedrängt werden, weil sie gern andern möchten antworten können. Die Hofnung, von hier aus die Familie des Vaters meiner Tochter zu versöhnen und das Bild, was man sich von mir macht, durch mich selbst auszulöschen, führte mich her. Wenn man mich aber nicht einmal sehn will – so weidet man sich nur an meiner Verbannung.

Was Sie mir wegen Augusten schrieben, war längst meine Sorge, aber die glücklichen Anlagen des Kindes besiegen alle Schwierigkeiten. Da ist keine Spur von Heimlichkeit oder Verstocktheit, und doch bin ich überzeugt – sie wird mich nie verrathen. Blos die Gewohnheit nicht zu plaudern, die Anhänglichkeit an ihre Mutter, die Furcht mir zu schaden, läßt auch die Versuchung nicht bey ihr aufkommen, ein Wort von dem zu sagen, was ich ihr ganz einfach zu sagen verbiete, ohne je Drohung oder Verheißung hinzuzusetzen, oder selbst ängstlich zu scheinen. Wenn wir allein sind, sprechen wir von ihren Bruder, den ich sehr sehr wohl, schön und lebendig verlaßen habe. Auguste ist ein glückliches liebes Mädchen – sie gefällt sehr durch ihre entschloßnen und graden Antworten und das Leichte in ihrem Thun und Wesen. Ich habe sie gefragt, ob Du ihr gefielest, was Du mir auftrugst – sie hat sehr weise erwiedert: ich kenn ihn noch nicht. – Göschens in Leipzig waren außerordentlich freundlich, und aufrichtig darinn – sie wißen *alles* – aber – ich darf ja wohl sagen – sie sahen mich daneben und verziehen mir. – Louise Gotter behauptet auch, ich wär noch die alte C. so vor 16 Jahren und vor zweyen. Mich freut das – ich bin also gewiß nicht verdorben. Wie fandest Du mich denn? Aber was hilft mirs? Bei Forsters Tod, den ich am lezten Tag meines einsamen Aufenthalts erfuhr, war mir – als hätt ich ein Kind in den Schlaf gewiegt. Er hat mir wenig Wochen vor seinem Tod geschrieben – unter andern: ich habe den Schlag verziehn, der mich so schrecklich um allen Genuß bringt, daß er mir auch die Errinnerung an die Vergangenheit vergiftet – die letzten Worte waren: so mag denn des Leidens bis zur Auflösung kein Ende seyn. Von Hubers hab ich seit dem keine Briefe. Therese hat mich mit Rath überschüttet. Du kanst ruhig meinetwegen seyn – Von dem Einfluß *dieses* Sternes bin ich entzaubert – und was meine Meinung über Dich betrift, so hab ich mich darinn, wie in der über andre, nur immer von eignen Gefühl leiten laßen. Warum bist Du nicht hier! Wegen Berlin schreib ich künftig mehr. Göschen rieth mir dazu, wolte mir auch Empfelungen geben.

Daß ich Amalien nicht sehn würde, wenigstens vors erste nicht, wußt ich vorher – ich kan Dir aber sagen, daß sie gut von Dir denkt, und Dich wohl gern sehn würde – aber

dann werd ich in so fern doch eifersüchtig werden, daß ich in *der* Zeit Dich nicht sehe. Sie und die Ettinger haben bey Mariannen viel Böses über mich eingesammelt. Schreib mir gleich – die Stimme des Freundes wird mir Wohllaut seyn. Dies republikanische *Du* ist übrigens um so wunderbarer, da Du mündlich vermuthlich zu viel Ehrfurcht hast, um es zu brauchen.
Mein Bruder ist 2ter Feldarzt der hannöverschen Truppen geworden. – Was ich über die *Erlösung* zu sagen hätte, will hier nicht mehr Plaz finden – so viel – sie ist zum Entzükken schön geschrieben, aber warum mußtest Du etwas Allegorisches schreiben?

54 AN FRIEDRICH SCHLEGEL

[Braunschweig, Juni 1795?]
[Anfang fehlt.]
... fiel dann ein, daß Sie, der Sie doch aus der Schule sind, durchaus müßen das Schöne nicht aus dem moralischen Gebiet verbannt haben – wie könten Sie ihm sonst seine Gränzen im Genuß der Liebe bezeichnen? Darüber geben Sie mir doch Waffen in die Hand, durch die ich meinen angebeteten Gegner auf eignen Grund und Boden niederwerfen kan.
Friz, es giebt 2 Bücher, die Sie lesen müßen, und das Eine derselben knüpft sich in meiner Errinnerung an die Materie vom Wißen an. Das ist Condorcet. Er gehört in Ihr Fach – indem Sie die Stuffe der Cultur eines Volkes, und den Werth dieser Cultur, gegen den Begriff, den wir von frühster menschlicher Vollkommenheit haben können, gehalten, bestimmen wollen. Von Ihrer einzelnen großen Umschwingung weiß Condorcet nichts – aber von den Schwingungen ins Unendliche mehr, wie wir beyde je davon geträumt haben. Er legt sehr großen Accent aufs Wißen – durch Erkentniß baut er uns Brücken in die himmlischen Gefilde. So sehr ich nun selbst jezt das Nöthige und Erfreuliche deßelben einsehe, so kan ich mich denn doch in meiner Dehmuth – wie die Dehmühtigsten oft die Stolzesten sind – nicht enthalten, zu meinen, daß dem, der den kunst-

reichern Instinkt des Brückenbauens entbehrt, der einfache Instinkt des Fliegens gegeben ist, durch welchen die Lerche an einem schönen Morgen hoch in den Lüften schwebt. Das Gleichniß vom Adler, der zur Sonne dringt, war mir hier doch zu prächtig. Condorcet schreibt mit großen Ansichten, aber vielleicht war sein Geist doch nicht ganz frey – nicht als feßelte ihn der Druck der Lage – ich sehe ein andres Stück Feßeln, und er hält sie für ein Ausmeßungswerkzeug und paßt sie an alles an – mit einem Wort – er wendet die Mathematik und die Berechnung nicht nur auf das Sinnliche, sondern auch auf das Unsinnliche an, das sie erzeugte. Sie werden sehn, wie flüchtig er die Sittlichkeit des Menschen berührt, und wie sie sich aus den Zahlen, als Zahl ergeben soll, und nicht einmal für die Summe der Rechnung gehalten wird. Und wir haben sie doch nicht zu suchen unter den Himmelscörpern, wohin die Leiter der Zahlen reicht – sie ist nicht dort – sie ist hier – ja das Gefühl, mit dem wir von jener Betrachtung anbetend zurückkehren, ist es nicht, worin sie vorzüglich liegt. Die Verhältniße zum Menschen sind dem Menschen wichtiger wie die zum Schöpfer, und mir hat es sogar oft geschienen, als hingen sie nur schwach zusammen. Freylich deutet das darauf hin, wie viel Stuffen wir noch zu durchwandern haben, wozu uns denn die Ewigkeit ihre Zeit gönnen wird. Nur auf der Erde, fürcht ich, ist unser Loos begränzt – und der Mangel, den ich im Condorcet, in eines Menschen Übersicht der Menschheit fühle, mahnt mich sehr an die Unvollkommenheit, welche er im Bilde mir entrücken möchte – wenn es auch nicht der Blick auf das Nächste thäte – auf alle die Vorurtheile, die er in *seinem* Zirkel weniger sah, da er unter den geistreichsten Menschen einer geistreichen Nation in ihrem gespanntesten Moment lebte – auf den bösen Willen, auf die Plattheit, über welche sich immer nur so wenige Einzelne erheben.

Daß Sie mir nicht versäumen dies und die Werke eines gewißen *Fulda* zu lesen, der ein Magister mit recht ächten originellen Menschengefühl gewesen seyn muß. Manches an ihm hat uns an Sie errinret.

[Bogenende.]

55 An Friedrich Schlegel

[Braunschweig, August? 1795]

[Anfang fehlt.]

... mit Klarheit und Wärme, ohne Heftigkeit und doch fortreißend zu reden. Darinn ist er [Wilhelm] verändert, daß er die französische Sprache den übrigen vorzieht, daß sie ihn fortreißt, und daß er allerliebste französische Briefe schreibt, die ich denn doch nicht mit den deutschen, die er mir geschrieben, eintauschen möchte. Auch denkt er etwas anders über meine Freunde, die Republikaner, und ist gar nicht mehr Aristokrat. Seine Partheylosigkeit über diesen Gegenstand ist ein Reiz mehr seiner Unterhaltung. Ach ich werde ihm noch Leidenschaftlosigkeit ablernen – und dann ist meine Erziehung vollendet.

Wahrlich, lieber Friz, ich werde zulezt wohl auf die Idee gerathen *mich* zu bilden und zu meistern, um alles was da geschieht ruhig mit ansehn zu können. Sie werden es kaum glauben, daß ich in diesem Betracht aus dem Aufsaz über den französischen Nationalcharakter Nuzanwendungen gezogen habe. Diesen Aufsaz, den Wilhelm unreif nennt, in welchen er Ursache und Wirkung mit einander verwechselt und die Thatsachen selbst nicht treu dargestellt findet. Mir fiel die Richtigkeit *der* Ansicht auf, daß Leidenschaft, aus welcher die höchste Kraft und Genuß hervorgehn, gemäßigt und abgeleitet werden muß, um Tugend und Glück zu erzeugen. Ist es nicht so, daß der wesentliche Unterschied zwischen Ihren alten Griechen und meinen Neufranken in dem Grade der Leidenschaft besteht? Geben Sie diesen etwas weniger heißes Blut, so müsten alle Völker der Erde sie beneiden und lieben. Woher komt es ihnen aber und wie sollen sie es vertilgen? Das Clima und seine Produkte bleiben dieselben – die Phantasie hat eine Richtung genommen, welche die Revolution noch nicht dadurch anders gelenkt hat, daß sie ihr andre Begriffe unterschob. Mir scheint sie mehr durch den Zufall verstimt zu seyn, der Gallien einem Eroberer unterwarf, als durch jeden sonstigen Einfluß. Früh legte ihnen dies ein Joch auf, das sie mit Glanz zu bekleiden...

[Schluß fehlt.]

56 Friedrich Schlegel an Caroline

Dreßden den 2ten Oktober [1795]
Mein Manuscript ist zwar noch nicht fort, doch muß ich mein Gelübde brechen, weil Ihr Brief es mir unmöglich macht es zu halten. Ich kann es auch mit gutem Gewissen; denn ich bin sehr weit, und heute ist das Mscr. ohnehin bey Körner, der einmal wieder ungeschickt ist, weil ich Schiller nicht genug gelobt habe. – Ich härmte und grämte mich schon über Ihr Stillschweigen. Ich dachte, ich wäre Ihnen zu rauh, und [Sie] hätten Sich entschlossen es bey einem Schlegel bewenden zu lassen. Gestern morgen wurde ich auch zornig über Eure Nachläßigkeit, denn von ohngefähr fielen mir meine Gränzen gedruckt in die Hände. Ich dachte mir schon, ich würde Verdrießlichkeit haben und mich prostituiren, wenn Ihr es noch einmal drucken ließt. Da kam Ihr Brief und machte mir eine doppelte Ueberraschung. – Ich bin sehr entzückt von Ihrer Güte, aber nun sagen Sie mir auch, warum Sie mir so wohl wollen? Ich weiß es wahrhaftig nicht. Vielleicht würde sichs aufklären, wenn ich bey Euch wäre. Der grosse Schulmeister des Universums könnte mich dann in die Lehre nehmen, und mich die Kunst richtig zu schreiben und vollkommen zu lieben lehren. Ich meyne seine süßen Verbindungen –
Doch ehe ich ins Schwätzen komme, zuvor das Langweilige, und das Nützliche.
Ich danke Euch für die Bereitwilligkeit mir einen Verleger zu schaffen. Eine Brochüre, die eben in Paris die Presse verlassen hat, kann ich unmöglich schon gesehn haben.
Im Journal de Paris nro 341. steht eine weitläuftige Rezension des Essai sur la vie de Barthelemy par Mancini. 69 p. 8° chez Debûre l'ainée rûe Serpente nro 6.
Was ich leisten will, habe ich schon geschrieben. Ich verlange
1. Das französische Exemplar frey. Diß muß eiligst verschrieben werden.
2. 1 Ldr. Honorar für den Bogen.
3. 8 Frey-Exemplare.
Die beyden lezten Artikel können Sie nach Gutdünken modifiziren.
Entweder behalten Sie sich, wenn er einwilligt, vor die

letzte entscheidende Antwort von mir erst zu geben, wenn Sie mir geschrieben: oder wenn es Ihnen so gut scheint, akzeptiren Sie sogleich, und schreiben *sogleich* an Göschen, daß Sie es gethan. Denn dieser hat für mich bey jemand gefragt. Da er es nicht selbst ist, so bin ich für das letzte, wenn der Mann gut und bereit ist. Die Brochüre braucht nicht gerade in der Messe zu erscheinen. Wenn ich das französische Exemplar in der Mitte des Novembers habe, so kann das vollständige Mscr. vor Ende Dezembers in den Händen des Verlegers seyn.
Ich wohne im Schooß Abrahams, d. h. bey meiner Schwester. Ich habe alle mögliche Ursache, dankbar gegen sie zu seyn, und wenn kein unverhofftes Unglück begegnet, so kann ich den Winter ruhiger und froher arbeiten als je.
Ich habe mir gestern die Hand fast lahm geschrieben an Mscr. und heute muß ich noch eben so viel schreiben. Ich fühle in vollem Ernst Schmerz in der Hand, wenn ich den ganzen Tag geschrieben. Das wird noch eine Zeit lang anhalten. Uebermorgen geht die erste Sendung fort: dann alle acht Tage die Fortsetzung. In drey Wochen wird es zuverläßig weit über ein Alphabet betragen. Sie müssen mir also im voraus verzeihen, wenn ich Ihre interessanten Briefe fürs erste nicht mehr beantworte als ich kann.
Von meiner Oekonomie kann ich noch gar nichts sagen. Es kommt alles auf Michaelis an.
Noch ein Wort über den Buchhändler. Ist er es zufrieden, so läßt er gleich eine Ankündigung in der Litteratur Zeitung mit meinem Namen einrücken.
Die Hoffnung den liebenswürdigen Schulmeister zu sehen ist entzückend. Auch Charlotte freut sich sehr darauf. Für sein Arrangement hier darf er unbesorgt seyn. Wenn er hat bey mir wohnen wollen können, so wird er es noch eher bey Ernsts, wo er nur nicht gar zu viel Raum fordern darf, doch so viel als für seine Bedürfnisse, so weit ich und Charlotte sie überlegen können, hinreicht. Einen eignen Tisch für die süßen Verbindungen, ich meyne zum Briefschreiben, findet er auch. Wir wünschen bald das Nähere zu wißen, recht sehr bald. Er wird doch nicht über Leipzig gehn? Dieß wäre mir sehr unlieb.
Geben Sie mir doch auch nur einige Nachricht über Euer Amerikanisches Projekt. Ist es ein Landeigenthum, ein öf-

fentliches Amt, oder eine Privatverbindung, was Ihr vorhabt? – Das war doch hoffentlich nur eine flüchtige Phantasie, daß Ihr, um zwey Müttern zu entfliehn, Euch dem Revolutions Riesen in den Rachen stürzen wolltet? Wer über den Rhein gegangen, dem ist die Rückkehr doch wenigstens sehr beschränkt. Auch könnte der Riese leicht einmal wieder Krämpfe bekommen, nach Hubers Ausdruck *zusammenfließen*, und Ihr dabey eben in die Presse kommen. Schreiben Sie mir nur ganz kurz, wie Sie vom deux tiers denken, ob ministeriell oder oppositionell?
Auch schreiben Sie mir, wie sich Ihre Mutter aufführt. Heitzt Ihr nur recht ein, wenn Sie's verdient.
Was nun folgt, ist für Ihren Gott, selbstständige Diotima. Ich habe nicht Zeit ihm besseres zu geben. Es sind mehr Warnungen wieder falsche Vorstellungsart und Vermuthungen. Zu großen Recherchen habe ich jetzt weder Zeit noch Bücher. Was hier steht habe ich schon ohnehin auf meinem Wege gefunden.
Einige Worte über griechische Improvisatoren…
Leben Sie wohl, Selbstständige, und umarmen Sie den göttlichen Schulmeister.

Fr. Schl.

Verzeiht die Druckfehler, ich kann den Brief nicht wieder durchlesen.

VI.
Briefe aus der Zeit der Jenaer Frühromantik
1796–1800

> *„Sonderbar ist es, daß, Einmal in die Stürme einer großen Revolution verwickelt mit meinen Privatbegebenheiten, ich es gleichsam jetzt zum zweitenmal werde, denn die Bewegung in der literarischen Welt ist so stark und gährend wie damals die politische."*

57 An Luise Gotter

Jena d. 11. Jul. [17]96

Liebe Louise, ich hoffe, Du bist so glücklich wieder in Gotha angelangt, wie wir in Jena. Nachmittags warst Du sicher im Park, nur daß es der verwaiseten Mutter nicht halb so viel Freude machte, als wenn sie eins ihrer Schäfchen bey sich gehabt. Daß Du nicht mit her kamst, war doch gut, denn zu Anfang ging alles drunter und drüber, doch kamen wir sämtlich die Nacht noch zur Ruhe, und es macht sich nun schon alles. Das Haus ist klein, aber recht artig. Nur in Einem Stück hat Schlegel mich betrogen – hintergangen! Er schrieb von weißen Vorhängen. Die Wahrheit ist, daß kleine graue Läpchen vor den Fenstern hängen. Da mußt Du mir gleich helfen, meine Liebe Gute. ... Ich kan diesen Gräuel nicht mit ansehn. Auch hab ich meinen Thee bey Dir gelaßen. Darüber hat S. sehr geschmält, und ich habe gestern, da Hufelands zu mir kamen, bey der Schiller Thee borgen müßen. Schick mir den auch mit ... Vorgestern nach Tisch gingen wir zu Schillers, denn an demselbigen Abend wars nicht mehr möglich. Ich hatte mir alles grade so gedacht, wie es war – nur schöner fand ich Schillern, und sein Knabe ist prächtig. Eben gingen wir hin, da kam man uns mit der Nachricht entgegen, daß sie von einen zweyten

Knaben vor einer Vierthelstunde entbunden sey. Er kam zu uns heraus und war gar freundlich und gut. Morgen, meint er, würd ich sie wieder sehn können, denn sie ist recht wohl. Das erstemal kam die Kalb hin mit der kleinen Rezia. Die Schiller hat noch glücklich ein Mädchen für mich aus Rudolstadt bekommen, das schon da war, und mir bis jezt äußerst behäglich scheint, und kochen kan. – Wir gingen von ihnen zu Hufelands, die uns wie Verwandte empfiengen. Gestern waren sie schon wieder bey uns, und luden uns auf Morgen Abend ein. Da will ich denn vorher zu der Schüz gehn. Die Voigt hat der Schiller weis gemacht, sie kennte mich. Ich weiß nichts davon.

Habe ich sonst noch etwas bey Dir gelaßen, so vorenthalte es mir nicht, ob Du mir gleich unzählig mehr Verpflichtungen mit auf den Weg gegeben. Wir danken euch noch herzlich für alles so sehr Gute und Liebe. Wann werden wir es euch nur ein wenig vergelten können? Nun geht es doch aber endlich über Stock und Block, die wir hinter uns laßen, weg, im graden Gleise, wie Ihr lange gegangen seyd, und in einem nachbarlichen dazu. Ich bin auch unbeschreiblich froh. Grüße die Deinigen und Mad. und Mlle. Schläger und Minchen.

Die Luft vertrieb mein Kopfweh. Schlegel war angst, die Felsen am Eingange möchten mich abschrecken. Aber ich achtete nichts, als das Gute und Angenehme, und bin schon mit diesem romantischen Thal ganz befreundet. Gustel lebt noch in der Errinnerung.

58   AN LUISE GOTTER

[Jena] d. 17.[–20.] Jul. [17]96
...Diesen Morgen lag ich noch im Bett, als ich ein weitläuftiges Billet von Schüz bekam, worinn wir zu einer Spazierfarth eingeladen wurden, allein das schlug ich ab.

d. 18. Jul.
Und wohl mir, daß ich es that. Ich hätte Göthen versäumt. Gestern Nachmittag da ich allein war, meldet man mir den Hrn. Geheimerath. Ohngemeldet hätte ich ihn nicht erkant, so stark ist er seit 3 Jahren geworden. Er war gar freundlich,

freute sich, mich in so angenehmen Verhältnißen zu treffen, sagte viel schönes von Schlegel, bis dieser selbst kam. Er hat mir gedroht, oft, auf seinen Weg ins Paradies, bey uns einzusprechen. Wir gingen nachher zu Schillers, und Abends in den großen hiesigen Clubb, wo er an beyden Orten war. Diesmal wird er nicht lange bleiben; er hat nur das Ende von Wilhelm Meister herüber gebracht, um mit Schiller darüber zu sprechen.

Frau von Kalb hab ich oft bey der Schiller getroffen, die fortfährt sich wohl zu befinden. Jene sagte mir mit einer leichten Wendung, daß ich sie des Morgens einmal besuchen möchte. Ich habe dies für einen Befehl gehalten und bin hingegangen. Höre – es ist doch eine Adliche, et même très fort, so artig sie ist. So viel ich durch den Adel hindurch sehn konte, scheint sie wirklich Geist zu haben. Giebt es aber vielleicht nicht mehr wie Eine Fr. von Kalb? Dieses kan ohnmöglich diejenige seyn, die bey der Esther in Thränen zerfloßen ist. Sie hat mir eben so leichthin gesagt, daß ich sie in Weimar besuchen möchte.

d. 20. Jul.

Das wird ein ordentliches Tagebuch. Ich bin gestern erbärmlich krank gewesen, darum blieb der Brief liegen. Es war am Sontag so heiß, daß ich den halben Tag in Einem Röckchen und ohne Strümpfe ging, da hab ich mich verkältet und einen geschwollnen Hals – und Fieber bekommen, so daß ich nun diesen Abend aus einer Gesellschaft bey Woltmann bleiben muß, wo Göthe ist, wenn er nicht noch gestern Abend weggeritten ist...

Auf dem großen Clubb sah ich Loders, Rath Hufelands u. s. w. Man war von allen Seiten sehr artig. Gestern besuchte uns Bötticher aus Weimar. Du kanst denken, was es da für süße Reden gab. Niethammer ist auch schon bey mir gewesen...

Sind Wiebekings schon fort? Darmstadt ist freylich nicht sicher mehr – zittert man doch hier. Lebe wohl, wohl Liebe.

59 An Julie und Karl Schlegel

[Jena, Juli 1796]

Die Bewohner der Hügel und Felsen an dem Ufer der reißenden Saale grüßen die Einwohner der Residenzstadt an den flachen Ufern der stillen Leine, und versichern, daß ihnen recht wohl zu Muth ist. Vors erste werdet Ihr auch sicher nichts anderes von uns erwarten. Ich habe Mütterchen gemeldet, auf welche Art es uns wohl geht, und bitte, ihr nur zu enträthseln, was sie in meinem Brief nicht sollte lesen können. – Göthe hat den letzten Theil des Wilh. Meister, hinter sich aufs Pferd gebunden (denn er reitet troz seiner Corpulenz wacker darauf los), in Manuscript herüber gebracht, und Schiller sagte gestern, daß er uns in den nächsten Tagen zu einer Vorlesung deßelben einladen würde. Ich wünschte, daß Sie das, ohne sich von der Stelle zu bewegen, mit anhören könnten. Es hat mir große Freude gemacht Göthen, und zwar so holdselig, wiederzusehn. Er sprach davon, wie lustig und unbefangen wir damals noch alle gewesen wären, und wie sich das nachher so plötzlich geändert habe. Fichten habe ich auf dem Clubb kennen lernen, ein kurzer untersäzziger Mann, mit feurigen Augen, sehr nachlässig gekleidet. Er hat seinen Sohn Immanuel Hartmann taufen laßen. Wir haben auch ein paar hallische Profeßoren, Beck und Gilbert, hier gehabt. Jena scheint mir ein grundgelehrtes, aber doch recht lustiges Wirthshaus zu seyn. Unter uns, die Studenten sehn immer noch etwas barbarischer wie in Göttingen aus, es komt mir vor, als hätten sie alle einen ganz verbrannten teint.

Es ist heiß gewesen in den letzten Tagen, und da hat uns Ihr Himbeeressig, mein bestes Julchen, sehr erquickt. Haben Sie nochmals vielen Dank dafür. Ich hoffe, Sie haben auch einiges Papier für sich behalten, um uns dann und wann zu schreiben.

60 An Luise Gotter

[Jena] d. 4ten September [17]96

Bisher, meine liebe Louise, hast Du Dich der Nachbarschaft nur in Comißionen zu erfreuen gehabt, aber so Gott will, wird auch eine andre Zeit kommen. Vorgestern waren

Deine Schwester und Dorette bey mir und da hab ich mirs recht lebhaft gedacht, Dein liebes Gesicht bald bey mir zu sehn. Sind wir erst in der Stadt, so verschmäh keine Gelegenheit, mir die Vorstellung wahr zu machen, denn da hab ich gleich mit auf eine Herberge für Dich gerechnet. Ganz en famille sollt Ihr freylich erst nächsten Sommer kommen, wenn jeden Tag eine andre Herrlichkeit der Gegend vorgenommen werden kan. Ihr werdet nicht so vortreflich wie bey Mad. Schüz logiren, aber das müßen wir schon auf andre Weise wieder einzubringen suchen.

Es geht mir noch immer über alle Maaßen wohl hier, und ich habe mich recht angesiedelt, mit dem Gefühl, als wenn meines Bleibens hier seyn könte. Meinem Vorsaz wenig Bekantschaften zu machen bin ich treu geblieben. Von der studierenden Jugend werd ich nichts gewahr, und ich bin wenigstens gesichert, daß sie mir die Fenster nicht einwerfen kan, da wir künftig über einen Hof hinüber wohnen. Spaziergänge nehmen wir jeden Abend vor, und die heilige Dreyzahl unsres häuslichen Zirkels hat sich in eine partie quarrée seit der Ankunft meines Schwagers verwandelt, der uns mit seinem inn und auswendig krausen Kopf viel Vergnügen macht. Für den Spätherbst bekommen wir das Weimarische Schauspiel. Göthe ist jezt wieder hier und läßt das Theater arrangiren, sonst giebt er sich diesmal viel mit Raupen ab, die er todt macht und wieder auferweckt. – Wenn Du den Allmanach siehst, so wirst Du auch sehn, wie er sich seither mit dem Todschlagen abgegeben hat. Er ist mit einer Fliegenklappe umhergegangen, und wo es zuklappte da wurde ein Epigramm. Schiller hat ihm treulich geholfen, sein Gewehr giebt keine so drollige Beute von sich, aber ist giftiger. Göthe hat eine Parodie auf den Calender der Musen und Grazien gemacht, die einem das Herz im Leibe bewegt. Es heißt die Musen und Grazien in der Mark –

> ach wie freu ich mich, mein Liebchen,
> Daß Du so natürlich bist!
> Unsre Mädchen, unsre Bübchen
> Spielen künftig auf dem Mist

so sagt er unter andern darinn.
Dein Mann ist unerbittlich gewesen? Ich werde mir darauf ein Epigramm bestellen.

Wir hatten wieder einige Gastirungen, weil zwey Schwestern, ein Bruder und eine Schwägerinn von der Hufeland aus Braunschweig ins Land rückten. Die beyden Schwestern sind noch hier, der Bruder ist weiter nach Dresden gegangen. Göthe war mit bey Hufelands. Schillers haben andre Gäste, deren ich für mein geringes Theil allenfals entübrigt wäre, das ist ihre Schwester und Schwager, ein dicker Hr. von Wohlzogen, der während der Revolution viel in Paris gewesen ist. Die Schwester ist nicht halb so natürlich wie die Schiller, und kan einem faut soit peu Langeweile machen...

61 AN LUISE GOTTER

Jena den 25ten Dec [17]96
Grade zu rechter Zeit traf gestern Dein Päckchen noch ein, liebste Seele, und Auguste und ich danken Dir herzlich für die gütige und gute Besorgung. ... Täglich und stündlich denk ich an Euch, und wäre Weimar nicht weiter von Gotha wie von hier, so hätte ich nicht geruht, bis ich von dort aus zu Euch gekommen wäre. Sey nicht ganz sicher vor einem solchen Ueberfall. Wenn ich mir ihn selbst nur als möglich vorstelle, so ists bald geschehn. Meistens scheint es mir freylich gar nicht thunlich meine 4 Wände zu verlassen. Auch nach Weimar reißte *ich* nicht sowohl, als daß die Pferde mit mir davon reißten. Nachher war ich es freylich ganz zufrieden – ohngeachtet ich wieder den Cammerherrn von Einsiedel nicht kennen gelernt. Was mag das Verhängniß dabey für schlaue Absichten haben! Am ersten Abend waren wir im Schauspiel. Wir hatten gar nicht gewußt, was gegeben werden würde, zum Glück war es nichts uninterreßanters als eine Oper, die heimliche Heyrath, italiänische Musik, von Cimarosa, die ich in Braunschweig von den Italiänern und immer sehr gern gehört hatte. Mit dem aller Welts Cicerone, dem theuren Böttiger, und seiner lieben Frau, die eben so süß und so feyerlich ist, und die Augen bis zum Weißen verkehrt, die Hände faltet und schön! schön! ruft, gingen wir hin, und Mlle. Schröder saß vor mir. Ich merkte, daß sie sich bey meinen Nachbarn nach dem fremden Gesicht erkundigte, und erkundigte mich auch,

mit einer Ahndung, daß sie es seyn könte. Da präsentirte man uns einander. Nun ging ich am 2ten Morgen drauf um 11 Uhr zu ihr, nachdem ich es ihr früh wißen laßen. Schlegel ging mit und wollte Einsiedel besuchen; der hatte eben ausgehn müßen. Abends um 5, wie wir von Göthe zurückkamen und gleich wegfahren wollten, ließ sich Einsiedel ansagen und war vielleicht schon unterwegs, aber wir auch unterwegs in den Wagen, und das ist nun die traurige Geschichte, wie sich Menschen verfehlen! Nachdem bey der Schröder die erste Steifigkeit gelenkig geredet worden war, hat sie uns, und Schlegeln noch besonders für sich, doch recht wohl gefallen. Ich habe sie sehr nach Jena eingeladen, und wenn Ihr im Sommer kommt, so wollen wir sehn, ob sie sich nicht einen Tag herüber verfügt. – Frau von Kalb habe ich auch gesehn, aber Ihr mögt sagen was Ihr wollt, sie kan am jüngsten Gericht als eine ächte Adliche bestehn, und wird so erfunden werden. Über Mangel an Artigkeit hab ich gar nicht zu klagen – allein ihr Geist – und Geist hat sie – ist doch in eine etwas schiefe verrenkte Form gegoßen. – Wer mich entzückt und fast verliebt gemacht hat, das ist Herder. Wir hatten einen Thee dort, zu welchen Wieland beschieden worden war, den ich in einer außerordentlich guten Laune gesehn haben soll, und es ist wahr, er sagte lustige Sachen, unter andern schimpfte er gegen die Schweine, deren Schöpfung er dem lieben Gott nie verzeihn könte – und die er in dem höchsten Anfall von Unwillen darüber *Antigrazien* nannte – dann über die Xenien – und über Fr. von Berlepsch, Genlis, Staal usw. Aber von mir hat er nachher gutes gesagt, ob er gleich einen argen Schnupfen von dem Abend gekriegt hatte. Er hätte auch den Hals brechen können, weil es just so glatt wurde, als sich „die ältesten Menschen" (ists nicht so der rechte Styl?) nicht errinren konten. Madam Herder habe ich mir kleiner, sanfter, weiblicher gedacht. Aber für *die* fehlgeschlagne Erwartung hat mich der Mann belohnt. Der Curländische Aczent stiehlt einen schon das Herz, und nun die Leichtigkeit und Würde zugleich in seinem ganzen Wesen, die geistreiche Anmuth in allem, was er sagt – er sagt kein Wort, das man nicht gern hörte – so hat mir denn seit langer Zeit kein Mensch gefallen, und es scheint mir sogar, daß ich mich im Eifer sehr verwirrt darüber ausgedrückt habe. Den Mittag

drauf waren wir bey Göthe, und Herder auch, wo ich bey ihm und Knebeln saß, allein ich hatte den Kopf immer nur nach Einer Seite. Göthe gab ein allerliebstes Diner, sehr nett, ohne Überladung, legte alles selbst vor, und so gewandt, daß er immer dazwischen noch Zeit fand, uns irgend ein schönes Bild mit Worten hinzustellen (er beschrieb zB. ein Bild von Fueßli aus dem *Sommernachtstraum*, wo die Elfenköniginn Zetteln mit dem Eselskopf liebkoset) oder sonst hübsche Sachen zu sagen. Beym süßen Wein zum Desert sagte ihm Schlegel grade ein Epigramm vor, das Klopstock kürzlich auf ihn gemacht, weil Göthe die deutsche Sprache verachtet hat, und darauf stießen wir alle an, jedoch nicht Klopstock zum Hohn; im Gegentheil, Göthe spach so brav, wie sichs geziemt, von ihm. Gern wär ich noch länger dageblieben, um bey Göthe nicht allein zu hören, sondern auch zu sehn, und daneben freylich auch zu hören, aber das muß auf den Sommer verspart bleiben. *Was* ich sah, paßte alles zum Besitzer – seine Umgebungen hat er sich mit dem künstlerischen Sinn geordnet, den er in alles bringt, nur nicht in seine dermalige Liebschaft, wenn die Verbindung mit der Vulpius (die ich flüchtig in der Comödie sah) so zu nennen ist. Ich sprach noch heute mit der Schillern davon, warum er sich nur nicht eine schöne Italiänerinn mitgebracht hat? Jezt thut es ihm freylich auch wohl nur weh die Vulpius zu verstoßen, und nicht wohl sie zu behalten. – Du siehst, daß wir unsre Zeit in Weimar recht gut zugebracht haben. Sollten wir einmal wieder hingehn, so will ich doch Schlegel bitten, daß er sich der Herzogin Amalie bekant machen läßt, und Einsiedel soll uns alsdenn gewiß nicht entgehn. Knebel ist seitdem hier bey uns gewesen – ein ehrlich Gemüth von einem Edelmann! – Wenn wir – oder auch ich allein – im Gasthof waren, so leistete uns Falk Gesellschaft, der Satirenschreiber, das gutmüthigste Kind von der Welt, der sich jezt in Weimar aufhält und von den Weimeranern lieb haben läßt, die immer jemand des Schlages haben müssen. Im Frühjahr war es Jean Paul Richter, in deßen Büchern Gotter gewiß nicht *Eine* Seite läse.
Ich höre, daß man die Beylage in der Hamburger Zeitung bey Euch vortreflich gefunden hat. Sie ist auch wirklich gar so übel nicht, aber es müßte freylich noch anders kommen, bis die Xenienmacher Auweh! sagen könnten. Ich glaubte

Trapp darinnen zu erkennen, aber nun wißen wir, daß Ebeling in Hamburg der Verfaßer ist, und die erste Muthmaßung hatte mich auch schon deswegen wieder verdünkt, weil Trapp nie Stollbergs Parthei, überhaupt nicht die eines Grafen und Christen genommen hätte, auch meinen Schlegel nicht mit seinem Bruder verwechselt. Von diesem lezten steht mit seinem Nahmen im Journal Deutschland ein Aufsatz über Göthe, der ihn allenfals als Panegiristen gelten laßen könte, obwohl eine vollkomne Freymüthigkeit darinn herrscht. Hingegen mein Schlegel hat nie etwas über Göthe besonders geschrieben, ob er ihn gleich im Innersten seiner Seele lieb und werth hat. Die heftigste Antwort steht im 10ten Stück Deutschland und rührt von Reichard her. Man muß sehn, was darauf erfolgt. In der Recension des Allmanachs ebendaselbst sind nur einige unglückliche Verstöße begangen, nehmlich man hat alles auf Schiller gemünzt, und die Epigramme auf Reichard rühren von Göthe her, so hat auch *Göthe* das Epigramm gemacht, das sonst sehr witzig Schillern als ein *naives* Epigramm zugeschrieben wird. – Diese lezten Nachrichten amüsiren wohl Gotter oder Jacobs, wenn auch Dich nicht, liebste Louise.

Fr. von Berlepsch war eben aus Weimar abgereißt nach Dresden, um Mounier aufzusuchen, den berühmten Exdeputirten. Man behauptet, sie will ihn heyrathen.

Zum Schluß hat mein Mann eine Bitte an Deinen Mann. Ob er ihm wohl durch Rousseau die 5 lezten Jahrgänge der schönen Bibliothek zukommen laßen will, die hier nicht aufzutreiben sind, da sie bey Schütz gleich ins Burgverließ kommen. Er kennt sie fast gar nicht und bedarf sie zu einigen allgemeinen Notizen. Indeßen sagt es Jacobs nicht, sonst möchte der sich feindseeliges dabey denken. Vergiß es nur nicht, meine Beste. ...

62 An Friedrich Schiller

[Nachschrift zu A. W. Schlegels Brief vom 1. Juni 1797.]

Vergönnen Sie mir, selbst zu bestätigen, was mein Mann Ihnen in meiner Seele betheuert hat. Ich habe so wenig wie er je den entferntesten Antheil an dem Vorgefallnen genommen – ich habe die Rezension, von der jezt die Rede ist, noch bis diese Stunde nicht gesehn, und mische mich in so verwickelte Dinge nicht. Wir verehren und lieben Sie so aufrichtig, daß diese grade und feste Gesinnung uns auch auf einen graden Weg führte, wenn noch so viel anscheinende Collisionen da waren. Vergeben Sie mir, daß ich diese Versicherung jezt nicht unterdrücken kan, da Schlegel in Gefahr ist ein Glück einzubüßen, wovon ich weiß, wie sehr es ihm am Herzen liegt.

63 AN AUGUST WILHELM SCHLEGEL

[1797?]

[Anfang, 2 Blätter, fehlt.]

...gedacht? Ich habe mir so das Ganze überlegt. Kurz muß er durchaus seyn – höchstens Ein Bogen. Das Stück ist voller Leben, voller Bedeutung, aber doch auch so einfach – es sind keine Räthsel darinn zu lösen. Der Charakter des Mönchs hat Tiefe, ohne Geheimniß. Kein Heiliger, ein würdiger, sanft nachdenkender Alter, ein edel betrachtender Geist, fast erhaben in seiner vertrauten Beschäftigung mit der leblosen Natur, und äußerst anziehend, pickant (wenn Du erlauben willst) durch seine eben so genaue Bekantschaft mit dem menschlichen Herzen. Seine Kentniß deßelben ist mit einer frölichen, ja wizigen Laune gefärbt. Er hat einen schnellen Kopf, sich in den Augenblick zu finden und ihn zu nuzen, muthig in Anschlägen und Entschluß, fühlt er ihre Wichtigkeit mit menschenfreundlichen Ernst. Von seinem Orden scheint er nichts zu haben, als ein wenig Verstellungskunst und physische Furchtsamkeit – er ist frey von Herschsucht, und sezt sich ohne Bedenken aus, um etwas Gutes zu stiften, ist freymüthig und Herr seiner selbst in einer Gefahr, der er nicht mehr entrinnen kan. Es ist sonderbar zu sagen, aber es giebt nichts *liebenswürdigres* als diesen Mönch, und die erste Szene, in der er auftritt, dient dazu, uns eine achtungswürdige Gewalt in seinem Wesen fühlen zu laßen, die jenen Eindruck durch Verehrung stärkt. Er thut was die jungen Leute haben wollen, aber er scheint uns nicht ihrem Ungestüm, sondern der beynah heiligen Empfindung, der Erfahrung, von dem was Leidenschaft ist, nachzugeben. Er thut an Julien eine Forderung wie an eine Heldin, er mahnt sie zur Standhaftigkeit in der Liebe, wie an eine hohe Tugend, und scheint vorher zu wißen, daß er sich nicht in ihr betrügen wird – in der sich zur Leidenschaft schon die reine gewißenhafte – die fromme Treue der Gattin gesellt. – Julie ist nichts wie Liebe, und doch wär es unmöglich sie nur für ein glühendes Mädchen zu nehmen, das zum erstenmal erwacht, und gleichviel auf welchen Gegenstand verfällt. Diese beyden scheint wirklich ihr guter Geist sich einander zugeführt zu haben – sie treffen sich in einem Blick, und jedes nächste Wort ist wie dieser Blick. Man glaubt mit ihnen, daß hier keine Täuschung stattfinden kan. Selbst Romeos Flatterhaftigkeit giebt uns keinen Zweifel – es ist, als wär seine erste Anhänglichkeit nur ein Gesicht der Zukunft gewesen, ein Traum seiner Fantasie, ihn vorzubereiten. Und ob wir gleich an beyden nichts sehn wie ihre Leidenschaft, so zeigt sie sich doch so, daß sie auf eine edle Bestimtheit der Seele schließen läßt. Zürnt nicht mit Julien, daß sie so leicht gewonnen wird – sie weiß von keiner andern Unschuld als ohne Falsch dem mächtigen Zuge zu folgen. In Romeo kan nichts ihre Zartheit, und die feinen Forderungen eines wahrhaftig von Liebe durchdrungnen Herzens zurück scheuchen und beleidigen. Sie redet frey mit sich und ihm, sie redet nicht mit vorlauten Sinnen – sondern nur laut, was das sittsamste Wesen denken darf. Der heißen Italiänerinn verzeiht man die Lebhaftigkeit der Vorstellung. Von dem Augenblick an, da sie seine Gattin wird, ist ihr Leben an das seinige gefeßelt; sie hat den tiefsten Abscheu gegen alles, was sie abwendig machen will, und scheuet gleich die Gefahr, entweihet oder ihm entrißen zu werden. Da sie gezwungen wird sich zu verstellen, thut sie es mit Standhaftigkeit, und deswegen ohne Gewißenszweifel, weil sie ihre Eltern nach solcher Begegnung nicht sehr achten konte. Ihren Monolog halt ich für einen von Sh. Meisterzügen, die ohne Flecken sind. Erst der Schauer sich allein zu fühlen, fast schon wie im Grabe – das Ermannen – die Überlegung, der so natürliche Argwohn, und wie sie ihn heldenmüthig, mit einer Seele über alles Arge erhaben von sich weißt – größer wie der Held, der wohl nicht ohne Ostentation die Arzney austrank – –

[Schluß fehlt.]

64 AN AUGUST WILHELM SCHLEGEL

[Anfang, 2 Blätter, fehlt.]
... Geschichte schreiben, ihm ebenfalls recht wieder zu Gut kommt.
Die Hufland hat vorgestern fast die ganze Rolle der Julie aus Gotters Oper gesungen; die Musik ist sehr edel nach meinem Gefühl. In die Oper selbst ist nichts vom Geist des Originals übertragen. Die Liebenden kommen mir immer wie Julie und St. Preux darinn vor – die sich – Mad. de Stael mag es anders sagen – ein wenig nach Grundsäzen liebten. Sh. Julie ist so jung, so aufrichtig glühend. Dort haben wir eine moralische, hier eine romantische Leidenschaft. Darinn gleicht Romeo dem St. Pr., daß er seinen Schmerz nicht verhehlen und nicht bemeistern kan. Wer aber würde dieses auch von dem Jüngling fordern? Was dem Manne ziemt, weiß der Mönch wohl, aber auch, daß er in die Luft redet und nur die Amme erbauen wird, doch vergingen darüber einige Minuten, in denen sich der verzweifelnde sammeln und dann auf den reellen Trost des tröstenden horchen konte, der ihm eine Julia zusagt, wies die Philosophie nicht konte. Romeos milde Festigkeit wird bei andern Gelegenheiten sichtbar. Seine Tapferkeit sucht keinen Streit, auch ohne Liebe scheint er über den Haß hinaus zu seyn – diese läßt ihn eine Beleidigung verschmerzen. Der Tod des edlen Freundes nur wafnet seinen Arm.
Im ersten Ausbruch von beyder Verzweiflung sind unstreitig – wir mögens uns so sanft vorsagen wie wir wollen, lieber Freund – einige Sh-rische Härten und Unschönheiten – aber dagegen ist es auch wieder himmlisch, wie in dem Abschiedsauftritt die Freuden der Liebe den wilden Kummer gebrochen haben – wie wehmüthig, hofnungsvoll und unglückahndend zugleich sie aus ihnen spricht. Du wirst nicht unterlaßen zu bemerken, daß in diesem Auftritt ganz vorzüglich die poetische Schönheit mit dem einfachsten Ausdruck eines zerrißnen Gemüthes verschmolzen ist. Die erste Unterredung im Garten hat einen romantischern Schwung, aber sie hat auch eben solche Ausdrücke der innigsten Zärtlichkeit, wie sie unmittelbar dem Herzen und der von Liebe erfüllten Phantasie entschlüpfen. Romeo ist nicht mehr niedergeschlagen – Die Hofnung, die blühende

jugendliche Hofnung hat sich seiner bemächtigt – fast frölich wartet er auf Nachricht. Er nennt das selbst nachher den lezten Lebensbliz. Dergleichen Züge gehören ganz Shakesp. Ich weiß niemand, der ihm darinn ähnlich wäre – das sind solche, womit er die Seelen der Menschen umwendet. – Was Romeo nun hört, das verwandelt auch wie ein Bliz sein Inners – zwey Worte – und er ist zum Tode entschloßen, entschloßen in die Erde hinabzusteigen, die ihn kaum noch so schwebend trug.
Den nächsten Auftritt find ich sehr gut, auch nicht etwa das Ganze unterbrechend. Hier ist eine Spur vom Ton des Hamlet – der könte so geendet haben, wenn er Gift zu kaufen nöthig gehabt hätte.
Laß Romeos lezte Szene für sich selbst reden – merke nur an, wie verschieden die Todtenfeier des treuen Bräutigams von der des Geliebten ist, wie gelaßen er seine Blumen streut. Und dann, daß Romeos Edelmuth auch hier hervorbricht, wie ein Stral aus düstern Wolken, da er über dem in Unglück verbrüderten die lezten Segensworte spricht. Ich kann deswegen auch nicht fragen, war es nöthig, daß diese gute Seele hingeopfert wurde, und Romeo noch einen Menschen umbringt? Paris ist eine durchaus nothwendige Person im Stück – und eine solche, denen im Leben und Sterben wohl ist. – Von einer gewißen Oeconomie (vortreflicher) neuerer Stücke – Lessings Stücke sind so eingerichtet – wo alles überflüßig scheinende erspart wird, und auch oft Personen nur erwähnt, nicht dargestellt werden, wo jedes so genau berechnet ist, daß kein Wort wegfallen darf, ohne Nachtheil des Ganzen, wußte Sha. freylich nichts. Er war so freygebig wie die Natur, der man zuweilen auch müßige Rollen und unnöthige Begebenheiten vorwerfen möchte. – Es ist viel, daß er Rosalinden nicht erscheinen läßt, da es ihm auf einen mehr oder weniger gar nicht ankomt. – Vielleicht könte Rosalinde ganz wegfallen, ohne Schaden des Stücks. Und doch pflegt man, je tiefer man in den Gang eines Shak. Stücks eindringt, desto mehr Harmonie und Nothwendigkeit, so daß man sich zulezt nichts nehmen lassen mag, zu entdecken (Cimbelyne wird diese Freude schwerlich gewähren; es ist wenig Zusammenhang darinn, nur die Ausführung einzelner Sachen *schmelzend* schön).
Die Geschichte, die Fabel ist nicht sein eigen, heißt es oft.

Der Geist ists immer. Der rohe Plan, und der Geist, wie ich hier immer den feinern Plan nennen will, sind sehr verschieden. So wie Hamlet jezt ist, ist er Sh. eigenste Schöpfung (wie wir längst wißen). Ich bilde mir ein, es ist eher vortheilhaft für das Genie, nicht stets zugleich zu erfinden und auszuführen. Sollte nicht eben die Fremdheit des rohen Stoffs zu Schönheiten Anlaß geben, indem das weniger Zusammenhängende in dem, was der Dichter vorfindet, durch die Behandlung erst wahre Einheit gewinnt? und diese, wo sie sich mit scheinbaren Wiedersprüchen zusammen findet, bringt den wundervollen Geist hervor, dem wir immer neue Geheimniße ablocken, und nicht müde werden, ihn zu ergründen. (Wenn Ihr Euch nur versteht, *ich* begreif es recht gut). Ich entsinne mich nicht der Legende von Hamlet, aber vermuthlich war das Ende wie im Trauerspiel, daß der Zufall die Rache übernimt mehr wie Hamlet. Und wem sind wir dann den Hamlet schuldig? – Im Romeo fand Sh. weit mehr Stoff vor, und ist ihm sehr treu gefolgt, aber wie ist er sein eigen geworden. Die Charaktere helfen der Geschichte nach und bringen die lebendigste Wahrscheinlichkeit hinein. – Die Heftigkeit des Vaters, das Gemeine im Betragen beyder Eltern ist sehr anstößig, allein es rettet Julien von dem Kampf zwischen Leidenschaft und kindlicher Liebe, und von allem Tadel. Jener wäre hier gar nicht an seiner Stelle gewesen (wie er es allerdings in dem moralischen Liebeshandel der nouvelle Heloise war). Dieser bleibt nun lediglich Johnsons Strenge überlaßen (denk an die Note). Das muß ich sagen, alle Schimpfwörter des Vaters sind mir nicht so anstößig als der Mutter Wort: I would the fool were married to her grave. So was übersezt ich nun so gern weg. Ist es nur ein pöbelhaft gedankenloser Ausdruck – warum sollte mans nicht thun dürfen? Selten wird sich *solch* eine Gelegenheit zur Untreue finden. In Margarethens Munde (King Richard III.) will ich keinen Fluch unterdrücken, und auch Lady Macbeth mag sagen: ich weiß, wie süß es ist, ein Kind an eigner Brust zu tränken etc., statt – ich habe keine Kinder etc. Aber Mislaute wie jener, wo sonst alles so harmonisch ist, thun weh.
Den Merkutio und die Amme, die man auch ihrer eignen schwazhaften Zunge überlassen kann, magst Du allein behalten.

Und ob Romeo und Julie ein Trauerspiel ist, mögt Ihr beyden ausmachen.

Dienstag 19ten
Heute muß ich etwas von Dir hören. Mein guter Freund, wie läßt mich *die* Hofnung des Tages Last so leicht ertragen.
Gestern bin ich wieder mit 40 bis 50 Menschen zusammen gewesen, ohne deß froh zu werden. Nun hat der
[Schluß fehlt.]

65 FRIEDRICH SCHLEGEL AN CAROLINE

[Berlin, Nov.? 1797]
[Auszug]
Wenn ich doch nur mehr schreiben könnte, liebe Caroline! Es geschähe so gerne. – Sie müssen nicht übel nehmen, daß ich nun in dem Gedränge von Allem, was ich eigentlich schreiben wollte und sollte, jetzt immer dem den Vorzug gebe, was das Journal betrifft. – Schreiben Sie mir doch ja, alles was Sie für sich dazu zu thun denken, auch noch *ehe* Sie fixirt sind. Ich rathe Ihnen dann, so gut ichs weiß. Rathen auch Sie mir, und überlegen Sie alles, was ich von meinen Arbeiten und Projekten dafür schreibe, recht kritisch und gründlich. – Besonders aber auch das, was Wilhelm thun kann und will, befördern Sie durch Ihre Theilnahme. Wenn er meinen Vorschlag wegen der neuesten lyrischen Gedichte des Meisters eingeht: so können Sie ihm gewiß sehr viel dazu helfen. – Lassen Sie sich weder [durch] Wilhelms Treiben noch Ihre Arbeitsscheu den Gedanken verleiden, selbst Beyträge zu geben. Wenn Sie dieß aber auch nicht gleich können oder wollen, so bleibt Ihnen doch sehr viel übrig – durch Theilnahme und Rath unsern Eifer zu verdoppeln und zu berichtigen. –
Ich habe immer geglaubt, Ihre Naturform – denn ich glaube, jeder Mensch von Kraft und Geist hat seine eigenthümliche – wäre die *Rhapsodie*. Es wird Ihnen vielleicht klar, was ich damit meyne, wenn ich hinzusetze, daß ich die gediegene feste klare *Masse* für Wilhelms eigentliche Natur-

form, und *Fragmente* für die meinige halte. – Ich habe wohl auch Rhapsodien versucht und W. kann gewiß sehr gute Fragmente machen, aber ich rede nur von dem, was jedem am natürlichsten ist. Man erschwert sichs gewiß sehr, wenn man, besonders bey wenig Uebung, eine Form wählt, die Einem nicht natürlich und also nur durch große Kunst und Anstrengung erreichbar ist. – Sollten Sie jemahls einen Roman schreiben: so müßte vielleicht ein andrer den Plan machen, und wenn nicht das Ganze aus Briefen bestehn sollte, auch alles darin schreiben, was *nicht* in Briefen wäre. –
Sie können wohl *Fragmente* sprechen und auch in Briefen schreiben: aber sie sind immer grade nur in dem, was ganz individuell und also für unsern Zweck nicht brauchbar ist. – Ihre Philosophie und Ihre Fragmentheit gehn jede ihren eignen Gang. – Seyn Sie also ja vorsichtig bey der Wahl der Form, und bedenken Sie, daß *Briefe* und *Recensionen* Formen sind, die Sie ganz in der Gewalt haben. An den Briefen über Shakespears komischen Geist schreiben Sie doch auch mit, wenn der Vorschlag acceptirt wird? –
Was sich aus Ihren Briefen drucken ließe, ist viel zu rein, schön und weich, als daß ich es in Fragmente gleichsam zerbrochen, und durch die bloße Aushebung kokett *gemacht* sehn möchte. Dagegen denke ich, es würde mir nicht unmöglich seyn, aus Ihren Briefen *Eine* große philosophische Rhapsodie zu – diaskeuasiren. Was meynen Sie dazu? – Das wäre etwas für den Sommer, wenn ich wieder bey Ihnen bin: denn ich bin sehr geneigt mit Euch zu ziehn und im Sommer vollends bey Euch zu bleiben: dagegen aber auf den Winter wieder hierher zurückzukehren. – Was mir auf die Länge jetzt noch in Jena *sehr* fehlen würde, sind Bücher, die ich hier haben kann, wie ich wünsche, und die ich dort ganz entbehren muß. Wenn ich mich schon in Ruhe hinsetzen dürfte und einen meiner Romane ausführen, so wäre es etwas anders. Doch würde ich auch dabey homogene Lektüre brauchen. – Es freut mich sehr, daß Wilhelm mich wieder zu sich wünscht, und wie haben Sie glauben können, daß ich einer Einladung wiederstehen könnte, die nur (mit) meinen Wünschen entgegenkam?
Was Sie mir von Augusten schreiben, freut mich sehr. Nur das nicht, daß Sie sie nicht mitbringen wollen. – Singen kann sie hier so gut lernen, wie irgendwo. Vielleicht könnte

ich ihr Zutritt in der Faschischen Singakademie verschaffen, wo sie Vokalmusik hören würde, wie man sie selbst in Dresden gar nicht hat. So oft Ihr in Gesellschaften gingt, wo sie nicht Lust hätte, oder Sie nicht gut fänden, daß sie mitginge, könnte sie mit mir ins Theater gehn. Ich verspare das absichtlich auf die Zeit und bin seit einem Vierteljahr nicht dreymahl dringewesen. – Oder sie kann auch Griechisch mit mir lesen. – Ich bitte Sie recht sehr, es zu überlegen. Mit der Unschuld, das ist nichts. Erstlich kann Auguste Berlin sehen und unschuldig bleiben. Wenn die Unschuld aber darin besteht, daß man immer an demselben Fleck klebt: so ist Auguste, die schon so vieler Menschen Städte und Sitten gesehn hat, ein weiblicher Odysseus, nicht mehr unschuldig, und hat also nichts zu verliehren. – Im Ernst, ich dächte, es könnte ein kleiner Beytrag zu der Art von Bildung, die ihr nächst dem Beyspiel doch auch etwas der Zufall gegeben hat, und die sie so sehr von andern Mädchen ihres Alters unterscheidet, seyn, Berlin zu sehn. – Und dann, denken Sie nicht an die Trennung?
[...]

66 An Georg Joachim Göschen

Jena d. 16. Dez. 97

Liebster Freund, ich bin noch krank – aber lassen Sie uns nicht davon reden, denn ich möchte gern den Seidelbast mit Stillschweigen übergehn, der mir nun wirklich auf dem Arme liegt und zieht, nachdem er drey Tage auf die Seite meines Eigensinns getreten zu seyn und nichts wirken zu wollen schien. Auch isländisch Moos trinke ich und Ihr Celanienpulver kommt zu spät.

Wie oft ich den Morgen ans Fenster gegangen bin und dachte und hofte, Sie würden in dem schmälichen Regen, der sich gleich hinter Ihnen her ergoß, wieder umgekehrt seyn. Aber Sie sind noch eigensinniger wie ich. Wir hatten alle keine Ruhe, bis wir Sie uns doch etwa in Naumburg denken konten, und es war recht gut, daß Sie uns Nachricht gaben. Nie werden wir Sie wieder auf die Art von uns lassen.

Die bewusten Reinetten soll ich Morgen haben und denke

sie Ihnen noch vor Weinachten schicken zu können, aber Sie Böser haben gewiß Ihr Memorandum book, Ihr Herrmann und Dorotheechen verlohren, daß ich keinen Bast zum Kleide für Gusteln kriege, den ich doch ganz nothwendig haben muß. Liebste Göschen, helfen Sie mir doch ja damit – es ist das solide Stück von Gustels Weinachten. – Am Mittwoch oder heute hätte es schon kommen können, wenn Ihr Mann mit einen Gedanken sich unsrer errinret hätte.
Sag ichs nicht, daß sich alle Barone an Sie wenden? Diesen Nachmittag hat der Cammerherr Einsiedel hier gesessen und gemunkelt, daß er Ihnen gar zu gern – so mit der Zeit – seine vollständige Theorie der Schauspielkunst, die er allein ohne Jean Paul schreibt, gönnen möchte – es sollen Kupfer, aber nur skizzirte Umrisse so wie etwa die Attituden der Lady Hamilton dazu kommen? Werden Sie ihm gar keine Hoffnung machen? Er ist im Grunde zehnmal mehr werth wie Ihre andern Barone. Schlegel wird den kleinen Versuch anzeigen und hat zugleich den Auftrag von ihm den Verstoß mit Jean Paul zu erläutern. In der Michaelmesse kommt Einsiedel nach Leipzig – wenigstens deucht mich, daß er so sagte.
Ich habe von der Griesbachen keine Buchstaben gekriegt. Sie soll Ihnen zum heilgen Christ ein ganz frisches Alfabeto backen.
Leben Sie wohl, bester Freund – nehmen Sie unsre herzlichsten Grüße für sich und Ihre Lieben, komen Sie bald, bald wieder und bleiben Sie uns zugethan.

C. S.

So schadenfroh bin ich doch nicht gewesen mich über Ihr unglück zu freun, im gegentheil wir haben Sie sehr bedauert; aber eine kleine strafe ist es doch, daß Sie nicht noch länger Hier blieben, Die Gans war sehr schön. grüßen Sie indessen Ihre ganze Familie und sich selbst von Ihrer

Auguste.

Die Klopstockschen Oden, die Sie vergessen haben, hiebei.

67 NOVALIS AN CAROLINE

Freiberg, den Sonntag früh
[Juni oder Juli 1798]

Weder *kommen*, noch *schicken* hab ich können. Wer aber auch eine Natur und Welt zu bauen hat, kann wahrhaftig nicht abkommen. Auf meiner Entdeckungsreise oder Jagd bin ich, seitdem ich Sie nicht sah, auf sehr vielversprechende Küsten gestoßen, die vielleicht ein neues wissenschaftliches Continent begrenzen. Von neuen Inseln wimmelt's in diesem Meere.

Der Brief über die Antiken wird umgeschmolzen. Sie erhalten statt dessen ein romantisches Fragment – der Antikenbesuch – nebst einer archäologischen Beylage. Ich hoffe beinah mit Zuversicht auf Ihr Interesse. Mir scheint Armuth an Neuheiten wenigstens kein Fehler dieser Arbeit zu werden.

Meine Symphysik mit Friedrich betrifft meine neuste Masse allgemeiner philosophisch physiologischer Experimente vorzüglich. An die Form kann ich unter diesen Umständen noch nicht denken. Schreiben Sie ihm das. Seine Papiere soll er ehestens erhalten; wann die meinigen – verbessert, vermehrt und geordnet – das weiß ich noch nicht bestimmt zu sagen. An meinem Fleiße soll das Spät nicht liegen – eher an der Unkultur des Gegenstandes und seiner unermeßlichen Mannigfaltigkeit, die zwar um deswillen auch höchst einfach ist, aber so schwer als solche gefaßt, gehalten und nachgebildet wird. Je tiefer ich in die Untiefe von Schellings Weltseele eindringe, desto interessanter wird mir sein Kopf, der das Höchste ahndet und dem nur die reine *Wiedergebungsgabe* fehlt, die Göthe zum merkwürdigsten Physiker unsrer Zeit macht. Schelling *faßt* gut – er *hält* schon um vieles schlechter und *nachzubilden* versteht er am wenigsten.

Schreiben Sie mir nur, wie lange Sie noch in Dresden bleiben, daß ich mich mit meiner Reise darnach richte. Wann ich Ihnen etwas schicke, weiß ich ebenfalls noch nicht genau. Empfehlen Sie mich Funk, den Sie gewiß sehen werden.

Ihr Mann könnte mir eine Gefälligkeit erzeigen, wenn er beiliegende Rechnung für mich bezahlen und sich quittiren lassen wollte. Ich werde mündlich es ihm danken und die Auslagen wieder erstatten.

Empfehlen Sie mich der vortrefflichen Ernsten und William herzlich. Erzählen Sie mir von allem und von dem was Sie machen – vorzüglich. Die Madonna erhalte Sie gesund und beschütze unsre Freundschaft.

Hardenberg.

Ihr Mann könnte mir einen *großen Gefallen* erweisen. Mir sind Helmont's und Fludd's Werke sehr nöthig. Sollte nicht William sie für sich von Dasdorf auf vierzehn Tage geliehn erhalten können – und sie mir in diesem Fall sogleich überschicken? Bedenken Sie, daß die Kosmogonie dabei interessirt ist – und das ist doch nichts kleines. Schelling wird sich über meine Entdeckungen wundern und freun. Friedrichs Beifall und Sympraxis ist mir gewiß. – Friedrichs petillanter Geist hat wunderbare Mischungen und Entmischungen im physicalischen Chaos zuwege gebracht. Seine Papiere sind durchaus genialisch – voll genialischer Treffer und Fehler. Schreiben Sie ihm, mein Brief würde durchaus neu – nur wenig aus den alten Papieren. Ich hoffe, unser Briefwechsel soll wahrhafte fermenta cognitionis in Fülle begreifen und mehr als eine Lavoisier'sche Revolution entzünden. Mir ist jetzt, als säß ich im Comité du Salut public universel.

68 AN FRIEDRICH SCHLEGEL

Jena d. 14[–15.] Oct. [17]98

[Auszug]

Ich kann Ihnen heut allerley sagen, was Sie gern wissen wollen. Wilhelm blieb in Weimar zurück um Göthen zu sprechen, und der ist sehr wohl zu sprechen gewesen, in der besten Laune über das Athenäum, und ganz in der gehörigen über Ihren Wilhelm Meister, denn er hat nicht blos den Ernst, er hat auch die belobte Ironie darin gefaßt und ist doch sehr damit zufrieden und sieht der Fortsetzung freundlichst entgegen. Erst hat er gesagt, es wäre recht gut, recht charmant, und nach dieser bei ihm gebräuchlichen Art vom Wetter zu reden, hat er auch warm die Weise gebilligt, wie Sie es behandelt, daß Sie immer auf den Bau des Ganzen gegangen und sich nicht bey pathologischer Zergliederung der einzelnen Charaktere aufgehalten, dann hat er gezeigt, daß er es tüchtig gelesen, indem er viele Ausdrücke wiederholt und besonders eben die ironischen. Sie haben alle Ursache Ihr Werk zu vollenden von dieser Seite, und so thun Sie es denn doch recht bald. Er hat Wilhelm mit Grüßen für Sie beladen, und läßt vielmals um Entschuldigung bitten, wegen des Nichtschreibens, eine Sache, die wirklich aus der Geschäftigkeit des lezten Vierteljahrs, wovon nachher ein Mehreres, zu erklären ist. An W. hat er den ganzen Brief schon fertig diktirt und doch nicht abgeschickt. Auch von der griechischen Poesie hat er gesprochen; bey manchen Stellen hätte er eine mündliche Unterredung und Erläuterung dazu gewünscht, um etwa ein längeres und breiteres Licht zu erhalten. Gelesen hat er auch redlich; das kann man ihm nicht anders nachrühmen. Die Fragmente haben ihn ungemein interressirt; ihr hättet euch in Kriegsstand gesetzt, aber er hat keine einzige Einwendung dagegen gemacht; nur gemeint, es wäre eine allzu starke Ausgabe [Zusatz W. Schlegels: die Verschwendung wäre doch zu groß, war der pivot seines allgemeinen Urtheils], und es hätte sollen getheilt werden. Wilhelm hat ihm geantwortet, in Einem Strich ließe sichs freylich nicht lesen; da hat er so etwas gemurmelt, als das hätte er denn doch nicht lassen können, es wäre denn doch so anziehend –

In Weimar ist das Athenäum sehr viel gelesen. Ein gewisser Friedrich von Oertel hat sich Jean Pauls gegen Sie angenommen, es steht im Merkur [W. Schl.: im Octoberstück], noch sahn wir es nicht. Böttiger hat Wilhelm davon gesagt, er hätte es nicht wollen einrücken, aber Wieland hätte gesagt, weil es bescheiden geschrieben wäre, hätten sie keine Ursach es zu versagen. Von Carl Nicolais Unfug wusten wir noch nichts, können aber das, und auch was *Hirt* schreibt, hier bekommen, und Wilhelm hoft, der Haufen soll bald recht hoch werden. Tieks Zettel wird besorgt; hat er sich nicht zu weitläuftig heraus gelassen?

In Dessau sprachen wir einen jungen Mann, der eben aus Wien kam und da einen Brief von Böttiger an Hammer (der sich im Merkur zuweilen vernehmen läßt) gesehn, woraus er sich der Worte errinnerte: „die beiden Götterbuben, wie Wieland sie nennt" – das Übrige war irgend eine Notiz gewesen, was ihr gethan oder wo ihr euch aufhieltet, die er

vergessen hatte. Es kommt nur darauf an, ob er mehr Akzent auf das Göttliche oder Bübische gelegt.
Nun von Göthens Geschäftigkeit. Er hat das weimarische Comödienhaus inwendig durchaus umgeschaffen, und in ein freundliches glänzendes Feenschlößchen verwandelt. Es hat mir erstaunlich wohl gefallen. Ein Architekt und Dekorateur aus Studtgart ist dazu her berufen und innerhalb 13 Wochen sind Säulen, Gallerien, Balcone, Vorhang verfertigt und was nicht alles geschmückt, gemahlt, verguldet, aber in der That mit Geschmack. Die Beleuchtung ist äußerst hübsch, vermittelst eines weiten Kranzes von englischen Lampen, der in einer kleinen Kuppel schwebt, durch welche zugleich der Dunst des Hauses hinaus zieht. Göthe ist wie ein Kind so eifrig dabey gewesen, den Tag vor der Eröfnung des Theaters war er von früh bis spät Abends da, hat da gegessen und getrunken und eigenhändig mit gearbeitet. Er hat sich die gröbsten Billets und Belangungen über einige veränderte Einrichtungen und Erhöhung der Preise gefallen lassen und es eben alles mit freudigem Gemüth hingenommen, um die Sache, welche von der Theatercasse bestritten ward, zu stand zu bringen. Nun kam die Anlernung der Schauspieler dazu, um das Vorspiel ordentlich zu geben, worinn ihnen alles fremd und unerhört war. Es stellt Wallensteins Lager dar, wie Sie wissen, und ist in Reimen in Hans Sachsens Manier, voller Leben, Wirkung, Geist der Zeit und guter Einfälle. Schiller hat doch in Jahren zu Stande gebracht, was Göthe vielleicht (die Studien abgerechnet) in einem Nachmittag hätte geschrieben, und das will immer viel sagen. Er hat sich (dies komt von Wilhelm) dem Teufel ergeben, um den Realisten zu machen und sich die Sentimentalität vom Leibe zu halten. Aber genug, es ist gut, er hat alle Ehre und die andern viel Plaisir davon. Göthens Mühe war auch nicht verloren; die Gesellschaft hat exzellent gespielt, es war das vollkommenste Ensemble und keine Unordnung in dem Getümmel. Für das Auge nahm es sich ebenfals treflich aus. Die Kostume, können Sie denken, waren sorgfältig zusammen getragen, und contrastirten wieder unter einander sehr artig. Zum Prolog war eine neue, sehr schöne Dekoration. – Bey der Umwandlung des Hauses war Schillers Käfig weggefallen, so daß er sich auf dem offnen Balkon präsentiren muste, an-

fangs neben Göthe, dann neben der herzoglichen Loge. Wir waren im Parket, das denselben Preis mit dem Balkon hat, wo wir auch hätten hingehn können, aber lieber die bekannten Stellen wählten. – Die Korsen und Kotzebue gingen vorher. Bey dem Vorspiel hat man mehr gelacht und applaudirt. Der Schauspieler bringt überhaupt eine ganz andre, lebhaftere, materiellere Begeisterung hervor als der Dichter, aber hier konnte doch auch die im Allgemeinen geringe Liebe für diesen und selbst seine Gegenwart mitwürken, abgerechnet, daß man das Ding fremd finden muste, und obendrein auch soll zu lang gefunden haben.

Piccolomini wird wohl im Dezember, ebenso, gleichsam auf die Probe gespielt werden, wo man sich mit unsern Schauspielern behilft. Göthe meint, der alte Piccolomini (denn Vater und Sohn sind darin), das würde eine Rolle für Iffland seyn. Auf Schröder rechnet man schon. – Göthe ist heute wiederum hier angelangt, um nun weiter den vergangnen Effect des Vorspieles und den zukünftigen des Piccolomini zu überlegen. Desto besser für uns. – Schelling fuhr an Schlegels Stelle in der Nacht mit mir zurück. Gustel war nicht mit, wir hatten Parthie mit Gries und Mayer gemacht. Es kam gar zu hoch, das Billet 1 Thlr. Doch wird sies schon noch sehn, ich habe ihr alles erzählt. Fichte hatte mir nach der Comödie 4 Gläser Champagner aufgenöthigt, das muß ich nicht vergessen zu melden.

Schelling wird sich von nun an einmauern, wie er sagt, aber gewiß nicht aushält. Er ist eher ein Mensch um Mauern zu durchbrechen. Glauben Sie, Freund, er ist als Mensch interressanter, als Sie zugeben, eine rechte Urnatur, als Mineralie betrachtet, ächter Granit.

Tiek muß sich nun eben so wenig über Göthens Schweigen skandalisiren als Sie, denn er bittet auch ihn um Nachsicht. Und ich will Ihnen auch sein Urtheil über den 1sten Theil von Sternbald wiedergeben; Sie überantworten es Tiek. Man könnte es so eigentlich eher musikalische Wanderungen nennen, wegen der vielen musikalischen Empfindungen und Anregungen (die Worte sind übrigens von mir), es wäre alles darinn, außer der Mahler. Sollte es ein Künstlerroman sein, so müßte doch noch ganz viel anders von der Kunst darin stehn, er vermißte da den rechten Gehalt, und das Künstlerische käme als eine falsche Tendenz heraus.

Gelesen hat er es aber, und zweymal, und lobt es dann auch wieder sehr. Es wären viel hübsche Sonnenaufgänge darinn, hat er gesagt [W. Schlegel: an denen man sähe, daß sich das Auge des Dichters wirklich recht eigentlich an den Farben gelabt, nur kämen sie zu oft wieder].
Wollen Sie nun *mein* Urtheil über den zweyten? Vom ersten nur so viel, ich bin immer noch zweifelhaft, ob die Kunstliebe nicht absichtlich als eine falsche Tendenz im Sternbald hat sollen dargestellt werden und schlecht ablaufen wie bei Wilhelm Meister, aber dann möchte offenbar ein andrer Mangel eintreten – es möchte dann vom Menschlichen zu wenig darinn seyn. Der zweyte Theil hat mir noch kein Licht gegeben. Wie ist es möglich, daß Sie ihn dem ersten vorziehn und überhaupt so vorzüglich behandeln? Es ist die nemliche Unbestimmtheit, es fehlt an durchgreifender Kraft – man hoft immer auf etwas entscheidendes, irgendwo den Franz beträchtlich vorrücken zu sehn. Thut er das? Viele liebliche Sonnenaufgänge und Frühlinge sind wieder da; Tag und Nacht wechseln fleißig, Sonne, Mond und Sterne ziehn auf, die Vöglein singen; es ist das alles sehr artig, aber doch leer, und ein kleinlicher Wechsel von Stimmungen und Gefühlen im Sternbald, *kleinlich* dargestellt. Der Verse sind nun fast zu viel, und fahren so lose in und aus einander, wie die angeknüpften Geschichten und Begebenheiten, in denen gar viel leise Spuren von mancherley Nachbildungen sind. Solt ich zu streng seyn, oder vielmehr Unrecht haben? Wilhelm will es mir jetzt vorlesen, ich will sehn, wie wir gemeinschaftlich urtheilen.

d. 15 Oct.

Fast habe ich so wenig Kunstsinn wie Tieks liebe Amalie, denn ich bin gestern bey der Lektür eingeschlafen. Doch das will nichts sagen. Aber freylich wir kommen wachend in Obigen überein. Es reißt nicht fort, es hält nicht fest, so wohl manches Einzelne gefällt, wie die Art des Florestan bei dem Wettgesang dem Wilhelm gefallen hat. Bey den muntern Szenen hält man sich am liebsten auf, aber wer kann sich eben dabey enthalten zu denken, da ist der Wilhelm Meister und zu viel W. M. Sonst guckt der alte Trübsinn hervor. Eine Fantasie, die immer mit den Flügeln schlägt und flattert und keinen rechten Schwung nimt. Mir

thut es recht leid, daß es mir nicht anders erscheinen will. Was Göthe geurtheilt hat, theilen Sie ihm doch unverholen mit.
[...]

69 AN NOVALIS

[Jena] 4. Febr. 1799

Ob Sie mich gleich mit Ihren Dithyramben über das mercantilische Genie, das uns fehlt und Sie auch nicht haben, einmal recht böse gemacht, so sind Sie doch besser wie ich gewesen. Sie geben wenigstens Nachricht von sich. Ich aber habe mich in Absicht der nöthigen Mittheilungen ganz auf Ihre Weihnachtsunterhaltung mit der Ernst verlassen und mehr an Sie gedacht als geschrieben. Endlich kommt beides zusammen.

Was Sie von Ihrer Kränklichkeit erwähnen, darüber will ich mich nicht ängstigen, weil immer viel guter Muth dadurch hervorleuchtet, und Sie bei Ihrer Reizbarkeit immer Zeiten haben *müssen*, wo Sie nichts taugen. Das Wort des Trostes, was Sie nennen, geht mir weit mehr zu Herzen: *Liebe*. Welche? Wo? Im Himmel oder auf Erden? Und was haben Sie mir mündlich Schönes und Neues zu sagen? Thun Sie es immer nur gleich, wenn es nichts sehr Weitläufiges und etwas Bestimmtes ist. Es giebt keine Liebe, von der Sie da nicht sprechen könnten, wo, wie Sie wissen, lauter Liebe für Sie wohnt. In der That – darf ich alle Bedeutung in den Schluß Ihres Briefes legen, den er zu haben scheint? Ich will ruhig schweigen, bis Sie mirs sagen.

Ihre übrige innerliche Geschäftigkeit aber macht mir den Kopf über alle Maßen warm. Sie glauben nicht, wie wenig ich von eurem Wesen begreife, wie wenig ich eigentlich verstehe, was Sie treiben. Ich weiß im Grunde doch von nichts etwas als von der sittlichen Menschheit und der poetischen Kunst. Lesen thu ich alles gern, was Sie von Zeit zu Zeit melden, und ich verzweifle nicht daran, daß der Augenblick kommt, wo sich das Einzelne auch für mich wird zusammen reihen und mich Ihre Äußerungen nicht blos darum, weil es die Ihrigen sind, erfreuen. Was ihr alle zusammen da schaffet, ist mir auch ein rechter Zauberkessel.

Vertrauen Sie mir vors Erste nur so viel an, ob es denn eigentlich auf ein gedrucktes Werk bey Ihnen herauskommen wird, oder ob die Natur, die Sie so herrlich und künstlich und einfach auch construiren, mit Ihrer eignen herrlichen und kunstvollen Natur für diese Erde soll zu Grunde gehn. Sehn Sie, man weiß sich das nicht ausdrücklich zu erklären aus Ihren Reden, wenn Sie ein Werk unternehmen, ob es soll ein Buch werden, und wenn Sie lieben, ob es die Harmonie der Welten oder eine Harmonika ist.

Was kann ich Ihnen von Ritter melden? Er wohnt in Belvedere und schickt viel Frösche herüber, von welchen dort Überfluß und hier Mangel ist. Zuweilen begleitet er sie selbst, allein ich sah ihn noch nie, und die Andern versichern mir, er würde auch nicht drei Worte mit mir reden können und mögen. Er hat nur *einen* Sinn, so viel ich merke. Der soll eminent seyn, aber der höchste, den man für seine Wissenschaft haben kann, ist es doch wohl nicht – der höchste besteht aus vielen. Schelling sagt, Sie sollen Rittern nur schreiben, wenn Sie ihm etwas zu sagen haben. Es thäte nichts, daß Ritter selbst gar nicht schreiben könnte. Aufs Frühjahr werden Sie ihn ja sehn.

Was Schelling betrifft, so hat es nie eine sprödere Hülle gegeben. Aber ungeachtet ich nicht sechs Minuten mit ihm zusammen bin ohne Zank, ist er doch weit und breit das Interressanteste was ich kenne, und ich wollte, wir sähen ihn öfter und vertraulicher. Dann würde sich auch der Zank geben. Er ist beständig auf der Wache gegen mich und die Ironie in der Schlegelschen Familie; weil es ihm an der Fröhlichkeit mangelt, gewinnt er ihr auch so leicht die fröhliche Seite nicht ab. Sein angestrengtes Arbeiten verhindert ihn oft auszugehn; dazu wohnt er bei Niethammers und ist von Schwaben besetzt, mit denen er sich wenigstens behaglich fühlt. Kann er nicht nur so unbedeutend schwatzen oder sich wissenschaftlich mittheilen, so ist er in einer Art von Spannung, die ich noch nicht das Geheimnis gefunden habe zu lösen. Neulich haben wir seinen vierundzwanzigsten Geburtstag gefeiert. Er hat noch Zeit milder zu werden. Dann wird er auch die ungemeße Wuth gegen solche, die er für seine Feinde hält, ablegen. Gegen alles, was Hufeland heißt, ist er sehr aufgebracht. Einmal erklärte er mir, daß er in Hufelands Gesellschaft nicht bei uns seyn könnte. Da ihn Hufeland selbst bat, ging er aber doch hin. Ich habe ihm mit Willen diese Inconsequenz nicht vorgerückt. Er hat so unbändig viel Charakter, daß man ihn nicht an seinen Charakter zu mahnen braucht. Der Norwege Steffens, den ich Ihnen schon angekündigt habe, hat hier in der Gesellschaft weit mehr Glück gemacht. Das scheint ihn auch so zu fesseln, daß es die Frage ist, ob er noch nach Freiberg kommt. Er würde Ihnen angenehm gewesen seyn. Er ist es uns auch, aber ganz kann ich ihn nicht beurtheilen, denn ich weiß nicht, wie weit er da hinausreicht, wo ich nicht hinreiche, und die Philosophie ist es doch, die ihn erst ergänzen muß.

In Fichten ist mir alles klar, auch alles was von ihm kommt. Ich habe Charlotten aufgetragen, Ihnen seine Appellation zu schicken; er läßt Sie daneben grüßen. Schreiben Sie mir etwas darüber, das ich ihm wieder bestellen kann. Was sagen Sie zu diesem Handel? was zu Reinharden? und wie ihn Fichte zwischen Spalding und Jacobi stellt. – Ein wenig zu viel Accent hat Fichte auf das Märtyrerthum gelegt. Das Übrige ist alles hell und hinreißend. Ich bin andächtig gewesen, da ich es las, und überirdisch. In Dresden wird die Schrift noch nicht zu haben seyn. Ich beredete Fichte, sie Ihrem Vater zu schicken, und glaube, daß ers gethan hat.

Nach dem Atheismus ist hier das neuste Evenement die Aufführung des ersten Theils von Wallenstein, die Piccolomini, in Weimar. Wir haben sie gesehn, und es ist alles so vortrefflich und so mangelhaft, wie ich mir vorstellte. Die Wirkung des Ganzen leidet sehr durch die Ausdehnung des Stoffes in zwei Schauspiele. Aber das Dramatische interreßirt Sie nicht – ich will mir die paar Augenblicke, die uns bleiben, hiermit nicht rauben. Göthe bringt den Februar hier zu. Die Elegie ist noch nicht vollendet, das Athenäum erst zur Hälfte gedruckt.

Von Friedrich nichts, bis ich die Veit und Lucinde gesehn. Wir gehen in der Woche vor Ostern nach Berlin, wo jene den Sommer über bleiben werden. Lieber Hardenberg, gehn Sie mit uns! Wir können Sie ja in Naumburg treffen. Es wäre gar zu hübsch. Denken Sie mit Ernst daran.

Wir sind fleißig und sehr glücklich. Seit Anfang des Jahrs komme ich wenig von Wilhelms Zimmer. Ich übersetze das zweite Stück Shakespear, Jamben, Prosa, mitunter Reime sogar. Adieu, ich muß dies wegschicken.

An Novalis

[Jena] 20. Febr. 1799

So ist es denn wahr, mein liebster Freund? Sie haben uns recht glücklich und froh gemacht! Ihren Freunden blieb bisher kein ander Mittel übrig, als nur an Sie allein, nicht an Ihre Zukunft zu denken, und Sie hatten uns auch oft alle Sorge verboten. Ich nahm das selbst so an – gegen die, die uns lieb sind, wird man so leicht gelehrig und gehorsam. Nie habe ich Sie gefragt, wie wird sich der Knoten lösen? kann das so bleiben? Kaum habe ich mich selbst gefragt. Ich war ruhig im Glauben – denn ich habe doch am Ende mehr Glauben als ihr alle – nicht daß es grade so kommen würde, aber daß sich an irgend einer Brust die Spannung brechen müßte, und das Himmlische mit dem Irdischen vermählen. Was Sie Scheidung zwischen beiden nennen, ist doch Verschmelzung. Warum soll es nicht? Ist das Irdische nicht auch wahrhaft himmlisch? Nennen Sie es aber wie Sie wollen, genug Sie sind glücklich. Ihr Brief ist eigentlich voll Wonne und wie auf Flügeln zu mir gekommen.

Ich freue mich jetzt – wie Sie sich freuen werden – daran zu denken, wie dies so sich machen mußte. Nur in dieser fast öden Einsamkeit, durch das Band der süßen Gewohnheit konnten Sie allmälig gewonnen werden. Wie weise und artig setzten Sie uns einmal auseinander, daß dies alles keine Gefahr habe, Gefahr nicht, aber Folgen doch. Soll das Liebenswürdige umsonst seyn? Wie doppelt leid thut es mir, Julien nicht gesehn zu haben. Es war meine Schuld nicht, die Ihrige auch wohl nicht. – Sehn Sie, liebster Hardenberg, das könnte mich doch traurig machen, wenn Sie nicht unser blieben, wenn Ihre Frau nicht unsre Freundin durch sich selber würde, aus eigner Neigung. Kommen Sie nur, wir schwatzen mehr darüber. Es ist fast wahrscheinlich, daß Sie um Ostern uns hier finden und wir erst um Pfingsten reisen.

Charlotten haben Sie gewiß aufs Leben verboten uns nichts zu sagen, denn ich errathe nun, sie hat es um Weihnachten erfahren, aber geschwiegen über alle Maßen. Sie schreibt mir eben, daß sie Charpentier und Sie zusammen hofft bei sich zu sehn. Ein Glück, das sie nicht gern schreibt; *gesagt* hätte sie mirs doch. Friedrich verräth auch eine Ahndung – ich habe ihm Gewißheit gegeben. Sehr möglich, daß *ein*

Dach uns alle noch in diesem Jahr versammelt. Friedrich bleibt den Sommer in Berlin, was mir lieb ist. Im Winter wünscht er herzukommen. Sie leben in Weißenfels. Sie könnten auch wohl einmal eine Zeitlang hier leben. – Mit Ihrem Vater ist wohl alles überlegt und es stehn Ihnen keine Schwierigkeiten im Wege? Er wird nur froh seyn, Sie froh zu wissen. Muß sich Thielemann nicht unendlich freuen! Ihren andern Schwager abandonniren wir Fichten.
Es ist kein Zweifel, wenn Fichte sich ganz von Reinhards Mitwirkung überzeugen könnte, so würde er ihn zum zweiten Göze machen. Er wills noch nicht glauben, oder vielmehr er wünscht Thatsachen, um den Glauben in der Hand zu haben. Mit der letzten Post hat er Reinhard selbst geschrieben, ihm seine Schrift geschickt und ihn zum Wehe über das Pfaffenthum aufgefordert. Er will abwarten, was er darauf erwiedert. Schreiben Sie es *mir* nur, ob Sie es gewiß wissen. Ich zweifle nicht einen Augenblick daran, aber schwerlich hat er doch offen genug gehandelt, daß man Thatsachen von ihm anführen könnte. Fichten ist sehr daran gelegen übrigens. Ich habe ihm den größten Theil Ihres Briefs mitgetheilt – ja, weil er Sie so liebt, auch das, was Sie angeht, und worüber er sich innig gefreut hat. Daß man in Preußen honnet verfahren ist, werden Sie nun wissen.
Bald, bald kommt das dritte Stück Athenäum. Hier ist indessen etwas andres. Was werden Sie zu dieser Lucinde sagen? Uns ist das Fragment im Lyceum eingefallen, das sich so anfängt: Saphische Gedichte müssen wachsen oder gefunden werden etc. Lesen Sie es nach. – Ich halte noch zur Zeit diesen Roman nicht mehr für einen Roman als Jean Pauls Sachen – mit denen ich es übrigens nicht vergleiche. Es ist weit phantastischer, als wir uns eingebildet haben. Sagen Sie mir nun, wie es Ihnen zusagt. Rein ist der Eindruck freilich nicht, wenn man einem Verfasser so nahe steht. Ich halte immer seine verschlossene Persönlichkeit mit dieser Unbändigkeit zusammen und sehe, wie die harte Schale aufbricht – mir kann ganz bange dabey werden, und wenn ich seine Geliebte wäre, so hätte es nicht gedruckt werden dürfen. Dies alles ist indeß keine Verdammniß. Es giebt Dinge, die nicht zu verdammen, nicht zu tadeln, nicht wegzuwünschen, nicht zu ändern sind, und was Friedrich thut gehört gemeiniglich dahin.

Wilhelm hat die Elegie geendigt. Eine Abschrift hat Göthe, der hier ist, die andere Friedrich. Sie müssen also warten. Der eigentliche Körper des Gedichts ist didaktisch zu nennen und sollte es auch seyn nach Wilhelms Meinung. Die Ausmalung des Einzelnen ist vortrefflich – das Ganze vielleicht zu umfassend, um als Eins in der Seele aufgenommen zu werden, wenigstens erfordert dies eine gesammelte Stimmung. Sie sollen es hier lesen. Es kommt in das vierte Stück.
Wenn Sie herkommen, so treten Sie doch gleich bey uns ab, wenn Sie keine Ursach weiter haben es nicht zu thun. An Ihrem Verkehr mit Schiller hindert es Sie gar nicht. In der Mitte des April kommt der vollständige Wallenstein auf das Theater. Wollen Sie ihn nicht sehn?
Göthe ist sehr mit Optik für die Propyläen beschäftigt und an keinem öffentlichen Orte sichtbar. Leben Sie wohl, Bester, ich muß noch an Charlotten schreiben. Julie ist uns gegrüßt! Theilen Sie Charlotten die Lucinde mit.

71 AN LUISE GOTTER

Jena d. 24. April [17]99

[Besorgungen.] Ihr werdet euch nun wieder von den hochzeitlichen Festen erholt haben und die junge Frau fortgeschickt. Gern, gern käm ich dafür herüber, aber es will sich denn doch nicht so bequem machen lassen, als es leicht aussieht. – Man sagte mir, am Sonnabend wär Vanderbek in Weimar gewesen. Warum hat sich Minchen nicht mit auf den Weg gemacht? Es wäre doch allerliebst gewesen, wenn wir uns mit einenmal da getroffen hätten. Hieher soll sie nun nicht eher kommen, bis es ganz grün und warm ist. – Wir haben in Weimar endlich den Wallenstein ums Leben gebracht – und wollen hoffen, daß er dadurch die Unsterblichkeit erlangt. Die Schönheit und Kraft der einzelnen Theile fällt am meisten auf. Wenn man es nach einem einzigen Sehen beurtheilen dürfte, so würd ich sagen, das Ganze hat sehr an Effekt durch die Länge verlohren. Es hätte nur Ein Stück seyn müssen, dann hätten sich die Szenen konzentrirt auf Einen Brennpunkt, die sich jetzt langsam folgen, und dem Zuschauer Zeit zu kühler Besonnenheit lassen. Der lezte Akt thut keine Wirkung – man merkt den Fall des Helden kaum, an dessen Größe 11 Akte hindurch gebauet werden, um eine große Erschütterung durch seinen Sturz hervorzubringen. Und die mannichfache Absicht, die Berechnungen, welche hindurchschimmern! Es ist eben ein Werk der Kunst allein, ohne Instinkt. Ich kann Dir nicht sagen, wie dagegen das Ende Shakespscher Trauerspiele, auch seiner politischen, das Herz erfüllen und bewegen. Schreib mir doch, wie Van der Bek davon geurtheilt hat. Die Piccolomini ließen weit mehr ahnden, es schien so viel darinn vorbereitet zu seyn, das sich hier unbedeutend lößt. Die Iffland schreibt mir, daß diese in Berlin sehr kalt aufgenommen worden sind. Das ist freylich kein Beweis gegen sie. Iffland soll herlich gespielt haben. – Er geht nach Dessau, Leipzig und Breslau. Weißt Du denn, daß zu Dessau der Baron Lichtenstein nebst seiner Gemalin in einer selbstgemachten und selbstcomponirten Oper selbst mitgespielt hat unter den übrigen Schauspielern? Dies hat sich am 2ten Ostertag zugetragen und ist sehr übel vom Adel und sehr gut vom übrigen Publikum aufgenommen worden.

Nur mit Kummer kann ich Dir von dem schreiben, wonach Du mich fragst – von der Fichtischen Sache. Glaube mir, sie ist sehr schlimm für alle Freunde eines ehrlichen und freymüthigen Betragens. Wie Du von der ersten Anklage, die von einem bigotten Fürsten und seinen theils catholischen theils herrnhutischen Rathgebern herrührte, zu denken hast, wirst Du ungefähr einsehn. Wir hoften aber, es sollte sich mit einer unbedeutenden Formularität endigen. Aber da hezt man den Fichte durch allerley Berichte von Weimar, es stehe schlimm usw., daß er an den Geheimerath Voigt schreibt, er werde seinen Abschied nehmen, wenn man ihm einen gerichtlichen Verweis gebe und seine Lehrfreiheit einschränke. – Der Brief war überdem nachdrücklich genug – sah ihn der Herzog, der voll übler Laune gegen Jena ist, so konnte schwerlich etwas andres erfolgen. Aber Fichte hatte Ursache Voigt für seinen Freund zu halten – *war* es Voigt, so mußte er F. den Brief zurückgeben, und ihm sagen – ihr überlaßt mir den Gebrauch desselben, und ich mache *den* davon, ihn zu cassiren, wenn ihr nicht dennoch wollt, daß ich ihn zeige.

Er wurde dem Herzog vorgelegt und zu den Akten gelegt.

Es erfolgt ein Rescript mit einem Verweis, der so gut wie keiner ist, und den man um der Nachschrift willen nun recht sanftmüthig einrichten konnte. Diese enthielt denn, daß man Fichtens Dimissions Forderung annehme, da man doch nicht umhin gekonnt habe einen Verweis zu geben – der freylich nicht so war, wie ihn Fichte vermeiden wollte um seiner Ehre willen. – Alle Hofediener, alle die Professoren, die Fichte überglänzt hat – er hatte 400 Zuhörer in dem lezten Winter – schreyen nun über seine Dreistigkeit, seine Unbesonnenheit. Er wird verlassen, gemieden.
Die Studenten haben sich nach Weimar gewendet um ihn zu erhalten, der natürlich nicht geblieben wäre. Die Antwort ist: daß man ihnen Fichtens *Privat*brief an den Voigt communicirt und sie gleichsam zu Richtern mache. – Die Sache läuft darauf hinaus, man ergriff freudig den Vorwand ihn los zu werden, aus Furcht vor dem Chursächsischen Hof, und weil Fichtens unerschütterliche Redlichkeit sie oft in Verlegenheit setzt. Der Herzog hat sich viel gegen Jena erlaubt. Du wirst von der Schützischen Comödientollheit gehört haben – es mochte recht gut seyn, daß er die große Entreprise hemmte, aber er ist so weit gegangen durch eine zweyte Polizeiverordnung *jede Aufführung in einem Zimmer vor ein paar Freunden* zu verbieten,. Und an diesen lächerlichen Handel schließt sich der allerdings sehr ernsthafte wegen Fichte, der den öffentlichen Geist hier, Du solltest Dich wundern wie schnell! umgekehrt, und einer klugen Einschränkung unterwürfig gemacht hat. – Lebe recht wohl und küße Deine lieben Kinder.

72 AN LUISE GOTTER

[Jena, Juni 1799]
Recht viel Freude hat es mir gemacht Deine Schwester und Deinen Bruder zu sehn, der eben von mir geht. Ach wenn Du hättest mitkommen können! ... Ich selber muß diesen Abend in eine Gesellschaft, die dem Hrn. von Dohm zu Ehren gegeben wird. Ich wollte nicht hin, aber er besuchte uns den Morgen und so wär es unartig. Er sagte uns einiges merkwürdige von den lezten Rastadter Greueln, und wie sehr die Nacht die fürchterlichste seines Lebens gewesen

war. Du wirst den gesandschaftlichen Bericht, den er aufgesetzt hat, wohl gelesen haben. – Dein Bruder hat es uns abgeschlagen, diesen Abend mit in der Gesellschaft zu seyn, da er Morgen sehr früh reißt. [Besorgungen.]
Meine Haushaltung hat sich sehr vergrößert, denn denk nur, Paulussens essen bey mir nebst dem Prof. Schelling. Die Paulus kann jetzt keine Köchin kriegen, und weil ich Schelling angenommen hatte, so kamen sie darauf, und alle Mittag erscheinen die Gäste, was sich denn recht artig macht. Aber mir kostets Kopfbrechen in diesen theuern und hungrigen Zeiten. Doch hab ich eine sehr gute Köchin. Apropos von Köchin – die Lotte ist allewil hier mit ihrem Kinde und zwar als ehrliche Frau. Der Schurke hat sie doch noch geheyrathet. Das Kind ist hübsch, gesund, und besonders sehr trutzig, und heißt Caroline Auguste ...
Möge unsrer Cécile das Bad recht wohl bekommen dieß Jahr! Sonst ist der Sommer schlecht genug.
Leb wohl, Beste, und grüße alles um Dich her. Spricht Minchen nicht davon zu uns zu kommen?

Deine Caroline.

73 AN JOHANN DIEDERICH GRIES

Jena d. 9ten Jun [17]99
Sie vergeben und vergessen gewiß, daß ich spät antworte um meiner heutigen Begleitung willen. Hier ist etwas für Ihre einsamen Stunden. In diesem Augenblick werden Sie freylich nicht einsam seyn, ich vermuthe Sie in Cassel. Sind Sie nicht da – pends toi, brave Crillon!
Genug der Brief ist für Sie erbeutet. Schelling hat nichts dazu gethan, als daß ers auch gewollt hat. Fichtens Famulus hat ihn abgeschrieben und ich habe gerade einen halben Laubthaler dafür bezahlt. Schade daß ich nicht daran gedacht ihn auf grünen Papier abschreiben zu lassen, damit er mit dem Original noch mehr übereinkäme und nichts von seiner Magie verlohren ging. Es wird denn doch genug übrig bleiben um die Bezauberung an Ihnen zu vollenden, die der Steffens mit seinen Fragmenten des Fragmentes begonnen hat. Von Ihnen erwarte ich zu hören, ob Sie alles ge-

funden haben, was Sie erwarten, weissagen kan ich nichts darüber. Mir ist der Brief ganz unendlich lieb und interressant gewesen, doch nicht um der Aufschlüsse willen – als welche mich alle nichts angehn, denn ich weis doch, was ich weis. Ausgefüllt scheint mir die Lücke nicht, ausser durch den Sprung, den Sie kennen, den Jacobi selbst den Salto mortale nennt – und so sprang Sapho vom Leukadischen Fels, da sie nicht ohne Liebe leben konnte. Ja – ein Meer ist es, in welches Jacobi sich stürzt, wo anfangs die Wellen dem heißen Gemüthe schmeicheln und der Untergang nahe ist – aber das hoffe ich, ihn nehmen die Götter auf, ehe er den Tod im Abgrunde findet.
Die Worte von Jacobi „ich bin nicht und ich mag nicht seyn, wenn kein Gott ist" und „das Gute – was ist es? – ich habe keine Antwort, wenn kein Gott ist" das sind die, wo ich nicht mit ihm *fühlen* kann, und die auch mein bischen Kopf für gefährlich erkennt. Meinem innersten Glauben ist nichts mehr zuwider, als daß das Gute soll auf einer Bedingung beruhn – in so fern ist das Gute mein Gott, von dem ich eine unmittelbare Erkenntniß habe. Nun frag ich für mich nicht weiter nach einer Persönlichkeit – ich stoße sie auch nicht von mir und lasse sie mir gern erscheinen, besonders wenn ich glücklich bin. Nie ist es mir in der Noth eingefallen meine Gedanken an sie zu richten. – *Die* Seite, daß der Mensch seine Moralität von einer Überzeugung abhängig macht, die er sich nicht geben kann, die der geweihete selbst nur in geweihten Stunden hat – die kommt mir ewig verderblich vor. Ich verdamme *Jacobi* nicht um sie, aber das glaub ich, ohne seine unmittelbare Liebe zum Guten führt sie zur Unwürdigkeit und Knechtschaft. Und *die* Stütze, die Jacobi im Woldemar verwirft, „traue dem Herzen nicht" – nur das Herz kann den Menschen aufrecht erhalten unter solcher Gesinnung.
Sie wissen, daß ich über diese Dinge ohne irgend eine Kenntniß des philosophischen oder metaphysischen Wortgebrauchs spreche, ja auch viele Bedürfnisse des spekulirenden Geistes gar nicht kenne, und ich bescheide mich gern, daß nicht alle Gemüther über die Wissenschaft des Unendlichen und Begränzten so genügsam sind als ich.
Wie wenig Sinn ich also eigentlich für Fichtens System, das ich erst durch die lezten Streitigkeiten ein wenig zusammen

buchstabirte, habe, können Sie denken. Das Gute um des Guten willen, das begreife ich in ihm, das erhebt meine Seele, und ausserdem bewundre ich an ihm die Höhe des menschlichen Geistes und interressire mich für den Verfechter der Freyheit im Denken – seine persönliche Bravheit abgerechnet.
Es ist sehr schön von Jakobi, daß er so warm in ihm verehrt, wogegen er doch die stärkste Abneigung hat, nur dieß ist für mich das begeisternde im Brief. Erstaunlich hübsch und muthwillig und mir gewaltig einleuchtend ist das Gleichniß vom Strickstrumpf.
Fichte wird wahrscheinlich noch in diesem Monat Jena verlassen, er allein, denn die Frau muß bey dem Knaben bleiben, der nun seit 10 Wochen kränkelt, und so daß er beständige Wartung erfordert. ... Wohin F. geht, weiß ich noch nicht. Er ist aber munter. Seine gerichtliche Verantwortungschrift ist erschienen, ich werde Ihren Bruder fragen, ob er sie Ihnen mit beylegen will. Sie ist noch weit mehr dazu gemacht zu wirken als die Appellazion, sie nimt die Sache nicht so feyerlich, und beißender.
Ein sehr angenehmer Besuch ist uns Dohm gewesen. (der – im Vorbeygehn – sich sehr gut für Fichte erklärt hat.) Huber hatte mir schon geschrieben, wenn jene Gräuel in Rastatt ans Tageslicht kämen, und andre Höfe bestimmten, so sey es Dohms ewig preiswürdigen Bemühungen zu verdanken, der mit Heldenmuth die augenblicklichen Maasnahmen betrieben. Wir sprachen ihn nun hier selbst darüber, denn er besuchte uns. Ein wahrhaft verehrungswürdiger Mann, der in Staatsgeschäften sein Haar gebleicht, ohne den Bürgersinn einzubüßen. Er macht einen starken Contrast mit Goethe und Schiller, die über jene Begebenheit wie Emigrirte sprechen. „Wer es gethan habe, sey einerley, nur gut daß es geschehn, denn das Abscheuliche müsse geschehn."
Bey Goethe ist das eine Art von Verzweiflung darüber, daß die Ruhe, die er liebt, sich ferner und ferner hält.
Was wollen Sie damit, daß ein Dichter den Glauben an Gott braucht? – er braucht nicht einmal den an die Menschen. Die Religion des Dichters ist wieder etwas ganz anders, der Glaube nicht, die guten Werke. Was hat denn Goethe für einen eurer Glauben, und er wird doch zur ewigen Herr-

lichkeit gelangen. Was vortreflich ist, enthält Göttliches, und sollte noch zu läutern seyn, so ist das bald gethan.
Wir halten uns in diesen schlimmen Zeiten enge zusammen. Denken Sie, nicht Schelling allein, auch Paulus essen bey uns und eben hab ich auch Hufland und Loder. Wenn Sie nur da wären! Ihren Bruder sehn wir fast gar nicht; gestern ließen wir ihn bitten, da war er in Dornburg; Heise kam.
Steffens war kürzlich noch in Berlin, erst aus Freyberg wollt er uns schreiben. Hardenberg ist in Weißenfels, und schickte uns seine Schwester als Gesandtin; Geschäfte halten ihn zurück, doch muß er nun bald hier seyn.
Schelling ist aufgeweckt und er läßt sich sogar zu einiger Geschmeidigkeit an.
Schlegel heckt Bosheiten aus. Auguste übt sich in der Luzienschaft gegen Schelling.
Leben Sie recht wohl, besorgen Sie die Einlage. Wir hören ja wohl bald wieder von Ihnen.

Caroline Schlegel.

74 AN AUGUSTE

[Jena] Montag [21. Sept. 1799]

Wüste ich nur, wie es Dir ginge, mein Schäfchen, noch ist der Fuhrmann nicht zurück. Wenn Ihr nur früh genug in Dieskau ankamt! Und wie wirst Du Dich heute Mittag bey dem Canzlerischen Tische angestellt haben? Wenn Du dies erhältst, bist Du schon in Dessau, schreib nur bald. Gestern früh war schrecklich, es regnete den ganzen Morgen. Ich wuste keinen andern Trost als mir eine ganze Menge Blumen zu kaufen und um mich her zu setzen – das waren meine Kinder, sie rochen mich lieblich an, aber singen konnten sie nicht. Der Mittag ging noch toll genug hin, wir tranken aus Desperazion viel Wein, sie blieben lange, und darauf sezte ich mich zum Schreiben an die Mumu in Hannover. Abends Thee mit den beyden Brüdern. Heut ist Friedrichs Stube gänzlich eingerichtet, so daß er sich schon breit darin niedergesetzt hat. Auch Wilhelms Stube und Kammer sind gereinigt, und ich schlafe diese Nacht wieder oben. Vorige Nacht brachte ich in eurem Neste zu und las im Bett les voeux temeraires von Mad. Genlis, die sehr tu-

gendhaft und geistreich zu seyn streben. Anbey muß ich
Dir melden, daß ich sehr naß heut auf einem Spaziergang
geworden bin, wogegen weder Geist noch Tugend helfen.
Der russische Kaiser komt nach Wien. Goethe ist heute
hier angekommen. Er hat expreß gewartet, der alte Herr,
bis ihr weg waret, glaub ich.
Die Zeitungsfrau ist gestern Abend mit einem Unkepunz
niedergekommen, männlichen Geschlechts.
Mein liebes Mädchen, es gehe Dir recht wohl, wie ich auch
nicht zweifle, aber es doch jede Minute wissen möchte. Ich
umarme alle die dortigen Deinigen. Hier sind einige zu-
rückgelaßne Effecten, die Frangen leg ich für Bettinchen
bey. Von Tischbein kam heute die Einlage, wenn er etwas
schönes gemahlt hat, so schreib mirs. Es grüßt Dich Paul
und Peter. Adieu, liebe liebe Seele. Noch kein Gries.

75 AN AUGUSTE
[Jena] d. 30. Sept. [17]99
[Auszug]
Du Herzensmädchen, was hat mich Dein Brief gefreut, und
die arme böse Mutter kann nun erst heut antworten! Du
glaubst nicht, wie geschäftig ich in der letzten Woche gewesen bin, und krank dazu, denn endlich muß mir mein Laufen und Rennen, das ich so gern that, doch zu Haus und zu
Hof kommen. Loderchen hat mir was verschreiben müssen.
Nun ist das ganze Haus gereinigt und neu aufgeputzt. Ich
habe dabey eine große Wäsche gehabt, und etwa einige
20 Vorhänge aufzustecken. Auch das neue Sopha ist gemacht, und es sieht alles aufs netteste aus, besonders ist
unsre kleine Stube, mit dem Frommanschen kleinen Sopha,
hübsch. Friedrich wohnt Dir wie der beste appanagirte
Prinz. Diesen Abend supiren wir 3 bey Schelling, um ihm
sein neues Nest einzuweihen. Er freut sich, daß Du ihn
zum Bachus gemacht hast, indem Du ihn den Geber des
Weins nennst, bald wird er auch der Geber der Freude heißen können, denn er ist sanft und liebreich, und scherzhaft,
und läßt Dir sagen, Du möchtest ihm bey Deiner Wieder-
kunft nicht wie eine spröde Halbmamsell begegnen. Wilhelm macht alle Morgen ein Gedicht. Friedrich thut alle

Tage nichts – als die Veit erwarten, die nicht über Dessau kommt. Wir wollten sie vorgestern von Leipzig abholen, Friedrich und ich, als wieder andre Ordre kam, doch kommt sie sicher nächste Woche. Vorgestern fand sich mit einmal Hardenberg ein, blieb aber nur bis gestern nach Tisch, was gut war, denn ich mochte ihn diesmal gar nicht leiden, er hat recht abgeschmacktes Zeug mit mir gesprochen, und ist so gesinnt, daß er, darauf wolt ich wetten, die Tiek mir vorzieht. Denk nur, Kind! wir wissen noch nicht, wann diese kommen, wahrscheinlich bald. – Ungemessen lange Spaziergänge haben wir gemacht, von 2 bis 7 ist das gewöhnliche Un-Maaß. Wilhelm will nicht mehr mit ausgehn, er liefe sich die Beine ab; da er nun die vorige ganze Woche jeden Morgen von 10 bis 1 Uhr mit Goethe hat auf und abspazieren müssen, so ist es wohl billig, daß er den Nachmittag ausruht, der Länge lang nach. Goethe hat seine Gedichte, nehmlich Goethens Gedichte, von denen ein neuer Band herauskommt, mit ihm durch[ge]sehn, und ist erstaunlich hold.
[...]

76 AN LUISE GOTTER

Jena d. 5. Oct. 1799

Meine liebe beste und immer gleichgeliebte Freundin – das bist Du, und wenn ich Jahre lang schweigen müste. *Gemußt* hab ich nehmlich, das kan Dir die Seidler sagen, sie weiß, wie es bey mir zugegangen ist. Ich habe tausend Freuden davon gehabt, aber freylich seit einem vollen Vierteljahr keinen Augenblick Ruhe. Es hat mich auch wirklich angegriffen, und so wie die Freunde weggegangen sind, hat die Medicin herhalten müssen, und es wird mir alles sehr sauer. Wie ich Deine Hand sah, legt ich den Brief ganz still hin und war betrübt, denn ich hatte Dir schreiben wollen, gewollt mit aller Macht und doch nicht gekonnt. Ja seit dem Empfang sind 8 Tage wieder hingegangen, wo das ganze Haus von oben bis unten umgekehrt wurde, eine große Wäsche gehalten, Vorhänge aufgesteckt bis zum lahm werden. Auch Augustens Hülfe fehlt mir jetzt, wie Du wissen wirst, sie ist in Dessau bey den Tischbeins, ihr Herz ist freylich doch bey der Mutter zurückgeblieben. Die Tischbeins theilen die Sehnsucht nach Jena mit ihr, wo es auch während ihrer Anwesenheit allerliebst war. Welche gesellige fröliche musikalische Tage haben wir verlebt! Ich hatte die Freude, meiner Mutter den Aufenthalt recht angenehm zu machen.

Zuerst kamen Tiek aus Berlin (ein sehr liebenswürdiger junger Mann) und Hardenberg, die waren 14 Tage bey uns, und dann fanden sich die Braunschweiger ein, Mutter, Schwester, Schwager, ein Kind und Mädchen. Luise hat einen Engel von Kinde, eine so liebliche impertinente Neugier muß noch nie auf einem Gesicht gewohnt haben. Sie selbst ist nicht so blühend und gesund wie sonst, die beyden Kinder haben ihr viel genommen, besonders der Schmerz um das eine, der sie um das andre über alles Maaß hinaus ängstlich macht. Acht Tage nachher fand sich die Tischbein mit einem Knaben von ein paar Jahren und ebenfals einem Mädchen ein. Ihre beyden Töchter waren in Weimar bey Bertuchs und kamen nur dann und wann herüber bis nach der Braunschweiger Abreise, wo auch diese ganz bey mir wohnten. Ich hatte es so einzurichten gesucht, daß alles ordentlich zuging. Freylich die drey Mädchen, Caroline, Betty und Auguste haben argen Lärm verführt und ihre Stube war schlecht aufgeräumt, aber auch welche Wonne den frölichen Geschöpfen zuzusehn. Betty ist ein Kleinod, sie muß jedermann entzücken; nicht das herrliche musikalische Talent, und die durchaus originelle Wendung ihres ganzen Wesens sind es allein, es ist eine solche Güte und Unbefangenheit in ihr, daß man die Mutter um sie beneiden muß. Carolinens Stimme hat sich mit großer Gewalt entwickelt, wir haben ein paar Concerte gehabt, die herrlich waren, wo sie und Betty Arien und Auguste mit ihnen Duetts und Trios, und die Mutter mit den beyden Töchtern Chöre sangen. Wie sehr hätte ich gewünscht, daß alle hieran Theil nehmen möchten, die ich liebte, daß ich euch nur auf kurze Zeit herüber hätte zaubern können. Du must mir selbst die Begeisterung wohl anmerken.

Drey Wochen sinds nun, daß uns auch diese verlassen. Damals hatte ich jeden Mittag ein 15–18 Personen zu speisen. Meine Köchin ist gut, ich aufmerksam, und so ging alles aufs beste. Mein Schwager war auch unvermuthet von Ber-

lin angekommen zu unsrer großen Freude. Auguste ging aus Freundschaft und Musikliebhaberey mit nach Dessau. Nun hat es sich so gemacht, daß demohngeachtet keine Leere eintrat und der Besuche kein Ende wurden. So erwart ich übermorgen eine Schwägerin aus Göttingen, die Hoppenstedts. Du wirst in Gotha von ihnen hören. Wenn ich nicht irre, ist eine Tochter der Glockenbringk dabey. Unten in die Stube zieht eine Frau aus Berlin, eine Tochter von Mendelsohn, eine sehr wackre Frau, die ich täglich erwarte, und die auch bey uns essen wird. Auch Tiek aus Berlin zieht mit seiner Frau auf den Winter nach Jena und sie wollen bey uns den Tisch haben. Ein Theil meiner bisherigen Gesellschaft hat sich heut unter gegenseitigen Wehklagen von uns getrennt, Paulus nehmlich.
Da hast Du einen trocknen Abriß meines geschäftigen Lebens. Und nun laß uns noch von andern Geschäften sprechen. Iffland hat jetzt eben nichts von sich hören lassen, allein ich mahne ihn sogleich dringend um sein Versprechen gegen Dich. Er kann es aus der Acht lassen, aber gewiß nicht brechen. Den 10ten Okt. wird Schlegels Hamlet in Berlin aufgeführt. Wir sollten hin, aber dies wurde mir doch auf alle Weise zu viel.
Jetzt hab ich Dir noch etwas vorzutragen, das Augusten betrift. Ich kann mich nicht überwinden sie hier confirmiren, nehmlich ihr hier den dazu nöthigen Unterricht geben zu lassen. Die Prediger sind so beschaffen, daß ein Kind von Augustens Nachdenken sich nothwendig oft beleidigt finden müste, und auch diese kurze Qual möcht ich ihr ersparen. Es war also meine Idee sie Dir und Löfflern für die Zeit anzuvertrauen. Nun wünscht ich, daß Du mit Löfflern sprächst. Ich weiß nicht, wie eure Einrichtungen beschaffen sind, und ob er es wohl überhaupt thut. Das glaub ich mich zu erinnern, wenn sie bey Dir wohnt, müste sie vom Oberhofprediger confirmirt werden; denke aber, dieß ließe sich so vermitteln, daß man angäbe, als wäre sie bey Deinen Eltern. Vielleicht ist dies auch bey Fremden nicht nöthig zu beobachten. Schreibe mir nur, ob mein Plan ausführbar ist. Ich will nichts als den einfachsten Unterricht, der mit 6 Wochen vollkommen vollendet werden könnte, und würde mich, wenn Hr. Löffler sonst nur geneigt ist in meine Wünsche einzugehn, schon mit ihm hierüber verständigen. Gieb

mir doch hierauf je eher je lieber Bescheid. Was macht Löffler? Siehst Du ihn zuweilen?
Die Seidler hat mir immer alles, was sie erfuhr, von Gotha erzählen müssen. Nach unsrer guten Cécile habe ich oft gefragt, und ohngefähr gehört, was Du mir schreibst. Daß ich sie bald einmal recht gesund und frisch umarmen könte! Wenn das mit Auguste ausgeführt wird, seh ich euch im Frühjahr. Grüße mein liebes Minchen. Ihr Verlangen hat sie nicht nach Jena gezogen, sie ist wie gebannt in den Kreis der gothaischen Freunde. Wie hübsch, wenn sie in dieser lezten Zeit mit uns hätte leben und weben und das Land durchziehn können – denn wir haben keine Burg 3 Meilen in die Runde unbesucht gelassen. ...
Ich bitte Dich, Beste, geh eigends zu Mad. Schläger und erzähl ihr ein wenig von mir – ich kann diesmal nicht mehr schreiben. Ist sie leidlich wohl? Sag ihr, es gehe uns ganz ausgelassen gut. Wir lebten in schöner Geselligkeit, und das Frühjahr bringe gewiß wieder Reisen herbey. [Besorgungen.]
Empfiehl mich Deinen Hausgenossen. Die Kinder drücke ich so wie Dich mit alter Liebe an mein Herz. Vergieb mein Schweigen und liebe

Deine Caroline.

77 AN AUGUSTE

[Jena] 21. Oct. [17]99

Mein liebes Mädchen, wie kommt es, daß ich seit 3 oder 4 Postagen nichts von Dir erhalte? Du ängstigst mich sehr. Ich habe Dir außer dem lezten jedesmal geschrieben. Einen Brief gab ich Schlegel nach Leipzig mit, damit er früher kommen sollte, der wird aber wohl dadurch später gekommen seyn? Meine liebe Seele, bist Du nicht wohl? bist Du betrübt? Wer weiß, ob Hufelands nicht doch noch über Dessau gehn und Du mit ihnen wiederkommst! Sie haben noch immer nicht aus Berlin geschrieben, und ich weiß nun gar nicht, wie es steht in der Welt – ich weiß nicht, was mein Kind macht. Meinst Du etwa, weil ich Dich noch dort lassen wollte, ich hätte Dich nicht lieb? Glaub nur, Du bist Deiner Mutter das theuerste, was sie hat, und das wirst Du schon noch fernerhin gewahr werden.

Ganz aus der Fassung setzt mich Euer allseitiges Stillschweigen.
Von Dresden hab ich einen traurigen Brief, Utteline hat ein faules Nervenfieber und war am 13ten noch nicht außer Gefahr.
Am Donnerstag kamen Tieks. Sie sind durch Dessau gekommen, und glaubten Dich mit der Tischbein in Dresden, so daß sie Dich nicht gesucht haben und nur wahrscheinlich mit Dir in der Comödie waren, in den Arkadiern. Häßlich ist die Tiek nicht. Hätte sie Anmuth und Leben, und etwas mehr am Leibe als einen Sack, so könte sie für hübsch gelten. Das kleine Tiekchen ist recht sehr hübsch und blühend geworden. Es macht sich übrigens alles recht gut zusammen. Den ersten Abend hat Schlegel gleich den König Richard und gestern Tiek ein Stück von Holberg vorgelesen. Das soll alles noch einmal gelesen werden, wenn Du kommst. Hast Du denn auch von dem Spuk in Leipzig gehört? Daran würde sich Kuhn jämmerlich ergötzen. Kotzebue hat ein Stück gegen die Schlegel gemacht und während der Messe aufführen lassen. Eine Rolle drin ist aus den Fragmenten im Athenäum ausgeschrieben, und soll so den Friedrich vorstellen, der zulezt ins Tollhaus geschickt wird. Übrigens platterdings kein Witz darin außer der Schlegels ihr eigner. Es hat großen Lärm im Parterr gegeben pro und contra – das pro hat natürlich bey den Leipzigern die Oberhand behalten, hinterher hat Müller aber die weitre Aufführung verbieten lassen. Das Stück heißt der hyperboreische Esel oder die Bildung unsrer Zeit. Du kanst leicht denken, wie sich Schlegel tout de bon daran ergötzt hat. Es ist Dir ein Tausendspaß. – Schillers Musencalender ist auch da, das Gedicht von der Imhof eben weiter nicht viel als ein Rudel Hexameter, aber über ein Gedicht von Schiller, das Lied von der Glocke, sind wir gestern Mittag fast von den Stühlen gefallen vor Lachen, es ist a la Voss, a la Tiek, à la Teufel, wenigstens um des Teufels zu werden.
Herzenskind, fehlt Dir etwas?...
Schellings Bruder ist seit gestern da, aber noch nicht hier gewesen, denn er ist vom Postwagen gefallen und noch stupide. Er soll größer seyn wie Sch. und erst 16 Jahr. Niethammers sind auch wieder zurück, nicht überentzückt von Schwaben. Von Schellings Schwester hat *sie* mir aber eine

sehr vortheilhafte Beschreibung gemacht. Mammeselle Niethammer ist mitgekommen, und wird den hiesigen Schönen, wenigstens allen Blondinen, starken Eintrag thun.
Die Veit fährt fort eine trefliche Frau zu seyn, und Friedrich zu träumen. Die Schillern hat eine Tochter. Die Melish auch, und denke Dir, erst vor ein paar Tagen kam sie nieder. Er schickte einen Expressen. Daß die Schiller schwanger, hast Du wohl nicht einmal gewußt? Gott segne Dich, Du weißt vieles noch nicht. Lernst Du denn doch wenigstens singen?

Dein verzweifelndes Mütterchen.

78 AN AUGUSTE

[Jena] d. 28. Oct. Montag [1799]
Liebes Kind, nun ich Dich nicht gleich wieder bekommen kann, fängt die Sehnsucht auch an, mir in die Seele zu treten. Gestern kamen Hufelands wieder, mit denen hättest Du nun auf keinen Fall kommen können, also darfst Du mir doch die Schuld nicht mehr geben, daß ich Dich fern von uns verschmachten lasse, und ich habe sie mir auch nicht mehr selber beyzumessen. Schicksal! Schicksal! mein Engel und das Gemeine – nehmlich *das* Gemeine, daß man nicht fliegen kan – enfin alles wie es in dem Wallenstein steht, die Sterne, der Hufschlag der Pferde usw. Doch die Zeit wird kommen, und Du sollst einen herrlichen Weinachten hier feyern. Mit dem Husten das ist schlimm, spiele nur recht viel und thue Deine Ohren auf, um recht zu hören, was die andern spielen und singen, damit Dir ein innres Verständniß der Musik aufgehe. Laß keine Operette ungehört vorbeygehn. Was es kostet, will ich denn schon bezahlen. Deinen Muff schick ich Dir durch die Schwester der Fromman, Mad. Bohn, die über Dessau zurückreisen. Auch der Fromman Tante, Mad. Hanbury, ist da mit vielen Kindern, kurz eine ganze Hamburgerey bey ihnen aufgeschlagen. Der Hofrath Hufeland ist zurück nebst Frau und Kindern. Lauserey das alles! *Buonaparte ist in Paris.* O Kind, bedenke, es geht alles wieder gut. Die Russen sind aus der Schweiz vertrieben – die Russen und Engländer müssen in Holland schmälich capituliren, die Franzosen dringen in Schwaben vor. Und nun komt der Buonaparte noch. Freue

Dich ja auch, sonst glaub ich, daß Du blos tändelst und keine gescheiten Gedanken hegst.
Die Tiek misfällt mir im Grunde doch, ich mag es nur nicht aufkommen lassen. Er ist sehr amüsant, und wir sind viel beysammen. Was die Menschen vor Zeugs aushecken, das glaubst Du nicht. Ich werde Dir ein Sonnet auf den Merkel schicken, der in Berlin geklatscht hat, der Herzog habe den Schlegels wegen des Athenäum Verweise geben lassen usw. Da haben sich Wilhelm und Tiek lezt Abends hingesetzt und ihn mit einem verruchten Sonnet beschenkt. Es war ein Fest mit anzusehn, wie beyder braune Augen gegeneinander Funken sprühten und mit welcher ausgelassenen Lustigkeit diese gerechte malice begangen wurde. Die Veit und ich lagen fast auf der Erde dabey. Die Veit kann recht lachen, was sie Dir wohl bestens empfelen wird. Der Merkel ist ein geliefertes Ungeheuer. Davon erholt er sich nicht. Ein Mordlerm wird übrigens von allen Seiten losgehn. Schütz und Wilhelm haben artige Billette gewechselt, Schelling rückt der A. L. Zeitung mit voller Kraft auf den Leib. Doch diese Händel gehn Dich nichts an, die Russen und Buonaparte aber viel....
Wenn doch Tischbein recht früh, im November schon käme und Dein Bild noch fertig machte.
Die Schillern ist an einem Nervenfieber im Wochenbett so krank, daß der Arzt sie schon aufgegeben hat.
Grosmutter hat wieder geschrieben. Ich bin stark willens Dich hier confirmiren zu lassen mit der Luise Seidler.
Also dick wirst Du, mein schlankes Kind, o das ist häßlich, da muß ich Dich nur dort lassen, damit Du Dich mager grämst....
Schellings Bruder ist groß und stark und spricht dick und breit schwäbisch, Ähnlichkeit mit dem Bruder, aber doch nichts von dem geistreichen Trotz im Gesicht. Er ißt nicht bey uns, Schelling meint, so einem Bengel müßte es nicht gleich so übermäßig gut werden....
Hab ich Dir geschrieben, daß Charlottens Kind todtkrank war, so wiße hiemit, daß es auch wieder beßer ist.
Ich werde das nächstemal der lieben Tischbein schreiben, heut ists unmöglich.

An Ludwig Ferdinand Huber

[Jena] den 22. Nov. [17]99

Schlegel ist diesen Morgen auf mehrere Tage verreißt, um Augusten wieder zu hohlen, die wir seit 8 Wochen nicht bey uns gehabt haben. Ihr Brief kam vor einigen Stunden, ich brach ihn auf, weil ich Ihre Hand erkannte und also wußte, daß ichs durfte. Nun lassen Sie mich ihn auch vorläufig beantworten, und zwar eben, damit die Antwort nur Ihren Brief gelte, denn die Rezensionen sind bis heut noch nicht erschienen, vielleicht kommen sie morgen.

Ich glaube, Therese hatte Recht. Sie mußten entweder den Antrag nicht annehmen, oder Schlegel sagen, daß Sie ihn übernehmen, da Ihr Urtheil *so* stand. Denn, mein lieber Huber, Sie wußten genug vom Geist oder Ungeist der Literatur Zeitung und vom jetzigen hiesigen Geist, um einzusehen, daß sie diesen grade damit in die Hände arbeiten. Persönlichkeiten abgerechnet, waren Sie das der Sache schuldig, die Sie doch hoffentlich im Ganzen mit Schlegel gemein haben, oder ich müßte nichts mehr von Ihnen wissen. Die Art tadlen, das verwechselt der gemeine Haufe mit der Sache, und in der LZ. schreibt man nur für den gemeinen Haufen. S. hat Ihnen dazu mehrmals bestimmt gesagt, wie er über dieses Institut dachte, daß er so durchaus kennen zu lernen Gelegenheit hatte. Sie werden aus einen der lezten Blätter desselben sehen, daß er sich darüber, und zwar durch die jämmerliche Handlungsweise der Redaktoren getrieben, nun öffentlich erklärt hat; redlich haben Sie also dieser unredlichen clique in diesem entscheidenden Moment beygestanden. sie muß Ihnen unendlich verbunden seyn. Glauben Sie mir, mein Freund! Ihre freye Unbefangenheit des Urtheils und Geschmacks übersieht dieses Gewebe nicht; eben darum haben Sie sich damals schon bewegen lassen, Kotzebues Elendigkeit durch Ihre gutherzige Zurücknehmung Vorschub zu thun. Sie haben den ersten Schritt gethan, um diesen mit der LZ. zu verbinden, die denn nun auch, wenigstens Schütz und er, in der genauesten Coalition stehen. So hat Schlegels literarisches Benehmen schon mehrmals die auffallende Wirkung gehabt, die miserablen nahe zusammen zu drängen. Denn eben gegen ihn haben diese sich nun verbündet. Schütz hat in seinem Hause, wo

Mad. Schütz halbverrückt die Minna v. Barnhelm spielte, einen Prolog im Geschmack des Kotzebueschen Stücks aufführen lassen. eben so sehen Sie nun den alten Nicolai gnädiger an, und da Sie über alles, was dieser seit Jahren geschrieben, sich zu reden schämten, zeigen Sie nun auf einmal dies Buch an, das gegen die Schlegel gerichtet ist. Es bildet sich jetzt ein *allgemeiner* Kampf des Guten und Schlechten, Sie kennen revoluzionäre Zeiten, und sollten an der Weise nicht krittlen. Was Sie wollen, nennt man im Politischen halbe Maaßregeln, ich gestehe, ich halte Sie, auch im politischen, für zu friedliebend, zu genau abwägend, darum haben Sie eine größere Wirkung verfehlt, die Ihnen sonst gewiß zu Gebote stand. Was ich hierüber meyne, ist gewiß nicht Liebe zum Streit. An meinen Vorstellungen, ja an meinen dringenden *Bitten*, hat es nicht gelegen, daß nicht die Hälfte des Anzeigers im Athenäum unterdrückt wurde. Ich habe zulezt der männlichen Gewalt nachgegeben, ich habe geschwiegen, wie ich das eben in politischen Angelegenheiten auch thun würde, im Glauben, daß, aller unsrer Vernunft zum Trotz, die Männer dieses doch besser verstehen. Jetzt da es geschehen ist, kommt es mir nothwendig vor, und wenn sich die ganze Welt dagegen auflehnte, wie es ja auch geschieht. Denn sehen Sie, mein Freund, ich kenne Schlegel – ich bin wie von meinem Leben davon überzeugt, daß nicht der Schatten eines persönlichen acharnements in ihm ist. Hat er sich denn nicht alle diese Feinde erst gemacht? Die Plattheit, die Nullität, die Unpoesie ist ihm in den Tod zuwider. Verfolgt man die Sache, so geht es dann auch gegen die Person. Ist nicht Wielands Poesie Wielands Person? Es ist nur thörichte Weisheit beide hinterher noch trennen zu wollen. Am Privatleben eines solchen Menschen wird sich Schlegel nie vergreifen, das geht dann ans Pasquill, er selbst wird sich wahrscheinlich dergleichen gefallen lassen müssen, man wird alle Waffen gegen ihn aufbieten. Ich kenne niemand, der das ruhiger zu ertragen im Stande wäre. Sein ganzer Geist ist vorwärts gerichtet, der Wiederstand kann nur ihn mehr beflügeln. Glauben Sie doch nicht, daß er sich ernstlich mit diesen Teufeleyen abgibt. Er lebt in ganz andern Planen. Dieses amusement wird eine Weile dauern, ist es denn vorüber, so bleibt es nicht ohne Wirkung, es ist gut gewesen, weil es zum Fortkommen gehörte. – Auch wird er sich nicht dabey aufopfern, da er noch andre als kritische Mittel in seiner Gewalt hat, um durchzudringen. Sie kennen Schlegel nicht, wenn Sie ihn an Männlichkeit mahnen, er ist Mann: frey und selbständig, wie je einer war, dazu hat ihn die Zeit gebildet. Was er zu Ihrem Brief und der Rezension sagen wird, weiß ich, was er *Ihnen* sagen wird, nicht; für alle Bitterkeit aber stehe ich Ihnen und versichre Sie im voraus, daß die nicht Statt finden wird, im Fall er selbst etwa nicht antworten sollte. „Die Hand aufs Herz" und an den Kopf gelegt, würde er Ihnen erzählen, daß er im innersten Gemüth so schlecht von Wieland denkt, und ihn in einem solchen Grade für *unsittlich* hält, als er es noch nie öffentlich ausgesprochen hat. Und dieses auszusprechen, unter seinem eignen Namen, ist also für ihn wenigstens eben so billig und gerecht, als es für Sie ist Ihre Misbilligung am Athenäum und der Lucinde in der ALZ. unter den Schutz der Autorität [Anonymität?] auszudrücken.

Ihre psychologischen Bemerkungen über Friedrich sind wirklich eben so ungegründet. Das ist ja doch wohl psychologisch einen der Affectation, der Sucht nach Originalität zu beschuldigen. Er weiß gar nicht anders, als daß man so wunderbar *ist*, wie er den Menschen erscheint. Er wundert sich kindisch über unsern Wiederspruch und Kopfschütteln. Friedrich ist ein tiefsinniger, oft tiefgrübelnder, innerlich großer Mensch, der äußerlich ein Thor einhergeht. Selbst die künstliche Absichtlichkeit seiner Composizionen behandelt er mit kindlicher Zuversicht und Unbewußtheit. Er ist in Allem aufrichtig, bis in den tiefsten Grund der Seele hinein. Und da sprecht ihr nun so leichthin von Affectation, und daß der Mensch verkehrt sey, oder vielmehr sich verkehrt machen wolle – und Sie sollten doch bedenken, daß es von je der außerordentlichen Menschen Schmach gewesen ist, so auszusehen. Lucinde hätte nach meiner Meynung nicht gedruckt werden müssen, nehmlich in der Gegenwart nicht. In 50 Jahren da könt ich es leiden, daß sie vor 50 Jahren gedruckt worden wäre. Wozu hatten Sie aber nöthig sie zu rezensiren, das, dächte ich, hätte noch weit weniger geschehen müssen, zumal da sie noch nicht fertig ist.

Denken Sie nicht, daß diese Männer sich unter einander

schmeicheln, und etwas weis machen: sie kennen sich, sie sagen sich ihre Wahrheiten, aber sie haben ein Ziel – und das haben sie sehr fest in den Augen. Ich könnte mir sehr den Triumpf wünschen Sie persönlich unter uns zu sehen. Es würde lebhafte prächtige beredte Disputen geben. – Was sprechen Sie von Faction? Keine Revoluzion ohne Faction, das wissen Sie, oder sind Sie plözlich so modéré geworden? Zu den Klagen gegen die LZ. und Schlegels Erklärung schließen sich Fichte und Schellings Sache und Klage unmittelbar an: Das alles wird noch viel lauter werden, und die LZ. fürchtet sich bitterlich. Sie haben das ihnen mögliche gethan, um S. Erklärung zu verhindern, die sie nun so nach Hufelandscher Art fein und hinterlistig, auch etwas langweilig beantwortet haben. Und glauben Sie denn, daß in die Sache der schlechten Schriftsteller nicht auch die hohen Häupter gemischt werden? Es ist alles geschehen, um den Herzog aufzuwiegeln, und was der nicht that, oder nicht thun konnte, wurde ihm angelogen. Und alle dies Volk wird sich nun ausgelassen über Ihre Rezension freuen et vous avés bien merité de la patrie! Die Redaktoren fügen sicher noch die Anmerkung hinzu, daß sie von einem Freund Schlegels sey.
Schlegel dachte Sie in aller Unschuld zu bitten, Sie möchten um der guten Sache und andrer Projekte willen nicht mehr für die ALZ. arbeiten, besonders ihnen den W. Meister nicht liefern. Er dachte sich mit Ihnen einzuverständigen. Das scheint mir nun freylich nicht mehr an seiner Stelle. Nie wird er sichs zum kleinsten Verdienst anrechnen Ihrem Willen Gerechtigkeit wiederfahren zu lassen, und in diesem Sinn Ihr Freund zu bleiben, wie ers bisher war, aber wie soll er es *mehr* werden können? Den Eifer habe ich ihm nun vorweg genommen auf alle Fälle. *Die* Partheylichkeit werden Sie natürlich finden, doch erinnern Sie sich, daß mich Fichtens Sache auch warm gemacht hat. Auch ist der Eifer überhaupt in mir erregt, durch die erneute Theilnehmung an den französischen Begebenheiten, besonders seit Buonaparte Consul ist. Adieu...

NB. Der Literarische Anzeiger ist zwey kleine Sachen ausgenommen ganz von W. Schlegel, also macht er freylich nicht blos halb mit.

An Johann Diederich Gries

Jena d. 27. Dez. [17]99

[Auszug]

Es war mein bester Wille *Ihnen* zum Weinachten an Sie zu schreiben; aber er ist so geschwind herbey kommen, daß ich es nun *mir* zum Weinachten thue. Da ich auch so unbillig lange gewartet habe, so ist es nicht mehr als billig, daß ich mir gar nicht mehr anmaße, Ihnen damit ein Vergnügen zu machen, und nur froh bin, wenn Sie dieses ohne Groll lesen wollen. Ich bin in mich gegangen, daß es nicht recht ist nur mit den anwesenden Freunden zu schwatzen, Steffens ist der Busprediger geworden. Seit dem ersten Festage ist er hier und leistet uns in dieser wiederkehrenden harten Kälte Gesellschaft. Wir sind keine Thoren und fahren so viel im Schlitten wie voriges Jahr nie, ich habe vor den Ofen in der großen Stube noch ein zweites kleines Sopha gesetzt, und da würden wir gar nicht wegkommen, wenn unser armer Tiek nicht seit 3 Wochen an Rheumatismen litte und uns so manchen Abend eine Völkerwanderung nöthig machte.

Es ist ganz prächtig, daß mit unsrer Existenz manchmal so plözliche Umwandlungen vorgehn. So sieht unsre winterliche Geselligkeit ganz anders aus als unsre sommerliche. Sie ist wie das, was zurückbleibt, wenn der Wein ins Frieren gekomen ist. (Wer könnte jetzt seine Gleichnisse wo anders hernehmen als von Eis und Feuer?) Wir sehn fast niemand außer uns, die bloßen Bekannten haben sich ziemlich von den Freunden geschieden. Seit Schlegels Bruch mit der ALZ. sehn wir selbst unsre *nächsten Nachbarn* nicht mehr. – Ich stelle mir vor, lieber Gries, wenn Sie so von uns hören, Sie schlagen jedes mal die Hände über den Kopf zusammen. Es sind allerley wunderbare Dinge vorgegangen. Über das lezte Athenäum haben Sie Ihr besorglich Haupt nicht vergebens geschüttelt, es hat eine Wirkung gehabt, daß wir alle Tage neue Mährchen davon zu hören bekommen, und so im nordlichen Deutschland spricht man vielleicht nur in Göttingen wenig davon. – Wenn ich Ihnen von unsrer Lage Bericht geben will, so muß ich dieß wohl berühren, doch würd es Ihnen und mir langweilig seyn viel davon zu erzählen. Nur wegen der LZ. einige Aufklärung. Der Abschied von derselben hat sich schon seit einen Jahr vorbereitet und nur die persönliche Verbindung mit den Redaktoren hat ihn verzögert. Jetzt waren aber der Beschwerden (in Verbindung mit Schelling und andern) so viel geworden, daß ich es nicht mehr wagte Schlegeln ein bischen um Glimpf zu bitten. Er hatte seiner eignen Würde genug zu thun. Seine Erklärung ist buchstäblich auf die wahre Beschaffenheit der Sache gegründet. Die feige und hinterlistige Antwort der Redaktoren müßte das schon genugsam ins Licht setzen, wenn sich die Leute nicht durch den anscheinend moderaten Ton eines wohllöblichen Instituts verblenden ließen, und es nicht überhaupt an der Zeit wär, die Schlegel zu detestiren. – Schlegel hat seine Erklärung Huflanden mündlich angekündigt, der darauf noch einen Schritt nach seiner Weise that um sie zu verhindern. Er wußte nehmlich, daß Schlegel vor mehr als zwey Jahren eine Rezension geschrieben hat, von der er nicht gern als Verfasser bekannt seyn wollte, weil er einige Zeit darauf mit dem Rezensirten persönlich bekannt und Freund wurde, und zwar über seine Werke nicht anders denkt, aber die Verbindung ihm doch werth ist. Er schrieb also an Schlegel – sie würden in ihrer Antwort *alle* seine Rezensionen nahmhaft machen, dies sey die *unerlaßliche* Bedingung, unter der sie seine Erklärung aufnähmen. Da ihnen nun Schlegel sehr ruhig erwiederte, sie möchten dieses auf ihre Gefahr thun, indem andre Mitarbeiter sehn würden, wie weit sie sich auf den Contract mit ihnen verlassen könnten – er habe übrigens die Nennung seiner Rezensionen nicht zu scheun und könnte sie sich wohl selbst vorbehalten haben – so unterliesen sie dieses, wirkten aber in ihre Antwort Andeutungen ein, als ob irgend eine Ursach vorhanden sey, die Schlegel zum Stilleseyn nöthigte. Schlegel wird im nächsten Stück des Athenäums statt aller übrigen Fehde mit der ALZ., durch die er sich jetzt die Zeit nicht verderben will, seine Rezensionen nennen. – Überhaupt wird sich Schlegel in keine Repliken einlassen, aber nach wie vor sein freymüthig Urtheil üben. – Unter die vielen Geschwätze gehört auch, daß der Herzog sich in die Sache gemischt und Schlegeln eben das freymüthige Urtheil untersagt haben soll. An allem diesen ist nichts. Wenn sich auch der Herzog aufhetzen ließe, so würde Goethe es ihm wohl misrathen. Goethe hat sich in diesen Dingen äußerst freundschaftlich bewiesen. Er hat

sich mit Rath und That tief in alles eingelassen und stimmt Schlegeln auch völlig bey, was die LZ. betrift. Ehe Schiller Jena verließ, war G. noch 4 Wochen hier, selbst nach Schillers Abreise noch und hat auch versprochen wieder zu kommen. Schiller wohnt diesen Winter in Weimar, wie Sie vielleicht erfahren haben. *Sie* hat sich sehr langsam von ihren Wochen erholt und war in einen völligen Wahnsinn verfallen, wobey Schiller eine traurige Zeit verlebt hat.
[...]

81 AUGUSTE AN LUISE GOTTER

Jena den 31sten März [1800]
Ich hätte Ihnen gern schon lange geschrieben, liebe Madam Gotter, aber ich habe die Zeit her so viel mit der Mutter zu thun gehabt, daß kein Augenblick übrig war. Die Mutter ist wirklich sehr krank gewesen und ist noch nicht ganz hergestellt.
Erst bekam sie ein Nerfenfieber, wo sie 8 Tage sehr schlim war, nun verordnete der Arzt ein Senfpflaster ans Bein, dieses blieb zu lange liegen und kam auch nachher eine falsche Salbe drauf, so daß es sehr schlim ward und der Mutter große Schmerzen veruhrsachte. Dies brachte sie wieder so zurück, daß sie das Nervenfieber von Neuem bekam, und nun da das vorbei ist, hat sie auch noch sehr heftige Krämpfe bekommen, die aber jezt auch nachlassen, und wir sehn ihrer völligen Genesung mit jedem Tag entgegen. Man sagt, sie habe ein paar mal in Lebensgefahr geschwebt, aber dieser Gedanke ist mir zu furchtbar, als daß ich ihn gehabt hätte, Gottlob es ist nun alles von Gefahr vorbei, und wenn es so fort geht und das Wetter gut bleibt, so kann sie vielleicht in ein paar Tagen schon wieder ausfahren.
Heute sind es nun schon 4 Wochen, daß sie krank ist, es war eine schreckliche Zeit, ich mögte sie um alles nicht noch einmal erleben!
Die Mutter läßt sich Ihnen empfehlen und dankt für Ihre freundschaftlichen Wünsche, sie hoft bald selbst wieder schreiben zu können. Verzeihn Sie mein geschmier und unfollständige Nachricht, nächsten Posttag denke ich mehr

Zeit zu haben und dann will ich Cecilien eine rechte umständliche Beschreibung von allem schicken.
Grüßen Sie Ihre Kinder, meine lieben Freundinnen, recht herzlich von mir, ach wenn doch eins von ihnen in diesen Tagen hier gewesen wäre, welch ein Trost wäre mir das gewesen!
Leben Sie wohl, liebe Mutter, und behalten Sie Ihr Töchterchen ein bischen lieb.

Auguste Böhmer.

Verzeihn Sie ja mein geschmier.

82 Auguste und Caroline an Friedrich Wilhelm Joseph Schelling

[Bamberg] Sonntag den 8ten[–9.] Juni 1800
Wir haben gestern Deinen niedlichen Brief bekommen und er hat uns große Freude gemacht. Du bist recht artig, daß Du uns so bald geschrieben, wir sehnten uns schon recht. Mutter ist recht wohl und die Kälte hat ihr nichts geschadet, wir sind auch alle Tage zusammen spazieren gegangen, wenn es das Wetter erlaubte. Aber mit mir armen Kinde geht kein Mensch des Abends spazieren, einmal ließ ich mir einfallen, weil es gar zu schön war, mit Röschlaub und Kusine zu gehn, da schlepten sie mich gleich nach Buch, aber ich blieb standhaft und gieng durchaus nicht hinein, sondern grade vorbey nach dem Dorf zu, da mußten sie mir wohl folgen, sonst hätten sie mich wahrhaftig wieder da hinauf in den garstigen Tanzsaal geschlept. So geht es uns Kinderchen, wenn Du nicht da bist, kom nur bald wieder. Von Deinem Schwesterchen hast Du doch auch nicht ein Wort geschrieben, wie sie Dir gefällt, ist das nun nicht recht schlecht?
Nun stell Dir unser Unglück vor, mit dem schönen Logis bei Hofrath Faber ist es wieder nichts; der Herr Hofrath wollte es wohl sehr gern vermiethen, und mit dem Preis waren wir auch einig, nämlich 5 Carol. für 3 Monat. Aber nun hat der Herr Hofrath noch einen Vater, der Titular Geheimerrath ist und von dem der Sohn, der erstlich dum ist und zweytens viel Schulden hat, abhängt, und dieser will es durchaus nicht zugeben, das vermiethet wird. Röschlaub

war selbst bey ihm, aber er hat allerley Vorwände, es wäre keine Frau im Hause, denn der Sohn ist Witwer mit kleinen Kindern, und da könnten Unordnungen entstehen, und es könnte was an den Möbeln verdorben werden und das Haus stünde so im Verkauf, und kurz, er giebt es nicht zu, und der Sohn kann nun nichts machen und steht da, als wenn er die Ruthe vom Papa bekommen hätte. Nicht genug, das die Frauen an diesem Orte Männer haben anderes Sinnes wie sie, um uns zu quälen, die Söhne haben auch Väter, und die Titular Geheimeräthe scheinen uns ganz besonders aufsäßig zu sein. Und was wirst Du erst sagen, wenn ich Dir erzähle, daß dieser halsstarrige Vater derjenige ist, vor dessen abscheulicher Nase wir einsmals nicht zu abend essen konnten, der uns auf dem Spaziergang begegnete.
Mit dem ist es also wieder nichts; ich ärgere mich nur, daß ich Dir schon davon geschrieben habe. Nun haben wir wieder ein andres auf der Spur, von dem wir aber noch nichts gewisseres wissen.

Montag

Gestern konnte Dein armes Kind den Brief nicht vertig schreiben, denn es hatte solche Schmerzen in der Schulter, daß es nicht im Stande war, die Feder zu halten, und habe beynah den ganzen Tag auf dem Bett liegen müssen. Heute ist es nun aber wieder vorbey.
Die alte Mad. Schindler, die Unterhändlerin bey dem Faberschen Logi war, weil sie den Hofrath sehr genau kennt, meint, der alte hätte [es] nicht zugeben wollen aus religions Haß. Selbst religions Haß.
Vom neuen Logi sollst Du nicht ehe ein Wort hören, bis alles in Richtigkeit ist.
Mutter will auch noch ganz viel schreiben. Leb recht wohl, Du Mull, und vergiß das Uttelchen nicht, das so gern mit Dir spazieren ginge.

Montag früh d. 9ten

Ich habe das kleine zärtliche Gemüth zur Ruhe verwiesen, denn troz ihrer Versicherung ist sie doch noch nicht wieder besser und hatte Fieber gestern – es wird aber weiter nichts draus entstehn, als daß ich meine Abreise bis auf den 12ten verlege, auch aus der Ursache, weil es so kalt ist, und ich in

das kühlere Bocklet nicht mit der Kühlung eintreffen mag. Marcus ist heut nach Nürnberg, und ich hab ihm versprechen müssen seine Rückkehr den 11ten Abends abzuwarten. Erst von Bocklet schreib ich, was ich hier ausgerichtet habe – Wir haben Tag und Nacht zu sorgen gehabt, seit Du weg bist, und ich könt ein Lied nach alter Weise mit einem doppelten Refrain dichten – „wenn er doch nur bey uns wäre!" und „gut daß er nicht bey uns ist!" Bald hätte ich Dich mir zur Entscheidung gewünscht, und dann war ich wieder so froh Dich aller dieser Plage überhoben zu wissen, zumal ich selbst allein sie besser zu tragen vermochte. Nur das war mir im Wege – meine Schüchternheit an Deiner Stelle zu handeln, da ich es ganz als Deine Sache ansehe – Du weist, ich folge Dir, wohin Du wilst, denn Dein Leben und Thun ist mir heilig, und im Heiligthum dienen – in des Gottes Heiligthum – heißt herrschen auf Erden. Doch konnt ich nicht aus dem Gesicht verlieren, daß unser Aufenthalt hier schon wie gemacht, erklärt und bereitet ist, daß er so manche Vortheile für Dich anbietet, und das bestimmte mich, allen Verdruß zu ertragen, den ich sonst oft auf den Punkt war von mir zu stoßen, und ohne weiter etwas ausgemacht zu haben, nach Bocklet zu gehn. Erst dort werd ich wahrscheinlich hören, ob Dir die nöthige Ruhe im Hause Deiner Eltern wird, worauf so viel ankömmt – gewiß bekomme ich nun hier keinen Brief mehr von Dir. Daß ich einen andern, nehmlich von meiner Mutter, noch hier abwarten kann, weil ich am Mittwoch noch da bin, ist mir lieb. Du giebst mir nicht eine einzige militairische Nachricht. Fast sollt ich vermuthen, ihr würdet Kaiserliche bekommen. Das wird Dich stören.
Vorgestern hat mich Marcus zu seiner einen Schwiegerin geführt, wo ich auch die andre, sammt der Gräfin Rothenhahn und Hofmarschall Redwitzens traf. Beyde Schwägerinnen sind artige Frauen. Dieser Bruder von Marcus, der krank ist an Krämpfen, sieht natürlich wie der idealisirte Hofr. Schütz aus. Die Rotenhahn war ganz und gar nicht adelich, sie hat sich so gefreut und wir haben unendlich viel mit einander geschwazt – es war auch eigentlich ein Rendésvous mit ihr.
Röschlaub hat mir eben das Geld gebracht.
Eben hat mich die Commerzienräthin Markus besucht.

VII.
Briefe aus Braunschweig, Hamburg und Jena
1800–1803

> *„Wie ich in mir selber erwachte, da machte es sich so, daß ich lange, lange glaubte, in der Wirklichkeit wäre das Glück niemals zu Hause, und nichts, was dem innern Daseyn eigentlich entspräche. Und durch diese erste Erziehung bin ich immer ein wenig bescheiden geblieben. Die Resignation hat mir Tiefe gegeben, und die erste Liebe eine ganz unaussprechliche Heiterkeit, ob sie schon selbst fast nicht in die Wirklichkeit gehörte."*

83 An Friedrich Wilhelm Joseph Schelling

[Braunschweig, Oktober 1800]

Ich schreibe Dir von Göttingen, so Gott will.
Sieh nur Goethen viel und schließe ihm die Schätze Deines Innern auf. Fördre die herrlichen Erze ans Licht, die so spröde sind zu Tage zu kommen. Mein Herz, mein Leben, ich liebe Dich mit meinem ganzen Wesen. Zweifle nur daran nicht. Welch ein Blitz von Glück, wie mir Schlegel gestern Abend Deinen Brief gab. Du schreibst nach Braunschweig bey Prof. Wiedemann abzugeben. Rose ist allerliebst, ob Schlegel sie aber brauchen wird, sehr problematisch. Sie hängt sich ganz an mich und ich bin recht gut mit ihr. Wir wollen weiter sehn. Gott segne Dich, sey *recht* ruhig, Du darfst es seyn.

An Friedrich Wilhelm Joseph Schelling

[Braunschweig] Dienstag früh [Oktober 1800]

Ich habe den Himmel recht gebeten mich zu erleuchten und mir gute Gedanken zu verleihn, ehe diese Post abginge, und er hat mich auch erhört. Wenn ich Dir wollte oder vielmehr vermöchte alles hinzuschreiben, was in mir vorgegangen ist, es würde so tief und so wehevoll werden wie Deine Blätter, aber ich muß mich schonen und gebe Dir nur den Frieden von Gott, in dem sich mein Herz aufgelöset hat, voll fester Hofnung, daß ich ihn Dir auch mittheilen werde. Ich habe Dich innig lieb, ich küsse Deine Stirn, Deine beyden lieben Augen und den süßen Mund. Das ist recht das selige Zeichen des Kreuzes.

Wenn ich Dir auch könte lange Vorstellungen erwiedern über Deine Vorstellung, und eine Menge begeisterte Vernunft gegen Deine irrigen Ansichten setzen, es wäre eine bloße Redeübung – genug daß ich meinem Freunde verspreche, daß ich leben will, ja daß ich ihm drohe, ich werde leben, wenn er so zur unwahren Stunde den Tod sucht. Du liebst mich, und sollte die Heftigkeit des sich in Dir bewegenden Wehes Dich auch einmal mit Haß täuschen und mich damit zerreißen, Du liebst mich doch, denn ich bin es werth, und dieses ganze Universum ist ein Tand, oder wir haben uns innerlich für ewig erkannt.

Ich wiederhol es noch einmal, warum kann ich dem Goethe nicht sagen, er soll Dich mit seinem hellen Auge unterstützen. Er wäre der einzige, der das nöthige Gewicht über Dich hätte. Gieb Dich wenigstens seiner Zuneigung und seinen Hoffnungen auf Dich ganz hin, und denke, daß Du doch liebe Freunde hast – so gut, wie das Jahrhundert sie vermag. Schreib mir, was Du eigentlich jetzt arbeitest, am Journal, das errath ich wohl, weiß aber nicht welches Thema. Friedrich seine Querspiele haben mich sehr amüsirt. Ich habe hier beyläufig von Wilhelm vernommen, er sähe seine Vorlesungen aus einem sehr sublimen Standpunkt an, nehmlich er könne sich der Ironie nicht dabey enthalten, die Studenten wären gar zu dumm. Die Ironie ist doch zu allen Dingen nütze. Euer Conversatorium wird übrigens zu allerley Partheywuth, Streichen, Nücken und Tükken Anlaß geben, deswegen hat es mir gleich nicht beson-

ders gefallen. Gieb Du dem Wickelmann immer nur ein humanes gutes Wort, damit er Deine Divinität wieder bekennt. Man muß nichts vernachläßigen im Spiel. Paulussens sind ein jüdisch und judassisches Volk, aber ihnen ganz aus dem Wege gehn solltest Du doch nicht. – Über die Veit denkt Wilhelm nun nach und nach fast wie wir – ich habe ihm auch gesagt, daß sie so über das Innre unsers Hauses geschwazt und gelogen hat, was er als einen sehr schlechten Dienst gegen sich selber anerkannte.
Hast Du das neuste Stück der Propyläen schon gesehn?
Sey nur nie besorgt, was Deine Briefe betrift; ich bekomme sie aus der Hand des Briefträgers immer zu eignen Handen, beantworte sie aber nur manchmal so überzwerch, wie Friedrichs Philosopheme sind. Ich muß doch auch probi-

ren, ob ich nicht aus $\genfrac{}{}{0pt}{}{Tod}{Schmerz} \times \genfrac{}{}{0pt}{}{Wonne}{Liebe}$ Leben und Frie-

den herausbringen kann. Woher mir die Ursätze kommen, darum wirst Du *mich* wohl nicht so scharf befragen. Es ist doch arg, wenn man etwas gewiß hat, und soll nun auch noch Rechenschaft geben, woher man es nimmt.
Goethe tritt Dir nun auch das Gedicht ab, er überliefert Dir seine Natur. Da er Dich nicht zum Erben einsetzen kann, macht er Dir eine Schenkung unter Lebenden. Er liebet Dich väterlich, ich liebe Dich mütterlich – was hast Du für wunderbare Eltern! Kränke uns nicht. Und hast Du wohl bey Deinen lezten Vorsätzen an Deinen guten Vater und die gute Mutter gedacht, die einfältiger, aber eben so kraftvoll und liebreich Dir das erste Leben gaben? O welch ein schwarzer Nebel hatte das Haupt meines Freundes umzogen.
Ich wollte Dir selbst schon vorschlagen, ob ich Dir etwas für Dein geplagtes Schwesterchen schicken sollte. Nur daß ich gar nicht ausgehe, hat mich verhindert es schon zu thun. Ich möchte wohl wissen, ob Du ihr lieber etwas zum Anzug oder zum Andenken gäbest und ob sie Ohrringe trägt.

Es ist vielleicht ein seltsamer Contrast, daß ich Dir so heiter schreibe nach einem solchen Brief. Aber ich habe viel gelebt in diesen wenigen Tagen, und das ist mein innerstes

Wesen, daß ein Lächeln gränzen kann an die unsäglichste
Noth. Du hast mich wieder geweckt, und gewiß, wir quälen
uns nun wohl recht mit hin und her schreiben, und tausend
Widersprüche fallen vor, aber am Ende werden wir doch
uns etwas bilden, das alle löset. Verlaß mich nicht, ich liebe
Dich, ich wollte ich könnte Dir sagen wie sehr, aber in Deinen Armen selbst würde ich es Dir nicht ausdrücken können.

85 AN FRIEDRICH WILHELM JOSEPH SCHELLING

[Braunschweig] Mittwoch [Oktober? 1800]
Am lezten Postag kont ich nicht schreiben, lieber Freund,
weil ich mir nicht merken lassen wollte, daß ich an einem
ganz ungemeinen Schnupfen danieder lag ordentlich im
Bette. Ich hoffe, du wirst, weil es ein sthenisches Übel war,
weiter über dieß Bekenntniß nicht jammern; ich bin schon
ziemlich wieder hergestellt, so daß ich gestern Abend im
Stande war in das Schauspiel zu fahren – mit *ausgehn* geb
ich mich überhaupt nicht ab – um den Oedipe à Colone zu
sehn, eine Oper mit Rezitativen, jedoch nicht tout à fait tragique, denn der Oedip geht zulezt noch mit zur Hochzeit
seines Sohnes und der charmante princesse Eriphile, die
wirklich ein charmantes Mädchen und im 8ten Monat guter
Hofnung ist. Ich wollte doch gar zu gern eine Anschauung
von dem französischen ernsthaften Spiel haben, die denn
auch tüchtig war und mir eine Stunde nachher noch in den
Ohren weh that. Oedip und Antigone wurden von nicht
schlechten Schauspielern gemacht, ist aber überflüssig zu
sagen, wie sie die Griechheit zerfezten und vermuthlich
auch noch weit unter der pittoresken Leidenschaftsdarstellung eines Talma blieben. Und doch das Wenige, was aus
dem Alten übrig geblieben war, nur blos die Erscheinung
des Blinden von der Tochter geführt, es bewegte gleich die
ganze Seele, und ich dachte an alles Liebste und Schmerzlichste und das eigne unter Fluch und Segen der Götter ruhende Geschick.

Donnerstag

Das Theater hat unter den gewöhnlichen Dingen (denn ein Söder kann man nicht alle Tage haben) noch am ersten die Wirkung mich zu zerstreun. Da spricht doch niemand mit mir, ich brauche nicht zu antworten und selbst Comödie zu spielen. Gesellschaften sind mir unleidlich, die Erfahrung hab ich gestern Abend wieder bey der Nuys gemacht. – Allerbester Freund, gestern kam aber auch Dein Brief, und das war eine große Freude für mich. Es geht ja herrlich, ich wußte es vorher und wolte nur nicht viel davon reden. Du bist nicht grossprechend, fürchte nichts, ich weiß gewiß, daß alles so gewesen ist, ich habe Dich gesehn, wie Dich Dein Bruder sah, verklärt durch Kraft und Gelingen. Ja, Du bist wieder in die Schlacht gekommen, theurer Achilles, und nun fliehen die Troer. Die Unsterblichen haben Dich wieder geehrt und werden Dir das lange Leben obendrein geben. Das ist die wahre Rache, und ich triumphire ohne alle Schonung. Nichts von Bedauern, sie wäre gar nicht im großen Sinn der Humanität selber. Denn manche gedeihen in der Unterdrückung, dahin gehört Friedrich – es würde nur seine beste Eigenthümlichkeit zerstören, wenn er einmal die volle Glorie des Sieges genösse. Dir geziemt sie, Du weißt Dich in diesem Elemente zu bewegen – sollte mein Freund endlich aber übermüthig werden wollen, so wird er sich erinnern, daß er den bescheidnen Sinn seiner Freundin damit von sich scheuchte, und weiter hat sie ihm bey dieser Gelegenheit, die für sie höchst ergötzlich ist, kein memento vorzuhalten. Was nun *die* Seite betrifft, daß es ihren Muth stärken soll bald jenen Schauplaz zu betreten, so ist sie wunderlich und fühlte sich vielleicht noch weit unwiederstehlicher hingezogen, wenn sie dem Geliebten eine öde Laufbahn zu erhellen hätte, als eine....
[Bogenschluß.]

86 AN JOHANN WOLFGANG GOETHE

[Braunschweig 26. Nov. 1800]
Wenn Ihre eignen Hoffnungen von *Schelling* und alles, was er schon geleistet hat, wenn er selbst Ihnen so lieb und

werth ist, wie ich es glaube, so werden diese Zeilen ihre Entschuldigung finden, ungeachtet ihrer Seltsamkeit, die Sie bitten sollen ihm zu helfen. Ich weiß in der Welt niemand außer Ihnen, der das jetzt vermöchte. Er ist durch eine Verkettung von gramvollen Ereignissen in eine Gemüthslage gerathen, die ihn zu Grunde richten müßte, wenn er sich ihr auch nicht mit dem Vorsaz hingäbe sich zu Grunde richten zu wollen. Es kann Ihnen fast nicht unbemerkt geblieben seyn, wie sehr sein Körper und seine Seele leidet, und er ist eben jetzt in einer so traurigen und verderblichen Stimmung, daß sich ihm bald ein Leitstern zeigen muß. Ich bin selbst müde und krank und nicht im Stande ihm die kräftige Ansicht des Lebens hinzustellen, zu der er berufen ist. Sie können es, Sie stehn ihm so nah von Seiten seiner höchsten und liebsten Bestrebungen, und der persönlichen Zuneigung und Verehrung, von denen er für Sie durchdrungen ist. Sie haben das Gewicht über ihn, was die Natur selber haben würde, wenn sie ihm durch eine Stimme vom Himmel zureden könnte. Reichen Sie ihm in ihrem Namen die Hand. Es bedarf weniges weiter, als Sie wirklich schon thun, Ihre Theilnehmung, Ihre Mittheilung ist mehrmals ein Sonnenstral für ihn gewesen, der durch den Nebel hindurch brach, in dem er gefangen liegt, und manches, was er mir geschrieben, hat mir den Gedanken und den Muth gegeben Sie bestimmter für ihn aufzufordern. Lassen Sie ihn nur wissen, daß Sie die Last auf seinem Herzen und eine Zerrüttung in ihm wahrnehmen, die ihm nicht ziemt, und wenn das Geschick auch noch so ausgesucht grausam ist. Lassen Sie ihn einen hellen festen Blick auf sich thun. Sie werden durch jeden Wink auf ihn wirken, denn mag er noch so verschlossen und starr erscheinen, glauben Sie nur, sein ganzes Wesen öffnet sich innerlich vor Ihnen, wenn Sie sich zu ihm wenden, und wenn er nicht die heftige Erschütterung scheute Ihnen gegen über, so hätte er vielleicht selbst gethan, was ich sanfter, obwohl sehr bekümmert an seiner Statt thue: sein Heil Ihrer Vorsorge übergeben. Es ist das beste, was die Freundin für ihn zu thun vermochte, die ihn nicht auf die Art trösten kan, wie sie sich selbst trösten darf. Ich habe es gewagt im Vertrauen auf Ihre Güte und den ernsten Sinn meines Anliegens. Meine Augen sind trübe, ich sehe nur noch, daß er leben muß und alles Herrliche ausführen, was er sich gedacht hat.

Wenn ich einen Wunsch besonders aussprechen darf, so ist es der, daß Sie ihn um Weynachten aus seiner Einsamkeit locken und in Ihre Nähe einladen.

Ohne weitere Antwort hoffe ich es beruhigend zu erfahren, daß Sie meine Bitte geachtet haben, und nur zum Überfluß ersuche ich Sie, ihrer auf keine andere Weise zu erwähnen.

Caroline Schlegel.

Schlegel wird wahrscheinlich noch vor Ende des Jahres die Ehre haben Sie zu sehn.

87 AN FRIEDRICH WILHELM JOSEPH SCHELLING

[Braunschweig] Sonnabend früh den 20 Dez. 1800
Anbey kommt ein großer ächt englischer Überrock, der meinen Freund wärmen soll. Ein Weinachtsgeschenk soll es nicht seyn. Er war Dir schon lange bestimmt und besonders für das große Carneval berechnet, aber ich habe ihn nicht eher von Hamburg bekommen. Wenn Dir nur halb so wohl darin ist als warm, so soll es mich freuen. Ich habe ihm befohlen, er soll sich recht um Dich herum schmiegen. Die erstemale wird er einige Haare lassen, und es wird an Deinen Röcken viel auszubürsten seyn, das giebt sich aber. Sonst ist er unendlich bequem, und man hat doch die Arme darin frey um eine Freundin zu umarmen. Der blaue Mantel wikkelte Dich ein wie den Grafen Egmont. O daß ich Dein Clärchen seyn könnte, aber ich bin nur Deine Caroline.

88 AN FRIEDRICH WILHELM JOSEPH SCHELLING

[Braunschweig, Ende Dezember 1800]
Mein lieber Freund, mein Schelling, Du hast die Abrede gehalten und ich nicht. Am Abend des nehmlichen Tags, wo ich dir zulezt schrieb, bekam ich dein Geschenk noch. O du lügst, dein Ring ist stark und stärker wie Ketten, es ist der Ring, an dem die Kette hängt, die mein Leben festhält. Ich suchte gleich nach dem Namen Joseph, und fand ihn durch

die Thränen hindurch, die mir die Augen verdunkelten. Du hast nichts vergessen. Denke auch nicht, daß ich etwas vergessen hätte, und wenn ich dir den Ring, der zu diesem gehört, niemals geben sollte, so wie ich es bis jetzt nicht gethan habe. Wie leicht hättest du ihn in derselben Stunde erhalten, denn ich habe den Gedanken oft gehabt. Du hast ihn nicht erhalten, und das ist unser Schicksal. Du darfst es nicht meine Schuld nennen. Ja, dieß ist der erste, der einzige ächte Trauring für mich, und er bleibt einzeln. Er sagt sich von der Zukunft los und bindet uns nur an eine kurze Vergangenheit. O du liebes treues Herz, er ist gediegen von deinen Schmerzen, ich erkenne sie alle und habe sie mit Dir auszutauschen. Aber ich habe noch welche zurück, die immer nur mein bleiben müssen. Nie kannst Du doch das Wehe der Mutter ganz in Dich aufnehmen. Sey nicht betrübt, wenn Du Dir denkst, wie das Deine Freundin zerreißen müsse, was sie in diese Worte ausbrechen läßt – ja, so eben zerreißen müsse. Dieses alles muß mir wieder zur Freude werden, glaubst Du es nicht? – Es lößt sich meine Seele mehr und mehr in jenes Wehe auf, und doch bin ich getrost und stark. Dies erhalte Dir gegenwärtig, wenn ich mich nicht verhindern kan, an Deinen Busen zu weinen. Es quillt ein neues Leben aus diesen Augenblicken, sie sind selbst ein hohes Lebenszeichen, mein Gram ist nicht Niederschlagenheit, kein Verzagen und keine Verzweiflung, und dann kann ich erst volles Vertrauen zu meinen Freunde haben, wenn ich ihm nichts davon zu verbergen brauche. Berühren laß es mich wenigstens, ich will Dich nicht dabei verweilen. Ich verweile selbst nicht. Wenn die Wolken des eignen Jammers mir auch das Haupt eine Weile umhüllen, es befreyt sich bald wieder, und wird vom reinen Blau des Himmels über mir beschienen, der mein Kind einschließt wie mich. Die Allgegenwart, das ist die Gottheit – und meinst Du nicht, daß wir einmal allgegenwärtig werden müssen, alle einer in dem andern, ohne deswegen Eins zu seyn? Denn Eins dürfen wir nicht werden, weißt Du wohl, dann würde das Streben sich zu Eins zu machen ja aufhören.

Mein lieber Freund, ich habe eben einige von den Sonnetten für Dich abgeschrieben, von denen ich Dir lezthin sagte. Das mittelste ist besonders von sehr großer poeti-

scher Schönheit. Du wirst Dich erinnern, daß der König von Tule ihr leztes Lied war. Die Wahrheit machte sich bey diesem Kinde oft schon von selbst zu einem lieblichen Gedicht.
Ich hoffe nicht Dich hart zu unterbrechen in Deinen jetzigen guten Tagen. Nein, das ist eben gut, wenn Deine Erinnrungen gleichsam durch einen Sonnenstral ziehn, in dem auch die dunkle Farbe helle erscheint.
Am Sonnabend erst erhielt ich Deinen Brief vom Montag. Wetter und Wege sind so sehr schlimm, daß man auf keine bestimmte Ankunft mehr rechnen kann. Sie halten auch Schlegel hier zurück, der eigentlich gewillt war, nächsten Sonnabend abzureisen.

89 AN FRIEDRICH WILHELM JOSEPH SCHELLING

[Braunschweig, Januar 1801]

[Auszug]

Ich hatte mich recht auf Deinen Brief gefreut, mein liebster Freund, aber ich denke, es ist auch nicht umsonst gewesen, denn er hat mich in ein wahres Entzücken versetzt, so daß, wenn Du es nicht übel nehmen wilst, ich nach der ersten Stunde wie ein leichtes Kopfweh davon bekam, das aber bald wieder verflog und nur das Entzücken blieb. Du hast mir so herrliche Gedanken mitgetheilt, so schöne Bilder, ja Töne selbst und dann so allerliebste Notizen, und was mehr als alles Einzelne ist, es leuchtet so aus allem hervor, daß mein Freund wirklich wieder zum Stehen kommt. Wohl hatte ich recht in den verfloßnen Tagen in Dir zu leben und zu weben, und wenn Du so fortfährst, so wirst Du mich bald ganz gesund machen. Wenn mein Herz wanken will, dann kann ich mich nun an das Deinige lehnen und Trost suchen; das ist das rechte Verhältniß zwischen der sterblichen Mutter und dem göttlichen Sohn. Ja Du erhebst mich schon durch die Hofnungen, die Du mir giebst, durch Deine Ansichten, wie ich sie auch haben könnte, Deine Ideen, wie ich sie nur Dir nach haben kann, und daß wir uns in jener heitern Helle begegnen, welche allein das wahre Element meines Gemüths ist.

Ich lese Deinen Brief unaufhörlich wieder, weil mich alles darinn so sehr ergötzt, und dießmal hat Schlegel auch sein Theil hingenommen, denn Du kannst denken, daß der Beyfall, der dem Werkchen wird, was ihm schon unsäglich viel Spaß beym Verfertigen gemacht hat, den Spaß daran aufs höchste treibt. Er ist Dir sehr verbunden, daß Du ihm zu der Wissenschaft seines Gelingens mit verholfen hast, und auch noch weiter sein Verkündiger werden willst. Es ist ein glücklicher Ausdruck, daß Du seine Poesie ein kräftig gewordenes Organ nennst, man kann auch in der That gar nicht absehn wie viel Gewalt und Umfang es noch gewinnen mag, daß er sich endlich ganz in dieses Eine verwandelt. – Besonders freut er sich jetzt einer Prophezeyhung des Propheten Friedrich, der ihm einmal sagte, sein Wiz und seine Lustigkeit wären poetischer Natur, nicht im Allgemeinen, sondern ganz besonders, und wenn er dazu gelangte sie auf diese Weise auszusprechen, so würde er sehr viel damit machen können.
[...]

90 AN FRIEDRICH WILHELM JOSEPH SCHELLING

[Braunschweig] Dienstag früh [Januar 1801]
Lieber Freund, ich komme weit her schon an diesem frühen Morgen und war dabey, wie sich die glühende Erde zuerst verhärtet hat und Blasen warf, aus denen die Berge wurden, welches alles mir sehr begreiflich scheint. Lieber Gott, wenn man sich die Materie einmal vorausgiebt, so hat man ein leichtes Spiel und kann sich die Dinge nach Belieben gestalten lassen. Mir liegt aber ordentlich die Materie schwer auf, in der ich mich bey dieser théorie de la terre und époques de la Nature herumarbeiten muß, welches doch sehr thöricht von mir ist, weil ich gewiß bin, daß meine Vorstellungen sich niemals solide werden über sie erheben können, sie werden wieder herunter flattern, wie Vögel müssen, wo die Luft zu leicht für sie würde, und wenn selbst Adler unter ihnen wären. Sag mir nur, wie weit seyd ihr denn darüber hinaus? Du mußt indessen dieß nicht so nehmen, als ob ich die Materie so roh sonderte, indem ich es beym Buffon blos mit ihr zu thun habe. Ich erinnre mich sehr wohl

des Geistes im Mittelpunkt und daß Licht Geist und Geist Licht ist. Dieses ist mir nicht begreiflich, aber glaublich, und durch den Glauben und die Imaginazion wirst Du mich auch leicht bis zum Zweck von allem End und Ziel führen können, nur die Sprossen der Leiter, die Demonstrazionen, die Folgerungen, das ist nichts für mich.
Und meinst Du also, daß ich je zu einer andern als poetischen Erkentniß Deines Gedichtes gelangen werde?
Eine Menge Begriffe hab ich mir doch neuerdings eingesammelt, der Himmel gebe nur, daß mein Gedächtniß sie festhält. Mit einer Anhäufung von Thatsachen, welche hie und da einen Artikel im Buffon einer Compilation von Meiners ähnlich sehn machen, kann ich es nun vollends nicht beschweren, und frage blos, was er jedesmal beweisen will, dann schenk ich ihm von den Beweisen immer die Hälfte. Ich hab einen Verdacht, mein Freund, als wenn Du eben auch nicht gründlicher läsest. Jetzt will ich Dir eine neue Thatsache erzählen, die Du vielleicht von mir zuerst erfährst; in dem schrecklichen Sturm von 9–10ten Nov. ist die ganze Insel St. Thomas in Westindien untergegangen. So regt sich noch das Fantom des Jahrhunderts in Naturbegebenheiten, Pest und Krieg, ehe es Abschied nimmt. – Dieser Sturm muß doch einen unterirdischen Ursprung gehabt haben, eine Höhlung der Erde muß eingebrochen seyn und ihm Ausgang gemacht haben. Siehst Du, wie ich zunehme an Weisheit? Wenn ich Mittags mich um nähere Erläuterungen von diesem und jenem befrage, so lachen die Herren über mich, geben mir doch aber sehr ernsthaften Bescheid und Schlegel ermangelt nicht zu bemerken, wenn ich mich doch nur jemals einer Sache so ernstlich gewidmet hätte, die *seine* Beschäftigungen anginge! Was wäre das denn auch wohl gewesen, außer dem, was ich nicht zu lernen brauchte, der Poesie! – Und was ist
[Bogenende.]

91 AN FRIEDRICH WILHELM JOSEPH SCHELLING

[Braunschweig, Januar 1801]
Der Mareschino ist gekommen, ich muß Dir nur gleich Bericht davon erstatten. Eine Flasche war zerbrochen, ich aber

dankte Gott wie der Optimist, daß sie nicht alle zerbrochen waren, ich hatte mich schon darauf vorbereitet. Denn, dachte ich, wer wird sie packen? wenn es der Freund selbst thut, so sind sie geliefert. Dieser Bruch möchte nun wohl am packen nicht so sehr liegen, obwohl man etwas andres dazu hätte nehmen müssen als eine Schachtel. Das Glas ist sehr dünn. Wegen des Schmeckens, so sieh doch nach, ob auf Deiner auch das Wort Mareschino steht. Auf der, die ich angebrochen habe, und die mir allerdings etwas anders schmeckte, fand sich Rosolio di Ananas, auf der Flasche, die noch versiegelt ist, das rechte, und das wird denn schon das rechte seyn. Es ist bey jenem entweder ein Versehn, oder weil der Vorrath nicht mehr so groß gewesen, eine Pfiffigkeit geschehn. Denk Dir nur, wie viel die Franzosen mögen weggetrunken haben. Sie behalten Bamberg, wie es scheint; deswegen werden ja doch die Posten gehn während des abermaligen Waffenstillstandes? Schlegel ist noch da und tief in den Shakesp. hereingerathen. Er wartet auf den Frost. Noch haben wir kalten nassen Nebel und viele Leute sind krank, auch hier im Hause, aber ich nicht, ich habe blos einen bösen, erzbösen Mund, und das sieht schlecht aus, allein Du siehst es ja nicht.

Schick mir nur das Journal, wenns noch nicht geschehn ist; ich kann auf Schlegel nicht warten, er meint noch immer, er müsse hin, und ich glaube es selbst, wenn aus manchen Dingen etwas werden soll. – Ich will es recht studiren, obwohl wenig immer bey mir mehr thut als viel. Was Du mir geschrieben von der Pflanze, die das Wasser, vom thierischen Organismus, der das Eisen, und von der Vernunft des Menschen, die alles zerlegt, das beschäftigt mich Tag und Nacht. Wenn ich nicht schlafen kann und mir nicht erlauben will zu träumen, so denke ich mir jene wunderbare und doch so natürliche Stuffenfolge und suche davon zu begreifen was in meiner Gewalt steht. Was zerlegt nun unsre Vernunft? Werden wir es nicht selbst einmal thun? O werde mir auch noch darüber ein Prophet.

Ich sehe es klar, wie sich Deine Nachzeichnung der dichtenden Natur von selbst zu einem herrlichen Gedicht ordnen wird. Du entsinnst Dich des kleinen Gedichtes von Goethe, wo Amor die Landschaft mahlt, er mahlt sie nicht, er zieht nur den Schleyer von dem, was ist, und dann kommt Ein

Punkt, wo die Sonnenstralen so hell wieder glänzen – ja, so wird Dein Genius die Liebe werden, die alles belebt. – Ich verdenke Dir es ganz und gar nicht, daß Du auch mit mir nicht über das Nähere reden magst, Du mußt es doch ganz allein vollenden. Ich würde selbst nichts im voraus mittheilen können, wenn ich in Deiner Stelle wäre, und wenn ich Dich darum gebeten habe – man bittet oft in Einer Stunde etwas, was man in einer andern anders einsieht.
Wenn Du mir nur einen Übergang machen köntest von meinen Hölen und Bergeshöhn zu Deiner Philosophie, nehmlich einen gründlichen, denn übrigens ist mir nichts leichter als gleich da zu stehn, wo die Vernunft – sich selber faßt. Alles, was Du mir – in Briefen – geschrieben hast, habe ich recht gut zu fassen geglaubt, und es wäre doch ganz vortreflich, wenn Du das ausführtest, wovon Du lezthin sprachst: eine Darstellung, die Du Dir dächtest an mich zu richten. Fange also nur immer damit an. Jetzt wird es noch recht natürlich werden. – Sehr glücklich wird es mich machen, wenn ich nur etwas von der Art begreife, wie Fichte sein System ändert.
Sieh nur, wir haben als ausgemacht angenommen, Fichte stünde still – ja doch! wie die Sonne im Thal Gideon oder wie es heißt. Ich liebe diese Überraschungen
[Bogenende.]

92 AN FRIEDRICH WILHELM JOSEPH SCHELLING

[Braunschweig, Jan. Febr. 1801?]
[Anfang fehlt.]
... noch werden kann, wenn man erst auf dem Punkt darin steht, wo Du jetzt. Damit habe ich Dir mein Geheimniß ausgesprochen. Du mußt es nicht misbrauchen, mein Herzensfreund. Du mußt redlich versuchen, ob Du mich entbehren kannst, aber traue Dir langsam darüber. Wir gehören einander an, wir sollten innig Eins seyn. Habe ich Dir je mistraut, Du meine Seele? Warum denn Du mir?
Du wirst mich fragen, ob mir denn der Ausgang gleichgültig ist? Ja, muß ich antworten, und wenn die süße Liebe mich auch zurückhalten will. Ich bin meines unzerstörbaren Glücks, wie meines unheilbaren Unglücks gewiß. Das ist mein Vorrecht.

Und nun laß uns [uns] wieder in unsre bisherige Stille begeben, Du hast mich so oft schon Entzücken in ihr über Dich empfinden lassen. Ja, erheitre mich mit Deinen Bestrebungen und Gedanken. Liebe mich, ich knie vor Dir nieder in Gedanken und bitte Dich darum.
Wahrlich es war nur ein plözlicher Einfall mit der Reise, und ich bin überzeugt, daß Du in Jena bleiben mußt.
Der Genius, der mich leiten wird, das ist Dein Genius. Er wird gewiß gut seyn.
Ich habe endlich vor wenig Tagen eine Antwort von Charlotte Urff bekommen. Man hat ihr meinen Brief lange vorenthalten, sie ist nicht bey ihrer Mutter, sie ist bey Freunden in Frankfurt, von denen sie sich jetzt nicht losmachen kann. Die Ursachen davon wären wichtig und traurig, schreibt sie, alles wichtige wäre traurig. Doch betrift es blos jene Familie, nicht sie, und sie meint auf den Sommer noch zu mir kommen zu können, wenn ich sie noch wollte. Im ganzen Brief ist sie die nehmliche wie sonst, an Liebe und Würdigkeit geliebt zu werden.
Du nimmst es doch nicht übel, daß ich die Einlage einlege? Ich hatte es Wilhelm angeboten. Er ist mit 3 Akten des Shakesp. fertig und macht nun einen Aufsaz über Bürger, den Dichter, in die kritische Sammlung. Ohne Frost kann er nicht reisen, wenn Friedrich auch ungehalten würde; der bezeugt indessen nichts davon. Ich habe seine lezten Briefe alle gelesen, auch den heutigen *an* ihn.
Sollte er in seinen Verhältnissen das Herz haben Wilhelm abgeneigt zu seyn? tant pis pour lui.
Englischer lieber Freund, leb wohl, ich umarme Dich, so fest, so treu, so voll Liebe und guten Geistes, Du kanst nicht unempfindlich dagegen bleiben.

93 AN FRIEDRICH WILHELM JOSEPH SCHELLING

[Braunschweig] Freytag, d. 13 Febr. [1801]
Im Verlauf nächster Woche wird Schlegel gewiß abreisen, er wartet nur auf seinen Gesellschafter. Es ist freylich wieder sehr strenger Winter geworden, aber ich befinde mich wohl. Durch ein Zeitungsblatt erfuhren wir gestern den

Tod einer Schwester von Schlegel, die an einen Prediger verheyrathet war. Sie ist kränklich gewesen und hat keine Kinder. Die Ernsten ist also mehr zu beklagen, denn stell Dir vor, sie war nahe daran den schwarzen Staar zu bekommen. Hardenberg ist von seinem Vater nach Weißenfels abgeholt worden, fast hofnungslos, Petzold hat ihn aufgegeben. Die Ernsten stellt sich noch die Möglichkeit der Rettung vor, und ich selbst kann nicht ganz daran verzweifeln. Fünf Tage hat er auf der Reise zugebracht, ist aber doch glücklich angelangt, seine arme Braut begleitete ihn. Es ist recht viel Leid in der Familie, denn Hardenbergs Mutter soll völlig melancholisch geworden seyn über den Tod eines Knaben von 12 Jahren, der ihr Liebling war und im verwichnen Sommer ertrunken ist.
Ich kann mir wohl vorstellen, daß Dir Hardenberg nicht wohl will; Du hast ihm Deine Abneigung auch deutlich genug gezeigt. Er wird mir auch gram seyn, und uns beyden einen um des andern willen, dazu wird man ihn schon gestimmt haben. Wir können ihm nicht helfen, wenn ihm Gott nur hilft, es sey zum gesunden Leben, oder zum freudigen Tode. Ich kann ihn nicht beklagen, wenn er dahin ist. Er hat die Schranken gebrochen.
Nun reut mich mein Einfall, Du Lieber Lieber, daß ich nicht schrieb. Was Du mir vorwirfst – ich hab eben Deinen Brief erhalten – daran bin ich unschuldig, ich schickte die Dose allerdings am Dienstag ab, wo reitende und fahrende Post in Einer Stunde gehn – aber nun bin ich nicht mehr unschuldig, ich habe meinen lieben traurigen Freund gewiß gekränkt. Warum bist Du nur so traurig? ich möchte Dir ganz kindisch sagen: ich bin es ja nicht. Ich bin es nicht anders, als ich es ewig seyn muß, und Dein Trost ist der meinige. Unser Kind weicht mir keinen Augenblick von der Seite, ich kenne kein Vergessen, ob ich äußerlich schon lebe wie ein Andrer. Ja, Du weißt es, liebe Auguste, wie Du bey Tage und bey Nacht vor Deiner armen Mutter stehst, die kaum mehr arm zu nennen ist, denn sie blickt Dich mehr mit Entzücken als mit Jammer an, die Klage über den herben bittern Tod hat keine Dolche und zerreißenden Schmerzen mehr, ich kann lächeln, freundlich mich beschäftigen, aber ich lebe und bewege mich immer nur in Dir, mein süßes Kind – ach störe mich nicht in meinen

sanften Trauren, lieber Schelling, dadurch daß ich bitterlich über *Dich* weinen muß. Das sollte nicht sein. Hättest Du Dir vorzuwerfen, dann ich tausendmal mehr; aber Gott weiß, es will nicht Raum in meiner Seele finden und haften. Ich habe Dich geliebt – es war kein frevelhafter Schmerz, das spricht mich frey, dünkt mich.

Im Frühjahr sehe ich Dich ganz gewiß. Anstalten sind wenig zu machen. Unser ehemaliges Haus bleibt mir offen, ich möchte es freylich ungern bewohnen, und ich sagte Dir schon einmal von dem kleinen Gartenhause am Paradiese; es wäre groß genug für mich. Du möchtest das immerhin miethen.

Ich halte mich zurück Dir viel über Deinen schmerzlichen Brief zu sagen – wir können es mit Worten nicht überwinden.

Wir wollen den Wilhelm Tell zusammen sehn. Er kann recht schön werden, und Iffland soll mich auch erfreuen. – Gestern sah ich im Schauspiel Louis Buonaparte, der von Berlin zurückkommt, also hab ich nun etwas von diesem edlen Blut mit Augen erblickt.

Lieber, ich las in diesen Tagen den Tancred wieder im Boccaz, bey Gelegenheit von Bürgers Lenardo und Blandine, das eine so unwürdige Parodie davon ist. So viele Thränen hab ich darüber vergossen, wie Gismonda auf das Herz ihres Geliebten herabströmt, eben um diese Zeit war es, daß Auguste die Erzählung zu übersetzen anfing – ich habe mir vorgenommen sie zu vollenden, und so lange daran zu arbeiten, bis sie möglichst gelungen, und das Original wieder giebt in seiner Grosheit. Wie liebte mein Kind diese Erzählung – sie war doch ein recht tiefes Gemüth.

Schickst Du mir wohl nicht die Canzone zurück? – Ich kann durchaus das Lied von Dir nicht finden und weiß doch gewiß, daß ich es aufgeschrieben hatte. Erzeige mir die Liebe und schreib es nieder aus Deinem guten Gedächtniß. Versäum es nicht.

Zum Spaß zeichne ich hier eine Grabschrift des Aretino auf, die mir kürzlich vorgekommen ist:

> Qui giace l'Aretino poeta tosco
> Chi disse mal di tutti fuor di Cristo
> Scusando se col dir: non lo conosco.

Sag, ob Du die fernere Uebersetzung des Quixote gelesen hast, und wirklich besitzest, sonst liegt der dritte Theil, den ich einmal gekauft habe, immer noch für Dich hier.

Adieu, mein lieber lieber Schelling. Erquicke mich durch ein freudigeres Herz.

94 AN FRIEDRICH WILHELM JOSEPH SCHELLING

[Braunschweig] d. 17 Febr. 1801

[Anfang fehlt.]

... das ist mein Unglück. Müstest Du mich darinn verdammen, so würde es Dir leicht seyn mich zu lassen.

Mein Bruder denkt um Ostern eine Reise nach Jena und Berlin zu machen. Vielleicht kann er mich in Deine Gegend geleiten, und mir den Eintritt in Jena erleichtern, denn dabey bleibt es doch immer, daß ich Dich dort wiedersehe.

Dein Collegium muß sehr brillant ausfallen – immer deducirst Du neue Herrlichkeiten. Können es die Menschen denn ertragen? Sehen sie, wenn Du das Sehen zeigst?

Denk an meine Augen, an meine Liebe. Wenn Du nur mein Sohn wärst und sie dürften mit mütterlicher Freude auf Dir ruhn.

Gott segne Dich. Ich umarme meinen Freund mit treuem Gemüth und nur zu vieler Sehnsucht nach dem lang entbehrten Anblick.

Wenn ich nur keinen Brief von Dir bekomme, in welchem Du Dich beklagst, daß Du keinen von mir hast – ach gestern hast Du den wohl geschrieben – oder mir gar nicht geschrieben. Leb wohl nochmals.

95 AN FRIEDRICH WILHELM JOSEPH SCHELLING

[Braunschweig, Februar 1801]

[Anfang fehlt.]

... würden im Sommer zusammen leben. Das kommt mir nun als Verblendung über den Weg vor, den wir zu nehmen hatten.

Mein lieber Freund, und ich nenne Dich so mit Liebe, vielleicht bin ich wirklich schwer zu einer Entscheidung zu bringen, allein ich habe sie noch stets gefaßt, ehe es zu spät war, und mich unverrückt an ihr gehalten. Ich sage nicht heut – ich will das thun – und morgen – ich will ein andres, und jedesmal so zuversichtlich, als wenn es ewig gelten würde – nein, es mahlt sich wohl sehr deutlich in meinen Äußerungen, daß ich nicht weiß, was ich thun soll – bis der Moment komt. Der ist da, und ich bitte Dich, nimm es so an.

Ich scheide nicht von Dir, mein Alles auf Erden, das Mittel, das die Seele ergreift, um sich der Entweihung des Bundes zu entziehn, stellt alles her, ihn selbst in seiner ganzen Schöne und die Zärtlichkeit, die ihn unterhält.

Ich bin die Deinige, ich liebe, ich achte Dich – ich habe keine Stunde gehabt, wo ich nicht an Dich geglaubt hätte, es sind Umstände gewesen, die Deinen Glauben an mich trübten, es wird nun heller werden. Ich sehe Dich wieder, vermuthlich so bald, als ich mir kürzlich vorstellte. Als Deine Mutter begrüße ich Dich, keine Errinnrung soll uns zerrütten. Du bist nun meines Kindes Bruder, ich gebe Dir diesen heiligen Seegen. Es ist fortan ein Verbrechen, wenn wir uns etwas anders seyn wollten.

[Es fehlt ein Blatt.]

... recht gut machen für die Welt, und mir sind die Kinder herzlich lieb, sie würden mir wohl thun.

Dienstag [24. Februar]

Schlegel ist am Sonnabend früh abgereißt, er wird Dir bald von Berlin aus schreiben und hat mir beykommenden Kotzebue für Dich zurückgelassen, nebst einer närrischen Tabelle eines Professor Wild in Goettingen, die er Dir immer mündlich mittheilen wollte. Dieser Mensch bildet sich ein, daß Fichte und Du aus ihm die ersten Keime genommen habt.

Mein lieber Freund, ich muß schließen, denn manche Pakkereyen, da ich Schlegels Sachen nachzuschicken hatte und noch andres sich zufällig damit traf, haben mich sehr ermüdet. ...

Meinen süßen Freund bitte ich innig um ein endliches Verstehen mit seiner Caroline, ich beschwöre ihn mir nicht die lezte Hoffnung zu nehmen.

Ich bete zu Gott, daß er diese Blätter segnen wolle.

An Friedrich Wilhelm Joseph Schelling

[Braunschweig 1801, Februar?]

[Anfang fehlt.]
... einmal sicher nicht. Um ihm etwas zu schreiben, das Dich mit angeht, dazu erwart ich erst Deine Erlaubniß. Dann wird sich alles ganz ins Klare setzen. Nur darauf verlasse Dich: den Sommer bring ich in Deiner Nähe zu. Was ich mit Schlegel einzugehn habe um meine Lage zu sichern – gegen mein Gefühl, dessen Du ein paarmal dabey erwähnt hast, wird es nichts seyn – so gut ich hier mit ihm unter Einem Dach gewohnt habe, können wir uns auch künftig einverstehn, wenn er gut mit mir bleibt.

Eigentlich wär mir es doch jetzt sehr gelegen, wenn ich entsezlich reich wäre. Aber reich oder nicht, ich will nichts thun, wobey ich meinen Freund aufopfern müßte; das ist nun seit kurzem wie ein heller Stern vor mir aufgegangen, da ich bisher im Nebel lebte.

Gern möcht ich Dir auf viel wichtiges in Deinem Brief noch antworten, nur fehlt mir manches dazu, fast auch Zeit. Ich konnte die Erklärung von Fichte nicht zu sehn bekommen. Meine Divination sagt mir indessen, daß Du nicht unrecht haben magst mit der Bittersüßigkeit. Ob F. sich über das *Bewußtseyn* und die *Reflexion* erhoben hat, möcht ich so genau nicht entscheiden können – über sein Ich, das weiß ich gewiß, kann er nicht so weit hinaus, daß er nicht ein anderes Ich gern an die Seite schieben sollte, wenn es solche Ahndungen in ihm erweckt wie Du. Sehr bin ich auch der Meynung: laß Dich nicht wegschieben. Das *Entgegensetzen*, denk ich, könnte wohl so abgehn, daß es nur die wahrhaft Eingeweiheten gewahr würden – denn Du kannst fortbauen ohne Dich um ihn zu kümmern, er ist an Kenntnissen und Poesie so gewaltig zurück, daß er mit aller Denkkraft Dir doch Deine Natur nicht nachmachen kann, also hast Du dich nicht so sehr dagegen zu verwahren, daß er Dir das Deinige raube, und eine offenbare Spaltung würde eine ungeheure Verwirrung nach sich ziehn. Die Philosophie der Natur ist es ja doch, durch welche Dein Idealismus etwas anders geworden ist als der seinige, und die er eben muß stehn lassen. – Ich muß nur noch versuchen, ob denn das Blatt hier gar nicht hergekommen ist; Schlegel ist dreymal

vergeblich auf den Leseclubb danach gegangen.
Versäum es nicht an Fichte zu schreiben, was Du Dir vorgesetzt hast. Es soll mich wundern, ob er gegen Schlegel über Dich spricht. Ich weis nicht, wie ers macht bey seiner Rechtschaffenheit um falsch zu seyn, aber es ist doch manchmal so was bey ihm vorhanden. Verwunden sollte es Dich nicht – diese Falschheit ist auch oft nur eine gewisse Vielseitigkeit, ein Mangel an einer recht tüchtigen Partheylichkeit für den Freund die wenigstens jede Mittheilung des Urtheils über ihn verhinderte. – Wenn jemand rein in diesem Stück ist, so ist es Schlegel, und es dauert mich zu sehn, daß es ihm so wenig gelohnt wird. Bey seiner Eitelkeit ist es sehr viel, daß es ihn nicht mehr aufbringt, wenn er zuweilen erfährt, wie Leute über ihn absprechen, die seinen Ruhm nie erreichen werden; er ist so gebildet sich auch darin zu fügen. Vielleicht nähm er selbst Ritter in Schutz. Er macht sich gar nichts aus der Falschheit, und ist der redlichste von euch allen.
Was Brentano angeht, so kanst Du Dich überzeugt halten, daß ihm im...
[Bogenende.]

97 AN FRIEDRICH WILHELM JOSEPH SCHELLING

[Braunschweig, Ende Februar? 1801]
[Anfang fehlt.]
... damit den frühesten Frühling, wenn die Veilchen ausbrechen und den Boden mit tiefer Bläue bedecken. Vor dem Jahre – o Du weißt es, was ich sagen will – da pflücktest Du sie mit meinem Kinde und ihr brachtet sie der kranken Mutter, nun brechen Veilchen wohl aus der heiligen Erde, die sie bedeckt. Arme Mutter, warum nicht aus Deinen Hügel! Meine beyden Lieblinge würden in sanfter Wehmuth daran knien. Ich hätte euch nicht unglücklich gemacht, wie mein süßes Kind uns gethan hat. Vergieb mir, ich will auch nicht weiter schreiben und kann auch nicht. Gute Nacht.

Freytag früh
Guten Morgen, guter Freund, ich habe recht lange geschlafen. Die Theogonie geht mir sehr im Kopf herum (so heißt doch das deutlich geschriebne, unterstrichne und dennoch unleserliche Wort?). Das wäre wohl ein vortreflich Studium, aber versplittere Deine Kräfte nicht. Sieh, mit dem Beschränken – im voraus sieht das Vorgesezte nur so unendlich aus, es beschränkt sich von selbst, so bald man an die Ausführung gekommen ist. Doch mache nur, alles was Du machst wird gut seyn, und ist denn doch da und wird bleiben.
Schick mir ein Stückchen hesiodische Übersetzung; ich will sehn, ob Du zugenommen hast im antiken Sylbenmaß, so viel Kennerschaft wird mir Wilhelm doch mitgetheilt haben. Der könte Dir nun recht nüzlich seyn. Ich halte Hexameter und Elegie für viel....
[Blattende.]

98 AN FRIEDRICH WILHELM JOSEPH SCHELLING

[Braunschweig] Mittwoch Abend [Ende Febr.? 1801]
Wenn ich nur zu Dir kommen könnte diesen Abend und liebreich mit Dir schwazen! Die Sonne und der blaue Himmel lockten mich heute unwiederstehlich an und mahnten mich an meinen Freund; ich wünschte zulezt nur, es möchte recht schlecht Wetter seyn und bleiben bis zum wahren Frühling, dann ist doch alles rund herum zu und man weiß, daß man nicht hinaus kann. Ich bin vor dem Thore gewesen in einem protestantischen Jungfrauenkloster, wo Jerusalems Tochter Domina ist. Es ist da noch einige Freundlichkeit der Aussicht und vor allen Fenstern herrliche Pflanzungen, Reseda, Heliotropium und was es liebes in der Art giebt, dessen Gemüth in Duft besteht. – Süßer Freund, Dein Brief hat diese Nacht mit mir geruhet; ich bekam ihn gestern sehr spät; halb mit Schmerz habe ich alle seine Liebe in mich gesogen. Wenn Du es nun sehr gewaltsam nimst, was ich Dir gestern geschickt habe – ach wie wirst Du mich noch bekümmern. Es *ist* doch gar nicht gewaltsam – im Anfang war ich erschüttert, aber alles hatte

sich gelegt, und die Seele meiner Entschließung wurde von dem Anfang ganz unabhängig. Im Grunde haben wir uns oft gedacht, daß es so mit uns werden sollte, Du hast es mir auch geschrieben. Glaube nur, ich werde nie etwas eingehen, wo ich nicht ganz Deine Freundinn bleiben kann.

> Den Freund will ich nicht lassen,
> Noch läßt er auch von mir.

Tausendmal hab ich mir heut schon dieses einfältig liebe Lied vorgesagt. Freund ist ein allgemeines Wort gegen das, was ich meyne, Liebling, Du, den ich wie ein theures Kind an mein Herz drücke und verehre als Mann. Du weißt, ich thue beydes, muß ich gleich Dich zuweilen hart tadeln. Mein lieber Joseph, ob ich mich freuen werde Dich wieder zu sehn? Ja wahrlich mehr, wie ich Dir sagen kann, eilt meine Freude schon der Zeit voraus, die uns noch trennt, und ich überlasse mich ihr jetzt ohne Furcht; ich bin so sicher in mir selber geworden, weil ich weiß, was ich will.

> Mit Wonn werd ich Dich sehn,
> O nimm mich auch so auf.

Gott führe Dir ein Herz zu, das Dir seine Treue reiner beweisen darf, aber ein treueres – nein, Du kannst es nicht finden, und darum leg ich auch einigen Werth darauf, daß Du dieses aus dem Sturme dennoch davon bringst. Stoß es zurück im Augenblick des Unmuths – es hoft auf die Stunde der rückkehrenden Liebe und bleibt Dir. Sag, hab ich Dich nicht immer geliebt, und wenn ich mich gegen Dich auflehnte, weil ich nicht anders konnte, dennoch geliebt? Habe ich Dich nicht stets mit inniger Zärtlichkeit wieder an meine Brust gezogen und die Stirn Dir geküßt, die finster gesehn hatte?
Wenn nur *die* Sorge erst ein wenig gemildert wäre in mir, daß ich Dich störe in Deinen Gedanken und Worten durch das, was ich Dir geschrieben habe. – Erst mit Ungewißheit, nun vielleicht durch Gewißheit, – denn Du wirst sie Dir viel schneidender denken, als sie ist – nehmlich gewiß ist sie, aber was ist denn so sehr bittres daran? Wir wollen uns blos unabhängig wissen von uns selber und der Welt. Übrigens...

[Bogenende.]

99 An Friedrich Wilhelm Joseph Schelling

[Braunschweig] Sontag Nachmittag 1. März [1801]
Deine Freundin ist ganz allein und kommt zu Dir. Sie möchte gern nicht daran denken, daß Du vielleicht schmerzlich damit beschäftigt bist ihr zu schreiben, und was Du ihr wohl antwortest, aber eine andre Zuflucht sucht sie nicht vor dem Denken an Dich als Dich selber, und keine andre Brust ihren armen Kopf daran zu legen als die, welche sie vielfältig zerrissen hat. Und Du wirst sie aufnehmen. Laß uns reden, mein süßer Freund, von großen Dingen – liebliches Unterreden heilet bittres Weh. Ich kann nun schon die Stunden zählen, bis wann ich Deine Stimme wieder hören werde und in Deine Augen blicken. – Eben habe ich Fichtens Ankündigung gelesen. Ich kann nicht läugnen, die Stelle ist von der feinsten Zweydeutigkeit, ich habe sie mir nach allen Seiten hingewendet und kann sie nicht wegbringen. War sie denn Goethen nicht aufgefallen, ehe Du mit ihm darüber sprachst? Er als der große Gewaltige und ich als die kleine Frau wir rathen nun immer zum Frieden. Ausweisen muß es sich allerdings, allein es kann sich doch auch so spät ausweisen, daß Du viele Mühe davon hast. Um Dich mit ihm zu verständigen, dazu kannst Du sein Werk, daß er da so eisern hinzustellen gedenkt, nicht abwarten. Er will es *hier* nicht untersuchen; wo will er es denn untersuchen? Ich wünsche, daß Du ihm schon Deinem Vorsaz gemäß geschrieben haben mögest. Daß er verschweigt, was er im Briefe sagt, kann entschuldigt werden, mich däucht wenigstens, das gehört nicht sowohl in diese Ankündigung als in das Werk. Öffentlich mußt Du für jetzt nichts thun; wie könntet Ihr dann auch an eine gemeinschaftliche Arbeit denken? So wie ich die Sache einsehe, würde ich vermuthen, daß er Dich mit der Naturphilosophie wie in ein Nebenfach zurückweisen und das Wissen des Wissens für sich allein behalten möchte – Deine Theorie des Universums ZB. wie eine *Meynung* behandeln. Die Wahrheit zu sagen, ich helfe mir hier mit Sehn im Dunkeln, und brauchte Dir das nicht erst anzuvertraun, da Du es wohl merken wirst. – Was Du jetzt gleich im Journal als Darlegung Deiner neuen Ansicht auszuführen gedenkst, wird das schon umfassend genug seyn um ihm entgegenge-

stellt werden zu können – nehmlich nur in so weit, daß man den Standpunkt Deines *Idealismus* ganz daraus abnehmen kann? Aus den Bemerkungen zu Eschenmayers Aufsaz muß ich das fast schließen. Es wird nachgerade immer nöthiger, daß Du auch so etwas Ewiges machst, ohne eben so darauf zu trotzen. – Das willst Du wohl nicht von mir erfahren, mein allerliebster Freund, ob Du Dich schon beynahe so ausgedrückt hast – wie weit Fichtens Geist reicht. Mir ist es immer so vorgekommen, bey aller seiner unvergleichlichen Denkkraft, seiner fest in einandergefugten Schlußweise, Klarheit, Genauigkeit, unmittelbaren Anschauung des Ichs und Begeisterung des Entdeckers, daß er doch begränzt wäre, nur dachte ich, es käme daher, daß ihm die göttliche Eingebung abgehe, und wenn Du einen Kreis durchbrochen hast, aus dem er noch nicht heraus konnte, so würde ich glauben, Du habest das doch nicht sowohl als Philosoph – wenn die Benennung hier falsch gebraucht seyn sollte, so mußt Du mich nicht darüber schelten – als vielmehr in so fern Du Poesie hast, und er keine. Sie leitete Dich unmittelbar auf den Stand der Produktion, wie ihn die Schärfe seiner Wahrnehmung zum Bewustseyn. Er hat das Licht in seiner hellesten Helle, aber Du auch die Wärme, und jenes kann nur beleuchten, diese aber *producirt*. – Und ist das nun nicht artig von mir gesehn? Recht wie durch ein Schlüßelloch eine unermeßliche Landschaft. – Nach meiner Vorstellung muß Spinosa doch weit mehr Poesie gehabt haben wie Fichte – wenn das Denken gar nicht damit tingirt ist, bleibt denn nicht etwas Lebloses darinn? Das Geheimniß fehlt – sieh, ich ahnde das recht gut, wer fähig ist Geometrie zu fassen, der wird auch die Wissenschaftslehre lernen können, aber das ist eben die Begränzung, daß sie so rein aufgeht.

Lange habe ich mich nach einer tüchtigen Übersetzung des Plato gesehnt. Sollte sie aber wohl Schleiermacher so gut machen, wie Friedrich thun würde, wenn er arbeiten könnte?

Ich besah mir ein wenig den Tancred auf das, was Du davon schriebst; das wußt ich noch, er müste sich theatralischer wie Mahometh machen; recht dürftig ist denn doch der Voltaire immer in der Ausführung. Eine Rede der Ame-

naide hättest Du nur ganz für mich behalten sollen, wie sie
unwillig ist, daß ihr Geliebter sie verkennt:

> Ce coeur est aussi sûr que le sien invincible;
> Ce coeur était en tout aussi grand que le sien,
> Moins soupconneux sans doute, peutêtre plus sensible –

Ich kann mir ganz genau vorstellen, wie die Jagemann gespielt hat. Sie besitzt im Ganzen mehr Verstand und Energie als Talent, und man reicht damit zu dieser Rolle, wie auch zu Thekla, aus!

100 An Friedrich Wilhelm Joseph Schelling

[Braunschweig] Mittwoch früh [März? 1801]
Mein allerliebster Freund, ich schreibe Dir gleich frisch auf der That nach Deiner artigen Sendung. Gestern hatten wir ein großes Concert hier im Hause (mit Quartetten) und ich hatte Dich immer vor Augen und im Herzen gehabt; ehe ich mich schlafen legte, übergab mir Rose noch die beyden Briefe von Dir, und so wie ich aufstehe, will ich Dir dafür danken. Ihr Sinn ist doch liebreich, den kleinen Bitterkeiten zum Troz; Du irrst Dich, aber ich hoffe, Du wirst nicht etwa meynen recht zu haben. Denn wenn ich Dich gleich verlasse, so thu ich es doch ganz anders, wie Du vorgiebst Dir einzubilden, und ich habe niemals so fest und unauflöslich an Dir gehangen. Wenn Du mich von Dir losmachen wolltest, so würdest Du mein Leben mit zerreißen. Also was Du schwazest vom Wunsch frey zu seyn, und von der Möglichkeit, daß mich mein innrer Genius nicht eben zu Dir unwiederstehlich hinzöge, das ist alles Thorheit – denn eben zu Dir; ich habe es nie allmächtiger empfunden. Ich will blos dabey bleiben, was ich bin, was ich nicht ändern könnte ohne mich zu zerstören, mir treu, um Dir desto treuer zu seyn. Die Furcht Dein Misfallen zu erregen, und der zerrüttende Eindruck, den Dein Misfallen auf mich macht, die muß ich fliehen um der Liebe und meines heiligen unabänderlichen Grames willen, der solche Störungen nicht mehr erträgt – drum muß ich mich wenigstens in so fern von Dir trennen, daß Du nicht leidest durch meine

Schulden, und blos das Freundesrecht habest zu tadeln, nicht beschämt für mich zu werden, und blos das Recht des Geliebten Gefallen an mir zu finden, nicht Gefallen an mir zu üben. O ich habe Dich schrecklich lieb, unbegreiflich lieb, und nun wird es erst ganz an den Tag kommen. Könnt ich Dir nur meinen Sinn einflößen, alle Spannung weghauchen, Dich selbst fest halten in Deiner Anmuth, bei Deiner leichtern Stimmung. Süßes Herz, Du bist auch liebenswürdig, der Himmel ist nur noch nicht klar. Wolken fliehen hin und her, der Sturm jagt sie vor das Angesicht der Sonne. Kein Klima giebt es auf der Erde ohne Wolken, aber nur im Norden steigen sie so unaufhörlich wieder empor, komm in mein Süden, komm, Du geliebtester aller Menschen. Gewiß, wenn Du Dich jetzt nicht mehr trauernd an Unmöglichkeiten wendest, so können wir uns noch ein schönes Leben bilden. Nimm unser wunderbares Bündniß, wie es ist, jammre nicht mehr über das, was es nicht seyn konnte, nicht die reine irdisch schöne beschränkte Liebe zweyer Wesen, die frey von allen Fesseln sich zum erstenmal begegnen um ihre Freiheit mit einander auszutauschen, ja nicht einmal ein muthiges Zerreißen aller vorher gegangner Bande, das sich die Liebe selbst in meiner Lage nie als Tugend hätte anrechnen können. Und doch, so zerstückt wie es den einfachen Wünschen dasteht, ist es alles in allem, als Freund, als Bruder, als Sohn und Geliebten schließe ich Dich an meine Brust, es ist wie das Geheimniß der Gottheit, gleich der Jungfrau, die Mutter ist, und Tochter ihres Sohnes, und Braut ihres Schöpfers und Erlösers. So laß es uns denn endlich still und gläubig ansehen.

Ich weiß wohl, daß mir dies nach meiner Natur und schon als Weib viel leichter wird. So wie Du in das Bewußtseyn tratest, waren Deine Forderungen an das Schicksal die eines Herrschers, recht bestimmt, von keiner Einschränkung wissend, vielleicht dennoch beschränkt – Du wolltest ein ungetrübtes jugendliches Glück, Du jugendlich Herz, wie es auch so einem herrlichen Menschen ziemet, wenn Du nur nicht noch so viel herrlicher wie herrlich gewesen wärest. Wie ich in mir selber erwachte, da machte es sich so, daß ich lange, lange glaubte, in der Wirklichkeit wäre das Glück niemals zu Hause, und nichts, was dem innern Daseyn eigentlich entspräche. Und durch diese erste Erziehung bin ich immer ein wenig bescheiden geblieben. Die Resignation hat mir Tiefe gegeben, und die erste Liebe eine ganz unaussprechliche Heiterkeit, ob sie schon selbst fast nicht in die Wirklichkeit gehörte. Nun begnügst Du Dich, wenn es seyn muß, jedoch in Bitterkeit, und ich in reicher Dehmuth. Du kannst und sollst gar nicht seyn wie ich – aber erkenne nur die Sache, wie sie steht von beyden Seiten, und nimm von mir an, was Dein edles Gemüth nicht bezwingen, aber besänftigen, trösten, beruhigen möchte.

Donnerstag.
Spotte nur nicht, Du Lieber, ich war doch zur Treue gebohren, ich wäre treu gewesen mein Lebenlang, wenn es die Götter gewollt hätten, und ungeachtet der Ahndung von Ungebundenheit, die immer in mir war, hat es mir die schmerzlichste Mühe gekostet untreu zu werden, wenn man das so nennen will, denn innerlich bin ich es niemals gewesen. Dieses Bewustseyn eben von innerlicher Treue hat mich oft böse gemacht, hat mir erlaubt mir wagend zu erlauben; ich kannte das ewige Gleichgewicht in meinem Herzen. Konnte mich etwas nied[r]eres vor dem Untergang bewahren in meinem gefahrvollen Leben als dieses Höchste? Und wenn ich mir Verzweiflung bereitet hätte in der Verzweiflung der von mir Geliebten – ja, ich würde im Schmerz darüber verzweifeln, im Gewissen nicht, niemals könnte ich wie Jacobi ausrufen: verlasse Dich nicht auf Dein Herz. Ich müßte mich verlassen auf mein Herz über Noth und Tod hinaus, und hätte es mich in Noth und Tod geleitet. Das ist *mein* unmittelbares Wissen, daß diese Sicherheit sicher ist, und könnte sie in mir zerbrochen werden, so müßte sogleich die Vernichtung eintreten, für mich nehmlich. Denn eine Lehre ist das nicht und kann nicht mitgetheilt werden, eine unsichtbare Kirche wird es aber doch wohl seyn. Du siehst, ich nehme es mit der Treue im Großen – aber gewiß nicht um Dir zu entschlüpfen, nur weil mir das so nahe liegt; insofern ich mir treu bin, bin ich es auch Dir. Freylich wohl, so wie nach meiner Idee die Sünde nicht in den Handlungen liegt, so möchte auch die Treulosigkeit mir nicht in den Untreuen erscheinen, und Du bist also vielleicht schlecht zufrieden. Bist Du, mein

Lieber? Nein, Du erkennst hierin den Punkt auch, der Hohes und Niedres scheint [scheidet?], sonst hättest Du mir lezthin nicht so ernst zugestanden, daß Du keinen zuverlässigern Freund hättest wie mich – und jetzt so anmuthig mit Deiner Freundin über ihr untreues Haupt gescherzt. Diese wenigen Zeilen sind in der That recht bezaubernd süß – aber ich hoffe doch, unter Liebenswürdigkeit verstehst Du die Würdigkeit geliebt zu werden? Worauf bezieht sich aber *die* Erwähnung: Du glaubtest jetzt selbst, was man über diesen Punkt (der Nichttreue nehmlich) versichert habe? Geht das mich oder mein ganzes Geschlecht an?
[Blattende.]

101 AN FRIEDRICH WILHELM JOSEPH SCHELLING

[Braunschweig] Mittags [März? 1801]
Eine Weile war ich zweifelhaft, ob Du mir heute schriebest, und dachte, wenn nicht, so will ich mich nicht betrüben, besser nicht diesmal, als etwas, das Dich schmerzt bey Deinem vollen Herzen. Du hast mir nun geschrieben, und freylich Gram und Liebe gehäuft. Doch stille. O ich bitte Dich, nimm mich an Deine Brust und tröste mich.
Ja, ich habe ein Verbrechen begangen, da ich mich der Liebe überließ, aber, was ihr Fesseln anlegte, war und ist heilig, und nicht ein Mangel an freyer Gesinnung und nicht eine Halbheit der Liebe. Willst Du mir nie verzeihen, daß die unwiederstehliche Neigung zu Dir sie durchbrach? Nichts ist unheilbar für Seelen wie die unsrigen, und ich war kühn, aber nicht frevelhaft. Vergieb mir.
Du siehst doch wohl, daß ich nicht auf *die* Art von unbekannten Umständen abhängig war, Gott weiß, ich wartete auf nichts als auf seine Eingebung. Das liegt am Tage. Du veranlaßtest sie selbst durch die Bewegung, in die ich gerathen mußte.
Weise nun Deine Caroline nicht zurück. Überdenke alles, mein Daseyn liegt in Deiner Hand. Verwirre mich nicht, fühle, daß ich Dich liebe, daß Du meine einzige Freude bist.
Dein Besuch hat mich wie Dich selber erquickt. Wenn ich

ihn sehe, so werde ich mir nicht verbieten können ihm zu danken.

> O Liebe, dir vertrau ich ganz und gar,
> Beschleun'ge dieses süße Widersehn
> Und heil das Übel, das du selbst erschuffst.

Ich hab es schon auswendig gelernt. O Schelling, liebe mich, vertraue.

102 An August Wilhelm Schlegel

Hamburg d. 10ten Aprill [1801]
Gestern, mein lieber Schlegel, erhielt ich hier Deinen Brief und will nun auch recht artig und ruhig seyn, aber doch sehr eilen endlich mein herumschweifendes Leben zu endigen. Ich bin eigentlich in Altona logirt und habe nur die vergangne Nacht wegen des Schauspiels bei Meyers zugebracht. Dort ist die Stiefmutter der kleinen Michaelis an einen reichen Engländer verheirathet und die nahmen mich mit herüber von Harburg. Ich bin so satt gestopft mit Politik, daß ich fast nichts wieder von mir geben kann. Man freut sich sehr über Pauls Tod, der die Nordische Allianz zerreißen soll. Man kündigt in Altona dänische Siege an, und haßt hier die Dänen auf den Tod und rennt mit den weisen reichsfreyen Köpfen gegen einander und mein Hauswirth droht von stiller Wichtigkeit zu bersten. – In Harburg werden die Preußen erwartet und der König Georg detestirt.
Ich war gestern Abend im französischen Theater und habe Dir an der Thür das Einliegende gekauft. Ich will mich noch auf mehr besinnen, obschon ich Morgen wohl wieder nach Harburg zurückgehe. Hamburg ist ein äußerst beschwerlicher Ort. Gott behüte mich vor dem ganzen Wesen.
Hardenberg ist also in Ruhe, wohin meine Seele auch so gern gelangen möchte. Er ist sehr glücklich, aber die arme Julie.
Mein Freund, bleibe doch ja gesund. Der kleine *Robert* von Ro[o]se ist gestorben an einer Auszehrung. Sey nicht böse

auf mich und nur so gerecht gegen mich als nachsichtig gegen andre. Sey mir gut, lieber Freund, ich bin wahrlich recht gut. – Ich will keine langen Briefe, nur Nachricht von Dir. Geld brauche ich auch nicht früher als in Jena. Blos gute Worte. Adieu, Du Bester.
Das Feenkind ist sehr hübsch und nicht zu verkennen. Aber was treibst Du für Geheimnisse mit Unger?

103 AN AUGUST WILHELM SCHLEGEL

Jena d. 7ten [–8.] May [1801]

[Auszug]

Diesen Morgen, mein lieber Schlegel, kann ich Dir nur blos von *mir* sagen, daß mich Dein unglücklicher Fortunat entzückt hat. Gestern Abend hatte mir Gries (der blos zu solchen Dingen taugt) die Marie Stuart gebracht, und da wir diese angefangen hatten zu lesen, wollt ich ihn in solcher schlechten Stimmung noch nicht mittheilen, und ihn mir auch erst allein vorlesen. Sage, mein Lieber, wo hast Du den nun wieder hergenommen? Er ist so fantastisch, so zart schauerlich und lieblich schreckenvoll, und erst drücken die Assonanzen die Ahndung hievon so gut aus, dann der Reim den entscheidenden Moment des nahenden Todes unter den Rosen. Ich bin ganz und gar davon eingenommen und mag mir eben deswegen nichts erschöpfen und nichts abschöpfen mit einer Analyse. Den Namen Fortunat hat Dir Fortuna selber eingegeben. Dichte nur, trachte so fort! Dies ist eines von denen Gedichten, wovon mir der Eindruck immer bleiben, immer wieder der erste seyn wird. Kann man im Thiergarten auf so zauberliche Gedanken kommen? Wenn mir es jemand angriffe, der hätte mit mir zu thun, aber Du, mein Schatz, hast eine schlechte Sache zu vertheidigen gehabt, wie Du gegen Tiek über Maria Stuart strittest. Es ist wahrlich nicht besser wie der Wallenstein – ja der gesammte schlechtere Wallenstein spricht einem daraus an. Die wenigen lyrischen Stellen sind hübsch – o ja – aber mit dem Ganzen schlecht verbunden. Das Interesse für Maria ist durchgehends zu sehr geschwächt, es sieht aus, als sollte das objektiv gemeint seyn, aber ist nichts ächtes damit, blos nachgemachte Patent-Objektivität. Denken kann ich mir wohl, daß es sich auf dem Theater ganz gut macht. Die Szene, wo Melvil sein priesterlich Haupt entblößt, ist eine der vorzüglichsten und eine sehr gute Schlußerscheinung der Maria. Der lezte Auftritt endet genau wie beym Wallenstein mit einem Epigramm – *Fürst* Piccolomini! „Lord Lester schift nach England". – Das Politische darin hat auch die Deutlichkeit einer Deduktion nicht los werden können, und ich versichre Dich, ich habe bey dieser ersten Lektüre, wo die Neugierde mit geschäftig war, nicht einiger Langeweile entgehen können. – Wie fällt Mortimer mit seiner Catholizität wie mit der Thür ins Haus! Er müßte durchaus nicht psychologisch darthun, wie er katholisch geworden ist, sondern blos mit Eifer aussprechen: ich bins. Ja, mein Freund, mir ist es ganz klar, daß alles poetische Drum und Dran dieses Stückes in der Summe keine Poesie macht.

Was hofst Du nun vom Mädchen von Orleans? Ich habe die taube Nuß, den Gries, wieder befragt, und da es angenehm ist über etwas, das man nur halb weiß, zu reden, als wüßte man es ganz, so will ich Dir so viel davon sagen, es ist *doch* nichts als eine sentimentale Jeanne d'Arc. Sie ist tugendhaft und verliebt, sie glaubt sich wirklich inspirirt (nun das wär gut) und es gehen auch Zaubereyen vor. Allein denke Dir den Gräuel, sie wird nicht verbrannt, sie stirbt an ihren Wunden auf dem Bette der Ehren. Eine alte Königin Isabeau, die gegen ihren Sohn Carl mit den Engländern kriegt (wie Gries berichtet), bekommt sie in ihre Gewalt; sie wird mit sechsfachen Ketten an einen Baum fest gebunden, indessen geht die Schlacht weiter fort und irgend jemand, der auf einen Hügel steht, erzählt der Isabeau, wie es geht und daß Carl in Gefahr ist. Jeanne geräth darüber in heiligen Wahnsinn und die Ketten fallen von ihr ab auf ihr Gebet, sie fliehet hinweg um den König zu retten, und dabei bekommt sie dann die Todeswunde. Stanzen sind darinn, allein sonstige Unregelmäßigkeiten will Gries nicht gehört haben. Auch nichts von der Genoveva, mehr von Shakesp. Er wird sich darinn wohl *ver*hört haben. Ich muß übrigens sagen, daß das, was ihr in Maria Tiekisch fandet, mir gar nicht so vorgekommen ist. Wie Maria ins Freye komt, so ist da eine Art von Cantate, die mich eher an Rammlers Ino erinnert haben würde. – Schiller las das Stück den Schauspie-

lern vor in der Absicht es gleich aufführen zu lassen, vielleicht komt es nun doch für jetzt nicht dazu wegen des zu starken Personale. Man studirt Nathan ein. – Gries meint auch noch, die Pucelle von Voltaire sey ihm oft störend eingefallen, die Schiller auch viel dabey studirt hat, doch läßt sich schwerlich entscheiden, ob sie Schiller oder Griesen Streiche gespielt hat. Bey dem Shakesp, könnte sie mir nie einfallen. Es ist hübsch, daß diese Übersetzung eben zugleich erscheint. Von Schiller komt diese Messe viel zum Vorschein, auch der Macbeth. Tröste Dich nun, daß Woltmann mehr weiß als Du! Du weißt ja, daß Schiller bis auf diesen Augenblick das Sujet niemanden vertraut hatte. Dafür kennst Du nun seinen Embryo, Don Juan, darfst aber blos in geheimnißvollen Winken darüber offenbar werden.
Hier sind noch zwey Zeilen, die den ersten Act schließen ungefähr:

– ich will
Zu Hülfe eilen Frankreichs Heldensöhnen
Und Rheims befreyn und meinen König krönen.

Mir geben sie Licht genug. – Ich wünschte den Tancred zu lesen; darin sollen die Jamben und hinzugefügten Schlußstellen ungemein schön seyn.
Goethe ist hier. Schelling war gestern den ganzen Morgen bey ihm und fuhr mit ihm aus, kam auch ganz ermüdet von scherz und ernsthaften Reden bey uns an. Er hatte sich eben auf das angelegentlichste nach Dir und Deinem Thun und Treiben erkundigt und wann Du kämest, als ich das Packet hinschickte. S. erzählte ihm Deine Händel mit Unger, er las Deinen Brief und sagte: nun, er scheint doch recht vergnügt und wohl zu seyn und es freut mich ihn bald zu sehn. Er wird nicht lange bleiben. Den Nicolai hatte er noch nicht gelesen, er war gleich in Schillers Hände gekommen. Ein vollständig Exemplar habe ich nicht für ihn erhalten und Schelling muß ihm das seinige mittheilen. – Der Herzog ist in dieser Woche unvermuthet zu Loder gekommen und hat bey ihm gegessen, worüber L. über und über stralend geworden, und mir auch gestern früh eine Stundenlange Aufwartung gemacht hat. Die Lodern war schon zweymal bey mir; Hannchen kam von Leipzig zurück, wo

sie bey Tischbeins logirte, und brachte mir viele Grüße nebst einigen Klagen von Caroline, daß Du ihr nicht geantwortet, was ich sogleich thun werde. Carolinens Stimme soll ins bewundernswürdige gehn, Betsy darf jezt wenig singen, sie hat Brustschmerzen und eine solche Reizbarkeit, daß sie Stundenlang über das mindeste, was sie anregt, weint und zittert. Sie ist Mignon, ach ich fürchte, sie wird nicht leben, diese zarten Saiten haben so früh getönt.

Was die Aufträge in Deinem Brief betrift, so habe ich sie nieder geschrieben und Friedrich geschickt noch gestern Abend, weil er, so viel ich weiß, heute nach Leipzig gereist ist, um die Veit abzuholen.
Mit dem Druckfehler im B. ist es freylich zu spät, ich habe schon ein Exemplar im Hause gehabt, das Friedrich für Schelling geschickt hatte, der Dir danken läßt. – Fr. ließ mir sagen, er wolle alles besorgen. Ich hatte zugleich Deines Wunsches erwähnt Deine Bücher im Hause vorzufinden, denn allerdings sehn die beyden Bücherbretter sehr degarnirt aus, obschon ich nicht anzugeben weiß, was fehlt, nur einiges, was ich suchte, ZB. Müllers Geschichte der Schweiz, war nicht da. Die ließ ich mir holen, weil wir etwas nachsehn wolten wegen Wilh. Tell. – Deinen Fortunat kann ich nun Friedrich nicht eher mittheilen, bis er sich wieder bey mir meldet, doch muß ich das Sonnet auf das Bild holen lassen, wenn ich es demnächst Tiek schicke. Dieser ist in Leipzig gewesen, ob ihn Friedrich noch findet, weiß ich nicht. Es ist recht betrübt, daß ich ihn nicht sehe.
Das einzige Wort, Du wollest in dem persönlichen Verhältniß zwischen Friedrich und mir nicht gegen mich Parthey nehmen, hat mich ganz ruhig gemacht. Weiter begehre ich nichts, obwohl mein Herz einigermaßen voll Unwillens gewesen ist. Ich sehe noch nicht klar, und begreife nicht, wie es die Veit wirklich hat wagen können, so wenig Rücksicht auf Dich sowohl als mich zu nehmen, so daß ich immer noch zu denken geneigt bin, meine Augen und Ohren betrügen mich. –
Deine Bemerkung über die Realität des reellen Schadens ist zwar richtig und ich bemühte mich gleich sie nicht aus der Acht zu lassen, aber ich habe dafür diesen schon fast zu

sehr aus der Acht gelassen. Alles, was ich erst wieder herbeyschaffen muste, ist mir schon, als hätte es nicht gefehlt. An Meublen wird nun außer einem Tisch alles da seyn. Mit dem Ersaz fordern weißt Du, wie es ist. Kann ich behaupten, ihr habt mir so und so viel Dutzend Teller zerbrochen, da Mad. Veit nichts förmlich übergeben worden ist? Freylich sind jetzt nur 2 Dutzend da, statt 10 Dutzend, mit denen ich anfing, und wir haben denn doch bis zulezt noch große Gesellschaft mit dem Porcelan bewirthen können. So sagt auch Rose, es wären noch viel Gläser dagewesen, nur zwey zerstoßne, item die Tassen und die blauen Glascompotieren zerbrochen! Meine Klage über den Verlust anderes Hausgeräthes als Körbe etc. beantwortete mir Friedrich mit einer Denunciation von *Lenens* Untreue, aber wie *Rose* wegging, waren diese Sachen da. – Auf keine Weise möcht ich in eine Erörterung mit der Veit mich einlassen. Das müste eine gemeine Geschichte werden, also bis wir, Du und ich, uns sprechen können, laß alles gehn, wie es geht. – Rose sagt, die Veit habe immer das Essen durchaus auf den porcelan Tellern gewärmt haben wollen, und da wären sie gesprungen. – Alles dieses sind aber, höchstens in die Augen fallende, Kleinigkeiten gegen ganz andere Beschwerden.
Ich versichre Dir, Schelling ging mit der Idee von Bamberg weg Friedrich zu sehen, nur war das erste, was ihm hier entgegen kam, jener feindseliges Verfahren gegen mich. Ich überzeuge mich auch vollkommen jetzt, daß es keine Grille damit war, und einmal angenommen, daß mein Zutrauen gegen die Veit zu weit ging, kann ich es auch erklären. Sie strebt mit einem starken Misgefühl ihrer Nationalität nach einer bürgerlichen, wenigstens geselligen Existenz und auf den Ruin, den ich über mich gebracht hatte, dachte sie sich zu gründen. So hat sie mich durch Wahrheit und Verläumdung Preis gegeben gegen die Paulus zuerst, bey der das den besten Boden fand, den *neidischen*. Weiterhin ist das Mittheilungssystem immer stärker eingerißen, wie es darauf ankam, theils von Friedrichs Seite den Zirkel der *Freunde* im Guten zu vergrößern, theils sich Parthie zu machen, und schlechtes Volk in solcher Absicht nicht zu verschmähn. Würden wir wohl je Winkelmann, Vermehren und dergl. Leute so täglich in unsrer Nähe geduldet haben, und Paulus

als Freund besitzen wollen, der doch den allerverächtlichsten Charakter von der Welt nicht verleugnen kann, oder Fromman als Protektor? Läßt sich Gemeinheit gänzlich verbannen unter derley Umgebungen? Und in einer höhern Hinsicht – Sollte man die zudringlichen Dilettanten und miserablen Wesen zulassen in der Hoffnung einen wahrhaft geweiheten Kreis zu erweitern? Ich weis, was Friedrich verführt hat: der ihm fremde Genuß einer gewissen Art von Popularität. Er lebte mit seinen fast leidenschaftlichen Hange zur Geselligkeit immer isolirt. Und dann – ich darf es sagen, weil es eine Zeit gab, wo ich in sein innerstes Herz geschaut habe – er ist nicht ohne Rachsucht; er glaubte sich an Schelling rächen zu müssen, der doch in der That blos auf *sein* Verfahren von ihm abfiel – und alles dieß trübe Wesen hat ihm seine Erinnerung meiner und seiner verdunkelt, ihn verstockt. – Ich warte nur darauf, ob er sich denn gegen Dich auch gar nicht erklärt, um den Brief zurückzufordern. Freylich wäre es mir lieber, wenn Du es thätest blos als Auftrag von mir, und versiegelt. Lesen kannst Du ihn *dann,* wenn er ihn unbeantwortet giebt; er ist keinesweges geschrieben, um vor Deine Augen zu kommen, allein ich kann doch für mich nichts dagegen haben.
[...]

104 AN AUGUST WILHELM SCHLEGEL

Jena d. 29 Jun. [18]01

[Auszug]

Erquicklicher konnte mir nichts seyn, als was Du mir da mit Einemmal eröfnest, mein lieber S. Ein Act fertig, 500 Verse, und wenn das Ding vollendet *ist,* ist es ein Schauspiel und kein übersezte, und Du scheinst zufrieden! Ja, diese Aussicht macht mich unbeschreiblich vergnügt und es ist billig, daß Du sie mir nicht länger vorenthalten hast; ich will auch weiter nichts und den Deckel des Gefäßes nicht etwa öffnen von Zeit zu Zeit, sondern fest verschlossen halten bis zu dem gehörigen Tage, wo er sich von selber aufthun wird. Sag mir auch weiter nichts – nur seh ich, wenn Du ein solches Werk dort fertig machen willst, so kommst Du auch im

Julius noch nicht, und ich muß die erregten Hoffnungen auf Deine Ankunft bey den Hausgenossen wieder niederschlagen, die Dir mit gefülleten Oehllampen gleichsam täglich entgegen gehn – aber am Ende stehen wir vielleicht sämtlich wie die thörichten Jungfrauen da! Schelling und ich sind auf die Gedanken gekommen Dich nun, wenn Du in der lezten Hälfte des Sommers doch nicht zeitig kommst, spätlich selbst abzuholen, denn er hat große Lust nach Berlin zu gehn um dort auch einige philosophische Gespräche zu führen. Halte dieses aber nur nicht etwa für ein Projekt, das Dir Thür und Thor öffnete ordentlich mit Gewissensruhe dort zu verweilen, sondern fahre fort fleißig an Deine baldige Rückkehr zu denken. Am allermeisten aber an die herrliche Ausführung der herrlichen Unternehmung. Höchstens habe ich mir einen Euripides gedacht für das Berlinische Theater eingerichtet. Das ist gewiß, Du hältst Dich frisch und grünest immer von neuen, Gott wird Dir auch noch rechtes Gedeihen geben. Du machst es nicht wie die andern befreundeten Pflanzen, die sich so schmählich hinwelken lassen. Über Tiek kann ich mich gar nicht beruhigen. Ich hoffe zwar wohl, daß er auch einmal wieder hervorkommt, aber aus einem gewissen verkümmerten Zustande nimmermehr recht heraus.

Also seyd ihr auch gespannt, wie sich das zwischen Fichte und Schelling entscheidet? Da seyd ihr auf der rechten Spur, denn es ist alle mögliche Ursache vorhanden, und die Kämpfer ehrenwerth. Hat *Dich* denn Fichte überzeugt, daß es nicht geht mit der spekulativen Naturphilosophie? O schriebest Du mir nur zu meinem Privatvergnügen mehr davon, ich wolt es gewiß Schelling nicht verrathen, wenn Du es verbötest. Denn wenn auch der große Brief kommt, so wird doch F. *Gesinnung* darin etwas verkleidet seyn. Sch. ist in einer wackren Stimmung. Er hoft recht zu haben und ist dabey doch voll Ehrfurcht gegen die heilige Stärke seines Gegners. Wenn die beyden wirklich öffentlich auftreten sollten, so wird es redlich und in einem würdigen Tone geschehn und alles übrige Volk in die Schranken zurückweichen müssen. Sch. würde in der That F. sehr gern mündlich sprechen, wenn bis zum Herbst hin nichts äußerlich sich in dem Stand der Dinge zwischen ihnen verändert. Sag also weiter nichts davon. Das aber verhehle mir nicht, ob

Schleyermacher schon ein Urtheil glaubt fällen zu können.
Wenn Schelling auch heute seinen an Dich angefangnen Brief nicht endigt, so glaube nur, daß ihn seine Gedanken in Ketten und Banden haben, er ist nicht einmal zu Tisch gekommen.
[...]

105 AN AUGUST WILHELM SCHLEGEL

[Jena] d. 27 Jul. [1801]

[Auszug]

Dein lezter Brief traf mich im Bette an, und zwar nicht auf eine natürliche Weise, sondern höchst grausam und unnatürlich; Krankheitshalber, und Du wurdest nun auch eine von den feindlichen Mächten, die mir zusetzten. Dieses soll nicht Dein strenges Gemüth erweichen, ich erzähle Dir nur, wie mirs geht. Das feuchte Wetter, welches freylich ein gelinder Ausdruck für diese Sündflut ist, die uns die Ernte eines herrlichen Jahrs vielleicht niederregnet, war unstreitig der Anlaß meines Übels, indem ich an einem schönen Morgen mit einem über und über geschwollnen Gesicht aufwachte. Ich habe mit Kräutern baden müssen, ich bin sehr schwach gewesen und bins noch so leidlich sehr. Übrigens ganz leidlich vergnügt.

Hast Du Dich an meinen Brief Nr. 1 schon geärgert, wie wird es dem Nr. 2 gegangen seyn! Ich verspreche Dir im voraus, daß ich auf Deine Antwort nicht wieder antworten will. Wie Du von *Dir* sagst, ich habe in guter Meynung alles geschrieben, in pur guter Meynung und in der besten von Dir. Eine lange Apologie kann ich nicht machen. Ich sage Dir nur kurz, nicht ein Jota hätte Dich in alle dem kränken dürfen. Auf keine Art glaube ich, daß Du gegen Unger unrecht hast, und Deine Entschlossenheit darüber freut mich mehr, als die Wiederherstellung des zerrißnen Verhältnisses thun würde. Wenn ich Tieks Brief nicht im rechten Sinn gelesen, so hättest Du mir den mit beylegen sollen; ich konte ihn nicht errathen. Ist er der rechte, so hol ihn der T.! denn dann ist ja Tiek etwas von einem Halunken, wogegen

sich meine Überzeugung doch sträubt. Seyd ihr Freunde und glaubt dergleichen von einander? Und nennt ihr euch blos so, im Schooß einer gemeinschaftlichen Kirche, ey die Kunst selbst braucht das Fundament der Rechtlichkeit noch. Schreib mir doch, was denn das endliche Resultat dieses Streites gewesen ist. – Überdem hat mich seine Ansicht ja gar nicht gestimmt, und es war zufällig, daß mir dabey allerley Weisheit einfiel, die ich Dir auskrame. Wenn Du meine Weisheit dumm befindest, das nehm ich nicht übel, aber Dein Mistrauen, das eine so ernstliche Empfindlichkeit erzeugt. – Wegen der Anzeige über K[otzebue] geb ich mich zu – es war nun *meine* Einsicht und Ansicht sie für überflüssig zu halten – warum sollte ich es nicht sagen? Du nimmst mir erstaunlich viel von meiner Artigkeit und Anmuth, wenn Du mich furchtsam machst. Es ist Dein eigner Schade.
[...]
Wegen der Berliner Reise – nichts von Hader! alberner Freund, warum hast Du vergessen, daß das Wort *unzweckmäßig* oder *zweckmäßig* ein Sprichwort unter uns war, seiner Pedanterey halben und weil es sich manche Damen angewöhnt hatten, die Schillern, die Nuys – ich unterstrich es im Schreiben wie im Reden, es lag gar nichts dahinter und ich erkannte wohl, daß Du gütig warst mir die Reise anzubieten, die freylich nicht sehr ernstlich von mir gemeynt war, aber um den Zweck Dich abzuholen hätte ich wohl Ernst daraus gemacht. Amen.
Grüß die Bernhardi, ich habe mich bedacht, ob ich ihr nicht etwas schicken könnte für ihr neugebohrnes Würmchen. Bist Du nicht Gevatter? Aber das einzige, – etwas Gestriktes – fällt weg, weil sie selbst eine große Strickerinn ist.
Marcus hat mir den fränkischen Lustgarten geschickt, eine alte Edition – ich behalte ihn zurück, weil Du jetzt wohl Dich nicht unterbrichst. Es wird noch künftige Allmanache geben und braucht nicht in diesem. Aber weißt Du wohl, daß diesem noch einiges im elegischen Sylbenmaß oder Hexametern zu wünschen wäre, um das Herschende darin zu brechen?
Marcus läßt Dich grüßen, er wolle Dir nach den Grundsäzen der Erregungstheorie eine Erklärung der vorkommenden Wunder dazu schreiben. Die Gesellschaft ist nun in

Bocklet, das Wetter wird sie etwas stören. So viel ich weiß, ist Friedrich hier geblieben. Das ist ein sehr unerwarteter Aufschluß über den Eduard. Immer alles noch schlimmer, als ich es zu vermuthen verstand von Anbeginn an. Friedrich hat mir selbst erzählt, daß dieser Mensch dort gewesen sey, daß er nach Amerika gegangen wäre, und mich viel Hohes und Herrliches von ihm ahnden lassen. Damals hat er ihn mit einer Umarmung bewillkommnet, deren sich der Eduard gar nicht versehn hat. Er wollte mich auch glauben machen, Philipp könne wohl ein Sohn dieses Eduard seyn, villeicht um mir den nationalen Abscheu zu benehmen, denn ich hörte nachher, daß Philipp von früherem Datum ist. Und nun der Handel mit der Schwester, welche die Veit selbst für eine schlechte Person ausgab – wie paßt das? Was sind das für Lügen, Selbstbetrüge und verächtliche Geschichten. Läßt sich denn Friedrich so hintergehn? – Sie haben hier einen solchen Wind gemacht, Paulus hat den Alton als einen Menschen pronirt, der in Persien gewesen ist, ihn in den Clubb gebracht und was nicht alles. Ich weiß indeß so wenig, ob er noch hier ist, wie von Friedrich selbst, und es ist auch sehr begreiflich, daß ich nicht früher von seiner Existenz hörte, da ich nicht von ihnen spreche, niemand befrage, also mir alles zufällig und oft lange hinterher zukömmt. Allein da ich Friedrich am Tage nach der Rückkunft von Leipzig mit diesem Sujet im Paradies begegnete, so muß er wohl schon von dort mitgebracht seyn. Wenigstens hoften wir hier, der persönliche Florentin würde ihnen auch Geld mitbringen, und so fällt das weg? Da ist es mir noch weniger erklärlich, wie und wovon sie leben, da Friedrich jetzt so viel ausreitet, und alle Augenblick einmal ein Fässel Wein hier unrichtigerweise ins Haus gebracht wird, das dorthin gehört, oder die Akzise mir angerechnet, was ich aber höflichst ablehne. Ach lieber Wilhelm, und ungeachtet die Sache so heillos steht, so fürcht ich doch, Deine Hoffnung wird nicht erfüllt werden. – Verzeih mir, daß ich nach Deinem ersten Bericht glaubte, Du könntest Dich drein mischen wollen. Bedenke zugleich, ob mich wohl nicht ein gerechtes Gefühl davon anwandeln kann, daß Du mich mit meinen Äußerungen und Beschwerden über diese infame Person noch ganz kürzlich so abgewiesen hast, als ob sie nicht von mir anzutasten sey, als ob *sie* die

Verständige, Beständige und Honette wäre – ich mag es nicht weiter ausmahlen. Was Dich in meinem zulezt geschriebnen Brief wieder kränken könnte, das schreibe auf diese Rechnung. Und wenn ich dann im Allgemeinen die auffahrende und beharrliche Hitze anklage, in der Du fähig wirst, solche Schmach anzuthun – o sage mir, habe ich denn da nicht auch Recht? (um Dir Deine lezte Frage zurückzugeben). Aber komm nur, wir werden Freunde seyn. In Deinen nächsten Schreiben erwarte ich etwas bestimmtes darüber zu erfahren, über Dein Kommen nehmlich. Es ist Zeit, denn ich weiß so nicht, wie Du meine Hausgenossenschaft versöhnen und besonders wie Du das Herrenrecht über sie behaupten wilst, nach so langer Unabhängigkeit. Du wirst Deine Noth haben bis auf Emma herunter. Unser Leben ist sehr einfach und Spazierenzugehn die meiste Bewegung desselben. Ich thue gar nichts mehr als schlafen, essen, trinken, lesen, beten, und gehen, wenn ich kann, denn oft werde ich zurückgelassen und in solchen Stunden wünsche ich freylich eine Wohnung zu haben, die mich wenigstens nicht so traurig einschließt, da man sie hier haben kann. – Vor Michaelis brauch ich nicht aufzusagen, also soll alles anstehen, bis Du kommst, damit Du alle Gründe hörst. – Julchen nimmt mir alle Arbeit im Hause ab und hat diese Art von Besorgung und Geschäftigkeit gern. Zum Hören ist sie wohl, zum Lesen aber sehr wenig geneigt. Und es ist ganz gut so; die Mutter wird sie im Winter hier lassen. – Schelling denkt im Herbst auf jeden Fall eine Reise zu machen. Er ist nicht eben auf Berlin erpicht. Was Du vom Fichte sagst – und was noch jemand anders von ihm gesagt hat – das ist eben auch *unsre* kühne Meinung, die wir uns aber manchmal selbst wieder ausreden und überhaupt vorsichtig damit umgehn. Er hat seine Simsonslocken mit dem Catheder verlohren.

Bringe mir also Dein Bild, denn ich will es haben. Meines sollst Du auch haben, und ich wäre vielleicht von selbst so anmaßlich gewesen es auf Deine Stube zu hängen, wenn es nicht in der Meinigen an der Wand einen häßlichen Fleck zurückließe. Du must warten bis zur künftigen Wohnung. Entsinnst Du Dich des hohen Hauses am Thore nach der Driesnitz zu? Das ist inwendig und auswendig ganz vom Kammerrath Helfeld ausgebaut und die obre Etage leer –

darauf spekulire ich. Adieu, mein Freund, ich kann die Feder nicht mehr regieren. Lebe recht wohl und sey gut.

PS. Kommt ein schlechter Brief, so antworte ich nicht eher, bis ein guter da ist.

106 AN AUGUST WILHELM SCHLEGEL

d. 23 Nov. [18]01. Jena
Wir liegen hier noch immer vor Anker, haben Windstille, das Schiff will nicht vor noch rückwärts. Das ist so zu verstehn, Tiek ist noch da, die Bücher sind noch da, die Calender sind noch *nicht* da, Geld ist noch nicht da, die Aufträge sind noch lange nicht ausgerichtet, und ich würde heut gar nicht schreiben, wenn mir nicht bange wäre, Du möchtest gar bange werden. Das werde nun ja nicht, mein lieber Wilhelm, auch nicht nach diesem Eingange, denn eigentlich stand ich an zu schreiben, weil ich in wenig Tagen meine Epistel frey mit unsern Reisenden hätte ziehn lassen können. Tiek kommt morgen ganz gewiß hieher, und geht am Donnerstag ganz gewiß hier ab. Der arme liebe Mensch, es ist ihm zu Herzen gegangen mit Schadow, so daß er Kopfweh davon gekriegt hat. Dafür soll es auch Schadow übel ergehn. – Ich habe jetzt Tieks Zeichnungen von der Ausstellung, und besonders die – wettlaufende, mit Muße gesehn. Sie ist unendlich viel schöner, wie sie mir da oben erschien, und war es nicht Verrath, so ist es Ungeschick gewesen, sie so hoch zu hängen. In der Composition ist freylich etwas verfehltes und zerrißnes, aber mehr Gedanke, Gehalt und Zeichnung in Einem Kopf, Arm, Rücken oder Falte als in Nahls Bildern zusammen.
Du mußt meinen ersten Brief sehr spät erhalten haben, aber doch nun gewiß beyde. Nathan ist noch nicht gegeben worden. Mein Befinden ist ganz leidlich. Wenn Du etwas mit der eleganten Zeitung verabredet hast, so vergiß nicht es mir zu melden. Ich bekomme wie gewöhnlich nichts zu sehn, also auch Fichte und Biester nicht. Heute wirst *Du* etwas zu sehn bekommen, denn Du siehst doch wohl Jeanne d'Arc? Oder tröstest Du die Kleine, die vielleicht nicht ins

Schauspiel gehn mag? ich kann mir vorstellen, wie sich die Kleine ärgert, gewiß mehr als sie groß ist, und der redliche Quast wird was redliches schimpfen. – Hast Du die spirituelle Anzeige der Johanne in der ALZ. bemerkt?
Wir haben in der Erlanger L.Z. eine von Lichtenberg bemerkt, die wir Schley[ermacher] zuschreiben, jedoch gehört die nicht zu seinen besten. Lezthin stoß ich mit einemmal drauf, daß Gries wirklich glaubt, Du habest die des Macbeth gemacht, er wollte drauf schwören, Leib und Leben zum Pfande setzen und dergl.; ich habe hinwiederum geschworen und meine Seele zum Pfande gesetzt, daß Du es nicht wärest. Er glaubt mir nun, aber glaubt blos.
Ich soll Dir von Schelling berichten, daß er mit Hegel ein kritischphilosophisches Journal giebt bey Cotta; Du sollsts Fichte noch nicht sagen, er will ihm gern das erste Stück unverhofft zuschicken und zerzauset alleweile den Reinhold, wegen welcher edlen Beschäftigung, und einigen andern, er seit 8 Tagen erst Abends um 9 Uhr zu uns kommt. Du kanst also denken, wie einsiedlerisch wir leben, worin sich sogar Julchen sehr gut findet, die denn auf den Bällen von Zeit und Zeit in die Welt hereinkuckt. Das erste Stück jenes Journals kommt bald, wird bey Fromman gedruckt usw.; es ist erst eben zu Stand gekommen; Schelling hatte mir gar nicht gesagt, daß er an Cotta geschrieben, wie schon die Antwort und Annahme da war. S. freut sich, daß Fichte seine ganze Kraft daran setzt, er hoft auf Vereinigung, noch mehr aber freut er sich, wenn Dir Deine Anschläge gelingen, und er würde etwas toll werden, wenn Dir irgend etwas, besonders mit den Vorlesungen, in den Weg träte.
Du wirst durch Tiek und Friedrich noch an Annehmlichkeit des Aufenthalts gewinnen. Laß Dich nur nicht zu sehr zerstreun. Was Du mir von Friedrich und der Veit erzählst, ist mir freylich auch völlig neu. Wie haben denn die Schwierigkeiten von Dresden überwunden werden können? Ja, wie machen sie das alles möglich? – Wegen Charlotten kann ich nichts sagen, ich weis gar nichts mehr von ihr. Wenigstens sollte ich denken, sie würde ihre gewöhnliche Zurükhaltung nicht so gänzlich gegen die Veit ablegen, um sie ohne Rückhalt aufzunehmen, und sie würde sich nicht so ganz verwandelt haben, um Friedrich zu billigen, der ganz noch der nehmliche ist in Lebensweise und Sitte, nur mit mehr

innerlicher Sicherheit. Wilst Du ihr schreiben, so schieb es nicht auf, denn es wird Dir mit jedem Tag schwerer werden. Du kannst allerdings vieles hierin selbst nicht dulden, ohne alle Rücksicht auf mich. Mir ist es eins, was Charlotte von mir denkt; nachdem man einmal so weit gegangen ist, tritt sie für mich in die Reihe derer, an die ich weiter nicht denke. Friedrich erinnert sich vielleicht noch, wie er mich gebeten, ihn bey Charlotten zu vertreten, ihr günstigere Gesichtspunkte für ihn zu geben, und wie freundlich ich es that – oder nein, er entsinnt sichs nicht, die Rachsucht hat ihn für alles gestählt. – Das Zusammenseyn mit Tieks ist auch etwas unnatürlich, da sie doch wissen, wie sie von einander denken, wenigstens ist es mit der Veit gespannt. Gestern betheuerte Schelling wieder und aus dem Innersten, daß er Friedrichs Freundschaft suchen würde, und an keine Feindschaft mehr denken, wenn die Veit nicht mehr wäre. Was hilft es alles? Mir ist selbst oft, als könnt ich nicht ruhig sterben ohne mich mit ihm zu verstehn. Wenn sie nur jemand todschlagen wollte, ehe ich stürbe.

[Geldsachen.] Schellings Collegieneinnahme ist noch nicht beysammen, Zuhörer sind genug da, er hat über 100 Unterschriften. Vorige Woche hat er auch das Disputatorium eröffnet und organisirt. Ein junger Schlosser hat sich so wakker herumgekämpft, daß die Sache zwey Stunden statt einer gedauert hat.
[Büchersendung.] Geschehn soll übrigens alles, was Du befiehlst, auch die geringste und lausigste Kleinigkeit.
Die Allmanache sind beym Buchbinder.

Ich habe das Bild von Leipzig erhalten, und will diesen lieblichen Schatten nicht wieder von mir lassen. Lebe wohl, mein guter Freund. Vergiß mich nicht; grüße die Bernhardi. Schreibe mir alles, was Dir begegnet.
Du wirst fragen, was ich thue. Ich thue nichts, mein Lieber, und habe fast schon einen halben kleinen Petrarch übersetzt.

107 An August Wilhelm Schlegel

[Auszug]
[Jena] Sontag vor Weinachten [20.–21. Dez. 18]01

Wo soll ich anfangen um Dich genugsam zu schelten? Etwas Besseres wie Schelte sollte Dir auch diese Gelegenheit eigentlich nicht zu überbringen haben, denn sie wird von Freund Kotzebue angeführt, in dessen Gesellschaft zu reisen der Hr. Geh. Hofr. Loder sich eine besondre Ehre und Vergnügen macht.

Sage mir, Freund, wie ist es eigentlich mit Deinem Schweigen? Vermeinst Du, weil Du mir Laubthaler geschickt, so sey es nun damit gethan? Oder bist Du so sehr zerstreut und beschäftigt zugleich, daß Du ganz ordentlicher weise Deine guten Freunde alhier vernachlässigst? Ich bin heute grausam in meiner Erwartung betrogen, wie kein Brief kam, wir alle – Schelling hat eine Art von Angst, es möchte Dir etwas unangenehmes begegnet seyn, – Julchen *verwundert* sich fast noch mehr wie ich selber. Es geht wirklich in die 4te Woche seit Deinen lezten ausführlichen Nachrichten, und kann seitdem freylich manches geschehn seyn. Liebster Wilhelm, ich muß wahrhaftig immer wissen, wie es Dir geht, sonst hab ich keine Ruhe – und überdem ist das, was ich von Dir höre, der einzige freundliche Besuch von außen her – Doch genug, um Dir darzuthun, daß Du mich bitterlich betrübt hast.

Meine Gesundheit ist ziemlich gut, aber – Du mußt bald schreiben. Hast Du denn meinen Brief vom Donnerstag vor 8 Tagen nicht so früh erhalten, daß Du mir schon hättest antworten können? In Absicht der Wohnung hätte es die Nothdurft erfordert – wie in Absicht auf mich der gute Wille. Ich soll nehmlich Resolution von mir geben wegen des Asverusschen Hauses ... es ist sehr freundlich, die Aussicht aus den obern Zimmern, besonders hinten hinaus, so hübsch wie möglich, das ganze Thal von Kunitz bis nach Dornburg hin, übrigens kleine Zimmer ... der Preis 60 rh. ... Zöge Mlle Schubart aus, die Schellings ehemaliges Logis hat, so könten Bernhardis mit darinn wohnen ... Auf allen Fall nehme ich es nur auf ein Jahr. Niethammers ziehn in das Unsrige, ihres ist verkauft. So viel hiervon. Deine Bücher sind abgeschickt, etwas später, wie ich hoffte, weil die äußerst schlechte Beschaffenheit der Wege die Fuhrleute zurück hielt. Catel, denk ich, soll den Wieland noch mit nehmen und die Schillerschen Sachen. Den Shakesp. hast Du ja dort bey Deinen Freunden, wenn es ihm zu viel werden sollte.

[...]

Aber nun etwas von höhern theatralischen Angelegenheiten. Goethe meldet Schellingen, es ginge mit Ion einen sehr guten Gang, sie hoften ihn schon auf künftigen Sonnabend (als den 2ten Feyertag) zu zwingen, spätestens aber 8 Tage drauf. Nun, da wirst Du doch einige Emotion verspüren! Goethe scheint ungemein zufrieden mit der Anstelligkeit der Schauspieler. Du kannst denken, daß bereits verlautet, es werde ein Stück aufgeführt, aber ein Stück! einige sagen nur schlichtweg: in Hexametern, verständigere aber: in Heptintomachelapetern. – Was Du aber nicht denken wirst: Friedrich muß es nicht ernst mit der Verschweigung Deines Nahmens genommen haben, oder er hat seinen Ernst der Veit nicht mittheilen können – genug, Ritter hat Gries Deine Autorschaft verrathen – also vermuthlich auch Frommans und dergleichen – und gestern kam Carl Schelling, der von nichts wuste, und hatte sie von einem Nahmens *Richtsteig* bey Meders am öffentlichen Tisch erfahren, der es nach seiner Aussage von Monsieur *Ast* gehört hatte, alles indessen als ein tiefes Geheimniß. Da nun Ast alle Tage mit Mad. Veit spazieren geht, so hat sie es unstreitig diesem Jünglinge, der ihren Florentin recensirt hat, in vertraulicher Ergießung mitgetheilt. – Ich hätte Dir dies am Ende lieber verschwiegen, wenn Du nicht nun um desto aufmerksamer auf das Schicksal des Ion bey der Direktion in Berlin zu seyn Ursach hättest. Für hier ist es nicht wichtig, aber für dort gewiß, daß Du bekannt bist, zumal da Iffland und Kotzebue jetzt zusammen kommen. Gries sagte mir zwar, in Weimar habe er blos das Factum der Aufführung, aber nichts vom Verfasser gehört – indeß wird es Kotzebue *hier* leicht in Erfahrung gebracht haben. Wir sind etwas wüthend auf diese Indiskretion, und es scheint mir, Du könnest wohl Friedrich gradezu drauf anreden. Du mußt ihm auch nichts wieder vertraun, was zu verschweigen wirklich noth thut, oder Dir wenigstens ausdrüklich von ihm versprechen lassen, der Veit nichts zu sagen. Es

herrscht in jener Kreise ein endloses Wiedersagen, und gewiß wird ein gut Theil weniger geklatscht werden, wenn sowohl die Veit als Friedrich weg sind, denn er ist nicht frey von dieser Schwachheit.
[...]

108 AN AUGUST WILHELM SCHLEGEL

[Jena, 4. Januar 1802]
[Auszug]
Da ich gestern Mittag am 3ten Februar [Januar] von der Vorstellung des Ion zurückkomme, frölich und voll Begierde Dir zu schreiben, finde ich Deinen unleidlichen ungerechten Brief vom 29 Dez. Ich war trostlos, daß ich so vergnügt war und alle meine Gedanken auf Dich gerichtet hatte und mich nun so disharmonisch an Deiner Ungebärdigkeit ärgern mußte.
Ich habe geschrieben und den Brief zu rechter Zeit hingeschickt. Kann ich dafür, daß die Posten jetzt sämtlich schlecht gehn? – Wann habe ich es am Schreiben und Nachricht geben fehlen lassen? Du hast wahrscheinlich noch am nehmlichen Dienstag meinen Brief von vorhergehender Woche erhalten.
Mit den Büchern ist es dasselbe, wie ich Dir schon auseinander gesetzt.
Du wirst gesehn haben, daß meine Nachrichten bestimmt waren so früh wie Kotzebue zu kommen. Es ist natürlich, daß er sie nachher nicht mitnahm, und von den Weimarischen Begebenheiten und Schauspielersensationen auch unterrichtet war.
Du hast mir eine reine Freude verdorben, und verdienst es nicht, daß ich Dir ein Wort vom Ion sage. Alles, was ich für Dich thun kann, ist, daß ich Dir den Komödienzettel beylege. Da kannst Du Dir nun alles selbst zusammenbuchstabiren.
Wenn Du mir noch einmal so begegnest, so schreibe ich gar nicht mehr und komme auch nicht.
In dem nehmlichen schlechten Sinn kannst Du Schelling für fähig halten etwas gegen Fichte in die LZ. einrücken

zu lassen? Da ich Dir doch kürzlich ganz anders über seine Vorsätze deshalb gesagt. Welcher subalterne Mensch kann Fichte dergleichen hinterbracht haben, und wie kommt Fichte dazu es zu glauben? Sollte sich das Ganze auf den nehmlichen Auftrag beziehn, den Schelling *Dir* an F. mitgegeben und den Du gänzlich vergessen zu haben scheinst? Dann müßte ihn Paulus erfahren haben – und wer hätte ihn Fichte mitgetheilt? Ich vermuthe aber, die Sache rührt einzig und allein von Schad oder Fichtens ehemaligen Famulus her. Schelling wird das Nöthige darüber schreiben.

Es ist sehr unartig von Catel, daß er mir keine Nachricht von seinem Weggehn gegeben, da er weit früher gereißt ist, als er mir sagte, und noch einmal herkommen, ja mir auch die Zeichnung zum Tisch schicken wollte.

Ich lege das Hemd bey, da Schelling die Journale schickt.

Es ist sehr kalt, meine Stube wird nicht warm, ich verbrenne schrecklich viel Holz.

Lebe wohl, unartiger Schlegel, und gieb die Einlage an Mad. Bernhardi.

An *Sophie Bernhardi*
Da ein Gerücht sagt, daß der Verfasser des Ion in Ihrer Nähe ist, liebe Bernhardi, so ist mir in den Sinn gekommen, ob es Ihnen vielleicht nicht uninterressant seyn möchte etwas von der ersten Aufführung desselben in Weimar zu hören.

Und so muß ich gleich damit anfangen Ihnen zu sagen, daß es die vollkommenste Vorstellung war, welche ich auf diesem Theater gesehn habe, das doch mit Recht für seine harmonische Ausbildung berühmt ist. Sie schien mit wahrer Liebe dirigirt worden zu seyn, und die unsägliche Mühe, die dabey aufgewendet seyn mußte, war in einem Grade gelungen, der einen sehr glänzenden Beweis abgeben konnte, was sich durch treue Mühe ausrichten läßt.

Das Interresse des Stücks war aber vom ersten Moment an noch durch etwas schöneres, nehmlich durch die äußerst glückliche Persönlichkeit der Jagemann entschieden. Es kann keinen herrlichern Ion geben, sowohl nach der bloßen Erscheinung als auch durch den Ton der Stimme, und die

ganze Klarheit, Kühnheit und Sprödigkeit ihres Wesens, das nun hier besonders lieblich durch die innere Beschaffenheit der zarten und frommen Rolle gemildert war.
[...]

Es war ein recht christallner Tag, wie wir ausfuhren den Ion zu sehn. Wir kamen an der Spitze von sechs Wagen in Weimar an. Nachdem so ziemlich alles beysammen war, standen allein vor den beyden Gasthöfen auf dem Markt 19 Wagen, Reuter und Fußgänger nicht zu erwähnen. Schelling ging gleich zu Goethe, der im Anfang der Woche gemeldet hatte, daß die Vorstellung am 2ten Februar [Januar] seyn würde, und zugleich, daß man das Stück nicht weniger wie vier Verfassern zuschriebe. Er schickte mir Sechs Billette für die Loge D, wo mir denn der Zufall auf der Einen Seite die Bertuchsche Familie, samt dem alten und jungen Schütz, und auf der andern den Hohepriester nebst Frau und Tochter und Hufelands zu Nachbaren gab. Der alte Schütz hatte sich in eine Ecke gedrückt und regte und rührte sich nicht vor lauter Zuhören, ich sollte fast denken, daß Böttiger und er den Euripides in der Tasche hatten. Herder führte zu Anfang ein vornehmes präludirendes Gespräch mit dem geschmeidigen Hufeland über griechische Schauspiele. Ich hörte den Inhalt nicht wörtlich, aber es war offenbar auf lauter Herabsetzung angesehn. Nachher trat er denn doch erschrecklich oft auf die Zähen, um recht zu sehn und zu hören, da er vornen keinen Platz bekommen hatte. Seiner Gemahlin schien die Pythia besonders zu gefallen. Zu Ende des vierten Aktes blickte sie mehrmals zu ihm hinauf und frug, ob das nicht sehr hübsch wäre, was er nothgedrungen bejahte.
Im ganzen Hause war wohl niemand, der sich nicht eingebildet hätte zu wissen, von wem das Stück sey. Das Parterre war mit Studenten angefüllt. Die meisten haben einer bloßen Übersetzung entgegen gesehn, sind dann aber anders belehrt worden, vermuthlich theils durch die jungen Vösse, theils, obwohl ungern, durch den alten Schütz.
Schelling blieb den gestrigen Tag hindurch bey Goethe und hat mir noch allerley Nachrichten mitgebracht. Vor allem hat er bestätigt, was sich gewahr werden ließ, daß das Stück sehr allgemein gefallen und einen angenehmen Eindruck

hinterlassen hat, was mir denn hier auch zu Ohren gekommen ist.
Merkwürdig ist es, daß die Erzählung von dem Fest im Parterre (bürgerlichen Theil) großen Beyfall gefunden hat. Meier, Mephistopheles, hat darauf bemerkt, das sey kein Wunder, das hätten die Philister recht gut verstanden, es wäre ihnen wie ein Vogelschießen vorgekommen. Der andre Meyer [Majer] saß bey Böttiger, den er dann fragte: „nun, wie gefällt es Ihnen?" worauf sie sich die Frage mehrmals zurück geben, bis endlich Böttiger herausfährt: „Nun, wenn der Schlegel noch ein solches Stück schreibt, so kann ich meine Mythologie ungeschrieben lassen!" Meier glaubt, das solle andeuten, es sey so viel gelehrte Kenntniß im Stück, aber mit Nichten! „Seine Primaner wüßten das besser, daß die Pythischen Spiele und die Bachanalien nicht zu Einer Zeit gefeyert worden wären." Man hat sich nun vorgenommen ihn noch viel damit zu necken und zu behaupten: Schlegel habe den Verstoß nur begangen, um zu sehn, ob ers auch merken würde.

Ein paar einzelne eigne Bemerkungen sind: daß sich das Motiv mit der Höle des Trophonius ganz außerordentlich deutlich und nothwendig im Spiel hervorhebt, und die Wiederholung der gesehen Gesichte einen bedeutenden Rückblick schafft. Ferner: wenn etwas zu lang ist, so ist es die Erzählung des Phorbas. Wenn sie einige minder nothwendige Umstände enthält, was ich nicht recht im Gedächtniß habe, so sollten die billig weggelassen werden. Das Nächste verständigt den Zuhörer schon genug, der doch das Ganze unmöglich auffaßt.

Goethe hat übrigens nicht eine Zeile ausgelassen. Nur einiges weniges hat er geändert, unter andern in der Rede des Apollo:

>   Ob meiner offenbarten Vorgenossenschaft.

Das hieß:

>   Ob meiner offenbarten Neigung zu der Braut.

Er hat sich nach seiner spashaften Art über die Veränderung erklärt, die mir sehr lieb war; ich hatte mich der Worte

im voraus erinnert, und mich fast davor gefürchtet. Denn der Apollo steht doch so gar sehr offenbar dabey.
In der Abschrift, die nach Berlin gekommen, steht die Änderung nicht.
Außer vor der Hymne hatte die Musik in den Zwischenakten noch nichts andeutendes, und Reichard hat auch dergleichen nicht componirt.
Goethe hat sich vorgenommen die Aufführung des Ion noch immer weiter auszubilden. Ein paarmal will er die Schauspieler noch ungestört spielen lassen, dann ihn aber von neuen vornehmen.
Die Brüder läßt er vors erste nicht wieder geben, weil sie das leztemal schlecht gespielt haben.
Er hat sehr artig darüber gesprochen, was sie nach und nach den Spielern und dem Publikum zumutheten. Erst hätten sie die drey Stücke von Schiller zu sich nehmen müssen (die sie indessen unverdaut wieder von sich gegeben haben), und überhaupt hätten sie sie recht zum *Hören* gezwungen. Nun sie auch den Ion hinunter hätten, da könne man wieder etwas tüchtiges darauf bauen.
Am Geburtstag der Herzogin wird die Turandot des Gozzi von Schiller bearbeitet mit italiänischen Masken gegeben.
Ich rechne darauf, daß Sie nach Ostern den Ion hier sehn werden.
Seyn Sie gesund – und grüßen Sie Ihren Bruder.

[Einlage mit der Aufschrift: Geben Sie Schlegel diese Einlage erst, nachdem Sie den Brief vollständig mit ihm gelesen haben.]

Ja, Freund, es verhält sich so, Du kanst ganz und gar zufrieden seyn. Ich bin entzückt gewesen. Meine Hoffnung war gut nach allem, was Goethe geschrieben hatte, indeß saß ich nicht ohne Herzklopfen da, aber ich wurde ruhig, so wie ich die Jagemann sah und hörte, wir sahn uns gleich an, Schelling und ich, und nun ging es alles in Einem Guß fort. Sch. ist froh gewesen wie ein Kind, ich muß es ihm nachrühmen. Er hat das Stück nun erst gefaßt und tausend Dinge darüber auf dem Herzen. Wenn er sie Dir heut noch nicht mittheilt, so ist es der Drang der Umstände, da die Journale versendet werden.
So aufgeführt macht das Stück einen sehr ungetrübten Eindruck; ich hätte Dir die Freude gewünscht. Wenn sie Dir

nur in Berlin wird: Goethe hat keine Antwort von daher. Wird sie Dir gestört, so klage Deine indiskretten Vertrauten an. – Aber sollte nicht im schlimmsten Fall eine der Damen den Ion als ihr Benefiçe fordern können? Indessen glaube ich, es ist nicht möglich, daß die Unzelmann den Ion so glücklich darstellt wie die Jagemann. Du kanst Dir gar nicht denken, wie ganz herrlich sie aussah und sich benahm. Der Herzog hat alle Standpunkte genommen um sie anzusehn. Es traf sich, daß Vohß ein wenig stokte, wie er Ion eben die Möglichkeit darthut, daß er sein Vater ist, das Einzige kleine Stocken, was vorfiel. In dem nehmlichen Augenblick hatte sich der Herzog so nahe gestelt auf dem Balcon, daß es auch sie einen Moment zerstreut machte, aber es war nur ein vorüberfliegender Schatten in der Darstellung.
Goethe hat mit unendlicher Liebe an Dir und dem Stück gehandelt. Ich weiß nicht, was Kotzebue dort gesagt hat, aber es kann seyn, daß die Schauspieler anfangs rebellisch waren, ja die Jagemann soll dumm genug gewesen seyn den Ion für eine undankbare Rolle zu halten, aber er hat alles überwunden. Sie sind hoffentlich nun zufrieden, denn sie sind alle sehr applaudirt worden. Heyde kündigte an: den Ion, gleich wieder auf das Nächstemal, und wurde mit lautem Klatschen empfangen und entlassen. Es ist nie bey der Unzelmann so herzhaft applaudirt worden. Auch ist keine Frage, daß es allgemein gefallen hat, gewiß mit manchen Ausnahmen, manchen Rückhalten, und auch wieder Willen, aber gefallen dennoch. Von hier fehlten viele Familien, die gewöhnlich kommen. Loder war da – heute hat er auch seine Frau aus Drakendorf geholt um sie hinüber zu führen. Frommans, Hufelands. Aber Paulus nicht, die Veit nicht, Vermehrens etc. nicht. Sie werden wohl noch kommen! Für Abonnement suspendu waren sogar viel Weimeraner drin. – Goethe hat sich nichts verlauten lassen übrigens von bezahlen. Thut ers nicht, so schenk es ihm diesmal gern, da er sich sonst so gut benommen. Er hat erwähnt, ohne Beziehung jedoch, daß ihnen für die Beschaffenheit ihrer Casse das Stück viel Ausgabe gemacht, was ich auch glaube, da alles neu war.
Hättest Du statt Deiner unartigen Vorwürfe mir lieber gemeldet, wie ich das mit der eleganten Zeitung einzurichten habe. Es ist wesentlich, daß niemand zuvor kommt, wesent-

lich, daß die Schauspieler gelobt werden. (Die eleg. Z. wird in Weimar von einer Gesellschaft von Hökenweibern gehalten, hat die Vulpius versichert). Da ich nun keine Vorschrift von Dir habe, und wegen der schlechten Beschaffenheit der Posten nicht erwarten darf, bis Donnerstag, so wie ich hoffte, eine von Dir zu erhalten, werde ich mich bis dahin meinen eignen guten Entschluß überlassen, damit nur niemand zuvorkommt. Schelling will es abschicken. Man kann ja in Absicht des Stücks selbst einen Nachtrag liefern. –
Goethe hat versichert, daß er bis diesen Augenblick weder Schiller noch Meyer gesagt, von wem das Stück sey. Er hätte selbst viele Freude daran gehabt, wenn es verschwiegen geblieben wäre, aber es ist ohne Gnade bekannt. Alle Studenten wissens, und wie kann es anders seyn?
Es ist die Rede gewesen, wie Schiller zufrieden seyn möchte – es soll mich doch wundern, hat Goethe gesagt, wie es dem Alten gefallen (den er nicht mehr täglich zu sehn scheint). Meyer, der Professor, hat darauf gesagt, er wäre im 2ten Akt bey ihm gewesen, wo es ihm sehr gefallen hätte.
Ich kann Dir auch nicht genug wiederholen, wie gut sichs machte und gleich Anfangs packte und festhielt.
Schelling ist bange, daß Du auf das Journal gar nicht achten wirst in der Collision mit dem Ion – aber thust Du es heut nicht, thust Du es Morgen.
Goethe komt am 12ten auf mehrere Wochen her, denn um Turandot will er sich gar nicht bekümmern.
Wir denken nun darauf auf den Beyfall für Ion Deine hiesige Vorlesungen zu gründen.
Ich habe fast beständig unter starken Kopfweh geschrieben, das mir die Kälte macht. Wenn ich etwas vergessen haben sollte, so entschuldige es damit.

109 AN AUGUST WILHELM SCHLEGEL

[Jena] Donnerstag d. 11ten März [1802]
[Auszug]
Noch bin ich in der völligsten Ungewißheit, die mich, blos weil es Ungewißheit ist, ein wenig inkommodirt; von Grattenauer verlautet noch nichts. Ich will Dir indessen noch

einmal schreiben, um Dir die merkwürdigste Woche aus Kotzebues Leben seit dem merkwürdigsten Jahr seines Lebens mitzutheilen; vielleicht hast Du schon davon gehört, allein ich will mich das nicht verdrießen lassen. Du mußt wissen, daß er sichs angelegen seyn läßt ein sehr brillantes Haus in Weimar zu machen, daß er alle Woche einen adelichen und einen bürgerlichen Thee giebt, und sein Adelsdiplom producirt hat, damit seine Frau an den Hof gehn kann. Da es mit Goethe nicht glückt, macht er Schillern unsinnig die Cour, und Frommans z. B. behaupten auch, daß er ihn gänzlich anbetet und aufrichtig über alle Schauspieldichter der Erde setzt. Nun hatte er auf Schillers Nahmenstag eine Fete veranstaltet, wo aus der Jungfrau, dem Don Carlos usw. Szenen aufgeführt werden sollten, ja sogar *die Glocke* dramatisch rezitirt, und man spricht von einer großen Glocke von Pappe, die dazu verfertigt wurde. Die Imhof, die Egloffstein und fast lauter Adeliche waren die Spielenden, der Saal im Stadthause sollte den Schauplatz abgeben, und er hatte ihn vorläufig besprochen, ohne genau anzugeben, daß er ein Theater wollte aufschlagen lassen. Dieses wird von Etter[s]burg herbeygefahren, wie es aber vor dem Stadthause abgeladen werden soll, lassen es der Rath und Bürgerschaft nicht ein, weil es den Saal verderben würde. Kotzebue unterhandelt, aber erlangt nichts, und nun geht das ganze Fest in Trümmern, denn das Anerbieten andrer Locale, welche ihm geschahen, nahm er nicht an, weil sich im Moment die Sage erhob, Goethe habe als Baudirektor dem Stadtrath das nöthige inspirirt, und er wieder vollständig die Rolle des Verfolgten und Beneideten zu spielen gedachte. Auch geräth ganz Weimar über die Sache in Aufruhr, die Theilnehmenden hatten sich, besonders die Damen, herrliche Sachen angeschaft, viele Ausgaben waren von allen Seiten gemacht. Wer nicht laut zu schimpfen wagt, thut es doch in geheim, es gehn die dummsten Gerüchte und Urtheile herum, Goethe soll neidisch seyn, nicht sowohl auf Kotzebue als vielmehr auf Schiller, weil es dem galt, und er habe sich gleich hieher geflüchtet, wie er immer thue, wenn er dergl. angestellt habe. Nun trift noch ein andres Ereigniß hiemit zusammen. Kotzebue hat ein Stück gegeben: die Kleinstädter, aller Wahrscheinlichkeit nach dasjenige, welches als Tollhaus angekündigt wurde. Goethe hat alle *Persönlichkeiten* darin gestrichen, und Du kanst Dir denken, auf wen diese gingen – ja, ein Stück der Intrigue darin deutet das Weimarische Publikum auf eine Hausgeschichte von Goethe selbst. Kotzebue hat manches wegstreichen lassen, ist aber auf Einigem bestanden, was Goethe durchaus nicht zugab, nun nahm er das Stück ganz zurück. Über dieses kommt es in einem Conzert bey der Herzogin Mutter zu einem Wortwechsel zwischen G. und K., in welchen sich Frau von Kotzebue mischt und versichert, ihr Mann solle nun gar nichts mehr aufs Theater in Weimar geben. Nicht genug, die alte Kotzebübin schreibt Goethen einen Brief – welchen, das magst Du ermessen. So ist der Gott unter die Fischweiber gerathen. Er hat ihr geantwortet, und das müßte freylich lustig zu lesen seyn. Dies hat die Alte ohne Vorwissen ihres Sohnes gethan, welcher sich dem Teufel hat darüber ergeben wollen, allein es war geschehn.

Schelling hat Goethe diesen Morgen gesprochen, er ist sehr gut gelaunt gewesen, aber sie waren zu kurz beysammen, als daß Schelling ihn gleich drauf hätte bringen mögen, um alles zu erfahren. Wir glauben freylich auch, daß Goethe an der Saalaffaire nicht unschuldig ist, vermuthlich mit Schiller und dem Herzog einverstanden, aber ist es nicht prächtig von ihm? Was die Kleinstädter betrifft, so steht nun zu erwarten, was Iffland thun wird – erkundige Dich doch gleich bey Unzelinen. Fast sollte ich doch denken, er würde sich hüten, zumal wenn diese Geschichte vorher verlautet und er sich nicht mit der Unwissenheit schützen kann. Da ein Tollhaus darin vorkommt, ist's keine Frage, daß Kotzebue nur den Titel verändert hat. – Er ist heut hier, denn er läßt in seinem Gartenhaus bauen, wo er im Sommer seyn will, nächsten Winter aber wird er den Staub schütteln, die Gegend meiden und nach Berlin oder Paris gehn.

Goethe hält sich denn doch tapfer gegen die Halunken und prononcirt sich scharf; es kann auch nicht schaden, daß er selbst einmal ins Handgemenge mit ihnen kommt. Er hat sich sehr freundschaftlich nach Dir erkundigt, und Schelling hat mir die stattlich aufgesezte Antwort der Berliner Theaterdirektion signirt Iffland mitgebracht. Die Kostume zum Ion sind gestochen, und das nächste Heft des Modejournals wird sie mit bringen. Ich werde noch dafür sorgen, daß Tiek als Zeichner genannt wird.

[...]

[Jena, September 1802]

Es war auch mein Gedanke den Entwurf zum Memorial im voraus abzusenden, allein ich muß selbst erst die Anweisung abwarten, wie es einzurichten ist, denn dieses kommt auf die deshalb genommene Verabredung mit dem Herzog an. Die Sache steht so: Der Herzog deutete dem Konsistorium in der Mereauischen Angelegenheit ohne weiteres an, die Ehe als aufgehoben einzuzeichnen, und dies geschah auf besondre Verwendung des Erbprinzen von Gotha. Nun kommt es darauf an, ihn zum zweitenmal zu einer solchen Vergünstigung zu disponiren, da er vielleicht eben deswegen abgeneigt seyn könte sie zuzugestehn, weil er es kürzlich that, damit aus der Ausnahme keine Regel werde, weshalb man sich auch schriftlich auf diese nicht berufen muß. Ich habe mich also an einen Mann gewandt, der guten Willen für uns beyde und Macht genug hat es bey ihm durchzusetzen, er hat auch versprochen zu thun, was er vermag, nur hat er mich auf die Möglichkeit einer abschlägigen Antwort bereitet, die mir indessen nicht glaublich scheint, da er es einmal unternommen. Er wird die Sache unmittelbar mit dem Herzog verhandeln, und er ist der einzige, dem sie mitgetheilt worden ist, außerdem ist kein Wort und kein Wink vorgefallen. An seiner Verschwiegenheit ist kein Zweifel, sogar habe ich ihm versprochen *ihn* gegen niemand zu nennen, weswegen ich im Fall des Errathens auch bitten muß diese Diskretion gegen ihn selbst sowohl wie gegen andre zu beobachten. Die Spur eines Mangels an Diskretion von meiner Seite ist also auf jeden Fall eine falsche Spur, und es ist unartig sie, auf irgend ein Geschwätz hin, nur zu erwähnen. Seit wenigen Tagen ist der Herzog zurück, und ich erwarte täglich weitre Nachricht. Dann kann leicht alles noch vor Ende des Monats entschieden seyn, und da ich die Beschleunigung selbst dringend wünsche, so werde ich sie auch eifrig betreiben. Sollte die Sache auf diese Art nicht durchzusetzen seyn, so überschicke ich sogleich das Memorial, was für den andern Weg erforderlich ist. Seyn Sie also ganz ruhig hierüber und halten Sie jede Spannung fernerhin für unnöthig. Sie haben sie lezthin sogar auf meinen Bruder übertragen, wo sie wirklich überflüssig war, indem er ja hierin eine völlig indifferente Person ist, und schwerlich irgend einen nähern Anspruch an Sie machte. Hätte ich seine Reise voraus gewußt, so würde ich ihn benachrichtigt haben, sich den Besuch zu ersparen.

Die Theilnehmung, welche Sie Schelling in diesem Augenblick bewiesen, ist, was ich von Ihnen erwartete – obgleich mir bey der Erneuerung jener verhängnißvollen Schlechtigkeiten, mit denen ich in den Tagen einer besinnungslosen Angst umringt war, kaum ein Andenken schmerzlicher seyn kann, als daß Sie fähig waren mich damals ohne alle Schonung mit der vollständigen Bekanntmachung derselben zu überfallen und die unglückliche Mutter wiederholt durch die höchste Feindseligkeit zu ängstigen, aber ich will es auf ewig in mir unterdrücken, wenn Sie jetzt thun, was etwa die Umstände an die Hand geben können, und was nicht Grosmuth, die immer nur eine falsche Vorspiegelung ist, sondern das einfachste menschliche Gefühl verlangt. Sie sehn aus der Wärme, mit welcher Schelling Ihr Schweigen gegen ihn aufnimmt, daß ich dessen Werth nicht herabzusetzen gesucht habe. Bleiben Sie ferner freundschaftlich mit ihm verbunden, ich trete ganz zurück.

111 AN JULIE GOTTER

[Jena] d. 18. Februar [18]03

Wenn Du gemeint hast, mein Schweigen bedeute nichts Gutes, entweder als in so weit es äußerliches Übelbefinden anzeigte, oder innerlichen Mismuth oder Mangel an freundseligen Andenken – so hat sich mein Kind in allen diesen drei Stücken gänzlich geirret. Verhindert bin ich freilich dann und wann worden, wenn ich eben zu schreiben gedachte, ich bin aber übrigens recht wohl, und meinen wenigen Lieben von Herzen zugethan, so daß ich auch Deinen letzten Brief mit der größten Freude über den so durchaus richtigen und braven Entschluß Deiner Mutter gelesen habe. Was sie zu thun gesonnen ist, ist eben das, was ich ihr schon oft, nur in Ansehung Dresdens, vorschlagen wollte, mir aber die Ausführung davon, besonders in Absicht der kranken Tante, unmöglich dachte. Es bewährt sich mir die

ganze Vortrefflichkeit Deiner Mutter von neuen dadurch, daß sie für ihre Kinder thut, was, wie ich mir leicht vorstellen kann, ihr sehr schwierig scheinen mußte. Ist in Gotha erst alles geebnet, in Cassell wirds auch nicht fehlen, am wenigsten an einem guten logis. ... Die Gegend wird euch sehr erfreuen, das Theater euch doch auch einige Belustigung gewähren, und in Absicht auf Umgang hättet ihr in Dresden wahrscheinlich noch weniger gefunden. Cecilien muß man nun ihrem guten Genius empfehlen, sie muß sich selbst helfen – daß Nahl nicht das rechte ist, weiß sie. Mag sie sich nun eine eigne Art herausarbeiten.
Es ist endlich auch nöthig, daß ich Rechenschaft von *mir* gebe. Im May oder Junius verlasse ich Jena auf lange Zeit und gehe erstlich in ein Bad in Schwaben, dann aber im Herbst nach Italien, und der Winter wird in Rom zugebracht, so Gott will. Um aber hierzu völlige Freyheit zu haben und auch niemand in seiner Freyheit hinderlich zu seyn, wird vorher, oder ist vielmehr schon, das Band der Ehe zwischen Schlegel und mir aufgehoben – das einer herzlichen Freundschaft und Achtung wird hoffentlich immer bestehen. – Ich zweifle nicht, daß Dir dieses in diesem Augenblick keine Neuigkeit mehr ist. Alles andre hierüber lassen wir aber abseits liegen und halten uns an das, was ich euch unmittelbar mittheile, und was an *Dich* zu richten, meine junge Freundin, ich nicht das geringste Bedenken trage, noch, so wie alles der Wahrheit nach und in meinem Herzen steht, tragen darf. Indem mir das Schicksal oft seine höchsten Güter nicht versagt hat, ist es mir doch zugleich auch so schmerzlich gewesen, und hat so seinen auserlesensten Jammer über mich ergossen, daß wer mir zusieht nicht gelockt werden kann, sich durch kühne und willkührliche Handlungsweise auf unbekannten Boden zu wagen, sondern Gott um Einfachheit des Geschickes bitten muß, und sich selbst das Gelübd ablegen, nichts zu thun um es zu verscherzen. Nicht als ob ich mich anklagte; was ich jetzt zu thun genöthigt bin, ist bey mir vollkommen gerechtfertigt, nur verleiten kann das Beyspiel nicht. Ich habe nun alles verlohren, mein Kleinod, das Leben meines Lebens ist hin, man würde mir vielleicht verzeihen, wenn ich auch die lezte Hülle noch von mir würfe um mich zu befreyen, aber hierin bin ich gebunden – ich muß dieses Daseyn fortset-

zen, so lange es dem Himmel gefällt, und das einzige, was ich dafür noch bestimmtes wünschen kann, ist Ruhe, wahrhafte Ruhe und Übereinstimmung in meinen nächsten Umgebungen. Diese kann ich in der Verbindung mit Schlegel nicht mehr finden; und mein Gemüth hat sich ganz von ihr abgewendet; das habe ich ihm vom ersten Moment an nicht verhehlt, meine Aufrichtigkeit ist ohne Rückhalt gewesen. Es hätte seitdem vielleicht manches anders werden können, allein andre bemächtigten sich seiner, da ich zurücktrat, und nicht die löblichsten Menschen, wie Du weißt, und ich gewann immer mehr Ursache mich für eine entschiedne und öffentliche Trennung zu entschließen, nicht ohne Kampf, weil es mir schrecklich war, auch noch durch dieses gehn zu müssen, das ich aber endlich durchaus für Pflicht hielt; ich konnte und wollte Schlegeln nicht mehr alles seyn und hätte ihn nur verhindert, ihn, der in der Blüthe seines Lebens steht, auf andern Wegen sein Glück zu suchen. Dazu kam, daß meine Gesundheit mir nicht die Hoffnung läßt Mutter zu werden; und so wollte ich ihn auch dessen nicht berauben, was mir ihm zu gewähren versagt war. Kinder hätten unstreitig unsre Verbindung, die wir unter uns nie anders als wie ganz frei betrachteten, unauflöslich gemacht. Das sind die Seiten meines Geschicks, wo das Verhängniß eintritt und von keiner Verschuldung die Rede seyn kann. Dagegen hätte ich behutsamer seyn sollen die Heyrath mit ihm nicht einzugehn, zu der mich damals mehr das Drängen meiner Mutter als eigner Wille bestimmte. Schlegel hätte immer nur mein Freund seyn sollen, wie er es sein Leben hindurch so redlich, oft so sehr edel gewesen ist. Es ist zu entschuldigen, daß ich nicht standhafter in dieser Überzeugung war, und die Ängstlichkeit andrer, dann auch der Wunsch mir und meinem Kinde in meiner damaligen zerrütteten Lage einen Beschützer zu geben, mich überredeten, allein dafür muß ich nun doch büßen. In so weit Du Schlegel kennst, Julchen – ich muß an Dein unbefangnes Gefühl appelliren – glaubst Du, daß er der Mann war, dem sich meine Liebe unbedingt und in ihrem ganzen Umfange hingeben konnte? Unter andern Umständen hätte dieses bey einmal getroffner Wahl nichts verändert, so wie sie hier indessen nach und nach statt fanden, durfte es Einfluß über mich gewinnen, besonders da Schlegel mich selbst mehrmals an die unter uns bestehende Freiheit durch Frivolitäten erinnerte, die, wenn ich auch nicht an der Fortdauer seiner Liebe zweifelte, mir doch misfallen konnten und wenigstens nicht dazu beitrugen meine Neigung zu fesseln. – Jetzt nachdem das Schicksal keines andern Wesens mehr mit dem meinigen verflochten ist, bin ich wohl berechtigt zu thun, was für mich das Rechte und Wahre ist, und auch ganz und gar nicht danach zu fragen, wie das nach außenhin aussehn mag, was an sich gut ist. Daß es so ist, darauf gedenke ich zu leben und zu sterben. In Berlin, wo mir alles misfiel und Schlegel doch zu bleiben gedachte, kam der Entschluß zur Reife, die Krankheit meiner Mutter verzögerte die Ausführung, aber wie Du zulezt bey mir warst, waren schon alle Schritte deshalb geschehn – ich will und darf Dir nicht sagen, wer mir in dieser Angelegenheit fast väterlich beigestanden hat – genug, der Herzog zeigte sich geneigt uns alle langwierigen und widrigen Formalitäten der Sache zu ersparen, und sehr bald wird das letzte Wort darinn gesprochen seyn.

Ich kann Dir nicht ausdrücken, wie ruhig ich seit dem Moment bin, wo wir uns entschieden hatten, ich bin fast glücklich zu nennen, und meine Gesundheit hat beträchtlich gewonnen. – Alle Lästerungen, die es ferner nach sich ziehn möchte, gesprochne und gedruckte Pasquille, und was dahin gehört, das kann mich nicht anrühren. Ich habe nur die Meinigen gebeten, mich nicht mit Betrachtungen zu zerreißen, die aus einer andern Welt genommen sind, als in der ich existire. Von der andern begehre ich nichts und ich kenne sie obendrein so gut, daß ich sogar weiß, es würde doch nur von mir abhängen meine Ansprüche an sie auch wieder geltend zu machen, sobald ich es wollen könnte. Sonderbar ist es, daß, Einmal in die Stürme einer großen Revolution verwickelt mit meinen Privatbegebenheiten, ich es gleichsam jetzt zum zweitenmal werde, denn die Bewegung in der literarischen Welt ist so stark und gährend wie damals die politische. Die Schufte und ehrlosen Gesellen scheinen eben die Oberhand zu haben. Von Kotzebue an, der in Berlin fast Minister geworden, ist ein göttlicher Zusammenhang der Niederträchtigkeit in der Welt, ich sage ein göttlicher, denn die Vorsehung wird sich gewiß noch verherrlichen, indem sie ihn auflöset. Schlegel ist nicht so inconsequent, daß er sich im mindesten irgend etwas von dem, was geschieht, anfechten ließe, und er hat diese Gesinnung in ihrem ganzen Nachdruck noch so eben in einem Brief an Schelling erklärt, was mich denn vollends in meiner Ruhe befestigt.

Wenn mir meine jetzige Lage es erlaubte, so würde ich Dich in 8–10 Tagen sehn, um welche Zeit Hr. v. Podmanitzky nach Gotha reiset, aber da der lezte Spruch noch nicht geschehn ist und ich der persönlichen Erscheinung durch den Vorwand meines Übelbefindens auszuweichen hatte, so kann ich mich nicht von hier entfernen. Podmanitzky wird euch besuchen und viel von mir und Schelling erzählen. Sage auch Minchen, daß ihr ein Besuch von ihm bevorsteht, denn Manso hat ihm in Breslau eine Karte an sie gegeben. Dieser bitte ich außerdem noch zu bestellen, wenn ihr der Inhalt dieses Briefs mitgetheilt wird, sie allein hätte mich wegen der Scheidung unschlüssig gemacht, ich hätte sie nicht gern dementiren wollen, nachdem sie sich einmal so kühn zu meinem Bürgen aufgeworfen hatte, und den Frauen gesagt, „wenn sich die Schlegel scheiden läßt, so laßt ihr euch alle scheiden". Sie soll sich ja nicht wieder so weit verbürgen, man kann nie wissen, was geschieht und ein Mensch zu thun gezwungen wird – nur das läßt sich verbürgen, „dieser oder jene mögen thun, was sie wollen, so werden sie doch etwas behalten, was aller Freundschaft werth ist und ich nicht von meinem Herzen reißen will".

Meine theure Chanoinesse bitte ich zu grüßen. Sie erfährt nichts Neues, ich habe ihr meine Absicht nicht verhehlt, da ich sie mündlich sprach. Mama Schläger braucht man wohl nichts davon zu sagen.

Was euch betrifft, so rechne ich mit Zuversicht auf die Fortdauer eurer Liebe. Die Welt läßt reden, ihr seyd nicht dazu bestellt mich zu vertheidigen und ich mag auf mir selbst beruhn. Übrigens brauch ich nicht zu versichern, daß hundert ausgestreute Lügen keine Wahrheit sind, daß unter andern an der ganzen Geschichte mit der Unzelmann nicht ein Wort wahr, ferner daran daß ich mit Schlegel entzweyet, ferner daß *ich* die Scheidung nicht gewollt. Ich habe sie vielmehr sehr gewollt, obgleich ich mich nicht leichtsinnig dazu entschlossen habe, und selbst thöricht zögerte.

Ich denke darauf, wie ich euch noch sprechen könte, ehe

wir uns auf so lange trennen – eine Zusammenkunft am dritten Ort ist vielleicht das Beste.

Außer den ernsthaften Mittheilungen hätte ich Dir noch hundert komische Dinge zu erzählen. Es geht hier in der Societät so bunt durch einander, daß es alle Tage neue Allianzen und neue Brüche giebt, alles steht auf den Kopf – daß zwischen Niethammer, Asverus, Vermehren und Hufeland ein *geistreiches* Kränzchen statt findet, gehört in dieses Fach. Möller ist völlig verrückt worden, was er bisher nur halb war. Hegel macht den Galanten und allgemeinen Cicisbeo. Mich amüsirt es alles wie eine Comödie, besonders da es Podmanitzky gut vorzutragen weiß, durch den ich es gemeiniglich höre. Er...

[Bogenende.]

VIII.

Briefe aus der Zeit der Gemeinsamkeit Carolines mit Schelling
1803–1809

„Es liegt ein Druck auf der Welt, unter dem man nicht mehr frei zu atmen vermag."

112 AN LUISE WIEDEMANN

Prälatur Murhardt d. 5ten Jun. [18]03
Ich begrüße Dich aus dieser fernen und friedlichen Gegend, liebe Luise, wo ich glücklich, ohne den kleinsten Zufall, angekommen und über alle Beschreibung wohl und herrlich empfangen worden bin. Ich bin nur 9 Tage unterwegs gewesen, ob ich gleich in Bamberg zwey volle Tage und einen in Würzburg blieb. Vom letzten Ort ist es nur zwey Tagreisen bis hieher. Der Ort liegt am Fuß der nicht wilden Gebirge, welche Franken und Schwaben trennen, ungleich lieblicher, als wir es uns dachten, und nicht allein lieblicher, sondern schlechtweg sehr anmuthig in einem weiten Thal zwischen mannichfachen Hügeln und Bächen. Das Städtchen ist neu aufgebaut nach einem Brande, die Prälatur ist außerhalb der Stadt, das Haus ist wohl gebaut, hat einen großen freundlichen Vorhof, und Gärten, Seeen und Wald hinter sich; auf einem kleinen Hügel liegt jenseit des Sees eine Wallfahrtskirche aus alten Zeiten. Nimm nun zu diesen leblosen, obschon sehr lebendigen Ansichten die guten Bewohner, Schellings ehrwürdigen Vater und seine herzlich gute Mutter, die Schwester, die beyden Brüder Carl und August, in welchen allen doch Schellingischer Geist in verschiednen Nuancen sich regt, und jeder sein ganz bestimmtes Wesen und Charakter an sich hat. Beate würde

sehr hübsch seyn, wenn sie nicht zu stark wäre, was aber bey dieser Fülle von allen Gaben Gottes und der gleichmäßigen gesunden Thätigkeit nicht zu vermeiden gewesen seyn mag. Ich bin nun schon 8 Tage hier und völlig eingewöhnt. Noch kann ich mich nicht recht über die Lage der Dinge außerhalb dieses geweiheten Bezirkes besinnen. Der entschiedne Ausbruch des Kriegs vereitelt höchst wahrscheinlich die Reise nach Italien, und damit geht freylich viel verlohren, da ich sie nicht allein als einen irdischen Gewinn betrachtet habe, sondern besonders für Schelling diese Maaßregel für ganz unschäzbar hielt. Aber ergeben bin ich natürlich in alles, was sich zutragen mag. Auch ist doch wohl nicht alle Hoffnung irgend einer baldigen Endigung vergeblich. Ihr werdet aber in Euren Gegenden mit erneuten Kriegsgerüchten heimgesucht werden, und die Hannoveraner vielleicht mit mehr als Gerüchten, obwohl ich auch an diesem noch zweifle. Schreibe mir ja darüber, was Du weißt; ich sehne mich überhaupt sehr nach Nachricht von Euch. Du adressirst, wie ich Dir schrieb, an Hrn. Prof. Schelling zu Murrhardt, über Studtgardt, dem Murrhardter Boten mitzugeben. Ich werde diese Woche nach Studtgard fahren, die Unzelmann ist dort und spielt, ich muß die Kleine sehn und sprechen. Was mögt ihr treiben? Ich habe die Geschichte mit dem Baron schon aus dem Gedächtniß verlohren, jedoch noch glücklich 2 Bouteillen Tokeyer für den Prälaten mit anhero gebracht.

Bamberg ist mir der liebste Ort, der Lage nach, den ich kenne, dort möchte ich wohnen, wo auch Auguste noch so unbeschreiblich froh gewesen ist. Marcus ist ganz Thätigkeit und voll Ernst etwas rechtes für die Medicin im Lande zu gründen. Kilian ist als zweiter Arzt des Krankenhauses in Bamberg berufen, und als Beisitzer des Medicinalkollegiums. Für Würzburg scheint aber das Bedeutendste geschehn zu sollen, wegen der dortigen großen fonds. Die Lage ist eingeschränkter wie die von Bamberg, aber immer, zwischen Weinbergen und am Mayn, noch schön genug. Übrigens sind diese Länder alle im Umgestalten begriffen unter der neuen Regierung, und Zufriedenheit wie Unzufriedenheit reiht sich dichter auf einander. Grüße die Mutter. Der alte Schelling hat mir schon mehrere Briefe von unserm Vater gezeigt, der viel auf ihn gehalten haben muß. Ich küsse

die Kinder. Emmas Puppe habe ich hier mit her gebracht.
Mit Carl haben wir unendlich viel Spaß. Die Buben (wie sie
hier sagen) kamen uns Meilen weit entgegen zu Pferd, das
ganze Städtchen lief zu Thür und Fenster, wie wir auf die
Prälatur fuhren.

113   AN LUISE WIEDEMANN

[München, 8.?–17. September 1803]
[Auszug. Anfang fehlt.]
... ist von Seiten Loders besonders recht unartig, da er doch
25 Jahr lang von Weimar gehegt und gepflegt worden ist.
Merkwürdig ist es auch, wie sie vermeiden Schelling unter
denen zu nennen, welche die Bayersche Regierung von
Jena abruft. – Den Umstand weißt Du vielleicht auch nicht,
daß Hufeland mit Schütz zu Würzburg in gleichen Absichten
zusammentraf, er hat sich dem Grafen Thürheim von
allen Seiten angetragen, zugleich aber im Voraus schon gethan,
als habe *er* Anträge erhalten, was durchaus nicht der
Fall ist, indem man ihn wirklich auch schon wieder aufgegeben
hat, und dadurch vors erste bewirkt, daß man ihm das
Versprechen einer Zulage von 200 rh. nachgesandt hat. Übrigens
ist Martens nach Jena gerufen; Sömmering hat nicht
angenommen, aber einen gewissen Ebel vorgeschlagen, der
über die Schweizergebirgs-Völker geschrieben. Man wird in
Jena nun vermuthlich abwarten, bis sich die ganze gährende
Masse gesetzt hat, und dann sehn, was übrig bleibt.
Mittlerweile hat der Geheimerath Zentner, der hier das
Universitäts-Wesen dirigirt, an Schelling geschrieben und
ihn veranlaßt, auf jeden Fall seinen Weg über München zu
nehmen, weil er gern ihn kennen lernen und mündlich mit
ihm reden will.
Wir sind erst seit gestern Abend spät hier, also kann ich Dir
noch nichts sagen, indem ich eben die Stunde benutze Dir
zu schreiben, wo Schelling bey Zentner ist.
Mir war es höchst interessant München auch noch zu sehn,
wo es eine Menge vortrefflicher Kunstsachen giebt, was mir
als die Hauptstadt von Bayern merkwürdig war, und überhaupt
war die Jahrszeit für die Schweiz fast schon zu weit

vorgerückt, wir reisen nun weit bequemer. Es führte uns ein Kutscher von Augsburg hieher, der schon oft in Italien bis nach Venedig gewesen ist, und uns gar gern dahin bringen möchte. Auch ist das Reisen hier zu Land nicht so enorm theuer wie in der Schweiz.
Von Studtgard gingen wir zuerst nach Tübingen, wo Schelling sich noch nicht präsentirt hatte vor den alten Karikaturen, die sich dort Professoren nennen. Ich habe da alles gesehn, wo er gelebt und gelitten, im Stipendium gewohnt, gegessen, wie er als Magister gekleidet gewesen, wie der Neckar unter seinen Fenstern vorbeygeflossen und die Flotzen darauf, und alle alte Geschichten, die er so hübsch erzählt, ich habe auch Bebenhausen besucht, wo er seine erste Kindheit zugebracht; sein Vater war Professor der dortigen Klosterschule; es liegt mitten im Walde, die Hirsche kommen und fressen einem aus der Hand, Du weißt ja.
Von Tübingen gingen wir über die sogenannte Würtembergische Alp nach Ulm, wo schon die Donau zwar nicht breit, aber tief und reißend strömt, von da nach dem prächtigen Augsburg, das in einer schönen Ebne liegt, und was ich möchte gekannt haben, ehe seine Kaufleute Grafen wurden – von dort nach München, alles auf Chausséen, über welche die Wagen wie mit Flügeln rollen.
Hier ist nun eine ganz andre Welt, dergleichen ich noch nicht gesehn, nicht von Seiten der Natur, denn auch München liegt in einer unabsehlichen Ebne, und die Tyroler Gebirge zeigen sich nur von einer Seite wie leichte blaue Schatten am Horizont, aber der Menschen, der Trachten usw. Das ist ein Blut und ein Fleisch und Bein! Die Mädchen wunderschön, goldne Mützen, vortreflichen Haarwuchs und dazu lange seidne Kleider für die eleganten, für die Philisterinnen Röcke mit hunderttausend Falten, lange Taillen, Kamisöler mit steifen Schößen, mit silbernen Ketten, das Brusttuch geschnürt, offne Busen und welche! Die Bauerweiber in Pelzkappen und steifen bunten Corsetten wie ein Panzer, in dem sie nur so drin stecken. Ich habe schon alles Volk durcheinander gesehn, denn heut ist eben ein Feyertag, und es gab eine Procession, der fast die ganze Bürgerschaft folgte. Solche dicke Andacht ist mir denn doch noch nicht vorgekommen, die Leute scheinen in ihrer derben Leiblichkeit doch gar nichts mehr von ihrem Leibe zu

wissen, wenn sich der hochwürdige Leib naht. Ihre Rosenkränze nehmen kein Ende, die Kügle daran so dick wie welsche Nüsse und silberne Krucifixe von ¼ Elle. Dafür nehmen sie es in Franken etwas leichter.

[...]

d. 16 September

Es ist nun entschieden, liebe Luise, Schelling ist in Würzburg auf seine selbst gewählten Bedingungen angesetzt, eine nur darunter, die *ich* nicht gewählt haben würde, ist die, daß die Reise nach Italien aufgeschoben bleibt, die Erlaubniß dazu ihm indeß schon im voraus gegeben ist, sobald er sie begehrt. In Absicht der zweideutigen Lage des Landes, und daß wir, so wie die Sachen jetzt stehn, doch nicht wohl bis nach Neapel hätten gelangen können, hat er vorgezogen bey dem ersten Beginn in Würzburg gegenwärtig zu seyn.

In Kurzem werde ich also so ziemlich wieder in Deiner Nachbarschaft seyn. Wir gehn von hier nach Würzburg, um dort eine vorläufige Einrichtung zu treffen, und von dort wieder nach Schwaben, um bey den Eltern zu bleiben bis zu Eröffnung der Universität, etwa am Ende des Novembers, wo wir dann Beate mit uns zu nehmen gedenken.

Ich kann Dir nicht sagen, mit welcher Achtung und entschiedner Zuneigung der Freund hier aufgenommen wird, ob es schon das Land ist, wo sie zugleich am heftigsten gegen ihn geschmiert und pasquilliert haben. Es sind zum Theil sehr auserlesene Menschen, die am Ruder stehn. Den Geh. R. Zentner habe ich selbst kennen gelernt, er hat zweimal 3–4 Stunden des Abends in unserm Zimmer zugebracht und auch mit mir gute Freundschaft gemacht. Da er hier einzeln lebt, so bin ich nicht in seinem Hause gewesen. Vorgestern war es, wo Schelling bey dem ersten Minister Hrn. v. Montgelas zum Diner geladen war, und nun nach der Tafel ihm erklärt wurde, wie sehr man sich freue, daß er nicht abgeneigt sey in Bayerische Dienste zu treten usw. Darauf begleitete ihn Hr. von Zentner zu mir zurück, um es mir ebenfalls anzukündigen. –

Kannst Du Dir aber vorstellen, daß eben in diesen Tagen nochmals neue Vorschläge von der Literatur Zeitung ankommen, ungeachtet sie schon ihre Erhebung in den Preu-

ßenstand so verkündiget hat. Sie müssen ein starkes Bewustseyn davon haben, was es für sie ist, nach Halle verpflanzt zu werden. Hier haben sie einestheils nicht die Summe gefordert, die ihnen der König von Preußen bewilligt haben soll, anderntheils aber die absurde Proposition gemacht, daß ihnen die Regierung jedes Exemplar, das sie künftig weniger absetzten (und sie haben den jetzigen Absatz so hoch angegeben, daß es alle Wahrscheinlichkeit, wie vielmehr die Wirklichkeit übersteigt), mit 6 rh. vergüten solle. Da dieß nun die hiesige Regierung auf ungemessne Zeiten hinaus mit einer artigen Summe belasten würde, und die Zeitung dadurch ihre Schwäche so vollständig verrieth, so hätte es nicht einmal der persönlichen Verachtung, die auf dem Schützen ruht, bedurft, um ihn fehlschießen zu machen. – Vielleicht bietet er sich selbst in Jena wieder an, wo man aber schon sehr beschäftigt ist eine neue LZ. einzurichten. – Den Gedanken an Hufeland hatte man hier aufgegeben, indem er sehr starke Forderungen gemacht haben mag, aber Schelling hat sie sehr dazu ermuntert ihn zu rufen. ... *Ebel* hat auch abgeschlagen, wie man aus Jena schreibt. Nun denkt man auf *Rosenmüller* in Leipzig. Ich weiß nicht, was den Ruf an Wiedemann etwa zurückhalten mag, da er doch sehr nahe läge. In Würzburg wird man mit der Besetzung der Stellen nicht eilen – Schelling ist nur vorläufig so früh ernannt. Es wäre sehr erwünscht für uns, wenn ihr dorthin kämt. Würzburg wird unstreitig ein unendlich viel mannichfaltigerer Aufenthalt seyn wie Jena. Da sind die großen medicinischen Anstalten. Eine Sammlung von Gemählden und Abgüssen kommt hin, die Verschiedenheit der Religionen, ein Sitz für die Regierung, ein Theater, das zwischen Bamberg und Würzburg abwechselt, der Handel, der Mayn, die Weinberge, und also auch die Weinlese, und was nicht alles! Und mir ist es überdem ein heiliger Boden, den ich nur mit Schmerz in anderm Besitz gesehn, eine halbe Tagereise von Würzburg ruht Auguste. – Wie es kommt, daß Du die Büste noch nicht erhalten, weiß ich so wenig, als warum Tiek sie mir selbst noch nicht schickte. Ich habe keine Zeile von ihm gesehn, es wird sich aber nun alles fügen. Ludw. Tiek, sagt man, bringt den Winter in Jena zu. Steffens ist in Giebichenstein und holt seine Frau.
Ich bin zwey Tage nicht wohl gewesen, sonst würden wir

von hier aus noch das Salzburgische Gebiet, das wegen seiner ausgezeichneten Natur so berühmt ist, bereiset haben, es war schon alles bestellt. Vielleicht geschieht es dennoch am Ende unsres hiesigen Aufenthalts, der noch einige Tage dauern wird.

Theile der Mutter vorläufig alles mit, was ich schreibe. Sobald ich mehr Ruhe habe, schreibe ich ihr selbst, und ich hoffe, sie wird sich mit meiner Lage gewiß aussöhnen.

Schreibe mir etwas von der unsres armen Vaterlandes, wenn Du etwas weißt, das die Zeitungen nicht enthalten. Adressire einen Brief nach Bamberg bei Hofr. Marcus abzugeben, denn wir kommen vermuthlich jetzt über Bamberg.

Schellings gute liebe Eltern werden ganz entzückt seyn über diese Wendung der Dinge. Die Mutter konnte sich über Italien nicht zufrieden geben, da sie dort einen Sohn verlohren hat, sie schrieb noch zulezt: Gott geleite euch, aber nur bis München. – Jetzt sind wir nur anderthalb Tagreisen von ihnen. Von euch nur 3 – und ich umarme meine kleinen Nichten nicht mehr aus so weiter Ferne, und möchte sie gar zu gerne ganz bey mir haben. Schelling grüßt euch herzlich – er ist hier sehr beschäftigt. München kann einen außerdem wohl unterhalten, es sind vortrefliche Dinge zu sehn. Lebe recht wohl.

Geschlossen am 17ten Sept.

114 AN META LIEBESKIND

[Würzburg, März 1805]

[Anfang fehlt.]

Sie werden wahrscheinlich weit früher wie ich die Blätter gesehn haben, von denen ich Ihnen lezthin sprach: Huber betreffend, in der eleganten Zeitung und dem Freimüthigen. Jenes war eigentlich nur Copie eines Briefes von ihr, aber wohin rechnen Sie das lezte? Ich weiß nicht, ob Sie im Ganzen dasselbe Gefühl haben wie ich – mir ist es schon an und für sich abscheulich, so das Heiligste und Heimlichste durch den Schlamm der Tagesblätter zu ziehn. Und was will Therese mit allen diesen Veranstaltungen? doch nur *sich* rechtfertigen.

Obgleich einiges dagegen ist, so scheint mir auch das lezte nicht ohne ihre Mitwirkung geschehn zu seyn. Es sind die Xenien darinn erwähnt, von denen sie nichts wissen sollte – indessen, wie ich glaube, doch gewußt hat. Ich gestehe, daß Schiller für diese höchst unmänliche That noch viel mehr verdient hätte; man hat sein nahes Verhältniß mit dem sel. Huber nicht erwähnt, was sie noch weit stärker aggravirte. Auch misbillige ich eine solche Rüge in diesem Augenblick nicht, es ist vielmehr eben der rechte. Allein die Ruhe dieser Todten jetzt durch Rechtfertigungen zu stören, wo ja niemand mehr Rechenschaft fordert und sie doch so manche noch nahe berühren und mannichfaltig affiziren müßen, wo eben deswegen die Sache doch nicht in ihrer vor Gott bestehenden Wahrheit, sondern nach lügenhaften Selbsttäuschungen und in unreinen Beziehungen dargestellt wird – sehn Sie, das wendet mir das Herz um. Schreiben Sie mir etwas darüber. Schelling mag gar nicht einmal mit mir davon sprechen, weil es ihn mehr indignirt wie interressirt. Wir beide wissen die Begebenheit gewiß am allergenauesten. Wird Therese auch uns belügen wollen? Denn es finden sich allerlei Andeutungen, daß sie gewillt ist *ihre* Ansicht vollständig dem Publikum zu geben. Können Sie es, so sollten Sie sie warnen. Es ist seltsam, daß sich ihr Schmerz so nach außen kehrt, und wieder ein Zeichen von dem Mangel an Frieden im Innern. Sagen Sie, wie kann man das Bedürfniß haben seinen Mund gegen die Welt zu öffnen, sich der, immer schmälichen, Gegenwart gegen über zu stellen? Ist es blos der theatralische Charakter oder böses Gewissen?

Ich könnte begreifen, wie man die Dokumente eigner verworrner Begebenheiten seinen Kindern und auch der nach uns lebenden Welt als eine die Menschheit überhaupt interressirende Erfahrung hinterlassen kann. Erst wenn Namen und Personen nichts mehr zur Sache thun, tritt sie in ein wahres Licht.

Aufrichtige Konfessionen zu schreiben wie R[ousseau] deutet nach meinem Gefühl immer auf eine mehr oder weniger kranke und häßliche Natur – geschmückte Darstellungen werden, ohne von ihrer innern Unwürdigkeit und weibischen Ursprung zu sprechen, am Ende doch entlarvt – dann ists ja noch schlimmer.

Mein fester Glaube ist, daß alle Lüge ans Licht kommt und daß Lüge das einzige Laster ist und der Teufel ihr Vater. Wie unerhört ...
[Bogenende.]

115 AN JULIE GOTTER

Würzburg d. 1.Dec. [18]05

Ehe das Jahr vergeht, in welchem Du mir, so viel ich weiß, nicht eine Zeile von Dir hast zukommen lassen, will ich Dir hiezu noch Veranlassung und Frist zur Buße geben, indem ich Dir gegenwärtiges schreibe und zu gehöriger Zeit eine Antwort erwarte. Wo bist Du und was treibst Du? Pauline ist ein wackres Kind, und gegen sie darf ich mir nichts herausnehmen, sondern bin länger wie billig ihre Schuldnerin gewesen, allein ihr Verdienst kann *Dir* nicht zu gut gerechnet werden, und ich halte Dich bis auf weiteres für ein faules und gottesvergessenes Julchen. Schreibe mir sogleich, ob Du nicht meiner Meynung bist, und außerdem auch, wie ihr euch sämtlich befindet, gesinnt seyd und euch sonsten in der Welt anstellt. Von mir wirst Du ohne Zweifel denken, daß mich die Kriegsdrangsale bereits genug geängstigt haben, welches eines Theils wahr ist, indessen sind wir hier sehr leidlich davon gekommen bis jetzt, wir befinden uns sogar in der tiefsten Ruhe nach einigen Monaten, in denen es etwas stürmisch zuging. Wir haben unsern Hof, unsre Minister und Geheimeräthe wieder nach Haus geschickt, unsre Truppen ins Feld, und unsre studierende Jugend wohin sie wollte. Was unsre eigne vortreffliche Personen betrifft, so haben wir unsre Wohnung ganz still behauptet, Eine Woche über die Lebensmittel theuer bezahlt, 3 Wochen lang 2 Mann im Quartier gehabt, und haben 100 Mann weniger im Auditorium wie in den vorigen halben Jahren. In der That hat Schelling nur 40–50 Zuhörer. Jeder Tag bringt neue Siege, zu denen wir nun so kommen, wir wissen nicht wie. Die Aussichten sind glänzend, aber vielleicht langes und großes Elend im Hinterhalt. Denn irgend ein Volk und irgend ein Fürst wird sich doch zum Widerstand gegen den allesverschlingenden ermannen, und wir können einen neuen 30jährigen Krieg bekommen. Einen armen friedlichen Gelehrten ist natürlich bey einem Zustand am schlimmsten zu Muth, wo nichts mehr gilt wie Sengen und Brennen. Indessen ist das Interresse an dem, was vorgeht, so groß, daß man sich doch nicht zur Melancholie stimmen läßt durch das, was einem begegnen könte. – Während dem Hierseyn des Hofes war es zwar nicht sehr frölich und rauschend – denn die Parthie, die er nehmen mußte, hat er wohl nicht ohne große Überwindung ergriffen – aber man hat denn doch viele Leute gesehn, mit denen es wenigstens für die äußre Lage nicht gleichgültig war beysammen zu seyn. Unsre Hrn. Geheimenräthe haben uns auch fleißig besucht, der jüngere Prinz mit seinen Lehrern usw. Wir haben es ihnen nichts desto weniger gern gegönnt, daß sie wieder zurückkehren konnten.

Ihr werdet wohl auch mit Durchmärschen heimgesucht werden, denn Preußen rückt unsern Gränzen zu, von der andern Seite kommt Augereau um uns auf jeden Fall zu schützen. – Nach allen Nachrichten aber seh ich, daß es in Ober und Niedersachsen viel theurer seyn muß wie hier, wo ZE. die Butter nur in den schlimmsten Tagen auf 6 ggr. stieg, gewöhnlich nur 4 ggr. kostet und das Rindfleisch den Preis von 2 ggr. noch nicht überschritten hat. Es kann uns aber auch noch so gut werden. Übrigens ist es bey solchen Umständen recht maliziös, wie Iffland zu sagen pflegt, daß ich mich dennoch an euch um Würste werde wenden müssen. ... Du wirst denken, ich wäre wie die Lilie auf dem Felde und wollte auch gar nichts mehr thun. Es bleibt doch noch genug, glaube mir. Was soll ich aber bey unsrer Cäcilie bestellen? Ein Gedicht, eine Zeichnung oder ein Küchenrecept? Alles wäre mir von ihrer Hand willkommen. Der lieben Mutter trage ich auf, daß sie mich nicht vergessen und nicht nur das, sondern lieb behalten soll.

Weißt Du, wo meine Schwester Luise ist? – Ich habe einen Brief aus Montpellier von ihr. Wiedemann, der eine schwere Krankheit noch nicht überwunden hatte, wie er nach Kiel mußte, konnte die Luft dort nicht ertragen und entschloß sich plözlich den Winter im südlichen Frankreich zuzubringen. Luise ging mit, aber was ihr die Reise verbittert, ist die Trennung von den Kindern, wovon sie Emma bey Freunden in Kiel und die kleine Minna in Braunschweig bey der Grosmutter zurück ließ. Die Ungewißheit über meine Lage in der Zeit, wo dieser schnelle Entschluß ausgeführt wurde, indem eben die Franzosen in Franken einrückten, hat sie verhindert Emma mir zu bringen, was ich täglich bedaure.

In Rom ist eine Colonie von Deutschen, die drei Geschwister *Tiek,* unter ihnen nämlich auch die Bernhardi mit 2 Kindern, übrigens noch allerley bewunderndes Gefolge.

Ich bitte, gieb mir bald Nachricht von allem; der gute Grosvater lebt noch, danach habe ich mich noch kürzlich erkundigt. Was macht die Tante, was Minchen, was der Hof, die Stadt, die Theegesellschaften? Schelling grüßt Dich, er ist sehr lustig und doch ungemein gesetzt, streng, ernst und sanft, unerschütterlich und würdiger, als ich aussprechen kann. Dies ist wahrlich kein Spaß, liebes Julchen, und Spaß bey seit ist es doch wahrlich wahr, daß von allen Fremden niemand hier mehr Achtung und Liebe sich erworben hat als unser herrlicher Freund. Lebe wohl.

116 AN JULIE GOTTER

W[ürzburg] d. 12 März [1806]

Indem ich Dir schreiben will, liebes Julchen, fällt es mir fast schwer mich zu besinnen, wo denn die Welt stand, wie ich Dir das leztemal schrieb. Du wirst beynah noch weniger wißen, wo ich jetzt stehe, oder wie es überhaupt mit uns steht. Wer hätte sich auch so verruchtes Zeug träumen lassen! Es ist ein Spott des Zufalls, daß wir am Ende noch kaiserlich werden müßen. Am *Ende* freylich werden wirs nicht bleiben. Schelling hat sich bereits aus der Schlinge gezogen, indem er sie zerriß. Er hat von Anfang den Weg genommen lieber alles aufzugeben als sich einer zweideutigen Lage hinzugeben, hat daher an nichts Theil genommen, weshalb man ihn als übergegangen ansehn konnte, keine Kollegia angekündigt, schließlich am 6ten März den neuen Diensteid nicht geleistet, und wir gehen gleich nach Ostern von hier weg, zu meiner großen Freude. Schelling geht nach München und wartet dort seine anderweitige Anstellung ab, ich werde indeß seine Eltern besuchen.

Was sagt man denn zu diesem wunderlichen Schicksal der

nach Würzburg berufenen Gelehrten? Wenigstens für den Moment muß es wunderlich aussehn, indessen ist keine Frage, daß Bayern sie nicht abandonniren wird – die höchst seltsamen Conjuncturen und Ungewißheit aller Dinge halten die Entschließungen nur zurück; und man möchte derweil diese Männer gern noch von hier aus bezahlen lassen, da man es sonst dort thun müßte. Schellings Gradheit hat sich indessen den politischen Maaßregeln nicht hingeben können. Niemand hat sich mehr gekrümmt und gewunden als der niederträchtige Paulus, und niemand möchten beyde Theile lieber los seyn. – Schelling, der bey der allgemeinen Präsentation bey dem kaiserl. Komissar, Hrn. von Hügel, nicht gegenwärtig war, hat ihn doch nachher besucht, und ist mit der grösten Auszeichnung und recht markirt guter Gesinnung aufgenommen worden; man sagte dann auch gleich, er würde hier bleiben, woran er nie dachte.

Was nun das Schlimmste ist, so bekommen wir jetzt noch französische Truppen ins Land, und die Kaiserlichen werden wieder weichen, denn dieser Napoleon weidet mit scharfen Zähnen ein Land nach dem andren ab, und wirft sie dann erst den beschüzten Regenten zu, er, der König der Könige, dem der Herr aller Herren doch gnädiglich bald den Hals brechen möge.

[Besorgung.] Mit Schmerz habe ich aus Deinem Brief erfahren, daß Deine Mutter eingebüßt hat. Meine arme Mutter, ja auch die Eltern Schellings (der Vater war in der aufgehobenen Landschaft) sind im nehmlichen Fall – und welcher Deutsche nicht?

117 AN FRIEDRICH WILHELM JOSEPH SCHELLING

[Würzburg] 21 Aprill [1806]
Muß ich Dir denn nun wirklich schreiben? Ich will es nur bald thun, damit ich in die Gewohnheit komme. So lange ich Dich noch unterwegens weiß, noch dieser scharfen Luft ausgesetzt, habe ich keine Ruhe für meinen Freund, den billig kein Lüftchen anwehn sollte. Morgen kann ich höchstens Dich mir an Ort und Stelle denken. Der Zeitpunkt scheint in so fern nicht ungünstig, als Du dort alles in guter

Laune über die Befestigung des Friedens finden wirst, über die Räumung von Cattaro, die Räumung von Deutschland usw. So sagen uns wenigstens die Zeitungen. – Köhler hat mir wenig Gescheutes von Dir gesagt, ich wolte nämlich entsetzlich viel wissen, nachdem aus Morgen und Abend schon ein entsezlich langer Tag in meiner – nicht Schöpfungs- sondern Vernichtungsgeschichte geworden war, während dem er bey Dir war, ich aber nicht. Ich hätte gewiß mehr zu erzählen gewußt an seiner Stelle. Er war aber ganz wild geworden, denn wie er nach Haus kam, fand er den Freimüthigen mit seinen eingesendeten Inserat über die Vorlesung, und diese kleine Wirkung in die Ferne hin hatte ihn ganz begeistert. Schon war der gute Sturmfeder bey Schott gewesen und hatte ihm mitleidig mitgetheilt, daß der arme Köhler gar übel wäre mitgenommen worden. Klein hingegen fand ihn geschont – diesem ist es nun eröffnet worden, allein er kann sich nicht darein finden. Köhler will nun durchaus die Vorlesung drucken lassen, doch laß ich hierin nichts geschehn ohne Dich. Über Würzburg stand noch verschiednes im Freimüthigen, was Du am besten selbst nachliesest – offenbar von Fischer – daß Du und Paulus sich nicht hätten verpflichten lassen, wäre höchsten Orts übel vermerkt worden, es sey juristisch nicht recht usw., übrigens nichts gegen oder über Dich, aber bereits Zetermordgeschrei über die Gallsche Recension, die burschikos genannt wird, und über die Hallische LZ., die bis zum Drollichen zuweilen sänke, ZB. Schlegels Elegie. Wirklich ist der Kleine bis zum Drollichen wüthig. „Wann doch endlich eine wirkliche Akademie der Wissenschaften eine LZ. entrepreniren würde!" Bereite ihm doch dort diesen Spaß.
Beyliegendes von Walter ist gekommen und lange unterwegs gewesen, denn er hat es über Fuld gehn lassen. Ich schicke es mit, weil Du ihm wohl darüber Nachricht geben mußt. Die Abhandlung behalte ich hier, es scheint ein precieuses Stück zu seyn.
In der Leipziger Zeitung steht: Hr. Prof. Schelling habe Würzburg verlassen, nachdem ihm die Studierenden am 24 März noch eine sehr feyerliche Nachtmusik gebracht hätten. Sonst nichts. Auch hier scheint man nicht zu wissen, was Du willst. [Geschäfte.] Sturz kann sich auch keine

größre délice als Würzburg bayerisch denken. Er ist krank geworden, vielleicht vor Ärger, denn es ist wahr, die Bürger sind ganz toll, und ziehn ihm immer vor seinen logis vorbey zum exerciren. Gestern hat die Stadt den ganzen Tag von Kriegstrommeln wiederhallet, sie sind aus und ein gezogen, und bis gegen Morgen haben sie Musiken mit Fakkeln gebracht. Hutten und Groß haben ihre Söhne auch in kleine Generalsuniformen gestekt, das sieht aus wie Seebach und sein Junge als großer und kleiner Capellmeister. Die ganze Mannschaft zog gestern die Neubaugasse hinunter und salutirte bey dem Nachbar Präsidenten. Die Dame hat sich vor Entzücken gewiß nicht zu lassen gewußt.

Ich hatte einen schlimmen Tag gestern, einen meiner heftigsten Kopfwehtage, wodurch denn alle schöne Plane auszugehn und mich in der Welt umzuthun verwickelt wurden, jedoch mein contemplativer Geist nicht ganz gebeugt. Die beyden ersten Tage Deiner Abwesenheit über hatte ich mich verkältet, theils weil mir die liebe Wärme der Gegenwart entzogen war, theils weil ich mir viel im Hause zu schaffen machte. Das Mädchen benimmt sich sehr gut; sie hat mir gestern Abend von Eichstädt erzählt, wo ich Dich eben vermuthete. Heut habe ich auch wieder einen Brief aus Hieres, es muß denn doch wahrhaftig so schön da seyn, als man sich wohl träumt. Bringe nur eine Reise zu Stande und bleibe gesund.

Von Marcus noch nichts. Aus einem angelangten Briefchen von Fritz seh ich, daß der *Mehmel* bei Liebeskinds eingeladen war.

Wie ich eigentlich lebe, frage mich nicht, aber habe auch keine Sorge darum. Wenn ich den ganzen Tag ungefähr so viel wie gewöhnlich gesprochen habe, so kommt es mir am Abend doch vor, als wäre ich ganz stumm gewesen. – Morgen geh ich aus, zu Martinis, die ich am Sonnabend besuchen wollte, sie war aber versagt, und gestern ließ sie mich bitten. Um die Sicherheit hat es wohl keine Noth – oben ist alles verschlossen, wir existiren in meiner Etage, und Blank hat mir auch seinen ritterlichen Schuz angeboten. Lebe wohl, mein Herz, meine Seele, mein Geist, ja auch mein Wille. Ich habe Dein Bild zu mir genommen und spreche mit ihm.

118 An Friedrich Wilhelm Joseph Schelling

[Würzburg] 25. [–26.] Aprill [1806]

Du bist am Sontag früh um 4 Uhr von Ansbach weggefahren, warst also schon am Montag Abend in guter Herberge, aber allein und bey so rauhem Wetter, das noch immer nicht milder werden will, das auch mich seine ganze Härte fühlen läßt, denn woher käme es sonst, daß ich gar nicht gesund werden kann? Ich betrübe mich nicht, ich habe keine Langeweile, kann aber weder essen noch schlafen und das eintägige Kopfweh hat sich in ein vieltägiges verwandelt – so daß der Klein gestern schon mit tausend Besorgnissen umher ging, weil er dem Köhler als Artzt nicht traut. Heute ist es viel besser jedoch, heute begrüsse ich meinen Schelling mit klaren Augen. Wenn ich nur wüßte, wie es ihm geht! Aber kann es Dir übel gehn? Ich verbiete mir alles Vorstellen darüber, des ersten Briefes harrend. Hier wird es nun Ernst, wir sind in voller Arbeit, ich höre eben die präsidirende Stimme der Frau Präsidentin, die vor ihrem Hause steht und das Gerüst zur Illumination höchst ingenios anordnet. Die Narrheit ist nun völlig ausgebrochen und traut sich bey hellen Tag auf offner Gasse zu erscheinen, denn man glaubt endlich vor einem *Rückfall* sicher zu seyn. Den Zeitungen nach ist der Fürst schon am 20ten durch Regensburg, er ist aber noch immer weder hier noch zu Mergentheim, und könnte wohl unterwegs noch abhanden gekommen seyn. Doch ist Prinz Taxis, der Commendant der Garde, da, und sonst andre Vorläufer und man hat keinen ruhigen Augenblick mehr vor Bürgeraufzügen, exerciren, paradiren, Musik die ganze Nacht hindurch, wobey sie ein paar furchtbare Pauken, die irgendwo noch gesteckt haben mögen, in schmetternde Bewegung setzen, daß ich zittre, wenn ich sie von weiten inne werde. Die Kokarde steckt auf allen Hüten, die kleinen Seufferts haben sie bis aufs Neugebohrne in der Wiege. Ich war vor 3 Tagen ausgegangen, da zog eben die Bürgercavallerie zum Rennweger Thor herein und der Taxis kam über den Platz gefahren, hielt an, sie machten fronte, er legte sich ganz aus den Wagen heraus um ihnen zu danken – diese kleinen Begegnisse machen den Bürger ganz trunken, und die Erwartung wird durch das Zögern so gespannt, daß die lezte Explosion gewaltsam werden muß, wenn nicht etwa eben da sie versagt. Mir ist auch schon Illumination angesagt und meine Befehle verlangt, wie viel Lichter und Leute ich dazu haben will. Habe nur keine Sorge für den Abend, ich will alles sehr gescheut einrichten. Nur gesund muß ich seyn, ich nehme mich auch sehr in acht, jener Ausgang war mir schlecht bekommen. Die Landrichterliche Exellenz hat alle Unterstüzung wegen des logis zugesagt – und sie, die kleine Frau, hat mir vertraut, nicht den Anfang, aber das Ende – daß sie wieder guter Hoffnung ist. Darüber ist nun nichts weiter zu sagen. – Bey Martinis war ich, die aus der Ferne gehört hatten, sie sollten nach Landshut, und *ganz desolirt* darüber sind, so daß *sie* besonders lieber hier bleiben möchte. Sie hatten indeß nicht den geringsten näheren Wink erhalten; Hoven hat, auf einen Brief von *Sicherer* hin, seinen Abschied genommen, dieser hat ihm aus Zentners Munde zugesichert, daß er in Ansbach angestellt würde, der Graf Thürheim ihm aber so eben noch geschrieben, er wüste so wenig, ob Ansbach in 8 Tagen oder ob es in 8 Monaten übergeben würde. Wie ich höre, behauptet Döllinger, daß Marcus um die hiesige Stelle nachsucht, was aber wohl eine Vision von ihm ist. Paulus hat das logis doch nur auf $^1/_4$ Jahr gemiethet.

Der Herzog Birkenfeld ist hier durch nach Bamberg, ein Theil der dortigen Landesdirection soll nach Ansbach – was nur aus Stengel werden wird?

Das einzige Merkwürdige, was zu mir gelangt ist seitdem, ist in Nr. 91 der Jenaischen LZ. die Recension von Fichtens neuem Buch – das Buch selbst ist noch nicht hier. Ich rechne darauf, daß Du dieser Blätter gleich habhaft werden kanst; den Beschluß habe ich selbst noch nicht, die Sendung geht eben bis zu jener Nr. So viel nur, das Buch wird die Welt nicht in Erstaunen setzen, es scheint gerade so zu seyn, wie es zu erwarten stand; sehr wortreich muß es seyn und seltsam muß sich die *Natur* ausnehmen, die er sich allerdings anzueignen gesucht hat. Ich bin zweifelhaft, ob Schleiermacher Verfasser der Recension ist, doch wüste ich nicht, wer sonst, obschon die Schreibart nicht markirt ist. Fichte ist aber sehr derbe empfangen. *Wie* stark er sich die Naturphilosophie abgewehrt hat, kann ich nicht ganz aus der Anzeige ersehn, die sich der Naturphilosophie zwar

nicht annimt (was doch Schleiermacher gleicht), aber Fichten darthut, daß *er* ganz irrig von ihr spricht. Gern stöhle ich das Blatt für Dich, damit Du es auf der Stelle zum desert hättest, doch will mir solches nicht schicklich dünken. Recensent spricht curios und fast persönlich von der Naturphilosophie, deren Sache er nicht für die beste hält, „vielmehr für einen Vorgriff in eine höhere Sphäre des Lebens" – Was soll das nun seyn, wer darf sagen, daß es einen *Vorgriff* der Art giebt?
Jacobi hat sich auch mit vieler Vehemenz in einem Blatt gegen das publiciren von Briefen, was Gleims Erben treiben, erklärt.
Vielleicht bin ich von allen Dingen am begierigsten auf Deine Bekantschaft mit Jacobi. Ich glaube, Du kannst sie nach Wunsch lenken.
Die Mlle Wagner erhielt bey mir einen Brief ihres Bruders – er weiß von den Tieks, der Dichter und die Schwester leben sehr isolirt, so viel er wisse, man sähe sie nirgends. Er arbeite an einem Trauerspiel. Der Bildhauer wäre bey ihm gewesen, habe sich aber seinen Gegenbesuch verbeten, bis er mit einem basrelief fertig sey, das er eben in Arbeit habe. Dieser käme oft zu Humbold, der Dichter weniger. Übrigens wären Künstler und Fremde zu Rom in vielfache Partheyen getheilt, erstlich nationenweis und die Deutschen wieder in ältere und jüngere Zucht. Man könne aber ganz für sich leben – er wohnte in einem italiänischen Haus, ohne Ofen, hätte den ganzen Winter hindurch keine Kohle gebraucht. Vermittelst eines blechernen Ofens könne man sich ganz deutsch dort einrichten. – Frage doch nun selbst nach der Zeichnung des Wagner.
Dem Klein liegt die nahe Ankunft wie Blei auf der Seele, er muß auch einen Aufzug mit den Buben bilden – unser Sturz geht darüber zu Grunde. Er liegt ernstlich krank, so daß ich ihn nicht gesehn habe seit Deiner Abreise, außer am ersten Morgen – dabei sieht sein Zimmer und seine Umgebung so gräßlich aus, daß die Bekannten nur um Gotteswillen hingehn, und mit seiner Bedienung ist er so wüthig, daß auch der Adam ihn verlassen hat; die Frau hat kranke Kinder und kann deswegen nicht herein kommen. Die Bürger ziehn dabey immer vor seinen Fenstern vorüber, und gewiß, wenn dem Manne nicht bald geholfen

wird, so ist es aus mit ihm – er hat schon delirirt. Döllinger besorgt ihn jetzt. ... Köhler besucht mich mit zarter Assiduität und anständige Zeiten haltend – er kommt Abends oft, aber nur bis halb 10 Uhr, Klein mehreremale des Tags – auch Spix trat neulich herein um 8 Uhr auf die Art wie Freund Oken, er sagte: ich komme, damit Sie sehen, daß Sie nicht in Vergessenheit bey mir gerathen sind – Dieser Mensch hat doch sehr verworrne Begriffe – wenn nicht sein edler Fleiß, seine Emsigkeit im handanlegen wäre, so würde ich ihm doch nicht recht trauen, denn er hat auch schon schrecklich viel Verse gemacht. Behr war sogar bey mir, und zwar in einem Augenblick, wo es hier eben wieder bayerisch werden sollte und er fest daran glaubte.
Du vergißt doch Wiebekings nicht? Ich sehe aus der Münchner Zeitung, daß bey Strobel zu sehn sind viele Blätter der Gebrüder Riepenhausen, die Geschichte der heil. Genoveva enthaltend – das muß doch interessant seyn. Ach und wie viel hübsche logis stehn im Münchner Blättchen!
Da ist in Jena der junge medic. Privatdocent Keßler gestorben. – Eins fürchte ich, daß der Legemeyer Dir einen unbändigen Schrecken gemacht haben wird, denn am Ende ist der liebe Mann gar nicht todt, weil man weiter nichts davon hört, und hat sich einmal plötzlich an der table d'hote Dir vis à vis gesetzt.
(NB. Du hast nur 11 Manschettenhemden bey Dir, eins blieb zurück, was ich nur melde, damit Deine Genauigkeit nicht fürchtet es verlohren zu haben.)
Du liebster Freund – wenn ich nur erst weiß, daß es Dir gut geht, so will ich, auch einsam, frölich essen, trinken und schlafen. Das allein essen ist das schlimmste für mich – il vaut encore mieux d'être seule à minuit qu'à midi. Es wäre thöricht, wenn ich Dir erzählen wollte, wie ich Dich in Gedanken liebkose. Du weißt es wohl.

Sonnabend 26. Apr.
Es war gestern zu spät dieses wegzuschicken und nun habe ich eben Gottlob Deinen Brief erhalten. Mein theuerster Freund, wenn Du nur wohl bist, so frage ich nichts nach Himmel und Erden, denn wenn Du gesund bist, so bist Du Du und dann ist alles gut. Auch mir ist heut viel besser,

aber die Luft ist dunkel von Schnee, die Dächer weiß, bis die Sonne dann und wann glühend und strahlend kommt und alles verwandelt. O wie froh bin ich, daß ich Deinen Brief habe, mit oder ohne Sicherheit, *die* liegt mir nicht schwer auf dem Herzen. – Nur denke nicht, mein Herz, daß ich von dem Moment an, wo Du mir schreibst: komm! nicht noch mehr wie 3 Tage etwa brauchte, um zu verkaufen, zu packen und abzureisen, ich werde dann möglichst eilen, aber der bessern Ordnung der Angelegenheiten zu lieb, und meiner Gesundheit wegen nichts übereilen. Welche Herrlichkeiten in München! Freue Dich daran, bis ich es mit Dir kann.
Hier gute Nachricht von Perthes, sonst ist kein Brief gekommen, nicht einmal von Marcus.
Denke, daß Sturz gefährlich krank ist – die Masern sind bey ihm ausgebrochen …
Es ist wieder still von der allerhöchsten Ankunft, denn was Regensburg passirte waren nur Maulthiere – doch soll sie in künftiger Woche erfolgen.
Wenn wegen Erlangen noch eine Hoffnung ist, so schreib mir das doch, nicht unser, sondern andrer Leute wegen. In Landshut soll Theurung, Mangel sogar und Krankheiten herrschen. Der alberne Domvicar hat einen Artikel, worinn gemeldet wird, daß Röschlaub Dir den Krieg erklärt hat so gut wie die Italiäner. Röschlaub wird auch als ein wichtiges Haupt angenommen. Die Neugier der Freunde werde ich kaum zu beschwichtigen wissen.
Schlecht werd ich vielleicht die Deine in Ansehung von Fichtens Vorlesungen befriedigt haben, aber ich rechne darauf, daß es Dir nur einen Gang kostet, doch setze ich noch vollständig die Dich betreffenden Zeilen hieher.
„– Das kann der Gegner verlangen, daß man ihm in *seinem* Sinne widerspricht. Wir halten die Sache der Naturphilosophie nicht für die beste; vielmehr halten wir diese für einen Vorgriff in eine höhere Sphäre des Lebens, welchen künstlerischer Sinn und jugendliche Liebe, im Streite mit den eigenen und des Zeitalters philosophischen Einsichten, zum Bedürfniße machte, der aber nothwendig mislingen mußte, weil das Daseyende innerhalb *dieser* Weise des Daseyns die Genesis desselben unmöglich wiederholen und nachconstruiren kann: aber auch die beste Sache ist leicht zu wie-

derlegen, wenn man den Worten des Gegners einen Sinn unterschiebt, den sie nicht haben sollten".
In einer bessern Welt wie diese wünscht man sich also mehr von Deinem werthen Umgang.

119 Friedrich Wilhelm Joseph Schelling an Caroline

[München] Den 1. Mai 1806
Ich hoffte heute eine decisive Antwort zu erhalten; allein der Minister ist so beschäftigt, daß nicht allein ich, sondern daß selbst die Geschäftsmänner ihn kaum sprechen können. Morgen wird nun wohl die Antwort mir gewiß sein; aber ich erhalte sie nicht so bald, als dieser Brief abgeht; denn meine Briefe müssen immer früh Morgens auf die Post, dafür hast Du sie aber auch am 3. Tag Abends, wenn ich richtig gerechnet habe. – Ich bin in so weit meiner Sache gewiß (ob ich gleich das Detail nicht in Briefen angeben kann), daß ich noch entschiedner als im gestrigen Brief Dich auffordre, ja, wenn Du willst, Dir hiermit Ordre zuschicke, nun aufzupacken und baldmöglichst zu kommen. – Was ich Dir neulich von Paulus schrieb, daß dieser nämlich mit mir in Eine Kategorie geworfen worden, bezieht sich hauptsächlich nur auf den Genuß des Gehaltes (NB. er hat sich zu einem Nachlaß erboten; und Du kannst dies als bestimmtes Factum in Würzburg aussagen); ob er aber irgend eine Anstellung erhält, daran zweifle ich; denn er ist allgemein übel angeschrieben und Niemand will ihm wohl. – Meine Sache hat sich aber darum verzögert, weil ich erklärt habe, einen Wirkungskreis zu wollen. *Warum?* wirst Du leicht begreifen. – Schreibe mir also nun mit der ersten Gelegenheit, wann und wie Du kommst? Ich selbst will Dir darüber morgen noch ausführlicher schreiben, wenn ich Zeit habe; wo nicht, doch gewiß übermorgen. Auch muß ich noch verschiedne andre Briefschaften und Sachen mitschicken. Du siehst aus allem, daß ich mir nicht einfallen lasse, Du könnest krank sein und dadurch verhindert werden, so bald zu kommen. Die Probe wäre zu hart; ich glaub' es daher nicht, ob mir gleich oft augenblicklich bang ist. Jacobi ist in der That ein liebenswürdiger Mann, für die er-

ste Bekanntschaft wenigstens. Er ist doch anders, als ich mir ihn vorgestellt; weniger ernst und abgezogen, mehr heiter und gegenwärtig; im Übrigen, wie man ihn aus seinen Schriften kennen lernt, viel mit Briefschaften umgeben und Excerpten aus Büchern, Recensionen u. s. w. Wir sprachen hauptsächlich von seiner Gleimschen Angelegenheit. In der Sammlung steht ein Brief an Heinse, worin unter andern ein Wort Lessings über Goethe: „wenn dieser erst gescheut werde oder zu Verstande komme, werde er ein ganz gemeiner Mensch werden." Ferner, ein gewaltiges Verdammungsurtheil über Wieland und seinen Oberon. Diese literarischen horreurs sind es hauptsächlich, wegen deren Jacobi allarmirt scheint, sowie dazu auch *der* Gedanke beiträgt, daß viel Briefe von *ihm* noch in der Welt sein mögen. Er ist darüber auch mit Therese in eine große Contestation gerathen, die *seine* Briefe an Forster als ein Eigenthum ansah und herausgeben wollte. Er hat ihr darüber einen derben und in Bezug auf Forsters Schicksal, daran sie Mitursache war, herzdurchschneidenden Brief geschrieben. Therese antwortete in einem Brief, der anfängt: „Lieber, wunderlicher Mann!" ... Huber dagegen schrieb einen andern, wehmüthigen, in dem er sein und Theresens *Leben* als Buße für sie angiebt, Forsters Tod als Buße für diesen. – Das alles hat Jacobi mir erzählt und seinen Brief an Therese mir vorgelesen. (Kommst Du nach Ansbach, so laß Dir von der Liebeskind eine Probe ihrer *jetzigen* Verrücktheit mittheilen).
Nach Dir hat sich Jacobi sehr freundlich erkundigt, ob Du nicht bald kämest. Tiefer in ein wissenschaftliches Gespräch mich einzulassen war nicht Zeit noch Ort. Die alten Jungfern sitzen dabei, wie zwei alte Katzen, die sich Gelehrte oft halten, und die nicht vom Sopha zu bringen sind, wenn man ihnen gleich eins versetzt, der alten Gewohnheit wegen. Sie sind insbesondre darum fatal, weil sie ein Personificat seines ganzen vergangenen Lebens sind, während er noch wohl gegenwärtig ist. Sie sollen sonst nicht so dabei sitzen, bei mir aber machte es die Neugierde. Die älteste ist besonders vom Argen, sie schielt auf eine horrible Weise ...
[Schluß zerrissen.]

An Friedrich Wilhelm Joseph Schelling

[Auszug.]
[Würzburg] 15. May [1806]

O Du lieber Freund, es ist hohe Zeit für mich zu enden, denn ich weiß mir gar nicht mehr zu helfen. Die verruchten Geschäfte sind noch ein Glück – doch was sag ich, sie sind ja mein Unglück, denn was hielte mich sonst ab, mich Morgen in den Wagen zu werfen. Sehr ernsthafte Gesichter mache ich, das Weinen ist mir näher wie das Lachen, und die Freunde klagen über mich, die am meisten, die es sich einfallen lassen die Abreise zu bedauern, denn da werde ich ganz trocken oder gar unartig.

Ich schreibe Dir, aber wirklich kann ich Dir gleichfalls nichts definitives melden, außer daß ich wohl hoffe und gewiß darauf rechne am 20sten zu reisen – am 24 in München einzutreffen.

Was mich jezt beunruhigt, ist, daß ich noch keinen Bescheid wegen des Ersatzes hab, daß ich diesen doch nicht im Stich lassen kann, desgleichen die andern 100 fl. –

Eben habe ich Deinen lieben Brief mit den Einlagen erhalten – er hat mich so glücklich gemacht, so die gespannten Kräfte beruhigt wie ein Kuß von Dir – ach könnte ich nur meinen kleinen Kopf dabey an Deine Brust lehnen.

Ich will von Geschäften sprechen, damit ich nicht weinen muß....

[...]

Es heißt, daß Franzosen hier heut oder Morgen durchpassiren um Bareuth zu besetzen. Wie läßt sich denn das verstehn?

Danke dem guten Zentner vorläufig, daß er mich will aus meinen Exil frey lassen. Adieu, Du angebeteter Gemahl.

121 An Luise Gotter

München d. 28. Nov. [1806]

Mehr wie ich ausdrücken kann und wiederholen mag hat mich in dieser letzten Zeit das Schicksal jener friedlichen Gegenden bekümmert, wo auch Du, liebe Freundinn, mit

den Deinigen lebst, wo ich selber so lange gelebt habe und alle Wege und Stege kenne, die jetzt mit Leiden und vergeblich vergoßnen Blut bezeichnet sind. Mitten in der scheinbarlichen Ruhe, die wir hier genießen, hat uns jenes Loos der Welt wirklich keinen Augenblick Ruhe gelassen. Es war so und mußte so seyn, und was nicht mehr bestehn kann, muß untergehn – aber die vielen unglücklichen zerrütteten Menschen, die zum Theil nie wieder erlangen, was sie hierbey einbüßen! – Im Allgemeinen weiß ich wohl, wie es in Gotha steht und daß solche Auftritte wie zu Jena und Weimar an euch vorübergegangen sind, doch bitte ich Dich und ersuche Dich bey unsrer alten Freundschaft mir bald nähere Auskunft über Deine eigne Lage und solcher, die Dir lieb sind, zu geben. – Alles, was mir näher angehört, ist mehr oder weniger in diesem Umsturz begriffen. Auch meinen ältesten Bruder betrifft er auf eine Art, die mich besorgt macht; weißt Du etwas von ihm, so theile es mir mit, weißt Du noch nichts, so suche es doch bald zu erfahren. – Der jüngste ist auch im eroberten Land – meine Mutter und Schwester schienen dem tragischen Ende von Braunschweig aus dem Wege gegangen, denn kurz zuvor waren sie nach Kiel abgereißt, allein auch hier, an diesem äußersten Ende, sind sie kaum noch vor dem Andrang des Kampfes geschützt worden; Blücher schlug sich zwischen Kiel und Lübeck; Kiel ist mit Flüchtlingen angefüllt.
Unser Geschick hat uns allen kriegerischen Scenen bis jetzt entzogen – wir haben weder den Sieger noch Besiegte zu sehn bekommen. Besiegte sind wir zwar sämmtlich. – Ich lebe hier in der Hauptstadt, als wenn ich auf dem Lande lebte, nach meiner gewöhnlichen stillen Weise. Wir haben ein logis, wo die Faςe der Häuser auf einen freyen Platz vor der Stadt hinausgeht, und ich sehe die Tyrolergebirge aus dem Fenster. Mein Mann ist sehr heiter, sehr gesund und so placirt, wie er es nur wünschen konnte. Er hat als Mitglied der Akademie der Wissenschaften seine ganze Zeit für sich und ein Gehalt, das ihn vor Sorge schützt. Eingerichtet habe ich mich nur ganz nothdürftig, mich dünkt, ich möchte mich nirgends mehr ansiedeln, und es ganz buchstäblich nehmen, daß wir nur Pilger sind.
Iffland hat sich unserm König angetragen; ich weiß noch nicht mit Gewißheit, ob er angenommen worden ist.

Was machen Deine Töchter? Pflegen sie auch Kranke und Verwundete? Eure Stadt hat sich immer als die hülfreiche ausgezeichnet und wird auch diesesmal deshalb gerühmt. Am meisten fürchte ich bey euch die Theurung, die zuweilen Mangel geworden seyn mag. Gieb mir bald Nachricht und gedenke meiner als derjenigen, die nicht aufhört euch in ihrem Herzen zu tragen.

C. S.

122 AN LUISE WIEDEMANN

[München] am 30. Nov. [1806]
Eure Briefe sind nur 10 Tage unterwegs gewesen, und ich habe sie unversehrt erhalten zu einer Zeit, wo sie mir recht vom Himmel gesendet kamen. So viel wußte ich wohl, daß der Würgengel euch eben noch vorübergegangen hatte, aber die Zahl der Flüchtigen und die allgemeine Noth, fürchtete ich, werde euch sehr bedrängen. Gott wende wie bisher das Schlimmste von euch ab! Ich hatte gehofft, ihr solltet fast so sicher wie wir seyn, aber wer ist sicher? Nun sind in Deiner Nähe eben die entsetzlichsten Auftritte vorgefallen, zugleich freilich die ruhmwürdigsten in diesem schmachvollen Kriege. Fast alles, was Du mir meldest, hatte mir Schelling aus den tausend Zeitungen erzählt, die er auf dem Museum ließt, zu mir kommt fast keine. Du kannst Dir denken, mit welchem tiefen Gefühl der Zeit, in der wir uns befinden, er mir das vorträgt. Aus Jena und Weimar haben wir Briefe gehabt – Goethe schrieb an meinen Mann wie derjenige, der fest und unerschütterlich auch in solchen Stürmen geblieben – 72 Stunden brachten sie in der Todesangst gleichsam zu; Geld und Geldeswerth verschmerzt man, sagt er, wenn man nur das Theuerste und liebste durchbringt. Öffentliche Blätter sagen, daß er sich am Tage der Schlacht mit der Vulpius trauen ließ – als wenn er Bande noch hätte knüpfen und fester anziehen wollen in einem Augenblick, wo alle Bande gelöst scheinen! – Sein Haus entging der Plünderung, weil sich gleich Marschälle da einquartirten. So sind auch Frommans ohne Plünderung durchgekommen, haben aber fast 8 Tage lang 130 Menschen zu bewirthen gehabt. Ich habe einen Brief von ihrem

Bruder Wesselhöft gelesen, der in dem ehmaligen Schützeschen Haus wohnt, dem ging es desto übler; er war 3 Tage lang den Anfällen der Marodeurs ausgesetzt, wurde mit Frau und Hausgenossen bis aufs Hemde ausgezogen, gemißhandelt, mehr wie einmal hatten sie die Bajonette auf der Brust – am Morgen der Schlacht brach Feuer aus in der Johannisgasse, niemand konnte löschen, die Straßen waren versperrt durch nachrückende Truppen, ja niemand wollte löschen, es war, als wünsche man nur, daß alles untergehn möchte. – Der Brief gab ein recht treues und detaillirtes Bild der Tage, wo die Verheerung so plötzlich über die friedliche Gegend hereinbrach. Nach der Schlacht pflegte er denn noch viele Verwundete in dem geplünderten Hause, und mitten in dem Elend, in dem entsetzlichen Drange, wo der Mensch nur noch wie ein Thier zu würken scheint, gab es denn auch wieder Züge von Edelmuth, von Besonnenheit, oder aufheiternde Zufälle. So lief, wie sie gar nichts mehr zu essen hatten, ein Ochs in der Irre hinter ihrem Garten, den sie einfingen und Kriegsrecht an ihm übten und sich wieder erquickten. – Hegel ist geplündert, einem sehr guten Bekannten von uns, Schelver im botanischen Garten, ist es sehr arg ergangen. – Der alte Stark behauptet um 12000 rh. werth beraubt zu seyn, vermuthlich an Pretiosen. Unsre Bekannten in Halle sind auch schlimm daran, Steffens, höre ich, will nach Hamburg gehn. Mir ist für seinen Schwiegervater *besonders* bang gewesen, doch hab ich nichts deshalb gehört (er ist mit dem Minister, bey dem Luise Schr. ist, fortgegangen). Giebichenstein wird in den Berichten nicht genannt. In Jena und Weimar, wo sie nie den Muth verlieren und wie die Ameisen gleich wieder bauen, was eingerissen ist, denken sie nur sich auch hier wieder zu helfen, und alles zusammenzuhalten, in dem Sinn schreibt auch Goethe. Ihre größte Sorge mag seyn, ob sie unter der jetzigen Herrschaft bleiben. Gegen den Herzog ist doch noch keine harte Erklärung gefallen, und er hat vorläufig den Geschichtschreiber (Johannes Müller) an den Helden abgeschickt. – Das ist es eben, daß die schuldloseste und ruhigste Existenz jetzt nicht gesichert ist, und nicht bloß, wo sich der Strom des Kriegs hinwälzt, ist die Verheerung, ein jeder, der einem Staat angehört, wird erschüttert, oft mit den Wurzeln aus dem Boden gerissen. – Seit Du

schriebst, ist unser Vaterland wieder in Besitz genommen, gebe Gott auf solche Bedingungen, daß die Mutter nicht leidet. Doch sollte sie nicht mehr ausgezahlt werden, so müssen wir alles thun, um dieses bey den französischen Behörden zu erhalten, und ich zweifle auch nicht daran, da der Name Michaelis in Frankreich noch nicht vergessen ist. – Was Philipp betrifft, so scheint es mir nun eben so gut, daß Hufelands Wunsch für ihn nicht durchging. Den künftigen Herrn von Hannover ahndet man wohl noch nicht? Hierüber zerbrech ich mir auch nicht den Kopf, wie die Beute der Welt ausgetheilt wird. Was liegt auch daran, denn wahrlich um keinen von den Regenten ist es Schade, die jetzt zu Grund gehn, dergleichen bekommt jedes Land leicht wieder. Den tragischen Untergang des Braunen [Braunschweigers] nehme ich hievon aus, obwohl für das Land seine Nachfolger auch gleichgültig sind. Vielleicht hilft dem Bestimmten seine Verbindung mit dem Hause Baden noch zu einer andern Versorgung. Unser ältester Bruder aber – wie wird er die Katastrophe nehmen? Habt ihr Nachricht, so theilt sie mir mit. Schelling erzählt mir, daß der alte Herzog in die Gruft nach Braunschweig gebracht wird, daß sie dort anständig verfahren, das Theater geschlossen und Trauer angelegt wurde. Der Tag, wo der Leichnam ankommt, da bleibt gewiß kein Auge trocken. Wohl einem jeden Lande, das noch ein solches Gefühl hat und haben darf, das nicht ganz stumpf wurde und die, welche es in den Ruin brachten, auch noch verachten muß. – Alle Nachrichten stimmen dahin überein, daß die Verblendung und Dummheit auf der Seite der Preußen ins Unglaubliche gegangen ist, daß alles den Kopf verlor oder keinen hatte, Fehler auf Fehler gehäuft wurden, und noch jetzt! Die Übergabe aller der Vestungen! – Wir lesen jetzt die Geschichte des 7jährigen Kriegs, das war ein andrer Kampf wie dieser siebentägige. Oft alles verloren, aber dann durch den Geist wieder alles gerettet, der nicht unterging, der letzte Funken aus der Asche wieder angefacht und in helle Flammen verwandelt.
Du wirst mir eine große Liebe erzeigen, wenn Du nicht versäumst mir zu schreiben. Wohl möchte ich euch auch sprechen – so ein Brief kommt leicht einmal in den Moniteur, bisher aber ist mir noch keiner verloren gegangen. Worüber ich mich innig freue, ist, daß Wiedemanns Gehör hergestellt

ist. – Ich muß Dir gestehn wegen Lottens Mann, wie Du ihn nennst, trug ich große Sorge aus mehreren Gründen – Du kannst mir nur kurz sagen, ob er über alle Gefahr weg ist. – Was machen Campens! Diesen muß Napoleon begünstigen. Campe kann ihm sagen, siehe, die Generation, die Du überwunden, die habe ich Dir dazu erzogen. – Ist die gute Meyer endlich von so vielem Leid und einer so kränklichen Hülle befreit worden? Die andre M. hat wohl nicht von mir gesprochen, denn was könnte sie sagen? Bald wird auch Hamburg besetzt seyn oder ist es schon. Dein Wunsch wegen Altona möchte wohl nicht erfüllt werden, das möchte wohl mit Hamburg gehn. – Iffland hat sich unserm König angetragen – man unterhandelt mit ihm. Überhaupt wird sich jetzt wohl wieder Mancher nach Bayern drängen. –

30. Nov.

Jacobi hat lange an Kopfgicht gelitten, Schelling hat ihn gestern zum erstenmal wieder seit vielen Wochen besuchen können. Die Katastrophe im Norden hat ihm gar nicht klar und begreiflich werden wollen. – Ich rathe Dir auch R[einholds] Bekanntschaft zu kultiviren – ist es nicht das rechte, so ist es doch eine Anregung. Schelling ist Willens ein kleines Stück zu schreiben: Franzosenhaß und Reue in einem Aufzuge. Ist das nicht ein pikanter Gedanke? Meinau und Eulalia dazu erräthst Du leicht. Das nächstemal schreib ich der Mutter.

Die Huber hat jetzt die Biographie ihres Mannes verfertigt, ein absonderliches Kunstwerk im Auslassen und Verschleiern, das mir übel und wehe gemacht hat.

Grüße die Kinder – o daß sie bey mir seyn könnten. Wenn die Welt jetzt ruhig wär, so würde ich es noch härter empfinden, daß ich so weit von euch bin – und das, was ich einst besaß, so weit von mir. Aber das allgemeine Weh verweißt alle meine Schmerzen zur Ruhe.

123 AN FAMILIE GOTTER

München den 4ten Jan. 1807

An die Mutter und ihre drei Töchter.

Möget ihr euch so sehr erfreut haben wie ich, da ihr gewahr

wurdet, daß unsre Gesinnungen wie unsre Briefe sich auf halbem Wege begegnet sind. Anfangs hielt ich euren Brief nur für eine sehr schnelle Antwort; es war aber noch besser, eine Antwort, welche die Frage divinirt hatte. Ein solches Vorherwissen geht nun mit sogenannter natürlicher Magie zu. Übrigens halt ich euch sämtlich für übernatürlich Begabte –

Denn Du ZB., liebe Pauline, die Du im Thüringer Walde auf einmal italiänisch wie eine Römerin sprichst, derweil ich hier in der Nachbarschaft der Zitronen und Olivenwälder noch nicht sechs Worte Wälsch, das nicht sehr kauderwälsch wäre, zusammenbringen kann, wie soll man das deuten? Wie gern möchte ich Dich selber so in fremden Zungen sprechen hören, wenn es nur nicht so weit weg wäre. Seht doch zu, ob ihr nicht in eurer Kunst ein Mittel findet um ohne Pferde und Wagen, eine nach der andern, zu mir zu kommen und mir in der Einsamkeit der Hauptstadt holde und lehrreiche Gesellschaft zu leisten. Dem kleinen Gries jedoch wäre es zu gönnen, daß niemand wie er selber den Tasso und noch mehr den Messer Ludovico Ariosto in der Ursprache lesen könnte, denn daß *er* taub ist und auch sonst nicht recht lebendig, zeigt sich bei der Vergleichung mehr, wie ihm gut ist. Dieser Kleine war bei mir, kurz ehe ich Würzburg verließ, er reißte nach Heidelberg und ging von Jena weg, in der Ahndung unstreitig, daß dessen Ruin nahe wäre, wie man wohl Störche und andre häusliche Vögel vorempfindend die Städte verlassen sieht, deren Mauern und Thürme nächstens in Schutt zusammenfallen sollen. Wie hat mir selbst schon das Herz um Jena und alle die friedlichen Hügel geblutet. Wenn Du so leichtsinnig der Schmach gedenkest, und wie der alte Kraus daran gestorben, so möcht ich wohl sagen:

Ihr sprecht ja fast wie ein Franzos –

Ich hab es anfänglich nur für einen Spaß gehalten, da Kraus aber wirklich todt ist, so hat er auch wohl wirklich Gänse gerupft. Dem Augusti kann das Stiefelputzen freylich nicht schaden. Bei solchen Umwälzungen kommt manches Ding und mancher Mensch eben wieder an die rechte Stelle, aber so ein junges Frauenzimmer sollte doch ein empfindsamer Gemüth haben!

Tiek wird eben noch nach Haus gekommen seyn, ehe ihm die Monarchie über dem Kopf eingestürzt ist; niemand hat Nachricht von ihm. Baron Knorring ist eben hier durchgereißt von Rom kommend, nach Sachsen gehend – er hat Mad. Bernhardi und Friedrich Tiek noch dort zurückgelassen, wird auch selbst zurückkehren, sich eine kleine Villa bey Rom kaufen und Madame wird dann wohl Baronesse werden. – O wie sind die einst zu Jena in einem kleinen Kreis Versammelten nun über alle Welt zerstreut, und lehren alle Heiden. Mein Kummer ist nur, daß sie alle miteinander nichts mehr dichten – wenigstens hören wir von den Gesängen nichts.

Andre stehen dagegen auf, liebe Cäcilie, und der ungläubigste Thomas müßte ja an Inspiration glauben, wenn er den kleinen Thomas Werke der Begeisterung vollbringen sieht. So lange hat er den schönen Geistern Briefe getragen, bis er selber einer geworden ist. Das recht Charakteristische hiebei ist die Huldigung gegen die Frauen, und besonders die eigne Frau – das ist Zeitsitte. – Glückliches Land aber, wo der Fürst und der Briefträger Idyllen und Ideale liefern. Nicht wahr, außerdem habt ihr auch gar keine Schriftsteller? Euer *Ast ist in unser Landeshut* verpflanzt, und treibt zwar Ästlein, seit er seine Lucinde geheirathet, will aber nicht zum Stamm werden. – Wenn Du nun noch Künstlerinn wärest, heilige Cäcilie, was könnt ich Dir nicht von unserm hiesigen Gemähldeschaz sagen, der durch die Düsseldorfer Gallerie wenigstens zu der 2ten Sammlung in Deutschland angewachsen ist. (Gebe Gott, daß Dresden die erste bleibe!) Nun könnt ich freilich Dir *dennoch* davon sagen, denn Liebhaberinn bist Du gewiß noch geblieben, es ist nur schwer anzufangen. Unter den Vorzügen unser jezigen Lage ist es mir der liebste, eine solche Sammlung täglich sehn zu können. So viele und entschiedne Ruhepunkte habe ich zwar noch nicht darin gewinnen können, wie in der Dresdner, doch wünsche ich allen, denen ich Gutes gönne, den öftern Anblick der Himmelfahrt der Jungfrau von Guido Reni und des Johannes in der Wüste. – Es wird sich nun hier eine Akademie für Mahler und Zeichner bilden unter Direction der *Langer* von Düsseldorf. –

Und wer weiß, bestes Julchen, ob ein gewisser Hummel von Kassel nicht hergerufen wird. Denn dort scheinen mir auch die Künste und Musen auseinander gesprengt zu werden, und alle erhabnen Flüchtlinge finden bey uns eine Zuflucht. – Ifflanden zwar hat man zurückgewiesen, das ganze Theaterpersonal und die Politik hat sich dagegen gesetzt, indem Iffland sich zu Berlin auf dem Theater mit Äußerung politischer, nämlich nicht-politischer, antifranzösischer Gesinnungen befleckt hat. Ich gehe hier fast gar nicht ins Theater und nur bey Opern. Das Haus ist zu klein, man findet keinen Platz, und die ganze Anstalt im kleinlichsten Styl. Im Achilles habe ich diesen Sommer den Brizzi singen hören und in den Horatiern den Brizzi, die Bertinotti und Schmalz. Das war der Mühe werth. – Was treibt denn Julchen eigentlich – die nützlichen oder die schönen Künste?

Nunmehr wende ich mich zur lieben Mutter. Du siehst, liebe Freundin, daß es mir am Herzen lag zu wissen, was Du mir schriebst, wie Dir, was ich Dir geschrieben, denn wenn ich nicht sehr irre, so habe ich Dich nach meinem Bruder gefragt wie Du mich nach meiner Mutter und Schwester. An den lezten ist das Kriegsungewitter nur eben vorbei gegangen, die Wetterscheide war fast vor den Thoren von Kiel nach Lübek zu, aber daß sie ganz unbesucht bleiben sollten, glaub ich kaum; wenns am besten abgeht, so bekommen sie eine gelinde französische Einquartirung. Mutter ist gesunder in Kiel wie zuvor, ungeachtet des feuchten und strengen Klimas. Wiedemann befindet sich wohl; die beyden kleinen Mädchen leben und sind der Trost ihrer Mutter.

Aber wie zerrissen sieht es in der Welt aus – welche Unsumme von Elend, vernichteten Wohlstand, Schlechtigkeit – welcher gänzlicher Mangel an der gemeinsten Sicherheit. Man hört nichts anders in der Nähe und Ferne. Wie mag den Menschen zu Muth seyn, die nun wirklich drinnen stecken mit ihren Geist und Gemüth, und nicht eine Atmosphäre um sich her ziehn können, in welche das alles nur scheinbar dringt. Wie viel lieber wollte ich in einem Dorf auf der Schlachtlinie von Jena gewohnt haben und in Staub mit getreten seyn, als mir die Seele anstecken lassen durch diese abscheuliche Verwirrung aller moralischen Dinge. Ich bin aber auch sehr glücklich, daß ich die Aegide neben mir habe, denn geht von einer Seite die ganze Convenienz Welt mit allen ihren alten Formen unter, so geht mir an einem schönern Horizont eine umwandelbare Welt auf. Der, in dem ich sie finde, ist ein unerschöpflicher Brunquell alles Herrlichen und Tröstlichen.

Vielleicht schreibt Dir der Bruder jetzt nicht oder doch mit solcher Vorsicht, daß wenig daraus zu nehmen ist für die Lage der Sachen. Es soll Unruhen dort geben. – Hier ist alles sehr stille, die Bürger besetzen die Wachen der Hauptstadt, so rein haben wir das Militair weggeschickt. Ich weiß oft nicht anders, als daß ich in einem ansehnlichen Landstädtchen wohne. Der Kreis meines Umgangs ist eng gezogen, wir wollen es selbst nicht anders. Zu denen, die ich viel sehe, gehört die Nièce von Weißhaupt und seine Schwester, die eine prächtige alte Frau ist. Sie korrespondirt viel mit ihrem Bruder und möchte auch gern immer durch die dritte Hand von ihm hören, aber Du siehst ihn wohl nicht. Er hat an Prinz August wieder viel verloren – sag mir, ob Ihr nicht auch dabei eingebüßt habt. Er hätte wohl Deinen Töchtern etwas vermachen können.

Deiner guten verstorbenen Schwägrin wird wohl seyn. Wie bringt sich aber die Tante Lenchen noch durch und Dein lieber Vater? – Grüße Minchen und melde mir immer, was in eurem Leben sich verändert zum bessern oder auch nicht bessern – ich muß wenigstens wissen, wie es euch geht.

Die Wiebeking hat ein paar sehr liebenswürdige Töchter. Das kanst Du nur der Siegfried sagen. An Fanny werde ich noch ein wenig von der Education von ma chère Mère gewahr – Wir haben einmal Kupferstiche nach Raphael in großer Gesellschaft besehn, wo Fanny und ich allein wußten, was das für Leute waren, Platon, Diogène, Epicure etc. in der Schule von Athen. Hier wissen sie nur von Jes Mari Josep!

Lebt recht wohl, ich begrüße euch auch in so fern als Bundesgenossen, daß ihr mit zum Rheinischen Bund getreten seyd. –

C. S.

124 An Friedrich Wilhelm Joseph Schelling

[1807]

Endesunterzeichnete hat versprochen für 100 fl. (hundert Gulden) nicht nur alles abgeschrieben zu haben, was sie abgeschrieben hat bis zum heutigen Datum, sondern dafür auch abzuschreiben, was sie abschreiben wird [ihr abzuschreiben aufgetragen wird Schelling], bis zum 31 Mai 1807, von solcherlei Manuscript, welches ihr Gemahl [selbst verfaßt und gestrichen Sch.] in den Druck giebt oder zu eigenen Gebrauch aufbewahrt [oder – aufb. Sch.].
Habe hierauf erhalten 50 fl.   Caroline.

Unter obigen eingefügten Clauseln
        Ratifié par Moi Souverain de ma Femme
                                                Frederic.

125 An Luise Gotter

München d. 15 Jan. [18]08

[Besorgungen.] – Wir haben hier kurz vor Weinachten Frau von Stael nebst ihrer Familie und Schlegel gesehn. Diese Anwesenheit, welche etwa 8 Tage dauerte, hat uns viel angenehmes gewährt. Schlegel war sehr gesund und heiter, die Verhältnisse die freundlichsten und ohne alle Spannung. Er und Schelling waren unzertrennlich. Frau von St. hat über allen Geist hinaus, den sie besitzt, auch noch den Geist und das Herz gehabt Schelling sehr lieb zu gewinnen. Sie ist ein Phänomen von Lebenskraft, Egoismus und unaufhörlich geistiger Regsamkeit. Ihr Äußres wird durch ihr Innres verklärt und bedarf es wohl; es giebt Momente oder Kleidung vielmehr, wo sie wie eine Marketenderin aussieht und man sich doch zugleich denken kann, daß sie die *Phä*dre im höchsten tragischen Sinne darzustellen fähig ist. Die Gesellschaft war hier auf der Durchreise nach Wien.
Gegen das Frühjahr haben sich hier angemeldet Rumohr und Ludwig Tieck. Daß Werner nicht gekommen, zeugt von seinem polnischen Leichtsinn; er hätte die Nahmen schon halten können. – Da dieß noch auf die Post muß, so verspare ich alles andre auf ein andresmal. Möge es euch wohl gehn in diesem Jahr!

126 An Johann Diederich Gries

München 18. Apr. 1808

...Was sagen Sie denn zu Goethes Fragment Elpenor? Liegt nicht alle seine Anmuth und Ergebenheit darinn, und lebendiger noch wie in Iphigenien? Der schöne Knabe ist frisch wie Morgenthau. Wenn er das noch vollendete...

C. S.

127 An Luise Gotter

[München] am 6. Jun. [18]08

[Auszug]

Da nun schon Pfingsten, das liebliche Fest, ins Land gekommen ist, so muß ich endlich wohl danken für die Briefe, die ich um Ostern empfangen, für die Bemühungen, die *Du* Dir gegeben, liebe Freundinn, ja ich habe noch eine Schuld von Weinachten her auf mir, indem ich Minchen noch nicht geantwortet habe. Aber der weite Raum zwischen uns zieht auch immer eine lange Zeit nach sich. Indessen werden die andern Gothaner wohl fleißiger gewesen seyn, so daß ich Dir, Du Liebe, über einen Punkt, der Dich übrigens gewiß interressirt, kaum etwas Neues zu melden haben werde – daß nemlich meines Mannes hiesige Lage um ein Ansehnliches dadurch verbessert worden ist, daß ihn der König neben seiner Stelle als Mitglied der Akademie der Wissenschaften zum Generalsekretär der Akademie der bildenden Künste, welche so eben eingesetzet worden, ernannt hat, mit dem Charakter und Rang eines Kollegiendirektors in einer Gehaltszulage, durch die er sich nun auf 2700 bis 3000 fl. (15–1600 rh.) fixum steht. Es ist hiedurch in der That nichts Außerordentliches geschehn, indem Schelling, der nur seinen Würzburger Gehalt hier beibehalten hatte, gegen andre höchst unbedeutende Menschen bisher zurückstehn mußte und wirklich auch nicht dabei zu bestehn war; in Würzburg wurde jener Gehalt durch die Kollegiengelder um das doppelte vermehrt. Auch war ihm gleich anfangs eine Verbesserung zugesagt; angenehmer indessen hätte er sie durchaus nicht bekommen können, als sie ihm nun, und zwar durch die allgemeine Zustimmung aller obern Behörden, vom König und Minister an, geworden ist.

Denn die Stelle ist leicht zu versehn, das ganze Geschäft höchst interessant, seine Lage dabei sehr unabhängig, und sie bietet noch sonst eine Menge erfreulicher Aussichten dar. Niemand hat von dem Plan etwas gewußt außer die, welche sich ihn unmittelbar ins Werk zu setzen hatten; sie hatten ordentlich das Wort gegeben, besonders über Schellings Anstellung dabei, das vollkommenste Geheimniß zu beobachten, so daß es keine kleine Überraschung gegeben hat, wie die Sache an den Tag kam. Was Schelling außerdem noch freut, ist, daß die Baiern hier ganz ungemein damit zufrieden sind, und ihm die Stelle gönnen, da sie den meisten andern Fremden ihre errungnen Vortheile weder gönnen noch sie deswegen achten.

Die Rede, welche er am Namenstag des Königs hielt und die von bildender Kunst handelte, ohne daß er damals etwas besonders damit meynte, hat denn doch die Veranlassung gegeben, daß man ihn eben auf diese Art in mehrere Thätigkeit gesetzt hat. Ich werde versuchen die Konstitution der neuen Akademie diesem Blatt beizulegen, damit ihr daraus sein ganzes Verhältniß erkennt. Es wird freilich sehr verschieden von dem des andern Generalsekretairs seyn, der sich ganz in die Bedientenrolle begeben hat, die Uniform will ihm nicht vornehmer anstehn wie eine Livrée, ja selbst der Orden hilft ihm nicht auf. Denn daß wir nun auch eine Legion d'honneur haben, wißt Ihr doch? Gotha hat dazu 2 kleine Ritter geliefert, die gar nicht recht wissen, wie sie dazu kommen. Auch Schelling hat den Orden erhalten, er schickt sich gut darein und ist eben, als hätte er ihn schon immer gehabt. Mir macht es indeß einiges Vergnügen, daß mein Mann es so weit wie mein Vater gebracht hat. Es ist eine festliche Zeit hier; erst hatten wir die neue Konstitution des ganzen Reichs zu besprechen, dann die von der Akademie der Künste, dann den Orden, dann eine Fete, welche der Minister dem ganzen Orden gab, sammt seinen Frauen, jetzt die Vermählung der Prinzessin mit dem Kronprinzen von Würtemberg, eine Luftfarth des Garnerin, unterirdische Illumination und italiänische Oper, wo Brizzi und die Bertinotti singen. Möge uns der Himmel bei Freuden erhalten! Wahrlich, wir sind so ziemlich das einzige Land, wo nicht Verwirrung und Noth an der Tagesordnung ist, wo Regent und Volk noch Eins sind, und ich war

in diesem Betracht allein schon gern hier, so wie mein
Mann, auch da wir uns noch keines besondern Wohlseyns
zu rühmen hatten.
[...]

128 AN LUISE WIEDEMANN

[Anfang fehlt.] [München, Ende Februar 1809]
... Die Frage wird nun seyn, ob Knorring sie [Frau Bernhardi] zur Baronesse macht und machen kann, da sein Vater
noch lebt; er – ist Kurländischer Abkunft und leibeigen genug dazu, der böse Geist dieser Frau hat seinen schwachen
überwältigt, denn von andern Anlockungen kann wahrlich
die Rede nicht seyn; man muß vielmehr die Sinnlichkeit so
abgestumpft haben, wie es Knorring hat, um dem bösen
Geist so viel Raum zu lassen. Ich möchte nur wissen,
warum sie eben hierher gekommen sind. Der Bildhauer
wird sich auch noch einfinden von Coppet kommend, dann
wollen sie wieder nach Italien gehn, Ludwig ausgenommen.
Der Bildhauer wird Schellings Büste machen, welche der
Kronprinz zu haben wünscht für seine marmorne Gesellschaft großer deutscher Männer, von der Du wohl in öffentlichen Blättern gelesen hast, in der freilich auch schon
kleine große Männer sind, für München und von der Akademie hat er sich aber Schelling allein ausersehn, mit Übergehung des Präsidenten, was, wie er selbst sagt, wohl einigen Neid erwecken wird.
Du hast den Winter gefürchtet, ich habe es mit dem Sommer zu thun und werde nicht zufrieden seyn, wenn wir hier
bleiben und nicht etwas Ordentliches endlich ausgeführt
wird – denn die Zeit vergeht, und wer weiß, wie nahe mir
mein Ende. [Geldsache.] Bei euch ists, glaub ich, in so weit
ruhig, daß sich niemand viel regen kann; wir sehen wieder
einem Krieg entgegen. Aber nicht wahr, Pferdefleisch ißt
man doch in Kiel nicht? Wenn ich nur einmal einen Austerschmauß mit euch halten könnte. Schelling grüßt vielmals
und würde sich auch nicht spröde erweisen. Ich umarme
die Nichten.

129 AN PAULINE GOTTER

[München] am 1sten März [18]09

[Auszug]

Sehr habe ich geschmält, liebe Pauline, wie ich den großen Pack Wolle und nicht Ein kleines Wörtchen dazu erhielt, ich hatte freilich Unrecht, denn jene Sendung war so lange unterwegs gewesen, daß in der gothaischen Gemeinde bereits Buß und Bettage ausgeschrieben und, wie Jakobs von seiner Frau behauptet, angestellt waren um eine glückliche Überkunft, und also müste ein Briefchen von Dir viel Langeweile ausgestanden haben. Daß Du keine gehabt hast, habe ich aus demjenigen ersehn, was ich endlich von Dir bekam. Ey Du glückselige Jungfrau! Wahrscheinlich bist Du auch wieder bey dem Fest des 28 Jan. gegenwärtig gewesen um ein Element der Elemente abzugeben. Der liebe alte Herr, er hat schon lange von seinen silbernen Locken gesprochen, die er gewiß immer noch nicht hat, aber Rosen genug windet er sich zum häuslichen Kranze, er umgiebt sich mit Jugend und hält sich so das Alter fern. Mögen alle Götter jetzt für ihn die heilige Sorgfalt verdoppeln. Du, liebe Rose, sey nicht stolz, lieber gerührt und erfreut. Das will ich Dir sagen, wir haben hier eine Nebenbuhlerin von Dir, mit der ich Dich schon ein wenig ärgern muß, wie sie mit dir. Da kürzlich in einem Allmanach eine Erzählung von Goethe unter der Benennung *die pilgernde Thörin* stand, glaubt ich, er könnte niemand anders damit gemeint haben als eben Deine Nebenbuhlerin, doch paßt die Geschichte gar nicht, aber jener Name paßt wie für *Bettine Brentano* erfunden. Hast Du noch nicht von ihr gehört? Es ist ein wunderliches kleines Wesen, eine wahre Bettine (aus den venetianischen Epigrammen) an körperlicher Schmieg- und Biegsamkeit, innerlich verständig, aber äußerlich ganz thöricht, anständig und doch über allen Anstand hinaus, alles aber, was sie ist und thut, ist nicht rein natürlich, und doch ist es ihr unmöglich anders zu seyn. Sie leidet an dem Brentanoischen Familienübel: einer zur Natur gewordenen Verschrobenheit, ist mir indessen lieber wie die andern. In Weimar war sie vor 1–2 Jahren, Goethe nahm sie auf wie die Tochter ihrer Mutter, der er sehr wohl wollte, und hat ihr tausend Freundlichkeiten und Liebe bewiesen, schreibt

ihr auch noch zuweilen. Du kanst ihn schon einmal bei Gelegenheit nach ihr fragen. Hier kam sie mit ihrem Schwager Savigny her, welcher in Landshut angestellt ist, blieb aber ohne ihn, um singen zu lernen und Tiek zu pflegen, der seit Weinachten an der Gicht kläglich danieder liegt und viel zartes Mitleid erregt. Den Leuten, die ihn besuchten, hat sie viel Spektakel und Skandal gegeben, sie tändelt mit ihm in Worten und Werken, nennt ihn Du, küßt ihn, und sagt ihm dabei die ärgsten Wahrheiten, ist auch ganz im Klaren über ihn, also keineswegs etwa verliebt. Ganze Tage brachte sie allein bei ihm zu, da seine Schwester auch lange krank war und nicht bei ihm seyn konnte. Manche fürchteten sich ihrentwegen hin zu gehn, denn nicht immer geräth ihr der Witz, und kann sie wohl auch grob seyn oder lästig. Unter dem Tisch ist sie öfters zu finden wie drauf, auf einen Stuhl niemals. Du wirst neugierig seyn zu wissen, ob sie dabei hübsch und jung ist, und da ist wieder drollicht, daß sie weder jung noch alt, weder hübsch noch häßlich, weder wie ein Männlein noch wie ein Fräulein aussieht.
Mit den Tieks ist überhaupt eine närrische Wirtschaft hier eingezogen. Wir wußten wohl von sonst und hatten es nur vor der Hand wieder vergessen, daß unser Freund Tiek nichts ist als ein anmuthiger und würdiger Lump, von dem einer seiner Freunde ein Lied gedichtet, das anfängt:

> Wie ein blinder Passagier
> Fahr ich auf des Lebens Posten,
> Einer Freundschaft ohne Kosten
> Rühmt sich keiner je mit mir.

Aber ich meyne, wir haben hier nach der Hand wieder erfahren, was es mit dieser Familie für eine Bewandniß hat, und wie sehr die Gaunerei mit zu ihrer Poesie und Religion gehört. Sie kamen von Wien her, weiß der Himmel warum und was sie für Anschläge dabei gefaßt haben mochten, leben 8 Wochen lang auf's splendideste im Wirtshaus, beziehen dann ein Privatquartier für 100 fl. monatlich, haben einen Bedienten und sonst noch 3 Domestiquen, einen Hofmeister für die Kinder der Bernhardi usw., zu dem allen aber keinen Heller eignes Geld. Es ist bekannt, daß Tiek nie welches hatte, daß er stets auf Kosten seines Nächsten lebte, jetzt unterhielt ihn seine Schwester und sie wird vom

Baron Knorring unterhalten, der aber nicht hier ist, weil er von Wien, theils seiner dortigen Verwandten, theils Schulden wegen, nicht weg kann, indem ihm sein Vater nicht Geld genug zu den außerordentlichen Depensen für die Tieks schickt. Eben deswegen kann er auch nur spärlich Geld schicken und nun ist hier alle Augenblicke die Noth; aber die Erfindung und Unverschämtheit, die Ausgelerntheit, hat ihnen bislang noch durchgeholfen; Savigny hat eine große Summe hergegeben unter andern. Indessen sind sie dabei völlig preisgegeben und es möchten bald alle Quellen verstopft seyn, wenn nicht Knorring bald kommt. Die Lage der Dinge ist stadtkundig, aber ihre noble Fassung dabei unerschütterlich. Der arme Tiek erscheint in seiner doppelten Qualität als Kranker und Armer in seiner ganzen Unfähigkeit sich selbst zu helfen, weichlich, ohnmächtig, aber immer noch aimable – wenn Leute dabei sind. Bettine sagte ihm einmal, da von Göthe die Rede war, den Tiek gar gern nicht so groß lassen möchte, wie er ist: Sieh, wie Du da so liegst, gegen Goethe kommst Du mir wie ein Däumerling vor – was für mich eine recht *anschauliche* Wahrheit hatte. [...]
Du hast Werner in Weimar gesehn. Es ist ein redlicher Geselle, und wenn Du mit ihm von uns gesprochen hättest, würdest Du, denk ich, gefunden haben, daß er auch ein redlicher Freund ist. Seine Schauspiele haben viel barbarisches an sich, und darinn sind sie am barbarischten, worinn sie am gebildetsten und moderngesinntesten sind, indessen ist sein Talent der Darstellung groß, wovon auch der Attila wieder zeugt. Er war lange in Coppet, und Fr. v. Stael goutirte sein originelles Wesen, wie Schlegel uns schrieb. Von dorther erwartet man noch den Bildhauer *Tiek*, den ich sonst für den leichtfüßigsten von den Geschwistern gehalten, mir aber nun als der solideste vorkommt, denn er lebt doch von dem, was er erwirbt, und borgte nur für seine Schwester. Seine erste Arbeit wird Schellings Büste seyn, die er schon lange auf seine eigne Hand hat machen wollen – nun wünschte sie aber der Kronprinz für seine Sammlung, es sollte sie ein hiesiger Bildhauer machen, worauf Schelling es beim Prinzen dahin vermittelte, daß Tiek die Arbeit beköm̈mt. Sie wird in Marmor ausgeführt, und er kann seine Kunst schon daran beweisen.

Weißt Du nicht, ob die pilgernde Thörin vielleicht ein Fragment aus der Fortsezung des Wilhelm Meister ist? Damit sie etwas wird, scheint sie noch etwas hinter sich und vor sich haben zu müssen.

Wenn Du einmal wieder nach Jena kommst, so fasse ins Auge einen kleinen jungen Mann und alten Gelehrten, der Prof. Oken heißt; Du triffst ihn auch wohl in Weimar, wenigstens für d. 28 Jan. war er dorthin beschieden, wohl gar um Licht und Wärme vorzustellen, worüber er neulich geschrieben. Er war schon in Würzburg sehr viel bei uns, und ich habe mich oft an der Naivetät erfreut, mit der sich und eine Menge wunderlicher, jedoch guter Gedanken an das Licht zu stellen pflegte.

Ich hörte, daß Goethe schon im Mai nach Karlsbad geht, und Du? – Was wird es künftigen Sommer mit uns hier seyn? Wir stehen wieder am Vorabend eines Krieges. Jakobs sagt mir, daß er um Michaelis nach Gotha reißt und Dich dann vielleicht mitbringen könnte. Das ist noch lange hin.

[...]

130 AN LUISE WIEDEMANN

[München, Mitte März 1809]

[Auszug]

Unsre Briefe sind sich begegnet, liebe Luise, und es kann wiederum der Fall seyn, aber ich mag jetzt mit dem Schreiben nicht säumen, da man nicht wissen kann, wie bald die Wege versperrt werden. Vielleicht geht es auch ohne dergleichen ab; wir sind darüber noch in einer solchen Ungewißheit in der Nähe, wie man in der Ferne sichs schwerlich vorstellt. Alle äußersten Anzeichen des Krieges sind da; der französische Gesandte hat Wien verlassen, der hiesige österreichische Gesandte, Graf Stadion, der in Göttingen einst studirte, ist von hier abgereiset, die Truppen sammeln sich; es heißt daß am 20sten Franzosen hier einrücken werden. Anfangs glaubte man, die aus eurer Gegend unter Pontecorvo, es scheint aber, es werden die unter Davoust seyn. Bei Hof ist von einer Abreise nach Mannheim die Rede, auch wird die Gemälde-Gallerie wieder eingepackt. Bei uns-

rer Nachbarschaft mit Oesterreich muß man sich freilich wohl auf die Möglichkeit gefaßt halten, daß der Feind einmal vordringt, so ruhig man über den Ausgang überhaupt seyn kann. Übrigens gestehe ich gern, daß mir nicht wohl zu Muthe ist bei dem nächsten Detail, ich bin zu unbekannt mit dieser Kriegesnoth, denn seltsamer weise waren wir so situirt, daß ich im langen Laufe dieses Krieges nur in Würzburg einmal zwei ehrliche Baiern zu bewirthen gehabt habe und ein paar Böhmen, die so unschuldig waren beim Abschiede zu fragen, was sie schuldig wären. Hier kann die Last ernstlicher werden, die Ausgaben beträchtlich; wir können dazu in den Fall kommen eine Zeit lang nicht bezahlt zu werden. Ich habe auch Philipp geschrieben, daß er mir ja für Geld sorgt, welches ich in diesem Augenblick am nöthigsten unter euch brauche. Daß bei diesen Umständen wieder nicht an die südliche Reise zu denken ist, siehst Du wohl; ich habe große Sorge, mir wird es wie Moses gehn. [...]
Bey Tieks ist noch alles krank. Ich meine Dir letzthin schon über sie das Gehörige geschrieben zu haben. Ob sie katholisch geworden oder nicht, kann ich nicht bestimmt beantworten, ist aber auch nicht nöthig, was den förmlichen Übertritt betrifft. So viel ist gewiß, daß sie ein förmliches Commerce damit getrieben haben, indem dem päbstlichen General Vicar der Antrag von ihnen geschah, sie wollten für eine Pension alle deutschen Künstler in Rom zum Übertritt bewegen; die Pension sey nehmlich deswegen nöthig, damit sie ein Haus damit machen und die Leute an sich lokken könnten. Der Pabst hatte aber andre Sorgen. Tiek ist sehr miserabel, indeß es ist unmöglich reines Mitleid zu hegen, sein Gesicht, das nun alles Wohlseyns und geselligen Freundlichkeit entkleidet ist, bringt selbst geheime Tücke und Wuth an den Tag. Der Bildhauer bleibt noch aus, auch Knorring. Der Krieg kann diese Menschen hier noch sehr bedrängen, indem sie von allen Geldressourcen abgeschnitten werden. Freilich wenn die Oesterreicher herkämen, so würden die gloriiren; sie haben sich gänzlich dem Hause Habsburg ergeben und hoffen, Deutschlands Heil werde sich von daher entwickeln. Übrigens sind alle diese Hoffnungen und Glauben und Lieben nur poetisch bei ihnen zu nehmen, sie machen sich wenig aus Gott und Welt, wenn

sie sich nur recht in die Höhe schwingen können und das Geld nicht mangelt. Ich habe nie unfrömmere, in Gottes Hand weniger ergebne Menschen gesehn als diese Gläubigen; besonders ist in der Schwester ein durchaus rebellischer Sinn, so daß man sich dadurch geneigt fühlt, auch das, was sie nicht unmittelbar selbst verschuldet, sondern durch Krankheit und dergleichen über sie verhängt wird, für ein Gericht des Himmels zu nehmen. Die drei Geschwister, jedes mit großem Talent ausgerüstet, in der Hütte eines Handwerkers geboren und im Sande der Mark Brandenburg, könnten eine schöne Erscheinung seyn, wenn nicht diese Seelen und Leib verderbliche Immoralität und tiefe Irreligiosität in ihnen wäre. Die Bernhardi hat einen Knaben von 6 Jahren; dem ist das Beste, was sie haben, eingeboren, so weit sich das jetzt beurtheilen läßt; ein herrliches Kind, das mir oft noch das Herz für sie beweget und das Schelling über alle Maße lieb hat. Da sich so ein Kind mehr durch Rede wie durch Handlungen rühren läßt, indem es die letzten nicht übersieht und einsieht, so hat er auch nur allen Honig der Rede in sich gesogen; ist durchaus edel in Gesinnung, heroisch und tapfer, spricht und drückt sich aus über seine Jahre, dabei hat er das mimische Talent seines Onkels, und eine unglaubliche Gewandtheit und Anstand des Körpers. Es ist etwas von einem Komödianten in ihm, doch gewiß auch ein tieferes und sehr gutes Prinzip, möge es der Himmel behüten! Es thut ihm freilich jetzt schon Schaden, daß er so oft die bittern und heftigen Ausfälle gegen andere Menschen, welche gegen seine Mutter gefehlt haben, in ihren Sinn, anhören muß und vielleicht obendrein angewiesen wird, sich nichts davon merken zu lassen. – Neben allen seinen Planen, die sich auf die Wirklichkeit beziehen, hat er auch den Kopf voll von Poesien, die er für wirklich hält, er ist fest überzeugt, daß sein Oheim in der König Rother viele Riesen zusammen todtgeschlagen haben und Rothkäppchen vom Wolfe gefressen worden, der sich als ihre Großmutter anstellte. Ein Dichter will er nicht werden, sondern ein Feldmarschall, und da ihm Schelling das Dichterleben anpries, sagte er – wie? Du wolltest nicht lieber Deine Finger mit Blut als mit Dinte gefärbt sehn? – und das war eine Combination, die ganz aus ihm selbst kam. Auch dieser arme Knabe ist sehr krank gewesen. Er heißt Felix und hat braune Augen und blondes Haar, wie die Mutter, vom Vater keinen Zug, so daß er eigentlich keinen Vater zu haben scheint, auch weiß er nicht, daß er einen hat. Bernhardi ist nur der dicke Herr für ihn. Den ältesten, den dieser mitgenommen, scheint sie schon vergessen zu haben. Von Tieks Frau ist nie die Rede, die Bernhardi haßt sie so, daß sie, wie sie mir sagte, ihren Bruder nicht nach ihr gefragt hat. Mir sagte er zu Anfang, sie wäre bei ihrer Mutter in Schlesien und er hätte noch eine kleine Tochter bekommen. Nach der Bernhardi ihren Insinuationen hat die Tiek während ihres Mannes früherer Abwesenheit mit Burgsdorf gelebt, auf dessen Gute (Ziebingen) Tiek auch nachher sich ernähren ließ. Sie behauptet, daß dort überhaupt eine Art von Gemeinschaft der Weiber eingeführt war. Drei Gräfinnen Finkenstein wohnen in der Nähe, aber unverheirathet. Friedrich Schlegel nannte daher T. den Hausfinken. Wie es damit steht, weiß ich nicht, habe auch nicht Ursache von der Ungeschmeidigkeit der Tiek ähnliches zu vermuthen, bei alle dem sollen sie so gut wie getrennt seyn. Wo T. von hier hin gehn wird, sehe ich auch nicht ab, da Burgsdorf heirathet, was solchem guten Leben ein Ende macht. Es ist wohl möglich, daß sie mit Ansiedelungsplänen hergekommen sind, aber sie haben sich bald um die Möglichkeit des Gelingens gebracht. Wunderbarerweise hat T. da einen Beschützer gesücht und gefunden, wo man es am wenigsten erwarten konnte, in Jakobi nämlich. – [...] Friedr. Schlegel ist auch in Wien, er ist wie zum katholischen Glauben zum Hause Oestreich übergetreten. Wilhelm scheint doch unter seiner Aegide, das heißt unter der Aegide seiner Pallas, protestantisch zu bleiben, so gläubig er sonst gegen seine Freunde gesinnt ist, aber hier geht eben Glauben gegen Glauben und Einfluß gegen Einfluß auf. Dennoch ist er der reinste von allen diesen – denn ach wie sind jene von der Bahn abgewichen, wie haben sie sich sämtlich durch Bitterkeit gegen die Schicksale bestimmen lassen, die sie sich doch selber zugezogen! Friedrich hat die Anlage ein Ketzerverfolger zu werden – fast soll er schon fett, bequem und schwelgerisch wie ein Mönch seyn. Ich habe sie alle in ihrer Unschuld, in ihrer besten Zeit gekannt. Dann kam die Zwietracht und die Sünde, man kann sich über Menschen täuschen, die man nicht mehr sieht, noch Verkehr mit ih-

nen hat, aber ich fürchte sehr, ich würde mich auch über Friedrich entsetzen. Wie fest, wie gegründet in sich, wie gut, kindlich, empfänglich und durchaus würdig ist dagegen der Freund geblieben, den ich Dir nicht zu nennen brauche.
[...]

131 An Meta Liebeskind

[Maulbronn] 28. Aug. [1809]

Aus klösterlichen Mauern schreibe ich Ihnen – wir sind kaum 10 Tage abwesend von der Hauptstadt und schon in selige Unwissenheit begraben. Der Frieden, hofften wir, würde hinter uns drein kommen, dagegen fanden wir den Krieg auf unsern Wege, besonders zwischen Augsburg und Ulm, wo den ganzen Tag über bald Kürassiere aus Spanien, bald Depots von Infanterie und vor allem furchtbare Pulvervorräthe uns entgegen kamen, Wägen mit Fässern so stark beladen, daß immer 10–12 Pferde vorgespannt waren. In Zusmarshausen kamen wir in ein gewaltiges Gedränge, ein Zug von Blessirten war mit uns angelangt, ein Infanterie Bataillon rückte von der andern Seite ein und eben trieb der Hirt die zahlreiche Hornviehheerde durch den Ort. Gutes Wetter hatten wir übrigens, außer daß wir in Ulm mit einem heftigen Ungewitter eintrafen – und leider, seit wir hier in Maulbronn sind, regnet es viel, was uns um so hinderlicher fällt, da Maulbronn mehr ein Platz ist, von dem man leichter an eine Menge von reizenden Orten, Aussichten und Gegenden gelangen kann, als daß er selbst eben schön wäre. Wir werden das Land rings umher zu Fuß und zu Roß durchstreifen, sobald sich das Wetter heitrer zeigt. Einstweilen schreiben Sie mir sogleich, meine Liebe, wie es bey Ihnen steht. – Beinah müssen wir fürchten den großen Kaiser wieder versäumt zu haben. Bei unserer Durchreise durch Stuttgard erwartete man ihn dort für die nächsten Tage, die Kanonen waren aufgeführt, die ihn begrüßen sollten. Hier erfährt man nur, was die Zeitung bringt, welches nicht immer das rechte und neueste ist. War er in München, so melden Sie mir davon alles, was Sie wissen, im historischen Styl – ich sehe eben, daß General Beaumont

durch München vorrückt – wer weis, ob wir da nicht Einquartirung bekamen. [Besorgungen.]
Das Werk: Materialien zur Geschichte des Österreichischen Revolutionskrieges ist unstreitig von der nehmlichen Hand wie die Plane? Wie geht es mit Tyrol, davon las ich noch nichts weiter in den Zeitungen, als was wir vor 14 Tagen wußten. Ich hoffe, Sie haben Nachricht von Adalbert. Grüßen Sie sich und Ihren Mann von uns beyden, auch Flads. –
Wir fuhren noch vor Ihren Fenstern vorbei. Günzburg liegt allerliebst, es würde mir keine Überwindung kosten dort zu wohnen. In Ulm bestiegen wir den Münster, drinnen predigte eben Martin Miller; im Durchgehen hörten wir ihn viel von den *Unannehmlichkeiten* und *Beschwerden* des Lebens hererzählen, und die Ausführung schien mir so wenig neu wie der Text. Sturz ist wohl angelangt?
Sie vergessen nicht die Adresse: An Hrn. Direktor Schelling zu Maulbronn über Stuttgard.
Leben Sie wohl und lesen Sie dieses Blatt nicht so flüchtig, daß Sie etwa ganz andere Dinge lesen, als darinn stehn. [Besorgung.]

132 FRIEDRICH WILHELM JOSEPH SCHELLING AN LUISE GOTTER

Stuttgart, den 24. Sept. 1809

Sie wissen es nun bereits, verehrteste Freundin der ewig theuren Caroline, daß die beste, geliebteste Frau für dieses Leben nicht mehr ist. Ihnen als ihrer treuesten Freundin hätte diese betrübte Nachricht billig nicht zuerst durch Fremde zukommen sollen; aber der unsägliche Schmerz erlaubte mir kaum den Einen nöthigsten Brief an den Bruder in Haarburg zu schreiben: noch immer fehlt mir die nöthige Fassung, und ich weiß nicht, wie ich im Stande sein werde, Ihnen auch nur die Hauptumstände zu melden. Doch ist der Gedanke, an Sie zu schreiben, tröstend für mich. Ich weiß, auch Ihre Thränen fließen bei dem schmerzlich-süßen Andenken, wie die Ihrer lieben Töchter. Auch Sie alle haben eine Freundin an ihr verloren, wie es keine oder wenige giebt – und Sie begreifen meinen Schmerz, Sie können ahnden, wie viel ich verloren habe. –

Caroline wünschte mit wahrer Sehnsucht die Reise nach dem Würtembergischen; sie bedurfte der Erholung: zwei Monate hatte sie meiner gewartet, da ich fast seit dem Frühling krank war. Die sonstige Ordnung hatte sich verkehrt: immer besorgt für *ihre* Gesundheit wurde ich nun der Gegenstand ihrer Sorgen – ach die viele Mühe, die ihr meine Wartung verursachte, hat ohne Zweifel die Schwäche vorbereitet, die der Krankheit nachher so schnelle Wirkung verstattete. Wir verließen München am 18. August, sie fröhlich, heiter, wie immer auf der Reise, ohne Anstoß in ihrer Gesundheit; wir eilten über hier nach Maulbronn, einem würtembergischen Kloster, dem Aufenthaltsort meiner guten Eltern, bei denen ich vor 6 Jahren mit Caroline fast den ganzen Sommer gelebt hatte und denen sie äußerst lieb und ergeben war.

Mich hat auf der ganzen Reise ein drückend schmerzliches Gefühl begleitet, das ich mir nicht zu erklären wußte, wie ich den ganzen Sommer mehr gemüths- als körperlich krank war: ihr Tod hat eine schreckliche Klarheit auf dieses wunderbare Gefühl geworfen. *Sie* schien wenigstens keine bewußte Ahndung zu haben: das Einzige, was alle meine Verwandte bemerkten, war, daß sie diesmal so ganz besonders liebevoll und zärtlich gegen alle war, recht als ob sie noch mit ihnen abletzen wollte: allen schien sie wie verklärt zu sein und schwebt ihnen jetzt nach ihrem Tode wie ein göttliches Wesen vor. Auf einer kleinen Nebenreise von Maulbronn aus – in eine der schönsten Gegenden dieses Landes – die auch ihr Wunsch war, die aber – ach! ich bin es nur zu gewiß – mit zur Erschöpfung ihrer Kräfte beitrug, so sehr sie sonst durch Bewegung und Reisen gestärkt wurde – auf dieser ganzen Reise war sie auf eine wunderbare Art still und in sich gekehrt, wenn gleich bei dem äußeren Ausdruck der völligsten inneren Heiterkeit. Hundertmal trieb es mich, sie zu fragen, warum sie so still sei, und immer wurde ich durch die Gesellschaft daran verhindert. Ich sehnte mich innig, mit ihr wieder allein und zu Hause zu sein: aber wenige Stunden nach der Rückkehr zeigten sich auch die ersten Anfälle der Krankheit.

In der Gegend von Maulbronn hatte schon seit einem Monat eine epidemische Ruhr mit Nervenfieber grassirt: nur Maulbronn war bis zu unserer Ankunft noch immer verschont geblieben. Erst am zweiten Tag unsres Daseins wurde die Frau eines dortigen Professors *Pauli* davon ergriffen. Noch vor 3 Jahren hätte ich bei der ersten Nachricht davon den Unglücksort verlassen und Caroline gerettet. Damals wachte ich beständig über sie und beobachtete jeden Schritt, der ihr gefährlich werden konnte. Seitdem sie in der gesunden Luft Münchens neu aufgeblüht ist und so stark und gesund geworden war, daß sich alle meine Verwandte beim Wiedersehen darüber verwunderten, seit dieser Zeit war ich sicherer geworden und überließ sie in Allem ihrer natürlichen Freiheit. Bei der Rückkehr von jener Reise war ihre erste Frage: was die gute Professorin Pauli machte, (die sie übrigens nie gesehen hatte, an der sie aber vielen Theil nahm). Die Antwort war: sie sei gestern gestorben! – Einige Stunden nachher kamen die ersten Anfälle mit einigen schnell auf einander folgenden Ausleerungen: Caroline scherzte noch selbst darüber und fürchtete nichts; auch wurden durch die Anwendung der gewöhnlichen Hausmittel die Anfälle vor der Hand zurückgehalten; aber spät am Abend stellten sich Schmerzen und Fieber ein und schon am andern Morgen, da ich frühe vor ihr Bette trat, sagte sie zu mir die Worte: „Ich fühle die Destruction solche schnelle Fortschritte machen, daß ich glaube, ich könnte diesmal – sterben!" Ach, sie hatte nur zu wahr geredet! – Schon der erste Anblick, die auffallende Veränderung ihres Gesichts zeigte die Heftigkeit der Krankheit: ihr Puls setzte mich in den äußersten Schrecken. Ich redete ihr den Gedanken aus, ob ich gleich meine Bestürzung nicht ganz verbergen konnte. Alles zeigte, daß sie von der unseligen Krankheit ergriffen sei. Von diesem Augenblick an wurde alles aufgeboten sie zu retten. Ich übergab sie dem Maulbronner Arzt, einem allgemein für geschickt gehaltenen Mann, der eine Menge Kranker in der ganzen Gegend an der nämlichen Epidemie behandelt hatte. Ein Expresser ging nach Stuttgart, meinen Bruder zu rufen, der hier als praktischer Arzt in besondrem Ansehen steht und zu dem auch Caroline das größte Zutrauen hatte. Aber leider kam er zu spät, da keine Hülfe mehr war. – Lassen Sie mich diese Tage des Schmerzes und der schrecklichsten Furcht übergehen! Die einzige wenn gleich schwache Beruhigung ist, daß Caroline jede Art von Hülfe und Wartung genossen hat, die sie bedurfte. Bei dem höchst schmerzlichen Gedanken, daß sie auf der Reise, nicht im eignen Hause hinscheiden mußte, ist dies das einzig Tröstende, daß sie wenigstens in den Armen zärtlicher Eltern gestorben ist. Die großen Schmerzen, die mit dieser Krankheit verbunden sind, hat sie fast nur Einen Tag und mit der edelsten Standhaftigkeit und wahrer Geistesgröße getragen. Ihre letzten Tage waren ruhig: sie hatte kein Gefühl von der Gewalt der Krankheit noch der Annäherung des Todes. Sie ist gestorben, wie sie sich immer gewünscht hatte. Am letzten Abend fühlte sie sich leicht und froh; die ganze Schönheit ihrer liebevollen Seele that sich noch einmal auf; die immer schönen Töne ihrer Sprache wurden zur Musik; der Geist schien gleichsam schon frei noch dem Körper und schwebte nur noch über der Hülle, die er bald ganz verlassen sollte. Sie entschlief am Morgen des 7. Septembers sanft und ohne Kampf: auch im Tode verließ sie die Anmuth nicht; als sie todt war, lag sie mit der lieblichsten Wendung des Hauptes, mit dem Ausdrucke der Heiterkeit und des herrlichsten Friedens auf dem Gesicht. – – Ach so lange sie noch dalag, so lange ich noch die letzten Reste von ihr mit meinen Thränen benetzen konnte, war ich nicht ganz unglücklich; nie kehrte ich von dem Anblick zurück ohne gestärkt und getröstet zu sein, so heiter war ihr Ausdruck. Ach, endlich mußte ich mich auch von dem Letzten trennen, ich begleitete sie zu ihrem Grab, wohin sie mit jeder Feierlichkeit gebracht wurde, die zur Ehre der edeln Verstorbenen gereichte, der ich leider! im Leben nicht alle die Ehre hatte erzeigen können, die ich gern wünschte. Nun ruht sie in dem stillen Thale, an dessen romantischem Anblick ihr Auge oft mit stiller Schwermuth gehangen hatte, an einer Stätte, wo einst auch meine guten Eltern ruhen werden.

Dies war das Ende Ihrer – meiner Caroline. Ich stehe da erstaunt, bis ins Innerste niedergeschlagen und noch unfähig meinen ganzen Jammer zu fassen. Meine Verwandte haben mich jetzt hierher geführt; aber mein Herz und alle meine Gedanken sind dort, wo ich sie leiden und sterben sah und wo ihre Hülle schlummert. – Welch ein schrecklicher Kreis von Verhängnissen wird durch diesen Tod geschlossen! Vor 9 Jahren raffte die nämliche Krankheit auf der Reise die liebliche Tochter dahin; jetzt ebenfalls auf der Reise unterliegt ihr das theure Leben der Mutter. *Ihr* ist jetzt wohl; der größte Theil ihres Herzens war schon längst jenseits dieses Lebens. Mir bleibt der ewige durch nichts als durch den Tod zu lösende Schmerz, einzig versüßt durch das Andenken des schönen Geistes, des herrlichen Gemüths, des redlichsten Herzens, das ich einst in vollem Sinne *mein* nennen durfte. Mein ewiger Dank folgt der herrlichen Frau in das frühe Grab. Gott hatte sie mir gegeben, der Tod kann sie mir nicht rauben. Sie wird wieder mein werden, oder vielmehr sie *ist* mein auch in dieser kurzen Trennung. − −

Sie, verehrte Frau, sind eine von den Wenigen, mit denen ich ganz nach meinem Herzen von Caroline reden darf. *Sie* haben nie aufgehört sie zu lieben, und auch *ihr* Herz gehörte Ihnen. Lassen Sie einen Theil der Freundschaft, die Sie zu der Lieben getragen, auf mich übergehen. Ich werde einen Trost darin finden, von denen, welche sie im Leben geliebt, mit Freundschaft angesehen zu werden. Lassen Sie mich ein theilnehmendes Wort von Ihnen und Ihren lieben Töchtern hören!

Könnte ich die letzten Briefe, die Ihnen Caroline geschrieben, erhalten, so würde mich dies erquicken. Ich sammle jede Relique der Theuren. Die Briefe sollen Ihnen nicht verloren sein. Erhalte ich bald ein Wort von Ihnen, so trifft es mich noch hier. Den harten einsamen Rückweg nach München muß ich antreten. Ich habe noch die heilige Pflicht auf mir, die Verlassenschaft der Seligen in Ordnung zu bringen. Dieser Gedanke wird mir Kraft geben, in das öde Haus zurückzukehren, wo zugleich das süße Andenken an sie durch jeden Gegenstand erneuert wird.

Leben Sie wohl, edle Frau, mit allen den Ihrigen; möge nie ein ähnliches Ereignis Ihre weiteren Tage trüben! Ich empfehle mich Ihnen allen und bin und bleibe mit der innigsten Hochachtung

Ihr ergebenster Schelling.

Dokumente

Reskript des Königs von Preussen, Friedrich Wilhelm

Wohlgelahrter, besonders lieber. Es ist ganz und gar nicht Mein Wille, daß schuldlose Personen das verdiente Schicksal der Verbrecher theilen sollen, die sich die Gefangenschaft auf dem Königstein zugezogen haben. Da Ich nun Eurer Versicherung, daß Eure daselbst befindliche Schwester, die Witwe des Bergmedikus Boehmer nichts verschuldet habe, allen Glauben beylege, so habe Ich dem Major von Lucadow befohlen, dieselbe, nebst ihrem Kinde, auf freyen Fuß zu stellen. Ich mache Euch solches auf Euer Schreiben vom 1sten dieses, in Antwort bekannt und bin Euer gnädiger

Fr. Wilhelm.

Im Lager bey Marienborn d. 4ten Jul. 1793.

Reskript von Moers

An den Doktor Medicinae Michaelis, zu Frankfurt
Der Frau Doktorin Böhmer ist zu bedeuten, daß, nachdem Se. Kurf. Gnaden ihre weitere Deklarazion nicht verlangten und nun auch von des Königs von Preußen Majestät ihre Befreiung resolvirt seyn, sie nebst ihrem Kinde hiermit nach bezalten Kosten, wovon in der Anlage ein Verzeichniß beigebogen ist, freigegeben werde. Dieselbe muß sich aber mit ihrem Kinde hieher verfügen und bei dem Königl. Preusischen Herrn Kommandanten dahier in der Absicht melden, damit sie die erforderlichen Pässe zu ihrer Rückreise erhalten könne.

Von Moers.

Frankfurt d. 11. Juli 1793.
K. Amtskeller zu Kronberg.

RESKRIPT DES HANNOVERSCHEN UNIVERSITÄTS-KURATORIUMS

An den Prorector Hofrat Feder zu Göttingen

Es ist vorgekommen, wasmaasen die sich itzt in Gotha aufhaltende Doctorin Böhmer, gebohrene Michaelis, sich vor einiger Zeit dort eingefunden hat. Da wir nun derselben den Aufenthalt in Göttingen nicht gestatten können, in Rücksicht der achtungswerthesten Familien, denen sie angehört, aber wünschen, daß ihnen diese Unsere feste Willens-Meinung auf eine schonende Weise hinterbracht werden möge; so erteilen Wir hiemit dem Herrn Prorector den Auftrag, solches der Mutter der besagten Doctorin Böhmer und, falls es nötig seyn sollte, auch den übrigen Verwandten auf die angegebene Weise bekannt zu machen. Wenn jedoch wider Vermuthen mehrerwehnte Doctorin sich dort einfinden sollte, so wird sie sofort wegzuweisen seyn, und wird der Herr Prorector dieses Rescript bei dem Prorectorats-Wechsel seinem Nachfolger im Amte zur Nachahmung zu überliefern haben und hierunter bei den folgenden Prorectorats-Wechseln ein gleiches zu beobachten sein.

Wir zc. Hannover den 16. August 1794.

Königlich-Großbritannische zur Churfürstlichen Braunschweig-Lüneburgischen Regierung verordnete Geheime Räthe.

Gf. Kielmansegge.

RESKRIPT DES HANNOVERSCHEN UNIVERSITÄTS-KURATORIUMS

An den Prorektor, Konsistorialrat Planck, und Hofrat Meiners zu Göttingen

Unsere freundliche Dienste zuvor, Ehrwürdiger-Hochgelahrter, auch Ehrenfest-Hochgelahrter, insonders vielgünstiger guter Freund, auch günstig guter Freund! Wir vernehmen von mehreren Seiten, daß der Professor August Wilhelm Schlegel aus Jena mit seiner Frau, der vormaligen verwitweten Böhmer, gebohrene Michaelis, sich dort einfinden wird.

Da nun, laut der abschriftlichen Anlage, wie bereits untern 16ten Aug. 1794 beliebet worden, der itzt verehelichten Schlegel den Aufenthalt dort nicht zu gestatten; So werden

Derselben und ihr, falls gedachte Professorin sich dort länger als ein paar Tage auf einer Durchreise verweilen wollte, ihren Anverwandten und nöthigenfalls ihr selbst eröfnen, daß sie sich zu entfernen habe.
Diese Verfügung betrifft aber allein die Professorin Schlegel, und ist ihrem Ehemanne der Aufenthalt gleich andern Gelehrten dort zu gestatten. Sollte aber der Bruder des Professors, der durch seine sittenverderblichen Schriften berüchtige Friedrich Schlegel, sich dort einfinden, um sich einige Zeit daselbst aufzuhalten; So ist selbigen gleichfalls solches nicht zu erlauben, sondern ihm die Bedeutung zu thun, daß er Göttingen zu verlassen habe.
Wir verbleiben dem Herrn Prorektor und euch zu freundlichen Diensten beflissen und geneigt.
Hannover den 26ten September 1800.
Königlich-Großbritannische zur Churfürstlichen Braunschweig-Lüneburgschen Regierung verordnete Geheime Räthe.

Gf. Kielmansegge.

CAROLINE UND AUGUST WILHELM SCHLEGEL,
GESUCH UM SCHEIDUNG

Durchlauchtigster Herzog
Gnädigster Fürst und Herr!

Das unbegränzte Zutrauen zu Ewr. Herzogl. Durchlaucht Huld- und Gnadevolle Gesinnungen verstattet uns Höchstdenenselben die folgende unterthänigste Bitte vorzulegen.
Seitdem wir uns vor sechs Jahren mit einander verbunden haben, sind in unsern beiderseitigen Verhältnissen solche entschiedne Veränderungen eingetreten, daß wir uns in die Lage versetzt sehn, eine rechtliche Trennung unsrer Verbindung, als eine gleiche Nothwendigkeit und ein gleiches Glück für beide, zu betrachten.
Keine Kinder machen das Band unsrer Ehe für unser eignes Gefühl unauflöslich, und dieser Umstand allein reicht, selbst den Gesetzen gegenüber, hin, die Bitte um Trennung eines Bandes gewähren zu machen, dessen Schutz sie besonders in Ansehung elterlicher Verhältnisse sind.

Ganz verschiedne, und in mehr als Einem Sinn divergirende Lebenszwecke, die dem Unterzeichneten zum Theil durch seine literarischen Bestimmungen, der Unterzeichneten zum Theil durch den Zustand ihrer Gesundheit, gebietend vorgeschrieben werden, machen es uns unmöglich an Einen und demselben Ort fortwährend zu leben, und verhindern jeden von uns beiden an der entschiednen Ergreifung solcher Maaßregeln, die zu seinem Besten nothwendig sind.

Obgleich diese Umstände schon seit längerer Zeit obwalten, und uns unsre Verbindung seit Jahren unter uns selbst als getrennt haben ansehn lassen, haben wir selbige doch mit allen drückenden Folgen, dergleichen zum Beyspiel die durch sie nothwendig gewordne doppelte Haushaltung ist, lieber ertragen, als einen unüberlegt raschen Entschluß fassen, oder den Schein eines solchen auf uns ziehn wollen, und glauben uns jetzt erst, der nothwendigen Rücksicht auf unsre eigne Zufriedenheit und Ruhe, die Bedingungen unsrer Wirksamkeit und unsres Lebens, sowohl, als der Rücksicht auf die Welt diese Entschließung schuldig zu seyn, der wir von unsrer beiderseitigen Übereinstimmung und gegenseitigen Achtung keinen größern Beweis als die freundschaftliche gemeinsame Beschließung unsrer förmlichen Trennung geben zu können glauben, nachdem unhintertreibliche und unveränderliche Umstände und Gemüthslagen uns die äußerliche Trennung nothwendig gemacht haben.

Der Weisheit Ewr. Herzogl. Durchlaucht dürfen wir es kühnlich überlassen zu ermessen, wie die verschiednen Ursachen durch ihre Zusammenwirkung und Verwicklungen endlich einen Punkt der Spannung aller Umstände herbeiführen, der durchaus zu einem Entschluß auffordert und uns keinen andern als den angezeigten übrig läßt. Nicht minder zutrauensvoll dürfen wir uns an die menschlichen Gesinnungen des gnädigsten Fürsten wenden, der einer, durch den Verlust einer geliebten Tochter aller Lebensgüter beraubten Mutter gern ihren einzigen Wunsch der Ruhe, wie dem durch seine Bestimmung zur Thätigkeit aufgerufnen Mann die vollkommne Freiheit in Ansehung ihn forthin nur beschränkender bürgerlicher Verhältnisse, aus seiner Huld ertheilen wird.

Es ist das Bewußtseyn von der Reinheit dieses Entschlusses sowohl als der Gründe unsrer Bitte, was uns den Muth giebt, dieselbe unmittelbar an die höchste Person Ewr. Herzogl. Durchlaucht zu richten. Die Vorsehung hat auch darum Fürsten angeordnet und mit ihrer Macht bekleidet, damit in Fällen, wo die Formen der äußern Gesetzgebung die Gründe, welche in innern Zuständen liegen, nicht mehr erreichen, in der sichtbaren Welt eine Persönlichkeit sey, in deren Beurtheilung sie mit Vertrauen niedergelegt werden können und die über sie aus höherer Macht entscheide.

Diese allgemeine Betrachtung, wie die besondre in dem gegenwärtigen Fall eintretende, daß der gewöhnliche Gang der Entscheidung in solchen Angelegenheiten dem Gelehrten, der sich ihr unterwerfen muß, einen unersetzlichen Zeitverlust zuzieht, daß die sonst nothwendigen Formen der bürgerlichen Gerichte aus Ursachen aufgestellt sind, welche bey uns nicht eintreten, ist der Grund, der uns, wir wagen es zu hoffen, auch in den Augen Ewr. Herzogl. Durchlaucht rechtfertigen wird, wenn wir unsre Trennung, anstatt durch die gewöhnlichen Formalitäten, unmittelbar aus den Händen und dem höchsten Willen Ewr. Herzogl. Durchlaucht, und ohne Persönliches Erscheinen vor der geistlichen Gerichtsstelle, zu erlangen hiemit unterthänigst bitten.

Was uns der huldvollen Gewährung dieses Gesuchs noch mehr versichert, ist, daß Ewr. Herzogl. Durchlaucht auch schon früher ein Beyspiel dieser Gnade zu geben geruht haben, so wie, daß die völlige Übereinkunft unsrer Seits nicht nur in Ansehung des Hauptentschlusses, sondern auch der Auseinandersetzung unsrer oekonomischen und andern Angelegenheiten, deren Regulirung ebenfalls in andern Fällen nur durch bürgerliche Gerichtshöfe geschehn kann, uns für uns selbst von der Nothwendigkeit zu ihnen unsre Zuflucht zu nehmen frei spricht.

Die Gnade, welche Ewr. Herzogl. Durchlaucht uns durch Gewährung unsrer unterthänigsten Bitte erzeigen, werden wir Zeitlebens mit dem größten Dank verehren, so wie wir in tiefster Devotion verharren

Ewr. Herzogl. Durchlaucht

Berlin zc.   A. W. S.

Jena zc.   C. S. geb. M.

Anmerkungen

Die Anmerkungen folgen der Numerierung der Briefe.

I. Briefe der jungen Caroline aus Göttingen. 1778–1784

1

S. 71 *fehlgeschlagne Erwartung:* Bezug auf die erste Verliebtheit der fünfzehnjährigen Caroline in den Heidelberger Juristen Wilhelm Link, den sie 1777 kennengelernt hat; über zwei Jahre, auch als Link Göttingen bereits verlassen hat, beschäftigt sie das, wie die folgenden Briefe zeigen. Einzelheiten sind unbekannt.

2

S. 72 *Ob ich Oberon gelesen habe:* „Oberon", Versmärchen von Wieland, das im Frühjahr 1780 in der von ihm gegründeten Zeitschrift „Teutscher Merkur" erschien.

3

Mlle Gatterer: 1778 wurde in Göttingen ihr erster Gedichtband veröffentlicht; Tischbeins Porträt erschien 1781 im Göttinger Musenalmanach.

S. 73 *Médisance:* (franz.) Klatsch, Schmähsucht.

4

S. 73 *Avertissement:* Nachricht.
Subscription: Vorbestellung.
Praenumeration: Vorauszahlung.
Herr Wezels Gefahren der Empfindsamkeit: Anspielung auf den Roman „Wilhelmine Arend oder Die Gefahren der Empfindsamkeit" des vielgelesenen Schriftstellers und Lustspieldichters Johann Karl Wezel (1747–1819).

S. 74 *meiner Schwester Fehler:* Carolines jüngere Schwester Lotte hatte sich in einen Jurastudenten aus Portugal namens Petro Hockel verliebt, der im Hause Michaelis einquartiert war. (Ständig wohnten dort im Seitenflügel etwa zehn bis zwölf Studenten.) Die Eltern schickten das Mädchen daraufhin in eine Pension nach Gotha, sie durfte erst zurückkehren, als Hockel Göttingen verlassen hatte.

S. 74 *Brief von Therese Heyne:* Carolines Jugendfreundin war in einer französischen Pension in Hannover.

S. 77 *Leisewizens Schildrung:* Anspielung auf Johann Anton Leisewitz' Drama „Julius von Tarent", das Leisewitz, seit 1770 als Jura-Student in Göttingen, in dieser Stadt niederschrieb.
Guido: Gegenspieler des feinfühligen Julius; liebt ein Mädchen allein aus Ehrgeiz und feudalem Anspruch.

5

S. 77 *Schlözer und seine Tochter:* Schlözer nahm seine zwölfjährige Tochter Dorothea auf eine halbjährige Italienreise mit.

S. 78 *Prinzeßin von Gallizin:* Amalie von Gallitzin.
sein Journal: Schlözer war Herausgeber verschiedener Zeitschriften, meist historischen und politischen Inhalts, so der „Staatsanzeigen" und des „Briefwechsels".
Lichtenbergs Magazin: „Göttingisches Magazin der Wissenschaften und Literatur", 1780 von Georg Christoph Lichtenberg gegründet; Mitherausgeber war Georg Forster.
Wasers Todt: Untersuchungen Schlözers über die Zustände in der Schweiz. Waser, ein Pfarrer aus der Schweiz, wurde 1780 im Gefolge der Erhebungen Aufständischer in Zürich hingerichtet. Auch später, 1784, schrieb Schlözer in der von ihm herausgegebenen Zeitschrift „Staatsanzeigen" kritisch über die Mißstände in der Schweiz.
Auszug vom Göthischen Stück: aus Goethes noch ungedrucktem Stück „Die Geschwister" (1776).

S. 79 *den Graf Eßex:* Meyer spielte zuweilen am Göttinger Theater.
Graf Lichnovsky und Hr. von Berg: in Göttingen weilende Juristen, wahrscheinlich Studenten, aus Wien der eine, aus Reval in Livland der andere.
pretension: (franz.) Anspruch.

7

S. 81 *Grosmannische Schauspieler Gesellschaft:* Truppe von Großmann, spielte wiederholt in Göttingen; mit der *schönen Frau* meint Caroline seine Ehefrau, Mutter der später mit A. W. Schlegel befreundeten Schauspielerin Friederike Unzelmann.
Ifland und der Räuber Sceene: Iffland spielte in Schillers Drama am Gothaer Hoftheater den Franz Moor; Gotter hatte Iffland sehr gefördert.

8

S. 82 *Bendas werden ... kommen:* Benda gab mit seiner Frau ein Konzert in Göttingen.
nicht Mara: Anspielung auf Elisabeth Mara, eine Sängerin, die mit ihrem Mann, einem Cellisten, auftrat. Caroline hatte sie in Göttingen gehört.

9

S. 83 *regrettiren:* regredieren: zurückgreifen, sich erinnern.

10

S. 83 *Göthe war hier:* Goethe kam am 28. September 1783 mit Charlotte von Steins Sohn Fritz auf der Rückreise vom Harz nach Göttingen.

11

S. 84 *affichiren:* durch Anschlag bekanntgeben.
S. 85 *Naiveté:* (franz.) Unbefangenheit.
S. 86 *in Lenardo und Blandine:* Von Baron Götz erschien 1783 „Leonardo und Blandine. Ein Melodrama in 160 leidenschaftlichen Entwürfen erfunden und auf Kupfer gezeichnet".
ein uniquer Einfall: offensichtlich gemeint: ein einmaliger Einfall.
le diable amoureux oder Biondetta: Anspielung auf die Novelle „Le diable amoureux" von Cazottes, die von Meyer als „Teufel Amor" übersetzt wurde und 1779 in Reichards Bibliothek erschien; 1792 dann nochmals unter dem Titel „Biondetta".
eine gewiße Charteke: Anonym erschien nach den „Schattenrissen edler Teutscher" (1783) ein Klatsch-Büchlein: „Schattenrisse edler teutscher Frauenzimmer oder offenherzige und unparteyische Nachrichten von jetztlebenden – berühmten – schönen und biedern Damen. Aufgesetzt von einem ihrer Verehrer und Freunde." In ihm waren auch einige Göttinger Professorenfrauen konterfeit.
S. 87 *le coquin:* (franz.) der Schelm.
Koppe: Theologe, ging von Göttingen als Generalsuperintendent nach Gotha.

II. Briefe aus Clausthal. 1784–1788

12

S. 88 Am 15. Juni 1784 heiratete Caroline den Arzt Johann Franz Wilhelm Böhmer und folgte ihm in das Harzstädtchen Clausthal, wo Böhmer als „Berg- und Stadt-Medicus" praktizierte.

S. 90 *wie Hymen gekleidet:* Hymenaios ist der griechische Gott der Hochzeit; oft als Jüngling mit Fackel und Kranz dargestellt.

S. 91 *auf ein Tableau silhouettiren:* (franz.) auf einem schwarzen Brett den Schattenriß zeichnen.

13

S. 92 *Spirits:* (engl.) Lebensgeister.
in the whole: (engl.) im ganzen.

14

S. 93 *Vetter Schichtrupp:* soll sicher Schachtrupp heißen; Carolines Vater war in erster Ehe mit einer Schachtrupp aus Clausthal verheiratet.
Fr. v. Reden: Frau des Berghauptmanns von Reden, einem auswärtigem Mitglied der Göttinger Sozietät.
bouche close: (engl.) hier offensichtlich im Sinne von jetzt genug, Schluß.
Gallisch: wahrscheinlich ein neuer in Lichtenbergs Almanach veröffentlichter Aufsatz des in Göttingen lebenden Dichters und Mediziners Friedrich Andreas Gallisch.
Theile von Möser: Gemeint sind wahrscheinlich die „Patriotischen Phantasien" von Justus Möser (1720–1794).
Cecilie: Roman. „Cäcilie oder die Geschichte einer reichen Waise. Aus dem Englischen." 1783f. erschienen.

16

S. 94 *Niederkunft:* Am 28. April 1785 gebar Caroline ein Mädchen, Philippine Augusta.

S. 95 *Das Übrige der Rheinischen Thalia:* „Rheinische Thalia", Zeitschrift, herausgegeben von Schiller; im erwähnten Heft waren noch enthalten: das „Merkwürdige Beispiel einer weiblichen Rache" nach Diderot und der „Verbrecher aus Infamie" sowie die Mannheimer Theaterrede und „An die Freude".

17

S. 96 *sympathetisch:* eine Gefühlswirkung ausübend.
S. 97 *Schicksaale für Theresen:* Therese Heyne heiratete am 4. September 1785 Georg Forster.
Endreime: Gemeint ist Gotters Werk „Liebeserklärung in vorgeschriebenen Endreimen".

18

S. 98 *decidirt:* entschieden.

19

S. 99 *plattitude:* (franz.) Plattheit, Gemeinplatz.

20

S. 99 *deliberiren:* beratschlagen.
Satisfaction: (engl.) Genugtuung.
Application: (engl.) Anwendung; hier im Sinne von Feststellung.
S. 100 *mein Gustav:* vielleicht der Roman „Gustav Aldermann" gemeint, 1779 erschienen.
Garve: Christian Garve, von Nicolai angegriffen wegen der Kritik an seiner „Reise durch Deutschland". Caroline nimmt auf seine öffentliche Verteidigung Bezug.
Anton Reiser: gleichnamiger autobiographischer Roman von Karl Philipp Moritz, 1785/86 erschienen.
tracktirt: hier im Sinne von bewirten.
S. 101 *Airs:* (engl.) Miene, Aussehen.
Rescript: amtliche Verfügung, Erlaß.
convenabl: von convenient (engl.) passend, dienlich.
S. 102 *Cordialität:* hier im Sinne von Vertraulichkeit.
Embarras: (franz.) Hindernis, Verwirrung, Verlegenheit.

21

S. 103 *but, as there is no occasion for a sweet one:* (engl.) aber, wenn da keine Veranlassung für eine süße (Schwermuth) ist.
S. 104 *unhonorig:* hier im Sinne von unaufwendig, wenig repräsentativ.
ennuyirt: langweilt.
S. 105 *Sans comparaison:* (franz.) ohne Gefährte.
Winkelmann: eine der Schriften des Archäologen und Kunstwissenschaftlers Johann Joachim Winckelmann (1717 bis 1768); wahrscheinlich sein in ganz Europa berühmtes, 1767 erschienenes Hauptwerk „Geschichte der Kunst des Alter-

tums", das an Stelle der älteren, biographisch-chronolikalischen Kunstschriftstellerei eine völlig neuartige philosophische Betrachtung setzt.

S. 105 *Oßian:* Ossian – angeblich gälischer Sänger aus dem 3. Jahrhundert, dessen fragmentarische Dichtungen 1765 von dem Schotten James Macpherson (1736–1796) herausgegeben wurden. In Wirklichkeit waren die Gesänge meisterhafte Nachahmungen alter Volkspoesie. Von den Zeitgenossen begeistert aufgenommen und in zahlreichen Übersetzungen – u. a. von Herder, Goethe und Lenz – verbreitet.

22

S. 107 *Valiska:* „Des Chistlichen Teutschen Groß-Fürsten Herkules und der Böhmischen Königlichen Fräulein Valiska Wunder-Geschichte", fromm gelehrter Roman des braunschweigischen Superintendenten Buchholtz.
Luthers und Mariannens Liebe: aus Carolines Göttinger Bekanntenkreis; Luther ist der Sohn des dortigen Superintendenten.

23

S. 108 *das zu hoffende Kind:* Caroline erwartet das zweite Kind; es wurde, wiederum ein Mädchen, am 23. April 1787 geboren.
Unkepunz: mundartlich – kleines Kind, Scheusälchen.

24

S. 109 *vorschwögen:* mundartlich – im Sinne von schwatzen, erzählen.
meine Pension: Am 4. Februar 1788 starb Carolines Ehemann plötzlich an einer Infektion, die er sich in der Praxis zugezogen hatte. Bis zum Herbst blieb Caroline, zum drittenmal schwanger, in Clausthal. Dann ging sie nach Göttingen in das Haus ihrer Eltern zurück. Der dort geborene Sohn Wilhelm starb wenige Wochen nach der Geburt.

III. Briefe aus Göttingen und Marburg. 1789–1792

25

S. 110 *l'Admiration est la fille de l'Ignorance:* (franz.) Die Bewunderung ist die Tochter der Unwissenheit.
S. 111 *Illuminaten:* (lat. = die Erleuchteten) Geheimbund, 1776 von Adam Weishaupt (1748–1830) gegründet. Ziel: Bekämp-

fung von Vorurteilen, Dogmenglauben und Despotismus jeglicher Art. Weishaupt trat, um Einfluß zu gewinnen, der Freimaurerloge in München bei. Bode in Weimar und von Knigge in Frankfurt gehörten ebenfalls zu den Illuminaten. 1784 Verbot des Ordens.

S. 111 *Bürgern zu heirathen:* Caroline lernte Gottfried August Bürger kennen, verkehrte wohl auch in seinem Kreis, zu dem Meyer gehörte und der junge August Wilhelm Schlegel, der 1786 bis 1791 in Göttingen studierte.

26

S. 112 *Mein Bruder:* Im Frühjahr 1789 zieht Caroline nach Marburg zu ihrem Bruder Fritz, der dort als Professor für Medizin lehrt.

S. 113 *Convenienzen:* Rücksichten auf Umstände und Verhältnisse; hier im Sinne von eigenen Vorstellungen.

S. 115 *Genesung unsres Königs ... Prinz August:* Im Sommer 1786 waren an der Göttinger Universität drei englische Prinzen immatrikuliert worden.

ein Gedicht: Zum 72. Geburtstag des Vaters überreichte Caroline ihm im Namen ihrer Kinder ein Gedicht „Gebet an den Gott der Heilkunde von Augusta und Therese Böhmer". Verfaßt hatte es der zweiundzwanzigjährige Student August Wilhelm Schlegel, der im Hause gegenüber bei Heynes wohnte.

27

S. 119 *Herzogin:* die Herzoginmutter Anna Amalia.

eine stolze Vastha und eine demüthige Esther: „Die stolze Vastha" von Gotter, einaktiges Vorspiel zur „Esther"; beide Parodien angeregt durch die Esther-Einlagen in Goethes „Jahrmarktsfest zu Plundersweilern". In Weimar wurde Gotters Dichtung vor der Herzogin am 28. Oktober 1800 aufgeführt.

28

S. 119 *erinerte sie:* Die wiedergegebenen Urteile stammen offensichtlich von Sophie La Roche, die Caroline in ihrem ersten Marburger Jahr kennenlernte, als diese ihren Sohn Fritz besuchte.

Stück aus einer englischen Ballade: Lady Anne Lindsay's schottische Ballade „Auld Robin Gray".

My Father...: (engl.) sinngemäß: Mein Vater bedrängt mein Gewissen, meine Mutter spricht nicht / Aber sie sieht in meinem Gesicht, daß mein Herz brechen wird.

S. 119 *Bey den Wegdwoods:* wahrscheinlich Teller mit Motiven; benannt nach dem englischen Erfinder des Steingutes Josiah Wedgwood (1730–1795).
die Mannheimer Briefe: Sophie La Roches „Briefe über Mannheim", 1791 erschienen, enthalten eine Kritik an Schillers Jugendstücken.
Miss Lony: La Roches 1789 erschienene „Geschichte von Miß Lony und der schöne Bund".

S. 121 *Le mal est fait:* (franz.) Das Unglück ist geschehen.
et elle n'a pas un brin d'ame: (franz.) und sie hat keinen Funken von Seele.

29

S. 122 Am 17. Dezember 1789 starb Carolines zweieinhalbjährige Tochter Therese, genannt Röschen.

30

S. 128 *Depensen:* von Dépendance (franz.) Abhängigkeit.
Prätensionen: Ansprüche.

S. 130 *dépit:* (franz.) Ärger.
von Schiller, der Bürgern um alle menschliche Ehre recensirt hat: Dichtung „für das Volk" war das künstlerische Hauptanliegen Bürgers, Balladen wie „Leonore" oder „Der Bauer an seinen Durchlauchtigen Tyrannen" hatten seinen Ruf als „Volksdichter" begründet. 1791 veröffentlichte Schiller in der „Allgemeinen Literatur-Zeitung" Nr. 13 eine Rezension der Gedichte Gottfried August Bürgers, die 1789 in einer umfänglichen Ausgabe erschienen waren. Schiller maß und verwarf die Gedichte, ohne die Leistung des plebejischen Dichters zu würdigen, wandte sich auch mit ungerechtfertigter Härte und Kälte gegen den Menschen Bürger, der diesen Angriff nie verwunden hat. Dabei waren Bürgers Gedichte für Schiller eigentlich nur Anlaß kritischer Aburteilung eigener Jugenddichtung. Der scharfe Ton resultiert aus persönlicher Betroffenheit; Schillers Bürger-Rezension ist eine Absage an die Volkstümlichkeitsideale des Sturm und Drang und analysiert die Situation und die Voraussetzung, unter der Kunstproduktion künftig möglich ist.
à plus forte raison: (franz.) um so mehr.
Bürger dem Ehemann: 1790 geht Bürger eine dritte Ehe mit der zwanzigjährigen Elise Hahn ein, die sich ihm als eine Verehrerin seiner Kunst in einem Gedicht als Frau angetragen hat. Die Ehe wurde unglücklich. Elise vernachlässigte die Kinder, hatte Beziehungen zu anderen Männern, u. a. offenbar auch zu Carolines Bruder Philipp. 1792 endet Bür-

gers Ehe mit einem Scheidungsprozeß. Der Streit mit Schiller und der Eheskandal, die zeitlich zusammenfielen, verletzten Bürger tief.

31

S. 131 *ehe ich dahin gehe:* Im Herbst 1791 war Caroline von Marburg wieder nach Göttingen gegangen. Der Entschluß, nach Mainz zu gehen, steht für sie offenbar schon fest; im Februar 1792 führt sie ihn dann aus.

S. 134 *Juliane:* „Juliane. Ein Lustspiel", anonym in Schillers Thalia, III, Heft 9 erschienen.
car il est un des amateurs: (franz.) denn er ist einer der Liebhaber.
eine Erläuterung des lezten Seufzers des Opfers ihrer Kunst: Gedicht von Meyer, erschienen im Göttinger Musenalmanach 1793.

IV. Briefe aus Mainz. 1792–1793

32

S. 136 *Supplement:* Ergänzung.
Mirabeau hat in seinem Kerker: Mirabeau schrieb während seiner mehrjährigen Haftzeit, die er wegen der Entführung Sophie de Ruffeys verbüßte, an sie Briefe, die nach seinem Tode unter dem Titel „Lettres originales de Mirabeau, écrites du donjou de Vincennes" in Paris 1792 veröffentlicht wurden.

S. 137 *Ich bin nun hier:* Caroline war Ende Februar oder Anfang März in Mainz angekommen. Sie bezog ein kleines Zimmer in der Welschen Nonnengasse, fünf Minuten Fußweg von der Wohnung der Familie Forster entfernt.
spirituell: geistig.

S. 138 *regrettiren:* regredieren: zurückgreifen, sich erinnern.
Ameublement: Wohnungseinrichtung.
der groß Cophta: „Großkophta", 1791 erschienen, Lustspiel von Goethe, er setzt sich darin mit der Französischen Revolution auseinander. Forster und auch Caroline sind von dem Stück und Goethes Haltung enttäuscht.

S. 139 *auf welche Cagliostro selbst Wirkung gehabt:* Caroline spielt hier auf den Umstand an, daß Goethe für sein Drama „Großkophta" die Gestalt des Abenteurers und Geisterbeschwörers Cagliostro nutzte. Dieser war mit den Freimaurern verbunden und gründete eine eigene Richtung, genannt die ägyptische Maurerei; Cagliostro sah sich in der Rolle des Sendboten des Propheten Elias oder des Groß-Kophta.

S. 139 *mit Hülfe der aegyptischen Loge:* Vereinigung der Freimaurer, die Cagliostros Richtung folgten.
horrible: (engl.) schrecklich.
Donamar: „Graf Donamar", Briefroman von Friedrich Bouterwek, dreibändig, erster Teil erschien 1791.
supprimiren: verbergen.
Klingers Medea: entweder „Medea in Korinth" (1786) oder „Medea auf dem Kaukasus" (1791) von Friedrich Maximilian Klinger (1752–1831).

S. 140 *Bürger ... mit seiner Musenallmanachs Liebschaft:* vgl. Anm. Bürger dem Ehemann zu Brief 30.
von Meyer in Hamburg: Meyers „Darstellungen aus Italien", 1792 erschienen.

33

S. 141 *Amalie:* Amalie Reichard.
Zusammenkunft des Deutschen Reichs: Am 14. Juli 1792 war in Frankfurt (Main) Kaiserkrönung von Franz II. Der Mainzer Kurfürst Joseph von Erthal, einer der reaktionärsten deutschen Fürsten, hatte sie vorgenommen und anschließend Könige, Herzöge, Minister und Gesandte zu einer Nachfeier nach Mainz eingeladen.
Ingredienz: Bestandteil.

S. 143 *Connektionen:* einflußreiche Verbindungen.
die Kunst des glücklichen Selims: wahrscheinlich Anspielung auf das Werk „Selim der Glückliche" von Müller von Itzehoe, 1792 erschienen.
Ihre Gedichte: Von Meyer erschienen 1793 „Spiele des Witzes und der Phantasie".
2te Theil von Forsters Ansichten: Forsters im Ergebnis seiner mit Alexander von Humboldt unternommenen Reise entstandenes literarisches Hauptwerk „Ansichten vom Niederrhein, von Brabant, Flandern, Holland, England und Frankreich, Mai und Junius 1790"; erschienen 1791 bis 1794 in drei Bänden.
Cothurne: dicksohlige Fußbekleidung der Schauspieler im antiken Theater zur Erhöhung der Gestalt; hier im übertragenen Sinne für erhabenen Stil.
Nebucadnezar: ungeklärt, eventuelle Anspielung auf Tatter, dessen Besuch Caroline in Mainz erwartete; vgl. den folgenden Brief.

S. 144 *einen Brief voll Glückseeligkeit:* Lotte stand kurz vor der Heirat mit dem Verlegersohn Heinrich Dieterich (1760–1837).

S. 144 *Popens Eloise:* „Heloise an Abelard. Frei nach Pope"; übersetzt von G. A. Bürger.

34

S. 148 *Das rohte Jacobiner Käppchen:* offensichtliche Erwiderung auf Meyers Vorwürfe wegen Carolines Engagement für die Französische Republik. Caroline verfolgt die Ereignisse mit entschiedener Sympathie für die revolutionäre Sache. Briefe, so an die Schwester Luise, die Mutter und an Tatter, die darüber näher Aufschluß geben könnten, sind vernichtet. Aber Caroline gab sie im Oktober 1793 Friedrich Schlegel zu lesen, und der berichtete im gleichen Monat seinem Bruder August Wilhelm: „Wenn ich ihre Ansicht des Ganzen nur von wenigen Zügen, die einer ungerechten Eigenthümlichkeit, oder der ersten Hitze ihr Daseyn verdanken, reinige, so ist sie ganz die meinige. Einen Brief nach dem Verlust von Frankfurt, glühend von dem schönsten Unwillen, hat sie mir schenken müssen. ... Diese Begeisterung für eine große öffentliche Sache macht trunken und thörigt für uns selbst und unsere kleinen Angelegenheiten, muß es machen, wenn sie ächt ist."
Helden von Brissots Schlag: Gemeint sind die Girondisten, die auch nach ihrem Führer Brissot Brissotins genannt wurden.
qu'il nage ... son élément: (franz.) daß er in der Schande schwimmt, ohne darin zu ertrinken, denn sie ist sein Element.
die attaque vom 20ten Jun.: Mit der Kriegserklärung an Österreich vom 20. April 1792 begannen die Revolutionskriege gegen die Koalition der erzreaktionären Feudalmächte. Als die erste Niederlage der Franzosen bekannt wurde, verfügte die Nationalversammlung, ein Heer von 20000 Mann bei Paris zusammenzuziehen. Der König versagte seine Zustimmung, daraufhin setzten die Girondisten alles in Bewegung, um den König zu stürzen. Am 20. Juni 1792 verlangte eine Volksmasse vor dem Schloß die Abschaffung des königlichen Vetorechtes. Das Versagen der Großbourgeoisie gegenüber den Interventionstruppen löste dann am 10. August 1792 den Pariser Volksaufstand aus (Sturm auf die Tuilerien, Gefangennahme des Königs). Am 21. September löste sich dann die Nationalversammlung auf, der Nationalkonvent trat an die Stelle.
item la Fayette: gleichfalls Lafayette; Lafayette war der Befehlshaber der Nationalgarde.

S. 148 *Für das Glück der kaiserl. und königlichen Waffen:* Forsters und Carolines Sympathien sind auf französischer Seite. Am 25. Juli 1792 hatte der Oberkommandierende der Koalitionsarmeen ein Manifest veröffentlicht, in dem die Wiederherstellung vorrevolutionärer Zustände in Frankreich proklamiert wurde; Paris soll „einer militärischen Exekution und einem gräßlichen Ruine" preisgegeben werden.

Klopstock hat: Er hatte Anfang Juli 1792 die mahnende Ode „Der Freiheitskrieg" an den Befehlshaber der preußisch-österreichischen Truppen, den Herzog von Braunschweig, gesandt.

S. 149 *Göthe ist der Armee gefolgt:* Im Gefolge des Herzogs Carl August nahm Goethe am Feldzug teil und besuchte Ende August an zwei Abenden Forster in Mainz. In der „Campagne in Frankreich" schreibt er dreißig Jahre später: „Von politischen Dingen war die Rede nicht, man fühlte, daß man sich wechselseitig zu schonen habe: denn wenn sie republikanische Gesinnungen nicht ganz verleugneten, so eilte ich offenbar, mit einer Armee zu ziehen, die eben diesen Gesinnungen und ihrer Wirkung ein entschiedenes Ende machen sollte."

Großens Genius: Gemeint ist der Schauerroman „Der Genius. Aus den Papieren des Marquis C. v. G." von Grosse. Grosse hatte sich mit Carolines Schwester Luise verlobt; er schildert die Familie Michaelis in infamer Weise.

Poltronnerie: hier im Sinne von Feigheit; von Poltron = Hasenfuß, Maulheld.

Indignation: Empörung.

35

S. 150 *die Feinde sind den Thoren nahe:* Am 20. September 1792 hatte die französische Armee bei Valmy den Vormarsch der Koalitionstruppen zum Stehen gebracht, der Herzog von Braunschweig befahl den Rückzug. Die Franzosen rückten vor, Worms und Speyer wurden eingenommen.

meinen Verdacht: Caroline hatte irrtümlich Meyer als den Verfasser des platten Spottgedichtes über Ferdinand Huber, „Hubertus Murzuphlus oder der poetische Kuß" angesehen. Verfasser war aber Bouterwek, der sich auf diese Weise an der Huberschen Kritik seines Romans „Graf Donamar" rächte.

S. 151 *der Alte auch in einem Wagen:* Friedrich von Erthal, Kurfürst von Mainz.

hängt von Esterhazy ab: einer der Befehlshaber der Koalitionsarmee Preußens und Österreichs.

S. 151 *high treason:* (engl.) Hochverrat.

Ihr gerechter Zorn: Meyer, dessen Briefe an Caroline nicht erhalten sind, war ganz offensichtlich ein Gegner der Revolution und der revolutionären Veränderungen in Mainz. Am 9. Juli 1973 schrieb er z. B. an Bürger, „daß so elende Bursche als Georg Böhmer und Wedekind Mainz mit eiserner Rute beherrschen". Caroline muß er wiederholt Vorhaltungen wegen ihrer demokratischen Gesinnungen gemacht haben. Vgl. auch Brief 34.

unsre höflichen wackren Gäste: Am 21. Oktober 1792 marschierte die französische Armee unter General Custine in Mainz ein; die Festung Mainz wurde den Franzosen kampflos übergeben.

der Deutsche Jacobiner-Club: Am 23. Oktober 1792 wurde in Mainz eine „Gesellschaft der Freunde der Freiheit und Gleichheit" gegründet. Präsident wurde der Kaufmann Georg Häfelin. Zu den Mitgliedern gehörten Professoren der Universität; der Theologe Blau, der Jurist Hofmann, der Mathematiker Metternich, der Mediziner Wedekind; weiterhin Studenten, ein Holzhändler, ein Gastwirt u. a. Forster war zu der Zeit noch nicht Mitglied des Klubs.

vivre libre ou mourir: (franz.) frei leben oder sterben.

des gueux et des misérables: (franz.) hier im Sinne von Strolchen und Schurken.

S. 152 *Insulten:* Beleidigungen.

delabrirt: hier im Sinne von verfallen; von franz. délabrement = Verfall, Zerrüttung.

la situation ... de la notre: (franz.) die großartige Lage ihrer Armeen und die jämmerliche der unseren.

ne vous fiés pas à vos armées mourantes: (franz.) verlassen sie sich nicht auf ihre beweglichen Armeen.

haranguirt: Man führt das große Wort bzw. redet überflüssigerweise.

sansculotte: (franz.) Ohnehose; in und nach der Französischen Revolution Bezeichnung für die revolutionären Proletarier und Kleinbürger, die statt der höfischen Kniehosen lange Hosen, sogenannte Pantalons, trugen.

S. 153 *Concert des puissances:* (franz.) Konzert der Mächtigen; Anspielung auf die im Juli in Mainz anläßlich der Nachfeier der Kaiserkrönung versammelten Oberkommandierenden der Koalitionsarmee und ihr Manifest mit den Drohungen gegen Frankreich.

inkommodiren: belästigen.

S. 153 *Forsters Erinnerungen:* Georg Forsters „Erinnerungen aus dem Jahr 1790"; 1793 erschienen.
Reichard: Der Gothaer Bibliothekar gab einen Revolutionsalmanach heraus, der erzreaktionär war.

37

S. 154 *Etourderie:* von franz. étourderie = Unbesonnenheit, Leichtsinn.
Bajocco Romano ... Bettler Cabre: wahrscheinlich noch Bezug auf das Mißverständnis, daß Caroline Meyer die Autorschaft für das Spottgedicht zugeschrieben hatte, vgl. Brief 35.
en état de guerre: (franz.) im Kriegszustand.
en horreur: (franz.) Abscheu vor uns empfinden.

S. 155 *Therese ist nicht mehr hier:* Therese Forster verließ im Dezember 1792 mit den Kindern Mainz. Nach dem Tod Forsters im Januar 1794 heiratete sie im April 1794 Ferdinand Huber. Nach dem Weggang Thereses aus Straßburg wurden Urteile über Carolines Einfluß auf Forsters revolutionäre Haltung gefällt. So schrieb Sömmering am 29. Januar 1792 an Heyne: „Mde. Böhmer, die Witwe, ist an Forsters Unglück nebst Huber am meisten Schuld." Heyne, Forsters Schwiegervater, der sich später aus politischen Motiven von Forster lossagen wird, schreibt in blinder Antipathie gegen Caroline nach schweren Vorwürfen wegen Thereses Trennung von Forster am 11. April 1793: „Das schändlichste von allen Geschöpfen, die Böhmerin, die an Deinem Fehltritt so viel Anteil hat..." Und am 3. September an Huber: „Terese hätte nur sollen aus aller Politik heraus bleiben, und der Teufel von einem Weibe, wie die Böhmerin, hätte nicht ins Spiel gezogen werden sollen."
die Infamien zu Frankfurt: ungeklärt; möglicherweise Anspielung auf die Besetzung der Stadt am 22. Oktober durch die Franzosen. Im Gegensatz zu Mainz, wo der französische Befehlshaber keinerlei Forderungen an die Stadt erhob, forderte Custine von Frankfurt eine Kontribution von zwei Millionen Gulden, die diejenigen aufbringen sollten, die mindestens ein Vermögen von 30000 Gulden hatten. Daraufhin gab es große Proteste und Widerstand der reichen Bevölkerung.
Attentionen: Aufmerksamkeiten.

S. 156 *Superiorität:* Überlegenheit.

38

S. 156 Bereits Ende Januar 1793 will Caroline Mainz verlassen. Forster, der konsequent seinen Weg geht, weiß um diese Zeit, wie aus seinen Briefen hervorgeht, bereits um den Ausgang der Mainzer Republik, um ihren Kampf auf Leben und Tod. Am 25. März geht er als Deputierter nach Paris; fünf Tage später verläßt Caroline die Stadt; gemeinsam mit der vierundsechzigjährigen Sophia Magdalena Wedekind, der Mutter eines führenden Klubisten, ihrer Schwiegertochter Maria und Meta Forkel. Mit ihnen reisten vier Kinder.

39

S. 157 *proscribirt:* geächtet.

V. Briefe aus Königstein, Lucka, Gotha und Braunschweig. 1793–1796

40

S. 158 Noch am 30. März 1792 wurden Caroline, die anderen Frauen und die Kinder von preußischen Posten bei Oppenheim aufgehalten und nach Frankfurt gebracht und verhört. Am 2. April erfolgte die Festnahme, am 8. wurden sie auf die Festung Königstein im Taunus gebracht. Der Grund der Verhaftung: Die Frauen trugen Namen führender Mainzer Jakobiner. Caroline wurde vom preußischen König für die Frau Böhmers gehalten; dem Kurfürst von Mainz war ihre Verbindung zum Hause Forsters bekannt. Auf Georg Forsters Kopf waren 100 Dukaten gesetzt, und möglicherweise behandelte man sie als Geißel; im Lande herrschte Lynchjustiz gegen die Mainzer Demokraten.
Hrn. Coadjutor: Gemeint ist Dalberg. Gotter wandte sich offenbar mit der Bitte um Hilfe an ihn. Auf der Rückseite des Briefes steht – laut dem ersten Herausgeber Waitz – von fremder Hand: „Aber es darf nicht directe an Mad. Böhmer nach Königstein geschrieben, wenigstens dieses empfangenen Briefes auf keine Weise Erwähnung gethan werden."

41

S. 159 *Brief ... an Humbold:* Caroline hat sich mit Briefen an Wilhelm von Humboldt gewandt, und er hat ihr auch geantwortet. Die Briefe sind verschollen. Später schreibt er an A. W. Schlegel: „Ihre Freundinn genießt die Freiheit wieder, und auf eine Art, die ihr zugleich die ehrenvollste ist. Gern hätte auch ich dazu mitgewirkt. Aber am Maynzischen Hofe war schlechterdings nichts fürs Erste zu thun, und den Weg, den der Bruder eingeschlagen hat, schien, ob er gleich am Ende geglückt ist (da alle Gefangenen allein vom Kürfürsten abhingen) so wenig zu versprechen, daß man ohne genaue Localkenntnisse ihn kaum zu versuchen wagen konnte. – Ich selbst habe nie das Glück gehabt, Me. Böhmer selbst zu sehen, so sehr ich es auch nach allem, was ich durch Sie, die Forster und andere von ihr hörte, gewünscht hätte. Aber die drei Briefe, die ich bei dieser Gelegenheit von ihr erhalten habe, können mir gewißermaßen statt einer Bekanntschaft dienen. Gerade der hohe Geist, den Sie so schön schildern, drückt sich in ihnen, vorzüglich in dem ersten (da die durch das ungewisse Schicksal eines Briefs nach einer Festung veranlaßte Kälte meiner Antwort, die mich gewiß nicht hinderte, mit aller Wärme thätig zu seyn, sie zurückhaltend und vielleicht gar mißtrauisch gemacht hatte) auf eine äußerst charakteristische Art aus."

S. 159 *mein Leben ... in Gefahr kömt:* Caroline entdeckte in der Gefangenschaft, daß sie schwanger war.

42

S. 160 *auf jenen Clausius:* Klubist, gefangengenommen und nach Frankfurt gebracht.
Reubel: Gemeint ist wohl Jean-Francois Rewbell, früher Präsident, dann Deputierter des Nationalkonvents.
den Donner des Geschüzes: Am 30. März hatten die gegenrevolutionären Armeen des Königs von Preußen das Rheinland von Bingen bis Worms erobert und begannen mit der Belagerung von Mainz. Vier Monate wurde Mainz belagert und bombardiert. Am 23. Juli 1793 fällt die Stadt in die Hände des Absolutismus zurück.

S. 161 *Grimm:* Leibarzt des Herzogs Ernst in Gotha.
Sulzer: Schwiegervater von Leibarzt Grimm.

43

S. 162 *avouiren:* (franz.) hier im Sinne von zugeben, gestehen.
detestiren: verabscheuen.
S. 163 *Moniteur:* führende, 1789 gegründete, in Paris erscheinende Tageszeitung.
qu'on a mené ... veuve Böh, amie du Citoyen Forster: (franz.) daß man die Witwe Böh., die Freundin des Citoyen Forster, auf die Festung K. geschickt hat.

44

S. 163 *Kronenberg:* Am 14. Juni 1792 war Caroline von der Festung Königstein nach Kronberg verlegt worden.
Memoriale: Erinnerungsbücher.
Suppliken: Bittgesuche.
Indignation: Empörung.

S. 164 *Wir haben uns endlich an unsre Regierung gewandt:* ein offenbar von den Frauen verfaßtes Schreiben; unbekannt.
auch an den König von Preußen: Carolines Bruder Philipp kam am 17. Juni aus Italien nach Kronberg geeilt; am 19. Juni wandte er sich, nachdem Friedrich Wilhelm II. eine Intervention des Hannoverischen Ministeriums schroff abgewiesen hatte, an den preußischen König direkt. Wie Humboldt setzte auch Goethe keine Hoffnung darauf. Am 7. Juli schrieb er an Jacobi: „Für die Gefangenen etwas zu thun wird schwer halten; sie sind dem Churfürsten übergeben und überlassen." Der König reagierte aber, vom 4. Juli ist das Reskript datiert; am 11. Juli 1792 wurde Caroline auf freien Fuß gesetzt.

45

S. 167 *ein paar Zettel:* Diese Briefe bzw. Aufzeichnungen Georg Forsters sind verlorengegangen.
ging er aufs Land: Forster hielt sich zur Vorbereitung der Wahlen unter den Bauern auf.

S. 168 *Proselytenmacherin:* eine, die Andersdenkende in aufdringlicher Weise für ihre Anschauungen gewinnen will.

46

S. 170 *Rescripte:* siehe im Anhang S. 353.
bonne tournure à mauvais jeu: (franz.) gute Miene zum bösen Spiel.

S. 171 August Wilhelm Schlegel, der aus Amsterdam Caroline zu Hilfe geeilt war, begleitete sie von Kronberg über Frankfurt nach Leipzig.

47

S. 171 Offenbar hatte sich Caroline auch um Hilfe an Meyer gewandt, bzw. ihn um eine Unterkunft in Berlin gebeten; Meyer verweigerte diese Hilfe.

S. 172 *durch die Hülfe eines Freundes:* A. W. Schlegel; er ließ ihr vermutlich Gift zukommen.

S. 174 *Die Befehle sind übrigens so streng, daß man Mauvillon:* Nach Ausbruch des Interventionskrieges der deutschen Mächte gegen Frankreich bekannte sich Mauvillon in Briefen an seinen Kasseler Freund Cuhn zu den Franzosen. Die Postbehörden erbrachen die Briefe; Mauvillon wurde in der „Wiener Zeitschrift" öffentlich denunziert. Er antwortete im „Schleswigschen Journal", indem er sich offen als Anhänger der Französischen Revolution bekannte, die Verletzung des Briefgeheimnisses durch die hessischen Behörden aufdeckte und das Recht des Schriftstellers auf freie Meinungsäußerung verteidigte. Er war daraufhin den schärfsten Angriffen der reaktionären Presse ausgesetzt.

S. 174 *Embarras:* (franz.) Hindernis, Verwirrung, Verlegenheit.

48

S. 175 *mich ihnen zu vertrauen:* Caroline vertraute sich Göschen und seiner Frau Henriette an; sie vermittelten Caroline eine Unterkunft im Hause eines Arztes in dem südlich von Leipzig gelegenen, zum Herzogtum Altenburg gehörenden Städtchen Lucka.

S. 176 *Für mein Kind ist gesorgt:* Die Briefe, die Caroline mit dem Vater des zu erwartenden Kindes gewechselt hatte, sind nicht erhalten.

49

S. 177 Friedrich Schlegel, der als Student in Leipzig war, besuchte fast täglich Caroline in Lucka. Er handelte im Auftrag seines Bruders August Wilhelm, der auf seinen Hofmeisterposten nach Amsterdam zurückgekehrt war und dem er Berichte über Carolines Befinden sandte.

51

S. 178 Am 3. November 1793 gebar Caroline einen Sohn. Im Kirchenbuch der Stadt Lucka steht auf Seite 369/70: Taufregister 1793, Nummer 58: „Ein Söhnlein Wilhelm Julius nat. 3. Novbr. renat. eodem die Mater Madame Julie Krantzin verehelicht mit Herrn Julius Krantz Speditions- und Handelsherrn auf Reißen als eine aus Hamburg sich hier eine Zeitlang aufhaltende Person.
Die Paten:
1. die Frau Kornschreiber Christine Elisabeth verwittwete Wismar,
2. Herrn Johann Heinrich Koenigsdörffer, Doctor Medicinae,
3. Herr Friedrich Schlegel Studiosus Juris Leipzig."

S. 179 *who did temper the mind:* (engl.) der seinen Willen mäßigte.
ein Brief von Theresen: Therese Forster; sie schrieb einen langen Brief, schilderte die Geschichte ihrer Ehe und betonte den schon von Anfang an bestehenden körperlichen Ekel vor Forster. Wie die nachgewiesenen Streichungen Thereses in den Briefen Forsters darauf hinausliefen, Caroline einer Verbindung mit ihrem ehemaligen Mann zu verdächtigen, um so die eigene Beziehung zu Huber zu rechtfertigen, so ist wohl auch dieser Brief eine Art Rechtfertigung ihrer Verbindung mit Huber.

53

S. 180 *Ich bin seit 12 Tagen hier:* Anfang Februar 1794 ging Caroline mit ihrer Tochter Auguste nach Gotha. Den Sohn ließ sie bei Pflegeeltern in Lucka. Gotters nahmen sie auf. Über ein Jahr lebte sie in Gotha.
S. 182 *Bei Forsters Tod:* Georg Forster starb am 10. Januar 1794 in Paris.
S. 183 *Erlösung:* „Die Erlösung", Erzählung von Meyer, im Februar 1793 in den „Annalen des Theaters" veröffentlicht.
Im August 1794 unternimmt Caroline von Gotha aus eine Reise nach Göttingen. Sie bekommt daraufhin Aufenthaltsverbot für ihre Vaterstadt Göttingen. Siehe Reskript im Anhang S. 354.

54

S. 183 Im August 1795 war Caroline von Gotha aus nach Braunschweig gegangen, wo sie eine gemeinsame Wohnung mit ihrer Mutter bezog.
Condorcet: Friedrich Schlegel muß offenbar die Anregung Carolines aufgegriffen haben, denn noch im selben Jahr veröffentlicht er eine Besprechung von Condorcets 1793 erschienenem Buch „Esquisse d'un tableau historique des progrés de l'humain" (Abriß eines historischen Bildes der Fortschritte des menschlichen Geistes), die vor allem die Zukunftsgedanken Condorcets rühmt.
S. 184 *die Werke eines gewißen Fulda:* C. F. Fuldas „Natürliche Geschichte der Teutschen".

55

S. 185 A. W. Schlegel weilte noch in Amsterdam.
Aufsaz über den französischen Nationalcharakter: der in Schillers

Zeitschrift „Die Horen" 1795 erschienene „Beitrag zur Geschichte des französischen Nationalcharakters" von dem Jenaer Historiker Karl Friedrich Woltmann.

56

S. 186 *Manuscript:* „Griechen und Römer" von Friedrich Schlegel. Teil des erst 1797 erschienenen Aufsatzes.
meine Gränzen: „Über die Grenzen des Schönen" von Friedrich Schlegel, erschienen im von Wieland herausgegebenen „Teutschen Merkur" im Mai 1795.
der grosse Schulmeister: Gemeint ist der Bruder August Wilhelm.
Essai sur la vie ... nro 6: (franz.) Essay über das Leben von Barthelemy von Mancini. 69 S. 8° bei Debure dem Älteren, Straße Serpente Nr. 6.

S. 187 *bey meiner Schwester:* Charlotte Ernst.
Michaelis: Salomo Michaelis aus Neustrelitz war Friedrich Schlegels Verleger.
Euer amerikanisches Projekt: Im Spätsommer 1795 kam A. W. Schlegel um Carolines willen nach Braunschweig. Die beiden berieten ihre Zukunft, u. a. offensichtlich auch einen Plan, nach Amerika auszuwandern.

S. 188 *deux tiers:* von franz. tiers état = dritter Stand, wörtlich hier zwei Drittel, also Parlamentsmehrheit.
selbständige Diotima: Der Brief wendet sich jetzt an August Wilhelm Schlegel. Die Anrede Carolines als „selbständige Diotima" bezieht sich auf Friedrich Schlegels Aufsatz „Über Diotima" und das darin aufgestellte Frauenideal.
Am 1. Juli 1796 wurden Caroline und A. W. Schlegel in Braunschweig in der St.-Katharinen-Kirche getraut.

VI. Briefe aus der Zeit der Jenaer Frühromantik. 1796–1800

57

S. 189 Am 8. Juli 1796 kam Caroline mit A. W. Schlegel und ihrer Tochter Auguste, nach einer kurzen Zwischenstation bei Gotters in Gotha, in Jena an. Für Jena war die Entscheidung offenbar nicht ohne Friedrich Schillers freundliche Einladung gefallen. Am 10. Dezember 1795 hatte er an A. W. Schlegel geschrieben: „Warum können Sie nicht hier in Jena bei uns leben? Dieß sollte mir große Freude seyn." Caroline bezog eine Wohnung nahe dem Roten Turm, Löbdergraben.

S. 191 *Weg ins Paradies:* Spazierweg an der Saale.
Ende von Wilhelm Meister: Die ersten beiden Bände lagen bis Ostern 1795 vor, der dritte erschien im Oktober 1795; der letzte erschien im Oktober 1796. Caroline hat die Druckbögen vom 7. und 8. Buch des „Wilhelm Meister" gelesen, worüber sich Schiller gereizt äußerte: „Es ist doch sonderbar", schreibt er an Goethe, „daß die S. früher die gedruckten Bogen Ihres Romans erhält als Sie selbst."
et même très fort(e): (franz.) sehr betont.

59

S. 192 *an den flachen Ufern:* Gemeint ist Hannover, dort lebte der Bruder von A. W. Schlegel mit seiner Frau Julie, geb. von Erxleben, einer Professorentochter aus Göttingen.
Mütterchen: Schwiegermutter Carolines.
Beck und Gilbert: Jakob Sigismund Beck, Philosoph; Ludwig Wilhelm Gilbert, Physiker.

60

S. 193 *partie carreé:* (franz.) hier im Sinne von Spiel oder Partie zu viert.
Ankunft meines Schwagers: Gemeint ist Friedrich Schlegel; seine Ankunft meldet Schiller an Goethe schon am 8. August 1795; er war dann aber für einige Wochen Gast von Novalis in der Saline Dürrenberg. Im September kam er dann für einige Zeit in Carolines Haus.
mit Raupen: Goethe am 21. August 1795 in sein Tagebuch: „Beobachtungen an Raupen angefangen"; an Christiane am 4. September: „Die Raupen ... beschäftigen mich in den übrigen Stunden."
mit dem Todschlagen: Anspielung auf die „Xenien", eine Sammlung meist zweizeiliger satirischer Epigramme, die Goethe Ende 1795 begonnen und zum großen Teil mit Schiller gemeinsam verfaßt hatte. In wenigen Wochen entstanden über 200 Xenien, die Angriffe aus dem Lager der Spätaufklärer und der Frömmler abwehrten. Die „Xenien" erschienen im „Musenalmanach auf das Jahr 1797", hrsg. v. Schiller. Caroline teilt die Xenien also vom Hörensagen bzw. als Abschriften von Druckbogen mit. Das von ihr erwähnte Goethische „Musen und Grazien in der Mark" vom Mai wurde z. B. im Juni Schiller gegeben und ging am 4. September im Aushängebogen an Zelter. Schiller verstimmte das wie bereits beim „Wilhelm Meister". Goethe

antwortete ihm aber: „Heil unserer Freundin S., daß sie unsere Gedichte abschriftlich verbreiten und sich um unsere Aushängebogen mehr als wir selbst bekümmern will! Solchen Glauben habe ich in Israel selten gefunden."

S. 194 *Hr. von Wohlzogen:* Caroline und Wilhelm von Wolzogen verweilten von August bis in den November in Jena.
faut soit peu: (franz.) ein klein wenig.

61

S. 194 *nach Weimar:* Im Dezember 1796 weilte Caroline für einige Tage in Weimar.
von Einsiedel: Er war mit Gotter befreundet; daher offenbar Carolines besonderes Interesse.

S. 195 *nachher gutes gesagt:* Böttiger teilt am 7. Januar 1797 A. W. Schlegel mit, Wieland habe über Carolines Zustimmung gesagt, daß ihm der Beifall der „edlen C.", daß ihm ihr „Zunikken mehr werth sey: als das Geschnatter der ganzen auf der litterarischen Gemeindetrift hüthenden Autorenheerde".

S. 196 *ein Epigramm:* Klopstocks Vers „Der zweite Wettstreit", Fortsetzung der Grammatischen Gespräche, gegen das 29. Venetianische Epigramm Goethes gerichtet, worin das Deutsche als „schlechtester Stoff" bezeichnet wird; im „Archiv der Zeit u. ihres Geschmacks".
Falk: Falk schrieb über den Besuch an A. W. Schlegel: „Ihre kleine liebenswürdige Frau grüßen Sie mir tausendmahl. Sagen Sie ihr, daß ich die Augenblicke, die ich in Weimar in Ihrer beiderseitigen Gesellschaft verlebt habe, zu den interessantesten meines Lebens rechne."
Jean Paul Richter: Er hatte sich im Frühjahr 1796 in Weimar aufgehalten. Caroline lernte ihn im Sommer 1798 dann in Dresden kennen.
die Beylage in der Hamburger Zeitung: Reaktion auf die „Xenien"; Ebeling war der Verfasser.

S. 197 *im Journal Deutschland:* Der von Friedrich Schlegel verfaßte Aufsatz erschien 1796 fälschlicherweise unter dem Titel: „Göthe. Ein Fragment, von A. W. Schlegel" im ersten Band von Reichhardts Zeitschrift.
Panegiristen: Verfasser von Lobreden.
Die heftigste Antwort: Reichardt, mit Xenien angegriffen, erwiderte mit einer „Erklärung des Herausgebers an das Publikum über die Xenien".
Jahrgänge der schönen Bibliothek: „Neue Bibliothek der schönen Wissenschaften und Künste", in Leipzig erschienen; Schlegel griff sie später heftig an.

S. 197 *die Rezension:* Friedrich Schlegel, der sich mit seinen Arbeiten um Aufnahme in Schillers „Horen" bemühte, wurde von ihm mehrfach zurückgewiesen. Als Schiller ihm die dritte Arbeit zurückgab, veröffentlichte Schlegel eine Kritik der Schillerschen Zeitschrift; u. a. kritisierte er darin ein Zuviel an Übersetzungen in den „Horen".

S. 198 *Schlegel in Gefahr ist:* A. W. Schlegel war Mitarbeiter von Schillers „Horen"; dies war ihm eine wichtige Publikations- und Erwerbsmöglichkeit. Die Übersetzungen stammten von ihm. Schiller entzog ihm nach diesem Vorfall die Freundlichkeit und verzichtete auf seine Mitarbeit. Am 31. Mai 1796 schrieb Schiller A. W. Schlegel: „Es hat mir Vergnügen gemacht, Ihnen durch Einrückung Ihrer Übersetzungen aus Dante und Shakespeare in die Horen zu einer Einnahme Gelegenheit zu geben, wie man sie nicht immer haben kann, da ich aber annehmen muß, daß mich Herr Friedrich Schlegel zu der nämlichen Zeit, da ich Ihnen diesen Vorteil verschaffe, öffentlich deswegen schilt, und der Übersetzungen zu viele in den Horen findet, so werden Sie mich für die Zukunft entschuldigen. Und um Sie, einmal für allemal, von einem Verhältnis frei zu machen, daß für eine offene Denkungsart und eine zarte Gesinnung notwendig lästig sein muß, so lassen Sie mich überhaupt eine Verbindung abbrechen, die unter so bewandten Umständen gar zu sonderbar ist, und mein Vertrauen zu oft kompromittierte." In bezug auf den Verdacht, Caroline sei die Verfasserin, heißt es: „Versichern Sie Madame Schlegel, daß ich von dem lächerlichen Gerüchte, sie sei die Verfasserin von jener Rezension, nie Notiz genommen habe, und sie überhaupt für zu verständig halte, als daß sie sich in solche Dinge mische."

S. 198 Der Brief ist offensichtlich ein Entwurf Carolines für den unter A. W. Schlegels Namen 1797 in den „Horen" erschienenen Aufsatz „Über Shakespeares Romeo und Julia". Schlegel beschäftigte sich in den Jahren 1797 und 1798 fast ausschließlich mit der Übertragung Shakespearescher Dramen, sechs wurden übersetzt, darunter auch „Romeo und Julia". Caroline nahm als Beraterin und Abschreiberin daran tätigen Anteil. Schlegels vom Broterwerb diktierte sehr rasche Arbeitsweise erwies sich dabei als fraglich. Er schrieb mehrere mögliche deutsche Varianten an den Rand und ließ Caroline entscheiden. Einige Forscher haben anhand erhaltener Manuskripte die Schlußfolgerung gezogen, Caroline habe die Übersetzungen nur verschlimmbessert. Ein Urteil überhaupt über ihre Leistung ist angesichts der ihr zugewiesenen einseitigen Funktion und auch unterschiedlicher Auslegungsfragen bei jeglicher Übersetzung nach meiner Ansicht unzulässig. Der folgende Brief gibt einen interessanten Einblick in ihre Beschäftigung mit inhaltlichen Problemen und Übersetzungsfragen bei Shakespeare.

S. 199 *Ostentation:* Schaustellung.

64

S. 200 *Gotters Oper:* „Romeo und Julie", zweiaktiges Schauspiel mit Gesang, von Gotter und Benda, 1778 gedruckt.
Julie und St. Preux: Gestalten aus Rousseaus Briefroman „Julie ou la nouvelle Héloise" (Julie oder die neue Heloise) von 1761.
Sh. Julie: im folgenden Gedanken über Shakespeares Drama; Anknüpfend an den Brief 63.

S. 202 *Johnsons Strenge:* Anspielung auf Samuel Johnsons Shakespeare-Ausgabe von 1765.
I would the fool were married to her grave: (engl.) Wär' doch die Törin ihrem Grab vermählt!

65

S. 203 *was das Journal betrifft:* Im Herbst und Winter 1797/98 beschäftigten sich die Schlegels mit dem Plan einer eigenen Zeitschrift, die im Mai 1798 unter dem Titel „Athenäum" erstmals erschien. Sie war das Gründungsdokument der jungen Romantik in Deutschland. Friedrich Schlegel, der am 31. Oktober 1797 in einem Brief an A. W. Schlegel den Plan der Zeitschrift erstmals erwähnt, lud Caroline ausdrücklich zum Mitdenken und zur Mitarbeit ein. In einem Nachsatz dieses Briefes heißt es an sie gerichtet: „Überlegen Sie ja den Herkules recht vernünftig, liebe Karoline. Ich empfehle das unbändige Kind Ihrer mütterlichen Zärtlichkeit und Ihrem mütterlichen Schutze." Neben „Herkules" wurden „Schlegelneum", „Parzen" und „Freya" als Titel der Zeitschrift in Erwägung gezogen, bis man sich – nach Athen, der symbolischen Stadt antiker Demokratie und politischer Freiheit – für „Athenäum" entschied.
selbst Beyträge zu geben: Caroline ist offenbar der wiederholten Aufforderung und Ermutigung Friedrich Schlegels nicht gefolgt; hat aber schöpferischen Anteil am Gesamtprojekt sowie an einzelnen Fragmenten genommen.

S. 204 *einen Roman schreiben:* Ein Entwurf Carolines zu einem Roman ist erhalten, wahrscheinlich von 1798/99, als Friedrich Schlegel zum „Romänchen drängte" und auch Novalis sie darum bat. 1798 schrieb Friedrich Schlegel an Schleiermacher über Caroline: „Nun, sage ich, kann sie tun, was wir alle wollen – einen Roman schreiben. Mit der Weiblichkeit ist es nun doch vorbei, und in die literarische Welt ist sie einmal eingeführt."
aus Ihren Briefen: Auch dieser Bitte ist Caroline nicht gefolgt, bzw. hat sich wahrscheinlich dagegen verwahrt, daß ihre Briefe als intime persönliche Zeugnisse in die Öffentlichkeit kamen.
diaskeuasiren: im Sinne von zusammenredigieren; ein von Schlegel öfters gebrauchtes Wort.

S. 205 *Faschische Singakademie:* Die Berliner Singakademie wurde von Karl Friedrich Christian Fasch geleitet.
Aus der offenbar geplanten Reise nach Berlin wurde nichts.

66

S. 205 Göschen, der Leipziger Verleger, war in Jena zu Besuch gewesen.

S. 206 *Ihr Herrmann und Dorotheechen:* Gemeint ist der kleine Viewegsche Kalenderdruck von Goethes Versepos.
alle Barone: wahrscheinlich der Dresdner Kunstschriftsteller Joseph Friedrich von Racknitz gemeint.
Einsiedel: Ein Jahr später, 1798, erschien dann bei Göschen anonym Einsiedels „Grundlinien zu einer Theorie der Schauspielkunst".
ohne Jean Paul: A. W. Schlegel hatte in einer Besprechung die durch Briefwechsel und Manuskriptmitteilung zwischen Einsiedel und Jean Paul entstandenen Übereinstimmungen mit dessen „Jubelsenior" aufgedeckt.
Klopstockschen Oden: Göschen verlegte eine Prachtausgabe der Werke Klopstocks; die Oden erschienen im Frühjahr 1798.

67

S. 207 Caroline hat Novalis als einen Freund Friedrich Schlegels in ihr Jenaer Haus geladen und trat in Briefwechsel mit ihm. Novalis' Brief war nach Dresden gerichtet, wo Caroline sich seit dem 9. Mai bis in den August hinein aufhielt.
Symphysik mit Friedrich: Wortschöpfungen der Romantiker, die ihre Gemeinsamkeit betonen sollten; wie auch Sympraxis, Symfaulenzen u. a.

S. 207 *Untiefe von Schellings Weltseele:* Schellings philosophische Schrift „Von der Weltseele, eine Hypothese der höheren Physik zur Erklärung des allgemeinen Organismus"; erschienen 1798 in Hamburg.
mit meiner Reise: Im Sommer 1798 war in Dresden die erste große Zusammenkunft der Romantiker; die Schlegels weilten dort, Friedrich Schlegel kam aus Berlin, Novalis aus Weißenfels; auch Schelling und Gries kamen.
S. 208 *Helmont's und Fludd's Werke:* Robert Fludd (1574–1637), englischer Philosoph und Mediziner. Johann Baptist Helmont (1577–1644), niederländischer mystischer Theosoph. Beide waren von Paracelsus beeinflußt, beschäftigten sich mit Alchemie und Mystik und standen den Kabbalisten nahe. Ihre Philosophie war eine Mischung aus mystischen, naturphilosophischen und medizinischen Elementen.
petillant: (franz.) spritzig, feurig.
fermenta cognitionis: (lat.) Antriebe von Erkenntnissen.
Lavoisier'sche Revolution: Bezug auf den französischen Chemiker Antonie Laurent Lavoisier (1743–1794), der den Verbrennungsvorgang als Oxydation erklärte und der damit die moderne antiphlogistische Chemie gründet, für die er auch eine Nomenklatur schuf.
Comité du Salut public universel: (franz.) Wohlfahrtsausschuß in der Französischen Revolution.

68

S. 208 *in Weimar zurück:* Caroline und August Wilhelm Schlegel waren am 12. Oktober 1798 zur Einweihung des umgebauten Weimarer Theaters gefahren. Caroline fuhr mit Schelling zurück, der seit dem 5. Oktober in Jena weilte.
in der besten Laune über das Athenäum: Im Mai 1798 war in einer Auflage von 1250 Exemplaren das erste Heft des „Athenäums" erschienen; das zweite Heft erschien noch im gleichen Jahr. Autoren waren Friedrich und August Wilhelm Schlegel, Friedrich von Hardenberg (Novalis), Johann Ludwig Tieck und August Ludwig Hülsen. Bereits im ersten Heft wurde Goethe als „wahrer Statthalter des poetischen Geistes auf Erden" bezeichnet; d. h. nach den Auseinandersetzungen mit Schiller ergriff die Gruppe offen Partei für Goethe. Die Reaktion der beiden Dichter auf die neue Zeitschrift ist nicht getrennt davon zu sehen. Während Goethes Reaktion freundschaftlich wohlwollend ist, verstimmte Schiller das „ewig Formlose" und „Nebulistische". „Mir macht diese naseweise, entscheidende, schneidende und einseitige Manier physisch wehe", schreibt er am 23. Juli

1798 an Goethe. Dieser entgegnet ihm am 25. Juli 1798 beschwichtigend: „Das Schlegelsche Ingrediens in seiner ganzen Individualität scheint mir denn doch in der Olla potrida unseres deutschen Journalwesens nicht zu verachten. Diese allgemeine Nichtigkeit, Parteisucht fürs äußerst Mittelmäßige, diese Augendienerei, diese Katzbuckelgebärden, diese Leerheit und Lahmheit, in der nur wenige gute Produkte sich verlieren, hat an einem solchen Wespenneste, wie die Fragmente sind, einen fürchterlichen Gegner... Bei allem, was Ihnen daran mit Recht mißfällt, kann man doch den Verfassern einen gewissen Ernst, eine gewisse Tiefe und von der andern Seite Liberalität nicht ableugnen. Ein Dutzend solcher Stücker wird zeigen, wie reich und wie perfektibel sie sind."

S. 208 *Ihren Wilhelm Meister:* Friedrich Schlegels Rezension „Über Goethes Wilhelm Meister", im zweiten Heft des „Athenäums". An Schleiermacher schrieb Friedrich am 3. Juli 1798: „Über meinen Übermeister habe ich hier noch nichts bedeutendes vernommen ... für Caroline ist das erste Stück zu klein gewesen, um ihr einen recht entschiedenen Eindruck zu geben. Sie giebt indessen doch zu, daß Goethe kein ganzer Mensch sei; daß er aber, wie ich behaupte, teils ein Gott, teils ein Marmor ist, will sie nicht zugeben. So stehts mit ihr und ihre Absicht ist auch noch dieselbe."

S. 209 *von der griechischen Poesie:* Friedrich Schlegels Aufsatz „Über das Studium der griechischen Poesie" in „Griechen und Römer, historische und kritische Versuche über das klassische Altertum"; 1797 erschienen.

Fragmente: Gemeint sind die Stücke aus dem ersten Heft des „Athenäums". Die Romantiker bevorzugten das Fragment als eigenwillige, provokatorisch-offene Form. „Texte zum Denken" nennt Novalis sie, Friedrich Schlegel galten sie „ein Lessingsches Salz gegen die geistige Fäulnis", Schleiermacher als „kritische Späne", die das Licht eigenständigen Denkens entzünden sollten. Die Fragmente waren auf publizistische Operativität gerichtet, der selbständige, aktive Leser sollte „aus dem Azote der Konstruktionen in den lieblichen Strom der Praxis stürzen" (Friedrich Schlegel). Daß Friedrich Schlegel aus Carolines Briefen eine „philosophische Rhapsodie" zusammenstellen will (vgl. Brief 65 und die Anm. dazu), hat seinen Ursprung darin, daß die Frühromantiker – Fichtes Philosophie folgend – den Anspruch auf Autonomie jedes Individuums und die Selbsttätigkeit seiner geistigen Kräfte und Anlagen, die eigenen Wege der Erkenntnis verteidigten; sich wehrten, „die Ecken der Individualität wegputzen" zu lassen (Friedrich Schlegel). Die „Formen der modernen Philosophie" waren daher für sie „ganz individuell": Briefe, Autobiographie, Roman, Fragmente.

S. 209 *von Oertel:* Friedrich v. Örtel „Über Jean Paul Richter"; im Oktoberheft des „Teutschen Merkur".
Nicolais Unfug: Nicolai hatte im „Archiv der Zeit" 1798 eine Liste von Tiecks sämtlichen Werken drucken lassen und druckte – trotz Tiecks Protesten – danach eine Ausgabe.

S. 210 *Ein Architekt:* der auch für den Schloßbau verantwortliche Architekt Nikolaus Friedrich Thouret.
Wallensteins Lager: Schillers Drama „Wallensteins Lager" und Kotzebues „Die Corsen" wurden am 12. Oktober 1798 aufgeführt.

S. 211 *Sternbald:* Ludwig Tiecks Roman „Franz Sternbalds Wanderungen. Eine altdeutsche Geschichte", 2 Bände, Berlin 1798. Goethe wollte den „Sternbald" und Wackenroders „Klosterbruder" in der Zeitschrift „Propyläen" besprechen und begann seine Notizen dazu mit dem Satz: „Zu viel Morgensonne." Am 8. September 1798 schickt er das Buch an Schiller mit der Bemerkung: „Den vortrefflichen ,Sternbald' lege ich bei, es ist unglaublich, wie leer das artige Gefäß ist." Später hat er sich öfters über das „Sternbaldisiren" geäußert, das ihm verhaßt war. Caroline gibt Goethes Urteil hier offenbar sehr zustimmend wieder, weil es auch ihrem Gefühl entsprach, wie im folgenden aus ihren Anmerkungen über den 2. Teil des Tieckschen „Sternbald" hervorgeht. Im Gegensatz dazu steht Friedrich Schlegels Urteil. Er schrieb an A. W. Schlegel: „...ein göttliches Buch ... der erste Roman seit Cervantes der romantisch ist, und darin weit über Meister".

S. 212 *Franz:* Tiecks Held Franz Sternbald.
Tieks liebe Amalie: Tiecks Ehefrau Amalia; von ihr ist überliefert, daß sie beim Vortrag der Werke ihres Mannes oft einschlief.

69

S. 213 *Dithyramben:* Lobgesänge.
über das mercantilische Genie: wahrscheinlich Bezug auf Novalis' Plan eines „litterärischen republikanischen Ordens, der durchaus merkantilisch und politisch ist". Mit „merkantilischen" Plänen beschäftigt sich Novalis u. a. auch in Hinblick auf das eigene Leben; die Poesie bezeichnet er als „vertraute und nützliche Gespielin" seiner „Nebenstunden" und legt

viel Wert auf eine praktische Ausbildung (zu dieser Zeit studierte er an der Bergakademie Freiberg bei dem Geologen Werner) und einen festen bürgerlichen Beruf.

S. 215 *Appellation:* Berufung. Fichte hatte im Jahr 1798 einen Aufsatz veröffentlicht: „Über den Grund unseres Glaubens an eine göttliche Weltregierung". Daraufhin wurde er des Atheismus angeklagt. Dieser „Atheismusstreit" war das Modell einer Kraftprobe zwischen feudaler Reaktion und den progressiven bürgerlichen Kräften. Fichte, der scharf erwiderte, wurde vom Weimarer Fürsten bzw. seinem Beamtenapparat gerügt und seines Amtes als Professor der Universität enthoben.
Evénement: (franz.) Ereignis.
die Veit: Dorothea Veit. Friedrich Schlegel plante, mit seiner Lebensgefährtin nach Jena zu kommen.
Lucinde: Roman von Friedrich Schlegel, 1799 erschienen.

70

S. 216 Caroline reagiert auf Novalis' erneute Verlobung. Seine erste Braut Sophie von Kühn war am 19. März 1797 fünfzehnjährig gestorben. Nunmehr verband er sich mit Julie von Charpentier.
S. 217 *Thielemann:* Offizier, mit Wilhelmine von Charpentier verheiratet.
abandonniren: hier im Sinne von preisgeben.
in Preußen honnet verfahren: Fichte wurde eine Stelle in Berlin angeboten.
S. 218 *die Elegie geendigt:* A. W. Schlegels großes Programmgedicht „Die Kunst der Griechen. An Goethe. Elegie" eröffnete das „Athenäum" II, 2.
mit Optik für die Propyläen: wissenschaftliche Ausarbeitungen für die von ihm herausgegebene Zeitschrift.

71

S. 218 *Wallenstein:* Schillers Drama „Wallensteins Tod" hatte am 20. April 1799 am Weimarer Theater Premiere.
S. 219 *Von der Fichtischen Sache:* Vgl. Anm. *Appellation* zu Brief 69.
Geheimerath Voigt: Regierungsbeamter in Weimar; hatte an Fichtes Abberufung Anteil. An ihn wandte sich Fichte am 22. März mit einem Brief, daß er im Falle eines Verweises um seine Demission bitten werde. Voigt hatte diesen Brief dem Herzog vorgelegt; es kam zum Verweis. Goethe, der einstmals Fichte für die Professur vorgeschlagen hatte, trat nicht für ihn ein.

S. 220 *von der Schützischen Comödientollheit:* Die Frau des Prof. Schütz hatte, aus Berlin zurückgekehrt, den Plan der Gründung eines Liebhabertheaters. Der Herzog lehnte diesen Plan ab.
Entreprise: Unternehmung.

72

S. 220 *Hrn. von Dohm:* verfaßte als preußischer Diplomat den „Authentischen Bericht" über den Rastatter Gesandtenmord.
Rastadter Greueln: Auf dem Rastatter Kongreß verhandelten Bevollmächtigte Frankreichs und des deutschen Reichs über die Abtretung der linksrheinischen Gebiete an Frankreich. Die französischen Gesandten wurden in der Nacht des 23. April 1799 von österreichischen Husaren niedergesäbelt. Die Reaktion suchte diesen beispiellosen Diplomatenmord zu verharmlosen. Fichte betonte den Zusammenhang von reaktionärer Politik der deutschen Staaten und dem Zweiten Koalitionskrieg gegen Frankreich. Er kritisierte u. a. Goethes und Schillers Haltung dazu. Im Fichteschen Sinne engagierte sich auch Caroline. Vgl. dazu Brief 73.

73

S. 221 *pends-toi, brave Crillon:* Bezieht sich auf einen Ausspruch Heinrich IV. zu Luis de Crillon, seinem berühmten Hauptmann, Freund und Waffengefährten. Der König erklärte Crillon zum ersten Feldherrn der Welt, und er schrieb ihm nach seinem – Heinrichs – Sieg über den Herzog von Mayenne bei Argues 1589 die berühmt gewordenen Zeilen: „Häng dich auf, tapferer Crillon, wir haben bei Argues gesiegt, und du warst nicht dabei!"
der Brief: Der Philosoph Friedrich Heinrich Jacobi stritt vom Standpunkt einer Gefühlsphilosophie gegen Mendelssohn, Kant, Fichte und Schelling. Fichte griff er in der Schrift „Sendschreiben an Fichte" an, die dann mit Fichtes Einverständnis 1799 in Hamburg gedruckt wurde. Vorher zirkulierte der „grüne Brief". Jacobi bediente sich solchen Papiers seiner empfindlichen Augen halber.
S. 222 *sprang Sapho vom Leukadischen Fels:* Der Legende nach soll Sapho sich wegen ihrer unerwiderten Liebe zu dem schönen Fährmann Phaon vom leukadischen Felsen in den Tod gestürzt haben.
S. 223 *Seine gerichtliche Verantwortungsschrift:* Fichtes „Verantwortungsschrift gegen die Anklage des Atheismus", 1799 in Jena und Leipzig erschienen.
als die Appellazion: vgl. Anm. *Appellation* zu Brief 69.

S. 224 *Luzienschaft:* Anspielung auf die Tischszene zwischen der halbwüchsigen Lucie und dem fremden Offizier in Goethes „Stella"; hier im Sinne von schnippischem Mädchen gebraucht. An anderer Stelle spricht Caroline von Auguste als „spröder Halbmamsell".

74

S. 224 Auguste war am 20. September 1799 nach Dessau zur Familie des Porträtmalers Tischbein gereist.
Desperazion: Verzweiflung.
Mumu: Großmutter Schlegel.
les vœux téméraires von Mad. Genlis: (franz.) „Die waghalsigen Wünsche"; einer der etwa 100 Romane, die die Genlis verfaßt hat. Sie war Erzieherin bei Philippe Egalité; hielt sich als Emigrantin viele Jahre in Deutschland auf.
S. 225 *Unkepunz:* mundartlich – kleines Kind; Scheusälchen.
Effekten: Wertpapiere.

75

S. 225 *appanagirt:* von Apanage = Jahresgeld an nicht regierende Mitglieder fürstlicher Häuser.

76

S. 228 *eine Schwägerin aus Göttingen:* Sophie Dorothea Philippine Böhmer; war mit einem Hoppenstedt verheiratet.
von anderen Geschäften: Gotter war am 18. März 1797 gestorben. Caroline beriet die Freundin in Sachen seines literarischen Nachlasses und vermittelte über A. W. Schlegel, Iffland und andere mögliche Aufführungen und Drucke von Gotters Dramen.
Schlegels Hamlet: Am 15. Oktober 1799 wurde das Shakespearesche Stück in der Schlegelschen Übersetzung in Berlin aufgeführt.

77

S. 230 *Tieks:* der Dichter Ludwig Tieck mit seiner Frau Amalie und der Tochter Dorothea.
in den Arkadiern: „Die neuen Arkadier", Singspiel mit Musik von Süßmeyer.
Stück von Holberg vorgelesen: Tieck schätzte den dänischen Lustspieldichter Ludvig Holberg (1684–1754) sehr.
Spuk in Leipzig: Aufführung von Kotzebues Stück „Der hyperboreische Esel oder die heutige Bildung".

S. 230 *Müller:* der Bürgermeister von Leipzig Karl Friedrich Müller.
tout de bon: (franz.) allen Ernstes, tatsächlich.
S. 231 *Melish:* Frau des englischen Diplomaten Joseph Charles Mellish. Er lebte mit seiner Familie seit 1797 in Weimar. Übersetzer Goethes und Schillers.

78

S. 231 *enfin:* (franz.) kurz.
Mad. Bohn: Frau des Buchhändlers Bohn, Schwester von Johanna Frommann in Jena.
Buonaparte ist in Paris: Am 8. Oktober kehrte Napoleon aus Ägypten zurück.
S. 232 *Sonnet auf den Merkel:* Der Schriftsteller Merkel hatte Tieck angegriffen, ebenso Friedrich Schlegel, vor allem dessen Roman „Lucinde". Die Brüder Schlegel und Tieck erwiderten mit dem Sonett „Ein Knecht hast für die Knechte Du geschrieben". Sie ließen das an einem Abend fabrizierte Werk auf Visitenkarten drucken und in Berlin verteilen.
malice: (franz.) Bosheit.

79

S. 233 *die Rezensionen:* Am 21. Oktober 1799 veröffentlichte Huber in der „Allgemeinen Literatur-Zeitung" eine Rezension „Athenäum. 1798. 1799", die die Zeitschrift frontal angriff. Das Verhältnis der Romantiker und Schellings zur ALZ hatte sich bereits seit einiger Zeit verschlechtert; die progressive Richtung paßte der Zeitung nicht, und sie gab schlechten Kritikern Gelegenheit, die Romantiker unqualifiziert anzugreifen. Caroline hat in ihren beiden großen Verteidigungsbriefen (der zweite, nicht in unserer Ausgabe enthaltene, stammt vom 24. November 1799) scharfsichtig die politischen Fronten der literarischen Szene beurteilt; die Verbindung zu den allgemeinen Zeitereignissen, auch den Vorgängen in Frankreich, hergestellt. Sie zieht eine Linie zwischen der Huberschen Kritik am „Athenäum" und dem Geschick Fichtes und deutet es als ein Symptom für das Vorprellen der reaktionären Kräfte, in deren Dienst sich Huber mit seiner feigen, angeblich neutralen Kritik stellt.
S. 234 *acharnements:* (franz.) Erbitterung.
Pasquill: Spottschrift.
S. 235 *Affectation:* hier im Sinne von Vorliebe.
S. 236 *Faction:* parteiähnliche Gruppierung, Tatgemeinschaft.
modéré: (franz.) gemäßigt.

S. 236 *et vous avés bien merité de la patrie!:* (franz.) Sie haben sich um das Vaterland verdient gemacht!
seit Buonaparte Consul ist: Durch den Staatsstreich vom 18. Brumaire (22. November 1799) riß Napoleon die Macht an sich und sicherte die Herrschaft der Großbourgeoisie. Er errichtete ein Konsulat als Form der Macht und ernannte sich zum Ersten Konsul.

80

S. 237 *Bruch mit der ALZ:* A. W. Schlegel kündigte die Mitarbeit und veröffentlichte anonym in einer Beilage zum „Athenäum" III. eine Aufstellung seiner 300 für die ALZ geschriebenen Rezensionen.
unsre nächsten Nachbarn: Hufelands.
S. 238 *Redaktoren:* vornehmlich Hufeland; aber auch Schütz.
detestiren: verabscheuen.

81

S. 239 Caroline erkrankte Anfang März schwer. Dorothea Veit schrieb am 10. April an Rahel Levin: „Unser schönes Leben hat ein böser Dämon zerstört! Die Schlegeln ist seit sechs Wochen bettlägerig krank, erst gefährlich und dann langweilig." Am 17. März heißt es in einem Brief an Schleiermacher: „C. ist ernsthaft krank. ...Ich habe jetzt Gelegenheit, die Brownsche Manier kennen zu lernen, und da ich weiter keine Offenbarung darüber haben kann, so muß ich mich begnügen die Wunder, die sie verschafft, anzubeten. Hufeland (der Arzt Johann Friedrich H.) nemlich hat C.n anfangs Antibrown behandelt, und sie verschlimmerte zusehens; Schelling hat aber H. so eingeheizt, daß er endlich nachgab, und flüchtige Reizmittel und unausgesetzt Stärkungen aus China, ungarischen Wein, nährende Cremen, und starke Bouillon nehmen ließ, und sieh da es geschehen Wunder vor unsern Augen. Sie wäre auch schon völlig wieder hergestellt, wenn nicht ein fatales Senfpflaster an der Wade ihr eine Inflammation gemacht hätte, von der sie wieder einige Schritte retrograde ging." Später, ohne Datum, schreibt Dorothea Veit: „Caroline fährt fort krank zu seyn, und zwar hat sie seit länger als 8 Tagen eine Friesel Ausschlag, den die Ärzte als letzte Crisis angeben, und auf dessen Ende vertrösten." Am 23. März dann schreibt A. W. Schlegel an Goethe über einen Rückfall mit bösen Krämpfen und die Notwendigkeit stärkerer Mittel wie Moschus, Opium und zur Kräftigung beständig Ungarwein, um den er Goethe bittet. Am

1. April dann, Caroline dankte Goethe für „die große Erquickung". Schelling heilt Caroline offenbar durch die Anwendung einer neuen, gegenüber dem gebräuchlichen Aderlaß und Purgieren, revolutionären Methode der Brownschen Medizin, die aber sehr umstritten war.

82

S. 240 Anfang Mai hat sich Caroline so weit erholt, daß sie zur Badekur nach Bocklet in Unterfranken fahren kann. A. W. Schlegel begleitet Caroline und Auguste bis Rudolstadt. Dann schloß sich Schelling an, der nach Maulbronn zu seinen Eltern fuhr. Zunächst machten Caroline und Auguste in Bamberg Station, dort blieben sie fünf Wochen, da die gemieteten Zimmer in Bad Bocklet noch nicht bezogen werden konnten.

S. 241 *Mull:* mundartlich; schwäbisch = Kater.

S. 242 *Marcus:* Direktor des Krankenhauses in Bamberg; Schelling und Steffens hatten dort die Brownsche Methode studiert.

Carolines Tochter Auguste starb nach einer kurzen heftigen Krankheit (Ruhr) am 12. Juli 1800 im Alter von fünfzehn Jahren.

VII. Briefe aus Braunschweig, Hamburg und Jena. 1800–1803

83

S. 243 A. W. Schlegel, der auf die Nachricht von Augustes Tod hin gleich nach Bad Bocklet gekommen war, begleitete Caroline am 1. Oktober 1800 von Bamberg nach Braunschweig. Dort lebte Caroline allein und zurückgezogen bis Mitte April 1801.

Ich schreibe Dir von Göttingen: Caroline konnte nicht nach Göttingen; wiederum wurde ihr das Betreten ihrer Heimatstadt aus politischen Motiven untersagt; siehe Reskript im Anhang S. 354f.

Rose: das auch in den folgenden Briefen oftmals erwähnte Dienstmädchen.

84

S. 244 *am Journal:* „Zeitschrift für spekulative Physik"; damit versuchte Schelling den Freunden der Naturphilosophie ein Organ zu gründen; später gab er, gemeinsam mit Hegel, der im Januar 1801 nach Jena kam, das „Kritische Journal der Philosophie" heraus, es erschien 1802 in Tübingen.

S. 244 *Friedrich seine Querspiele:* Friedrich Schlegel promovierte am 18. Oktober 1800 an der Jenaer Universität und bereitete sich auf Vorlesungen vor, die er im Winter 1801 dann hielt. Er las auch über Transzendentalphilosophie. Schelling, der im Wintersemester seine Jenaer Vorlesungen wiederaufgenommen hatte, sprach davon, daß er verhindern wolle, „daß der poetische und philosophische Diletantismus aus dem Kreis der Schlegels unter die Studenten übergehe".

S. 245 *Wickelmann:* offenbar absichtlicher Schreibfehler für August Winckelmann, Mediziner. In seinem Buch „Einleitung in die dynamische Physiologie" bekennt er sich zu Schelling.
Divinität: Göttlichkeit.
Paulussens: Das Ehepaar Paulus verbreitete in Jena gehässige Gerüchte über Carolines und Schellings angebliche Schuld an Augustes Tod.
Über die Veit: Ebensolche Gerüchte und sehr häßliche Urteile über Caroline und ihre Beziehung zu Schelling verbreitete Dorothea Veit.
das Gedicht: Goethe besprach mit Schelling sein großes Gedicht „Die Natur".

85

S. 246 *Odipe à Colone:* „Ödipus auf Kolonos", Oper von Sachini.
tout à fait tragique: (franz.) nicht ganz tragisch.

S. 247 *Söder:* Caroline besuchte im Oktober in Söder bei Hildesheim die große Gemäldegalerie Friedrich Moritz von Brabecks (1738–1814), in der sich Bilder von Dürer, Correggio, Raffael u. a. befanden.
bei der Nuys: Elisa de Nuys; Caroline hatte sie bereits im Herbst 1799 in Jena kennengelernt; A. W. Schlegel schwärmte von ihr und schrieb ihr zahlreiche Briefe.

86

S. 248 Schelling war auf Goethes Vermittlung 1798 als Professor an die Jenaer Universität gekommen und ihm freundschaftlich verbunden.
einen Wunsch: Goethe erfüllte Carolines Bitte und nahm Schelling am 20. Dezember aus Jena mit nach Weimar, wo Schelling bis zum 4. Januar blieb.

88

S. 250 *einige von den Sonnetten:* Dem Brief beigelegt waren A. W. Schlegels für Auguste geschriebene Sonette „Todenopfer".

90

S. 252 *théorie de la terre und époques de la Nature:* „Theorie der Erde und der Epochen der Natur", Werk des französischen Naturforschers und Leiters des königlichen Gartens Georges-Louis Leclere Buffon (1707–1788). Vom wissenschaftlichen Standpunkt sind Buffons Werke von geringer Bedeutung, sie waren zu seinen Lebzeiten schon umstritten. Zeitgleich erarbeitete der Schwede Karl von Linné (1707–1778) mit dem „System naturae" (1735) eine wissenschaftlich fundierte botanische Systematik. Der Reiz von Buffons weitverbreiteten Werken bestand vor allem im glänzenden Stil und der poetischen Auffassung der Natur.

S. 253 *Deines Gedichtes:* Schellings „Natur"-Gedicht.

91

S. 254 *Schick mir nur das Journal:* vgl. Anm. *am Journal* zu Brief 84.
des kleinen Gedichtes von Goethe: „Amor als Landschaftsmaler", 1787 entstanden.

S. 255 *wie Fichte sein System ändert:* Schelling, der Fichte als seinen Lehrer anerkannte, ging bald eigene Wege. Fichte äußert sich (erstmals in einem Brief vom 15. August 1800) vorsichtig über Schellings Abweichungen; am 27. Dezember 1800 dann schreibt er ihm (und darauf bezieht sich vermutlich Carolines Äußerung), daß er als Forderung seiner eigenen Arbeit sehe, die Transzendentalphilosophie zu erweitern. Schelling glaubte sich dadurch mit Fichte einig. Vgl. weiter dazu Anm. *Ich konnte die Erklärung von Fichte* zu Brief 96.

92

S. 256 *Aufsaz über Bürger:* A. W. Schlegels großer Aufsatz „Bürger", 1801 in den „Charakteristiken und Kritiken" veröffentlicht.
tant pis pour lui: (franz.) um so schlimmer für ihn.

93

S. 257 *Hardenberg:* Novalis war an Schwindsucht erkrankt; Petzold ist offenbar der behandelnde Arzt.

S. 258 *Wilhelm Tell:* Schiller hatte das Stück noch nicht geschrieben; Caroline bezieht sich wohl auf den Vorsatz, von dem sie gehört hat.
Louis Bonaparte: der spätere König von Holland.
Tancred wieder im Boccaz: Geschichte von Guiscardo und Tancredis Tochter Ghismondo aus Boccaccios „Decameron".
Bürgers Lenardo und Blandine: Bürgers Gedicht „Lenardo und Blandine" beruht nicht direkt auf Boccaccio. A. W. Schlegel

bezeichnet Bürgers Romanze als eine „schlimme Verirrung".

S. 258 *die Canzone:* Schellings Lied „In meines Herzens Grunde Du heller Edelstein", erschienen im Musenalmanach für das Jahr 1802.
Grabschrift des Aretino: (ital.)
Hier liegt der Aretino, toskanischer Dichter, begraben
Der, der Übles über alle sagte, außer über Christus,
Sich dabei entschuldigend, indem er sagte: ihn kenne ich nicht.

94

S. 259 *deduciren:* folgern.

95

S. 260 *Wild:* Johann Christian Daniel Wildt, Philosophie-Professor in Göttingen.

96

S. 261 *Ich konnte die Erklärung von Fichte:* Schellings Naturphilosophie, aus Fichtes Wissenschaftslehre hervorgegangen, hatte sich in der „Identitätsphilosophie" über sie erhoben, während Fichte sein System in bewußtem Gegensatz zu Schelling weiterentwickelte. Caroline meint Fichtes „Ankündigung der neuen Darstellung der Wissenschaftslehre", erschienen in der Allgemeinen Zeitung 1801, Beilage Nr. 1. Fichte beklagt sich, daß er nicht verstanden werde; Schellings Name fällt dabei. Damit beginnen die Auseinandersetzungen zwischen Fichte und Schelling. Zunächst betont der Jüngere die Anregung durch Fichte. „Fortan werde ich", schreibt er Fichte im Mai 1801, „sagen: das was ich will, ist nur dasselbe, was Fichte denkt, und ihr könnt meine Darstellungen als bloße Variation seines Themas betrachten." Er schickt Fichte zugleich seine Schrift „Darstellung meines Systems der Philosophie" (1801), die mit einigen Sätzen schon auf Fichtes „Ankündigung" reagiert. Fichte weist Schelling zurecht. Dessen Haltung schlägt damit um. Mit Hegels gerade erschienener Schrift „Differenz des Fichteschen und Schellingschen Systems der Philosophie" argumentiert er gegen Fichte in einem Brief an ihn vom 13. Oktober 1801. Schließlich kommt es – über beiderseitige persönliche Beleidigungen – im Januar 1802 zum vollständigen Bruch; 1806 dann zu einer scharfen öffentlichen Polemik.
Divination: Ahnungsvermögen.

S. 262 *gegen Schlegel über dich spricht:* Fichte und A. W. Schlegel waren zu dieser Zeit eng befreundet; beide lebten in Berlin.

97

S. 263 *hesiodische Übersetzung:* Schelling übersetzte den altgriechischen Dichter Hesiod. Am 2. März 1800 schreibt Caroline an A. W. Schlegel: Schelling „macht allerley Studien und übt sich unter andern im antiken Sylbenmaß mit Übersetzungen aus dem Hesiodus. Ich wollte, er könnte Dich zu rath ziehen, an seine Hexameter glaub ich vors erste nicht."

98

S. 263 *Jerusalems Tochter:* Zur Familie des Abtes und Kurators des Carolineums in Braunschweig Johann Friedrich Wilhelm Jerusalem (1709–1789) – sein Sohn gelangte zu trauriger Berühmtheit als Vorbild für Goethes „Werther" – hatte Caroline schon während ihres ersten Aufenthaltes in Braunschweig 1795/96 freundschaftliche Beziehungen. Eine der drei Töchter gehörte einem Stift an.
Domina: Stiftsvorsteherin.

S. 264 *Den Freund will ich nicht lassen...:* Nach dem alten Kirchenlied von Helmboldt „Von Gott will ich nicht lassen / Denn er läßt nicht von mir".

99

S. 265 *Fichtens Ankündigung:* Vgl. Anm. *Ich konnte die Erklärung von Fichte* zu Brief 96.

S. 266 *tingirt:* gefärbt.
Mahometh: Tragödie Voltaires (1741), von Goethe nachgedichtet.

S. 267 *Ce cœur est ... plus sensible:* aus Voltaires Tragödie „Tancréde", 1760. Dieses Herz ist ebenso hochgemut wie das seine unbezwinglich; / dieses Herz war in allem ebenso groß wie das seine, / weniger argwöhnisch ohne Zweifel, vielleicht empfindsamer.

102

S. 271 Anfang April fuhr Caroline für zwei Wochen nach Hamburg.
sattgestopft mit Politik: Am 3. April 1801 hatte Preußen mit Rückendeckung Rußlands gegen die englische Seekriegsführung gegenüber den neutralen Ländern das in Personalunion mit England verbundene Kurfürstentum Hannover besetzt.

S. 271 *Pauls Tod:* Der russische Kaiser wurde am 23. März ermordet.
König Georg: englischer König.
detestirt: verabscheut.
Hardenberg ist also in Ruhe: Novalis starb am 25. März 1801 in Weißenfels.
S. 272 *Das Feenkind:* A. W. Schlegels „Das Feenkind. An Friederike Unzelmann"; ein Huldigungsgedicht an die mit Schlegel befreundete Schauspielerin.
Geheimnisse mit Unger: Zerwürfnis A. W. Schlegels mit dem Verleger wegen unbefugten Nachdruckes der Shakespeare-Übersetzung.

103

S. 272 Am 23. April 1801 – nach über einem Jahr Abwesenheit – kam Caroline wieder in Jena an. A. W. Schlegel war in Berlin. Am 27. April 1801 schreibt Friedrich an August Wilhelm: „C. ist vorigen Donnerstag Abend hier angekommen. Ich habe ihr die Schlüssel zu Deinem Zimmer und Büreau übergeben. Ich glaubte auch, weil Du sie noch als Deine Frau zu agnosciren scheinst, ihr einen Besuch machen zu müssen; er ist zwar von beiden Seiten recht köstlich ausgefallen, aber doch so frostig, daß ich zweifle, ob ich ihn ohne besondere Veranlassung sobald wiederholen werde."
Fortunat: Romanze von A. W. Schlegel, erschienen 1802 im von Ludwig Tieck und Schlegel gemeinsam vorbereiteten Musenalmanach.
Maria Stuart: Schillers Drama war 1800 vollendet.
im Thiergarten: Anspielung auf A. W. Schlegels Berlin-Aufenthalt.
S. 273 *Mädchen von Orleans:* Schillers 1801 erschienene romantische Tragödie „Die Jungfrau von Orleans".
nichts von der Genoveva: Tragödie „Leben und Tod der heiligen Genoveva" (1800) von Ludwig Tieck.
Rammlers Ino: Kantate von Karl Wilhelm Rammler (1725–1798).
S. 274 *Nathan:* Lessings „Nathan der Weise", wurde am 28. November 1801 in einer Bearbeitung von Schiller aufgeführt.
Pucelle von Voltaire: Voltaires parodistisches Epos „La Pucelle d'Orléans", 1755, deutsch 1763 „Das Mädchen von Orleans".
Macbeth: Schillers „Macbeth"-Bearbeitung für das Hoftheater in Weimar.
Tancred: Tragödie von Voltaire (1760).

S. 274 *Nicolai:* Fichtes, von A. W. Schlegel eingeleitete Streitschrift „Friedrich Nicolais Leben und sonderbare Meinungen", 1801 erschienen.
S. 275 *Caroline ... Betsy:* Töchter des Dessauer Malers Tischbein, die im Sommer 1799 in Jena zu Besuch waren und in deren Haus Auguste Böhmer einige Zeit weilte.
Wilh. Tell: das in Arbeit befindliche Drama Schillers, 1804 erschienen.
S. 276 *jener feindseliges Verfahren:* Die Beziehungen zwischen Friedrich Schlegel und Schelling verschlechterten sich zunehmend; zwischen August Wilhelm Schlegel und Schelling aber blieben zeitlebens freundschaftliche und achtungsvolle Verbindungen.

104

S. 277 *Ein Act fertig:* ein in Arbeit befindliches Schauspiel von A. W. Schlegel nach Euripides; „Ion" genannt.
Deckel des Gefäßes: Anspielung auf die Büchse der Pandora.
S. 278 *wie sich das zwischen Fichte und Schelling entscheidet:* vgl. Anm. *Ich konnte die Erklärung von Fichte* zu Brief 96.

105

S. 279 *gegen Unger:* vgl. Anm. *Geheimnisse mit Unger* zu Brief 102.
S. 280 *Anzeige über K[otzebue]:* In Röschlaubs „Magazin zur Vervollkommnung der theoretischen und praktischen Heilkunde" wurde ein Aufsatz Kotzebues scharf angegriffen, den dieser in Johann Friedrich Hufelands „Journal der praktischen Heilkunde XII" veröffentlicht hatte.

106

S. 283 *mit Schadow:* Schadow veröffentlichte 1801 in der Zeitschrift „Eunomia" einen Aufsatz „Über einige in den Propyläen abgedruckte Sätze, die Ausübung der Kunst in Berlin betreffend", in dem auch der Bildhauer Friedrich Tieck angegriffen wurde.
die Kleine: die Schauspielerin Friederike Unzelmann, der die Rolle der Jeanne d'Arc in Berlin entgangen war. Vom 19. September bis 2. Oktober gab sie durch Schlegels Vermittlung an Goethe in Weimar ein Gastspiel.
S. 284 *eine von Lichtenberg:* Schleiermachers Rezension von Lichtenbergs „Vermischten Schriften"; erschienen in der Erlanger „Literatur-Zeitung" 1801 Nr. 206.
mit Hegel: vergl. Anm. *am Journal* zu Brief 84.
S. 285 *Bild von Leipzig erhalten:* Bildnis von Carolines Tochter Auguste.

S. 285 *Petrarch:* Übersetzung von Sonetten Petrarcas, die Caroline gemeinsam mit Schelling anfertigte.

107

S. 286 *Resolution:* hier im Sinne von Entscheidung.
S. 287 *Ion:* „Ion, Schauspiel in fünf Aufzügen", Hamburg 1803, von A. W. Schlegel. Goethe inszenierte das Stück am Weimarer Theater. Er hatte es am 20. Oktober 1801 gelesen, nennt es dem Hoftheater „höchst willkommen" und wandte große Sorgfalt an die Aufführung.
ihren Florentin: Dorothea Veit hatte einen Roman mit dem Titel „Florentin" geschrieben.
auf diese Indiskretion: Am 19. Januar 1802 schrieb A. W. Schlegel an Goethe mit Hindeutung auf Dorothea Veit, durch sie sei sein Name vorzeitig genannt worden. Goethe erwiderte Anfang Februar: „Die zu frühe Entdeckung Ihres Namens hat freylich sogleich eine starke Oppositionswoge erregt und es ist nicht ohne Händel abgegangen, deren Eclat ich jedoch zu verhindern glücklich genug war."

108

S. 288 Am 3. Januar 1802 wird Schlegels „Ion" in Weimar aufgeführt. Caroline hat dem Brief vom 4. Januar an Schlegel einen an Sophie Bernhardi hinzugefügt, in dem sie sehr ausführlich die Aufführung beschreibt. Diese offenbar ohne Überzeugung und Lust geschriebene, sich bloß auf den Inhalt orientierende Beschreibung – die wir in unserer Ausgabe nur auszugsweise wiedergeben – hat Caroline dann zu einem Bericht umgearbeitet, der am 16. Januar 1802 in der Nr. 7 der „Zeitung für die elegante Welt" erschien. Goethe lobt ihn im „Journal des Luxus und der Moden" im März 1802: „Wir wünschen, daß jener Freund unseres Theaters, welcher ... die Darstellung des Ion, mit so viel Einsicht als Billigkeit, recensirt, eine gleiche Mühe in Absicht auf Turandot übernehmen möge." A. W. Schlegel mißfiel jedoch die Rezension; er verteidigte sich in der „Zeitung für die elegante Welt", ging auf mehrere erschienene Rezensionen ein und polemisierte öffentlich gegen Caroline, sie kenne kein Griechisch und habe nicht einmal die schlechte Bothische Übersetzung des Euripides gelesen.
S. 292 *Turandot:* Satirisches Märchendrama des italienischen Dichters Carlo Gozzi (1720–1806); Schiller übersetzte und bearbeitete das Stück.

S. 294 *inkommodirt:* plagt, belästigt.
S. 295 *aus Kotzebues Leben:* Gemeint ist Kotzebues 1801 erschienenes Buch „Das merkwürdigste Jahr meines Lebens" über seine Zeit in russischer Gefangenschaft und am Zarenhof in Petersburg.
eine Fete veranstaltet: Am 5. März wurde von Kotzebue eine Schillerfeier veranstaltet, die offenbar mißlang.
die Kleinstädter: „Die deutschen Kleinstädter", Stück von Kotzebue; nach Picard, wurde am 28. April 1802 in Berlin aufgeführt. In Weimar kam – durch Goethes Einwände – die Aufführung am Hoftheater nicht zustande. In einer Privataufführung wurde es jedoch gezeigt.
S. 296 *Kostume zum Ion:* Entwürfe Friedrich Tiecks; ohne Nennung von Tiecks Namen erschien im März 1802 im Weimarer „Journal des Luxus und der Moden" eine große kolorierte Tafel mit fünf Figurinen zum Stück.

S. 297 A. W. Schlegel, der an eine Rückkehr nach Jena offenbar nicht dachte, hatte sich in Berlin einen neuen Lebenskreis geschaffen; seine Vorlesungen über Literatur waren zudem in Berlin gut angekommen. Ende März fährt Caroline nach Berlin, Anfang Mai reist sie zurück. Während ihres Berlin-Aufenthaltes muß die Scheidung beschlossen worden sein.
Entwurf zum Memorial: Ehescheidungsgesuch Carolines und A. W. Schlegels. Das Konzept Carolines wurde am 11. Oktober 1802 von Schelling an Schlegel nach Berlin geschickt. Siehe im Anhang S. 355 f.
Herzog: Carl August in Weimar.
Konsistorium: Gremium der Weimarer Regierungsbeamten.
Mereauischen Angelegenheit: die Scheidung von Sophie Mereau, der späteren Frau von Clemens Brentano; der Herzog hatte dabei vermittelt.
an einen Mann gewandt: an Goethe, mit dem Schelling über die Scheidung korrespondierte.
S. 298 *Erneuerung jener verhängnißvollen Schlechtigkeiten:* der Vorwürfe, Schelling habe Augustes Krankheit falsch behandelt. Am 10. August 1802 erschien in der ALZ ein Artikel von dem Würzburger Theologen Franz Berg, in dem behauptet wurde, Schellings Eingreifen in die Behandlung der kranken Auguste habe ihr den Tod gebracht. Der Informant war Büchler, der Kissinger Arzt, dem Schelling die Behandlung entzogen hatte. A. W. Schlegel stellt sich sofort auf Schellings Seite, verteidigte ihn und veröffentlichte eine Schrift gegen die „in der Jenaischen A.L.Z. begangene Ehrenschändung".

111

S. 301 *das letzte Wort:* Im Herbst 1802 hatten (vgl. Anm. zu Brief 110) Caroline und A. W. Schlegel ein gemeinsames Scheidungsgesuch direkt an den Herzog Carl August gerichtet. Die beiderseitigen Vertreter vor dem Herzoglichen Oberkonsistorium waren Hufeland und Hesse. Unter Carolines nachgelassenen Papieren befand sich – laut Herausgeber Schmidt – eine Vollmacht Schlegels in der vorliegenden Rechtssache, eine von Herder am 14. Dezember unterzeichnete Vorladung Schlegels für den 1. Februar 1803. Durch Vermittlung Goethes wurde dann – auf ein „entschiedenes Rescript Serenissimis" (d. h. Carl Augusts) die Ehe am 17. Mai 1803 geschieden. Beide hatten als Kosten je 25 Reichstaler an den Schulfond des Landes zu zahlen.

S. 303 *Hegel:* Hegel habilitierte sich Anfang 1801 in Jena als Dozent der Philosophie, lebte dort als Privatdozent, 1806 wurde er außerordentlicher Professor; zu Caroline hat er in der Jenaer Zeit und auch später keine Beziehung gefunden.
Cicibeo: hier im Sinne von Galan.
Ende Mai verlassen Caroline und Schelling Jena.

VIII. Briefe aus der Zeit der Gemeinsamkeit Carolines mit Schelling. 1803–1809

112

S. 304 Das 1803 säkularisierte Kloster Maulbronn beherbergte ein evangelisches Stift, dem Schellings Vater als Prälat vorstand. Ende Mai kamen Caroline und Schelling nach Zwischenstationen in Bamberg und Würzburg in Maulbronn bei Schellings Eltern an.

S. 305 *Ausbruch des Krieges:* Dritter Koalitionskrieg. England verweigerte die Räumung Maltas und forderte die Herausgabe von Piemont. Die Franzosen besetzten Hannover.
Unzelmann ist dort: In Stuttgart wurde Schillers „Maria Stuart" gegeben; Friederike Unzelmann spielte die Maria.
Briefe von unserm Vater: Vater Carolines, mit dem Schellings Vater früher korrespondiert hatte.

S. 306 Am 26. Juni 1803 heirateten Caroline und Schelling; sie wurden in Murrhardt von Schellings Vater getraut.

113

S. 306 Eine Reise führt Caroline und Schelling im Spätsommer 1803 nach Stuttgart, Tübingen, Ulm, Augsburg und München.

S. 306 *von Jena abruft:* Am 29. November 1803 hatte Goethe Schelling bedauernd das Entlassungsdekret übersandt. Er erhielt eine Berufung an die Universität Würzburg. Die mit Caroline und Schelling verfeindeten Jenaer Professoren Hufeland und Paulus wurden ebenfalls dorthin berufen. Anfang November 1803 beziehen Caroline und Schelling eine große Wohnung; Mitbewohner des Hauses sind die Professorenfamilien Hufeland, Paulus und Hoven.
Grafen Thürheim: Thürheim, ehemaliger Mitschüler Schillers, war seit 1803 Kurator der Universität Würzburg, hatte Schelling nach Würzburg eingeladen.
S. 308 *neue Vorschläge von der Literatur Zeitung:* Die Jenaer ALZ war nach Halle verlegt worden und verkümmerte langsam; in Jena erscheint dann 1804 eine neugegründete Allgemeine Literatur-Zeitung, für diese arbeitet Caroline. Vier Rezensionen erscheinen 1805 von ihr, zwei im Jahre 1806.
S. 309 *die Büste:* Der Bildhauer Friedrich Tieck arbeitet an einer Büste der Tochter Auguste.

114

S. 310 *Huber betreffend:* Huber war im Dezember 1804 gestorben. In der Zeitung für die „Elegante Welt" am 29. Januar 1805 wurde ein Privatbrief Thereses über das Lebensende Hubers abgedruckt. Im „Freimütigen" vom 16. und 18. Februar 1805 und in „Aurora, eine Zeitschrift aus dem südlichen Deutschland" vom 30. Januar 1805 erschienen Nachrufe. Huber hatte am 22. April 1804 einen langen Brief verfaßt, in dem er sich als „Retter" der Familie Forster aus dem „Clubisten-Horror" in Mainz darstellt.
S. 311 *aggraviren:* übertreiben.
affiziren: reizen.

115

S. 312 *Kriegsdrangsale:* Am 18. Mai 1804 hatte England Frankreich den Krieg erklärt. Am 11. April 1805 gab es ein Offensivbündnis zwischen England und Rußland gegen Frankreich. Österreich schloß sich der Koalition an, nachdem Napoleon sich zum König von Italien gemacht hatte.
S. 313 *maliziös:* hämisch.

116

S. 314 *daß wir am Ende noch kaiserlich werden müßen:* Mit dem Preßburger Frieden vom 26. Dezember 1805 wurde Bayern Königreich und bekam Tirol und Salzburg dazu; dafür wurde dem Kurfürsten von Salzburg die Stadt Würzburg gegeben, diese zum Großherzogtum gemacht und aus dem bayrischen Staat herausgelöst.

S. 314 *den neuen Diensteid:* Schelling leistete den Eid auf die neue Regierung nicht und sah sich nach einer anderen Universität um.

S. 315 *abandonniren:* aufgeben.

117

S. 316 *Räumung von Cattaro:* Im März 1806 hatte Preußen unter dem Druck Napoleons das Kurfürstentum Hannover besetzt und die Nordseehäfen für englische Schiffe gesperrt.
im Freimüthigen: Am 31. März 1806, Nr. 64 der Zeitung „Der Freimüthige" wurden die Huldigungen, die die meisten Professoren der neuen Regierung geleistet hatten, veröffentlicht; Schelling und Paulus, die das nicht taten, wurden kritisiert. Am 17. April, in der Nr. 76, erscheint dann ein beleidigender Artikel über Schellings Ausscheiden.
entrepreniren: unternehmen.

S. 317 *délice:* (franz.) Genuß.
Nachbar Präsidenten: Gemeint ist Wagner, der Hofkanzler und Präsident der Justiz und des bayrischen Landgerichtes.

118

S. 318 *Gerüst zur Illumination:* Anläßlich des Regierungswechsels zog der Kurfürst Ferdinand in Würzburg ein. Es war Bürgerpflicht, die Stadt festlich zu beleuchten und zu schmükken.
ingenios: erfinderisch.

S. 319 *desolirt:* trostlos.
Recension von Fichtens neuem Buch: Fichtes „Über das Wesen des Gelehrten", in der ALZ Nr. 92 angezeigt.

S. 320 *Jacobi:* Gleims Großneffe Wilhelm Körte edierte 1804 „Briefwechsel zwischen Gleim, Heinse und J. Müller", 1806 dann „Brief deutscher Gelehrter aus Gleims Nachlaß". Jacobi veröffentlichte am 14. April 1806 eine empörte „Erklärung", dann folgte ein Heft, betitelt „Was gebieten Ehre, Sittlichkeit und Recht in Absicht vertraulicher Briefe von Verstorbenen und noch Lebenden?".

S. 321 *Assiduität:* Ausdauer.
Spix: begeisterter Anhänger Schellings.
viele Blätter der Gebrüder Riepenhausen: Die beiden Maler hatten 14 Platten zu Tiecks „Leben und Tod der heiligen Genoveva" angefertigt.

S. 321 *il vaut encore ... qu'à midi:* (franz.) Es ist immer noch besser, um Mitternacht allein zu sein als mittags.

S. 322 *allerhöchsten Ankunft:* der zu erwartende Kurfürst; von dem mit Caroline befreundeten Köhler stammt ein Billet, sich darauf beziehend. „Der Kurfürst kömt ganz gewiß vor unserm Haus vorbey. Ist es Ihnen gefällig die dabey vorfallenden Spectacule anzusehen, und wollen Sie sich entschließen Ihren Arm einem jungen Ehemann zu geben, der Sie zu seiner recht artigen Frau bringen wird, so kömmt Schott um 2 Uhr zu Ihnen und bittet Sie den gepolsterten Platz an Seiner Frau Fenster und Sein Geleite hieher anzunehmen. Ich aber sage: ‚O Herrin, ich bin nicht würdig, daß Du eingehest unter mein Dach; doch sprich nur ein Wort, so wird meine arme Seele gesund' und bitte um gütige bestimmte Antwort. Koehler."

119

S. 323 Der einzig erhaltene Brief Schellings an Caroline.
Schelling erhielt von der bayrischen Regierung eine Berufung nach München. Während er Würzburg Mitte April 1806 verließ, blieb Caroline dort zurück, um den Hausstand aufzulösen.
decisiv: bestimmt.

S. 324 *seiner Gleimschen Angelegenheit:* vgl. Anm. *Jacobi* zu Brief 118.
horreurs: (franz.) Schandtaten.
Die alten Jungfern: Jacobi lebte als Witwer mit seinen Halbschwestern Helene und Charlotte.
horrible: (engl.) entsetzlich.

121

S. 325 *das Schicksal jener friedlichen Gegenden:* Nach dem Sieg Napoleons in der Doppelschlacht von Jena und Auerstedt am 14. Oktober 1806 werden Weimar und Jena und zum Teil auch Gotha das Opfer der brandschatzenden Sieger.

S. 326 *Face:* (engl.) Gesicht; hier im Sinne von Fassade.

122

S. 327 Carolines Schwester Luise befand sich – wie aus dem Brief 121 hervorgeht – in Kiel. Die Mutter hatte noch rechtzeitig Braunschweig verlassen und war nach Kiel geflohen. Sie starb dort fast siebzigjährig, am 5. Februar 1808.
Goethe schrieb: In Goethes Brief an Schelling vom 31. Oktober 1806 heißt es: „Den Aufwand an Geistes- und Körperkräf-

ten, an Geld und Vorräten verschmerzt man gern, weil doch so vieles und darunter das Werteste erhalten ist." Die Trauung von Goethe und Christiane Vulpius fand am 19. Oktober 1806 in aller Stille statt.

S. 328 *Anfällen der Marodeurs:* Jena war – wegen Carl Augusts preußenfreundlicher Haltung – für die Plünderung freigegeben worden.
Pretiosen: kostbarer Schmuck.
Geschichtschreiber (Johannes Müller): Verwechslung von Caroline; zu Napoleon wurde nicht der Historiker Müller, sondern der spätere Kanzler des Großherzogtums Weimar, Friedrich Müller, gesandt.

S. 329 *nicht mehr ausgezahlt werden:* Caroline hatte Sorge, daß ihrer Mutter die Pension nicht weiter gezahlt werde.
Untergang des Braunen: Herzog Karl Wilhelm Ferdinand von Braunschweig starb nach der Schlacht bei Jena und Auerstedt am 10. November 1806 in Ottensen.
Moniteur: Aufseher.
die gute Meyer: Friedrike, geb. Böhmer.

S. 330 *Biographie ihres Mannes:* „L. F. Hubers sämmtliche Werke seit dem Jahre 1802.", herausgegeben von Therese Huber, erschienen 1806.

123

S. 331 *divinirt:* vorgeahnt.
der alte Kraus: Kraus, der Leiter der Weimarer Zeichenschule, starb am 5. November 1806 an den Folgen der Mißhandlungen durch die Franzosen. Loder schreibt am 24. März 1807 an Hufeland: „Der arme K., welcher alles hergab, mußte Hühner rupfen und ward gemißhandelt, weil er keinen Wein mehr herzugeben hatte; er starb bey Bertuch am folgenden Tage."
Ihr sprecht ja ...: Anspielung auf Goethes Faust I, 2628.

S. 332 *Tiek:* Ludwig Tieck war im August 1807 aus Rom abgereist, wo er sich mit den Söhnen seiner Schwester Sophie Bernhardi und seinem Bruder Friedrich seit Sommer 1805 aufgehalten hatte.
Horatier: von Domenico Cimarosa.

S. 333 *Aegide:* Schutz.
Convenienz Welt: herkömmliche Welt.

S. 334 *Nièce:* (franz.) Nichte.
von Weißhaupt: Weishaupt hatte, nachdem er sein Lehramt in Ingolstadt wegen religiösem Fanatismus verlor, in Gotha bei Herzog Ernst Unterkunft gefunden.
Education: (engl.) Erziehung.

S. 334 *ma chère Mère:* (franz.) meiner teuren Mutter.
zum Rheinischen Bund: Am 12. Juli 1806 schlossen sich die süd- und westdeutschen Staaten unter französischem Protektorat zum Rheinischen Bund zusammen und führten damit das Ende des historisch überlebten Heiligen Römischen Reiches Deutscher Nation herbei.

124

S. 335 Zettel Carolines an Schelling. Schelling, der sehr unleserlich schrieb, nennt Caroline seine „geheime Cancellistin". Die Unterschrift parodiert Friedrich den Großen.
Ratifié par Moi...: (franz.) Genehmigt durch mich Gebieter meiner Frau.

125

S. 335 *Frau von Staël:* Bereits im Mai 1804 waren Madame de Staël, Benjamin Constant und A. W. Schlegel in Würzburg in Carolines Haus zu Besuch gewesen. Schelling und Schlegel verstanden sich gut, und Schlegel schrieb damals: Caroline „scheint geneigt, alle Bitterkeit der Erinnerung auslöschen zu wollen und war bei meinem Abschiede gerührt. Ihr Aussehen schien mir besser und gesunder als in Berlin, und dann weiß sie sich immer noch vorteilhaft zu kleiden und ihre Umgebung zierlich einzurichten." Nach seinem Besuch in München urteilt A. W. Schlegel am 20. Mai 1809: „Dieser Mensch (Schelling) hat in allen andern Stücken eben so schlechte Grundsätze als in der Philosophie, wozu ich freilich durch die Gesellschaft, die ich ihm beigegeben, das Meinige gethan haben mag."
Ludwig Tiek: Tieck kam erst am 19. Oktober 1808 mit seiner Schwester Sophie in München an. Tiecks verkehrten freundschaftlich im Hause Carolines und Schellings. Er las dort öfters seine Werke vor.
Werner: Caroline hatte den Dramatiker in München kennengelernt und interessierte sich für sein gegen das Papsttum polemisierendes Stück „Martin Luther oder Die Weihe der Kraft" (1807).

126

S. 336 *Goethes Fragment Elpenor:* Dramenfragment 1806 im 4. Band der ersten Cottaischen Ausgabe gedruckt.

127

S. 336 *zum Generalsekretär:* Am 13. Mai wird in München die Akademie der Bildenden Künste gegründet; der König ernennt Schelling bei einer Gehaltserhöhung von bisher 1200 Gulden auf 3000 Gulden zum Generalsekretär. Am 27. Mai des gleichen Jahres erhielt Schelling das Ritterkreuz des Zivildienstordens der bayrischen Krone.

S. 337 *Legion d'honneur:* (franz.) Ehrenlegion.
2 kleine Ritter: wahrscheinlich Bezug auf zwei der anderen drei Ausgezeichneten – Baader, Breyer und Schichtegroll –, die aus Gotha stammten und mit Schelling den Orden erhielten, der ihnen das Recht eintrug, sich Ritter zu nennen.
wie mein Vater: Carolines Vater war 1775 vom schwedischen König der Nordstern-Orden verliehen worden, der ihn ebenfalls berechtigte, sich Ritter zu nennen.
Garnerin: bekannter Luftschiffer jener Jahre.

128

S. 338 *Bildhauer:* Friedrich Tieck, der eine Zeit in Coppet in der Schweiz bei Frau von Staël weilte.
Schellings Büste: Bettina von Arnim schrieb unter dem Datum 21. Februar und 2. März 1806: „Friedrich Tieck macht jetzt Schellings Büste, sie wird nicht schöner als er, mithin ganz garstig, und doch ist es ein schönes Werk. Da ich in Tiecks Werkstätte kam und sah, wie der große breite viereckige Schellingkopf unter seinen feinen Fingern zum Vorschein kam, dacht ich, er habe unserem Herrgott abgelernt, wie er die Menschen machte, und er werde ihm gleich den Atem einblasen, und der Kopf werde lernen A-B- sagen, womit ein Philosoph so vieles sagen kann."
wir sehen wieder einem Krieg entgegen: Österreich wird ihn mit einem Überfall auf das mit Frankreich verbündete Bayern im April 1809 beginnen.

129

S. 339 *Der liebe alte Herr:* Gemeint ist Goethe.
eine Nebenbuhlerin von Dir: Gemeint ist Bettina Brentano, die in München in Carolines und Schellings Haus verkehrte. Am 26. März 1809 schrieb sie an Goethe: „Schelling seh ich auch selten, er hat etwas an sich, das will mir nicht behagen, und dies Etwas ist seine Frau, die mich eifersüchtig machen will auf Dich, sie ist in Briefwechsel mit einer Pauline G. aus Jena, von dieser erzählt sie mir immer, wie lieb Du sie

hast, wie liebenswürdige Briefe Du ihr schreibst e. e., ich höre zu und werde krank davon, und dann ärgert mich die Frau."

S. 339 *die pilgernde Thörin:* „Die pilgernde Törin" in Cottas „Taschenbuch für Damen auf das Jahr 1809" erschienen, eine Übersetzung aus einem anonymen französischen Original der „Cahiers de lecture", Gotha 1789. Hatte keinen Bezug auf Bettina Brentano, wie Caroline annimmt.

S. 341 *Savigny:* Bettinas Schwager lebte damals im nahen Landshut als Professor für römisches Recht.
aimable: (franz.) liebenswürdig.
Attila: „Atilla, König der Hunnen" (1808), Tragödie von Zacharias Werner.
Schellings Büste: Vgl. Anm. zu Brief 128.

S. 342 *die pilgernde Thörin:* Vgl. Anm. oben. Die Novelle fand Aufnahme in die beiden Fassungen des Romans „Wilhelm Meisters Wanderjahre oder die Entsagenden" (1821 und 1829).

130

S. 342 *Anzeichen des Krieges:* Am 9. April erfolgte die offizielle Kriegserklärung.

S. 343 *katholisch geworden:* beruht auf Gerüchten; keiner der Geschwister Tieck ist konvertiert, nur später Tiecks Frau und Tochter.
Commerce: (engl.) Handel.

S. 345 *Tieks Frau:* Tiecks Frau lebte längere Zeit getrennt von ihm; 1806 gebar sie in Ziebingen eine Tochter Agnes, die aus ihrer Verbindung mit Wilhelm von Burgsdorff, Tiecks Freund und Gönner, stammte; Tieck erkannte das Kind als sein eigenes an.
Insinuationen: Zuträgereien.
Gräfinnen Finkenstein: Familie von Finckenstein in Ziebingen in der Neumark. Tieck war eng an die Familie gebunden, stand in Liebesbeziehung zu Henriette von Finckenstein.
wie zum katholischen Glauben zum Hause Oestreich übergetreten: 1808 war Friedrich Schlegel in Köln zur katholischen Kirche übergetreten und war im österreichischen Staatsdienst tätig; unter Metternich war er Jahre später (1815–1818) Legationsrat am Deutschen Bundestag in Frankfurt (Main).
seiner Pallas: Gemeint ist Mde. de Staël, von der A. W. Schlegel u. a. auch finanziell unterstützt wurde.

S. 346 *Aus klösterlichen Mauern:* Die geplante Italien-Reise mußte durch die Kriegsereignisse verschoben werden. Caroline und Schelling fuhren statt dessen am 18. August zu Schellings Eltern nach Maulbronn.
den großen Kaiser: Napoleon; er hielt sich im August in Wien auf, verläßt die Stadt erst Mitte Oktober.

S. 347 *Materialien:* „Materialien zur Geschichte des Österreichischen Regierungssystems" von Aretin, 1809.
die Plane: ebenfalls von Aretin „Die Plane Napoleons und seiner Gegner", 1809.

S. 347 Am 1. September brechen Caroline und Schelling von Maulbronn aus zu einer dreitägigen Wanderung auf. Am 3. September kehren sie zurück. Caroline erkrankt an der Ruhr, bekommt hohes Fieber. Am 7. September 1809 morgens 3 Uhr stirbt sie. Am 10. September wird sie hinter der Klosterkirche von Maulbronn beigesetzt.

Verzeichnis der Personen

Das Verzeichnis erfaßt nur die Personen der Briefe und Dokumente, die für Carolines Entwicklung, ihre Erkenntnisse und Anschauungen von Bedeutung sind; darüber hinaus sind wichtige Repräsentanten vor allem der zeitgenössischen Kunst, Wissenschaft und Politik berücksichtigt.

ANNA AMALIA (1739–1807): Herzogin von Sachsen-Weimar; kunstinteressiert. 119, 196, 296

BENDA, Franz (1709–1786): Geiger und Komponist. 82

BERLEPSCH, Emilie (1755–1830): Schriftstellerin. 139, 195, 197

BERNHARDI, Sophie, geb. Tieck (1775–1836): Schwester des Dichters Ludwig Tieck; mit August Wilhelm Schlegel befreundet. 280, 285f., 289, 314, 320, 332, 338, 340f., 344f.

BERTUCH, Friedrich Justin (1747–1822): Weimarer Verleger; Übersetzer des „Don Quijote". 180, 227, 290

BERTUCH, Wilhelmine (Minchen): Freundin Carolines aus Gotha. 180, 190, 218, 221, 229, 302, 314, 334, 336

BIESTER, Johann Erich (1749–1816): königlicher Bibliothekar in Berlin seit 1784, Mitherausgeber der „Berlinischen Monatsschrift" seit 1783, des Hauptorgans der Berliner Aufklärer. 283

BLANK, Josef Anton Bruno: Professor für Naturwissenschaften in Würzburg, Naturalien- und Kunstsammler. 317

BÖHMER, Georg Ludwig (1715–1797): Schwiegervater Carolines; Jurist. Lehrte an der Göttinger Universität; mehrfacher Prorektor. Publizierte Bücher über Rechtsfragen. 84, 91, 181

BÖHMER, Georg Wilhelm (1761–1839): Schwager Carolines; Theologe. Führender Jakobiner in Mainz. Sekretär bei General Custine, dem französischen Befehlshaber von Mainz. Später Privatdozent in Göttingen. 152, 155, 166, 170

BÖHMER, Johann Franz Wilhelm (1753–1788): Carolines erster Ehemann. Hatte in Göttingen Medizin studiert; Aufenthalt in England. 1780 Privatdozent in Göttingen. Seit 1784 in Clausthal im Harz als Arzt tätig. Im gleichen Jahr Heirat. Starb nach vierjähriger Ehe am 4. Februar 1788 an einer Infektion. 85, 87–94, 96f., 107

BÖHMER, Philippine Augusta (Auguste) (1785–1800): erste Tochter Carolines aus der Ehe mit Böhmer; an der Ruhr gestorben.

96–98, 108f., 111, 113, 115, 118, 121–123, 133, 137, 141, 146, 157, 159, 173, 176, 179, 182, 190, 194, 204–206, 211, 224, 226–229, 233, 250f., 257, 300, 305, 309, 331, 350

BÖHMER, Therese (Röschen) (1787–1789): zweite Tochter Carolines aus der Ehe mit Böhmer; starb zweieinhalbjährig. 109, 111, 113, 115, 118, 121–123

BÖHMER, Wilhelm Julius (1793–1795): Sohn Carolines aus der Verbindung mit dem Franzosen Jean Baptiste Dubois-Crancé. Am 3. November 1793, wenige Monate nach Carolines Befreiung aus der Gefangenschaft, in Lucka bei Leipzig geboren. Starb eineinhalbjährig. 176, 178f., 182

BÖTTIGER, Karl August (1760–1835): Archäologe in Weimar, Gymnasialdirektor, Mitherausgeber von Wielands „Teutschem Merkur". 191, 194, 209, 290f.

BOUTERWEK, Friedrich Ludwig (1766–1828): Philosoph und Literaturhistoriker in Göttingen. 139f., 144, 150

BRENTANO, Bettina, verh. von Arnim (1785–1859): Schriftstellerin. 339–341

BRENTANO, Clemens (1778–1842): neben Achim von Arnim bedeutendster Dichter der Heidelberger Romantik. Er studierte in Jena und gehörte dem Kreis in Carolines Jenaer Haus an. 262

BRISSOT, Jean Pierre (1754–1793): französischer Advokat, Politiker und Publizist. Mitglied der Legislative und des Konvents, Führer der Girondisten. 148

BRIZZI, Antonio: Sänger, gefeierter Tenor. 333, 337

BÜRGER, Agathon (1791–1813): Sohn des Dichters Gottfried August Bürger und seiner Frau Elise Bürger. 133

BÜRGER, Marie Christiane Elisabeth (Elise), geb. Hahn (1769–1833): dritte Ehefrau von Gottfried August Bürger. 133f., 140

BÜRGER, Gottfried August (1747–1794): Dichter des Sturm und Drang. Seit 1784 in Göttingen als Privatdozent. In den Jahren 1788/89 freundschaftliche Beziehungen Carolines zu Bürger. Briefwechsel verlorengegangen. 111, 114, 130, 133f., 140, 144, 153, 256, 258

BURGSDORFF, Wilhelm von (1772–1822): märkischer Adliger, Freund und Mäzen Tiecks. 345

CAGLIOSTRO, Alexander Graf von, eigtl. Giuseppe Balsamo (1743–1795): italienischer Hochstapler und Abenteurer. 139

CAMPE, Joachim Heinrich (1746–1818): Theologe, Erzieher, Jugendschriftsteller; einer der bedeutendsten Vertreter des Philanthropismus. Seit 1786 Schulrat in Braunschweig. Caroline verkehrte während ihres dortigen Aufenthalts 1795/96 in dessen Haus. 330

CARL AUGUST (1757–1828): seit 1775 Herzog, seit 1815 Großherzog von Sachsen-Weimar-Eisenach. 219f., 232, 236, 238, 274, 293, 296f., 301, 328, 355

CATEL, Ludwig Friedrich: Berliner Architekt, mit dem Wiederaufbau des Weimarer Schlosses beschäftigt. 287, 289

CHARPENTIER, Julie von (1776–1811): Verlobte des Dichters Novalis. 216, 218, 257, 271

CLAUSIUS: Mainzer Klubist, 1793 gefangengenommen. 160

CONDORCET, Marie Jean Antoine Nicolas de (1743–1794): französischer Mathematiker und philosophischer Schriftsteller. Parteigänger der Französischen Revolution. Als Girondist angeklagt, durch Gift gestorben. 183f.

CUSTINE, Adam Philippe de (1740–1793): französischer General. Trat 1789 für die Revolution ein. Führte 1792 die Sansculottenheere am Oberrhein. Erster Befehlshaber der Stadt Mainz während der Mainzer Republik. Caroline lernte ihn in Forsters Haus kennen. Von Marat und Billand-Varrennes des Verrates beschuldigt, am 27. August 1793 guillotiniert. 151–153

DALBERG, Karl Theodor von (1744–1817): Politiker. Seit 1772 Statthalter in Mainz; ab 1787 Koadjutor (Vertreter mit Nachfolgerecht) des Kurfürsten von Mainz in Erfurt. Wurde 1793 in der Angelegenheit um Carolines Befreiung bemüht. 158–160

DASDORF: Bibliothekar in Dresden. 208

DOHM, Christian Wilhelm von (1751–1820): Historiker und preußischer Diplomat. 220, 223

DUBOIS-CRANCÉ, Jean Baptiste (1773–1800): Vater von Carolines Sohn Wilhelm Julius. Angehöriger des französischen Freiheitsheeres, stationiert in Mainz. Adjutant und Neffe des Generals d'Oyré, der nach General Custine Befehlshaber des jakobinischen Mainz war. Dubois-Crancé verteidigte Mainz, geriet in preußische Gefangenschaft, wurde später ausgetauscht. Fiel im April 1800 beim Rheinübergang. Seine Briefe an Caroline sind nicht erhalten. 176

EGLOFFSTEIN, Henriette von (1792–1869): Hofdame in Weimar. Malerin. 295

EINSIEDEL, Friedrich Hildebrand von (1750–1828): Kammerherr in Weimar; dichtete, übersetzte und komponierte. 119, 194–196, 206

ERNST, Auguste (Utteline): Tochter von Charlotte Ernst. 230

ERNST, Charlotte: Schwester von August Wilhelm und Friedrich Schlegel; lebte in Dresden. 187, 208, 215f., 218, 232, 284f.

ERTHAL, Friedrich Karl Joseph von (1719–1802): seit 1774 Erzbischof und Kurfürst von Mainz. 151, 257

FALK, Johann Daniel (1768–1826): Weimarer Schriftsteller. 196
FICHTE, Johann Gottlieb (1762–1814): Philosoph. Seit 1794 auf Goethes Veranlassung Professor an der Jenaer Universität; auf Grund des „Atheismusstreites" 1799 entlassen. Fichte war eng mit dem Kreis der Frühromantiker verbunden, diese sahen in ihm ihren Lehrmeister. Caroline beschäftigte sich infolge des Atheismusstreites mit Fichtes Philosophie, später wandte sie sich unter dem Einfluß Schellings von ihm ab. 192, 211, 215, 217, 219f., 222f., 236, 255, 260–262, 265f., 278, 282–284, 288f., 319f., 322
FINCKENSTEIN, Henriette Amalie Dorothea Gräfin Finck von: Gefährtin Ludwig Tiecks. 345
FORKEL, Sophie Dorothea Margareta (Meta), verh. Liebeskind (1765–1853): in Göttingen aufgewachsen; veröffentlichte mit 19 Jahren den Roman „Maria". Trennte sich von ihrem Ehemann Forkel. Caroline nahm sie offenbar in Mainz in ihre Wohnung auf, sie wurde ihre Mitgefangene in Königstein; auch später, in Jena und München, freundschaftliche Bindungen an Caroline. 115, 153, 166f., 171, 317, 324
FORSTER, Clara: Tochter von Georg und Therese Forster. 167
FORSTER, Georg: 1792 geborener Sohn von Therese Heyne und Ferdinand Huber. 141
FORSTER, Johann Georg Adam (1754–1794): Schriftsteller und Publizist. Seit 1788 Bibliothekar in Mainz, führend an der Mainzer Republik beteiligt, 1792 Präsident des Mainzer Jakobinerklubs. Ging 1793 nach Paris, um den Anschluß Mainz' an die Französische Republik zu fordern. Inzwischen Rückeroberung von Mainz durch die Preußen. Forster starb in Paris. Caroline lernte Forster schon als Vierzehnjährige in Göttingen kennen; war ihm dann in der Zeit der Mainzer Republik freundschaftlich verbunden. Die Briefe, die zwischen Forster und Caroline nach ihrem Weggang von Mainz gewechselt wurden, sind nicht erhalten. 128, 131, 137f., 140–143, 145, 148, 151–153, 155f., 159, 162f., 166–169, 182, 324
FORSTER, Louise: 1791 geborene Tochter von Therese Heyne und Ferdinand Huber. 130
FORSTER, Therese: (1764–1829): Tochter des Göttinger Altertumsforschers Christian Gottlob Heyne; Jugendfreundin Carolines. 1785 Heirat mit Georg Forster. Seit 1790 Beziehung zu Ferdinand Huber, der im Hause Forsters lebte. Im Dezember 1792 verließ sie mit ihren Kindern Mainz. Wenige Monate nach Forsters Tod Heirat mit Huber. Zu Caroline bestand zeitlebens eine spannungsgeladene Freundschaft. 74–77, 86, 93, 97, 102, 106, 120, 124, 128–131, 141–143, 145, 150, 155, 166–169, 179–182, 233, 310f., 324, 330

FRIEDRICH WILHELM II. (1744–1797): seit 1786 König von Preußen. Carolines Bruder wandte sich 1793 mit einem Bittgesuch an ihn wegen der Befreiung Carolines aus der Gefangenschaft. 119, 164, 170f., 173, 353

FROMMANN, Karl Friedrich Ernst (1765–1837): Buchhändler, seit 1798 mit seinem Verlag in Jena angesiedelt. 277, 284, 287, 293, 295, 327

FUNK, Karl Wilhelm von: Freund Körners, Mitarbeiter an Schillers „Horen". 207

FÜSSLI, Johann Heinrich (1742–1825): Maler aus der Schweiz. 196

GALLISCH, Friedrich Andreas (1754–1783): Dichter, Mediziner; in Göttingen Mitarbeiter an Lichtenbergs Almanach. 316

GALLITZIN, Adelheid Amalie von (1748–1806): mit Hamann, Jacobi und den Brüdern Stolberg befreundet. 78

GATTERER, Magdalena Philippina (1756–1831): Tochter des Göttinger Historikers Johann Christoph Gatterer (1727–1799). Veröffentlichte 1778 und 1782 zwei Gedichtbände, stand mit Bürger in literarischer Verbindung. 72f., 82

GENLIS, Stephanie Félicité (1746–1830): französische Schriftstellerin, Gegnerin von Voltaire und Frau von Staël. 195, 224

GOETHE, Johann Wolfgang (1749–1832): Caroline lernte Goethe im Sommer 1796 in Jena kennen. Durch das Interesse Goethes am Kreis der Frühromantiker und durch seine Freundschaft mit Schelling stand Caroline Goethe nahe. Er vermittelte bei ihrer Scheidung von August Wilhelm Schlegel. Caroline schätzte und verteidigte zeitlebens Goethes Werk und Persönlichkeit. 78, 83f., 119, 138f., 145, 149, 152, 191–197, 207f., 210f., 213, 215, 218, 223, 225f., 238f., 243–245, 254, 265, 274, 287, 290–297, 324, 327f., 336, 339, 341f.

GÖSCHEN, Georg Joachim (1752–1828): Verlagsbuchhändler in Leipzig. Nahm Caroline nach ihrer Freilassung aus der Gefangenschaft für kurze Zeit in sein Haus auf. 174–176, 182, 187

GÖSCHEN, Henriette: Ehefrau von Georg Joachim Göschen. 175f., 182

GOTTER, Cecilie (1782–1844): Tochter von Luise und Friedrich Wilhelm Gotter. 221, 229, 299, 240, 313, 327, 347, 351

GOTTER, Friedrich Wilhelm (1746–1797): Schriftsteller und Dramatiker; am Gothaer Hoftheater. Heiratete Carolines Jugendfreundin Luise Stieler. Mit Caroline befreundet. 74, 79, 83, 86, 95, 114f., 119, 134, 136, 156, 165, 167, 173, 179–181, 196f., 200, 334

GOTTER, Julie (1783–1863): Tochter von Luise und Friedrich Wilhelm Gotter; lebte 1801 einige Monate in Carolines Jenaer Haus. 327, 347, 351

GOTTER, Luise, geb. Stieler (1760–1826): lebenslange Freundin Carolines. Sie lernte sie als junges Mädchen bei ihrem Gotha-Aufenthalt kennen. Nach den Mainz-Ereignissen lebte Caroline über ein Jahr in ihrem Haus. 101f., 161–163, 165, 171, 180–182, 298f., 313, 315

GOTTER, Pauline (1786–1854): Tochter von Luise und Friedrich Wilhelm Gotter. Freundin Carolines. Von Goethe verehrt. Nach Carolines Tod heiratet sie 1812 Schelling, hatte mit ihm sechs Kinder und lebte mit ihm 42 Jahre lang zusammen. 312, 327, 347, 351

GRATTENAUER, von: Notar beim Berliner Kammergericht, Freund August Wilhelm Schlegels. 294

GRIES, Johann Diederich (1775–1842): Schriftsteller und Übersetzer in Jena. Langjähriger Freund Carolines. 211, 225, 230f., 272–274, 284, 287

GRIESBACHEN: Frau des Kirchenrates Johann Jakob Griesbach. 206

GROSSE, Karl (1768–1847): Schriftsteller; zeitweilig in Göttingen mit Carolines Schwester Luise verlobt. 149f.

HARDENBERG, Friedrich Leopold Freiherr von: s. Novalis

HEGEL, Georg Wilhelm Friedrich (1770–1831): Philosoph. Kam 1801 nach Jena. Caroline lernt ihn 1802 als Freund Schellings kennen. Hegel sympathisierte mit dessen Philosophie, kannte Schelling schon aus der Tübinger Stiftszeit und gab 1802 mit ihm das „Kritische Journal der Philosophie" heraus. Zu Caroline fand er keine Beziehung. 284, 303, 328

HELLFELD, Johannn August von: Professor für Medizin an der Jenaer Universität. 282

HERDER, Johann Gottfried (1744–1803): Geschichts- und Religionsphilosoph, Ästhetiker, Dichter. Caroline lernt ihn im Dezember 1796 in Weimar kennen. 145, 195f., 290

HEYNE, Christian Gottlob (1729–1812): Altertumsforscher, Aufklärer. Professor an der Göttinger Universität. 87, 90, 107

HEYNE, Therese s. Therese Forster

HUBER, Ludwig Ferdinand (1764–1804): Diplomat, Schriftsteller, Bearbeiter von Bühnenwerken. Mit Körner und Schiller in Kontakt. Seit 1790 lebte er in Mainz im Hause Forsters. Er war Legationssekretär in kursächsischen Diensten. 1793 Heirat mit Therese Forster. Später wandte sich Huber mit einem Verriß der Zeitschrift „Athenäum" gegen die Jenaer Frühromantiker. 145, 156, 166–168, 170, 182, 188, 223, 310f., 324

HUFELAND, Gottlieb (1760–1817): Jurist. Mitherausgeber der „Allgemeinen Literatur-Zeitung" in Jena. 189–191, 194, 214f., 224, 229, 231, 236, 238, 290, 293, 303, 306, 309, 329

HÜLSEN, August Ludwig (1765–1810): Philosoph und Pädagoge. Eng mit Fichte befreundet. 208

HUMBOLDT, Wilhelm von (1767–1835): Naturwissenschaftler, Sprachphilosoph, Kunsttheoretiker; preußischer Staatsmann. Caroline wandte sich aus der Gefangenschaft mit der Bitte um Hilfe an ihn. Briefe verschollen. 159–161, 320

IFFLAND, August Wilhelm (1759–1814): Schauspieler und Verfasser von Familienstücken, zeitweilig am Gothaer Hoftheater, später Theaterdirektor in Berlin. 81, 211, 219, 228, 258, 287, 296, 313, 326, 330, 333
IMHOFF, Anna Amalie, verh. Helvig (1776–1831): Hofdame in Weimar, jüngste Schwester von Charlotte von Stein. 230, 295

JACOBI, Friedrich Heinrich (1743–1819): Schriftsteller und Philosoph; mit Schelling und Caroline in der Münchener Zeit bekannt. Wurde 1804 an die neuzugründende Akademie in München berufen, deren Präsident er von 1807 bis 1813 war. 215, 222f., 269, 320, 323f., 330, 345
JAKOBS: Philologe und Schriftsteller in Gotha. 197
JEAN PAUL, eigtl. Johann Paul Friedrich Richter (1763–1825): Prosadichter, Ästhetiker und Pädagoge. Caroline lernte ihn im August 1795 in Dresden kennen. 196, 206, 209, 217
JERUSALEM, Charlotte Philippine: Domina im Kreuzkloster bei Braunschweig. Mit Caroline befreundet. 263

KALB, Charlotte von (1761–1843): lebte in Weimar, enge freundschaftliche Bindungen zu Schriftstellern, u. a. Schiller und Jean Paul. 190f., 195
KAUFFMANN, Angelika (1741–1807): Malerin; lebte seit 1781 ständig in Rom. 86
KLOPSTOCK, Friedrich Gottlieb (1724–1803): Dichter. 148, 196, 206
KNEBEL, Karl Ludwig von (1744–1834): Kammerherr in Weimar, Dichter und Übersetzer, Freund Goethes. 196
KNORRING, Karl Gregor Baron von: Sophie Bernhardis zweiter Ehemann. 332, 338, 341, 343
KÖHLER: Professor in Würzburg. 316, 318, 321
KÖRNER, Christian Gottfried (1756–1831): Jurist, Kunstkritiker, Herausgeber; Freund Schillers. Lebte bis 1815 in Dresden. 186
KOTZEBUE, August Friedrich Ferdinand von (1761–1819): erfolgreicher Bühnenschriftsteller. Seit 1802 Herausgeber des Journals „Der Freimütige", das gegen Goethe und die Romantiker Front machte. 211, 230, 233, 280, 286–288, 293–296, 301
KRAUS, Georg Melchior (1737–1806): Maler. Direktor der Zeichenschule in Weimar. 331

LA FAYETTE, Marie-Joseph de Motier (1757–1834): französischer General. Konstitutionell-monarchistischer Politiker, Organisator der Nationalgarde; verriet die Revolution. 148
LAFONTAINE, August (1758–1831): Theologiestudium, Hauslehrer, seit 1800 freier Schriftsteller; er schrieb mehr als 150 Romane. 145, 149
LANGER, Peter: Galeriedirektor in Düsseldorf. Leitete seit 1808 die bayrische Akademie der Künste. 332
LA ROCHE, Sophie von (1731–1807): Romanschriftstellerin. Großmutter der Geschwister Brentano. Caroline lernte sie 1789 in Marburg kennen. 119–121, 124
LESSING, Gotthold Ephraim (1729–1781): Religionsphilosoph, Ästhetiker, Schriftsteller. 201, 324
LICHTENBERG, Georg Christoph (1742–1799): Naturwissenschaftler, Schriftsteller, Kunstkritiker. Seit 1769 als Professor für Experimentalphysik in Göttingen. 1778 bis 1799 gab Lichtenberg den „Göttinger Taschenkalender" heraus; 1780 bis 1785 gemeinsam mit Georg Forster das „Göttingische Magazin der Wissenschaften und Literatur". 85, 107, 284
LIEBESKIND, Sophie Dorothea Margarete s. Sophie Dorothea Margarete Forkel
LINK, Wilhelm: Jurist. Studierte ab 1777 in Göttingen. Jugendfreund Carolines. 73f., 77
LODER, Justus Christian (1753–1832): Professor für Anatomie in Jena. Mit Caroline befreundet. 191, 224f., 274, 286, 293, 306
LÖFFLER, Josias Friedrich Christian (1752–1816): Theologe in Gotha. Hielt um Carolines Hand an. 228f.

MANSO, Johann Kaspar Friedrich: Philologe und Lehrer in Gotha, später Gymnasialdirektor in Breslau. Scharfer Kritiker der „Horen"; als Schriftsteller Wieland-Nachahmer. 302
MARCUS, Adalbert Friedrich (1753–1816): Mediziner, Direktor des Bamberger Krankenhauses. Bei ihm hatte Schelling die von dem schottischen Arzt John Brown entwickelte „Brownsche Methode" der Heilbehandlung studiert, mit der er Caroline und Auguste behandelte. 242, 280, 305, 310, 317, 319, 322
MARTENS: Mediziner in Leipzig. 306
MARTINI, Christoph David Anton: Professor für Kirchengeschichte in Würzburg. 317, 319
MAUVILLON, Jakob (1743–1794): deutscher Schriftsteller, Freund Mirabeaus. Seit 1785 Professor am Carolineum in Braunschweig. In den achtziger Jahren schrieb Mauvillon als enger Mitarbeiter Mirabeaus das Werk „Über die preußische Monarchie", das Mirabeau unter seinem Namen in London herausgab. Die kritische Analyse des Zustandes der preußischen Monarchie ist bis heute

eines der besten Quellenwerke zur preußischen Geschichte. 174

MEHMEL, Gottlieb Ernst August: Professor für Philosophie in Erlangen, Herausgeber einer Literaturzeitung. 317

MEREAU, Sophie (1770–1806): Schriftstellerin, Frau des Jenaer Professors und Bibliothekars Mereau; in zweiter Ehe seit 1803 mit dem Dichter Clemens Brentano verheiratet. 297

MERKEL, Garlieb Helwig (1769–1850): Kritiker und Schriftsteller, Gegner Goethes und der Romantiker. 232

MEYER, Friedrich Ludwig Wilhelm (1759–1840): Bibliothekar, Kritiker, Verfasser von Dramen und Schauspielen; Vielschreiber (allein 10 Bände Theaterstücke). Mit Lichtenberg und Bürger befreundet, von Goethe, Schiller und Herder geschätzt. Seit 1785 in Göttingen. Freund Carolines aus der Göttinger Zeit; zwischen 1789 und 1794 Carolines intensivster Briefpartner. 79, 86, 100f., 105f., 114f., 140, 162, 165

MICHAELIS, Charlotte Wilhelmine (Lotte) (1766–1793): Schwester Carolines. Heiratet 1792 den Verlegersohn Dieterich: stirbt siebenundzwanzigjährig bei der Geburt des ersten Kindes. 71, 74–77, 80f., 96, 108, 110–112, 118, 123, 133f., 136, 144, 169

MICHAELIS, Christian Friedrich (Fritz) (1754–1814): Halbbruder Carolines aus der ersten Ehe ihres Vaters. Lieblingsbruder Carolines. Studierte in Straßburg Medizin, gehörte der von J. M. R. Lenz geleiteten „Straßburger Societät" an, später Stabsarzt bei den hessischen Truppen, die im britischen Sold in Amerika kämpften. War dann Arzt in Kassel und Marburg, starb im Krieg 1814 bei der Versorgung der preußischen Hospitäler an einer Infektion. 71, 74, 89–91, 97, 108f., 112f., 115–117, 122, 259, 326, 329

MICHAELIS, Gottfried Philipp (1768–1811): Bruder Carolines, studierte Medizin, wandte sich, um Caroline aus der Festung Königstein zu befreien, an den preußischen König. Später Arzt in Harburg, starb an der Ruhrepidemie. 71, 121, 144, 170f., 173, 177, 183, 326, 329, 333, 343, 347, 353

MICHAELIS, Johann David (1717–1791): Carolines Vater. Orientalist und Theologe. Seit 1745 Professor in Göttingen. 1761 bis 1770 Direktor der Göttinger Societät. Publizierte zu Fragen des Alten und des Neuen Testamentes. Auswärtiges Mitglied der Pariser Akademie. Lehnte 1763 das Angebot einer Professur in Berlin durch König Friedrich II. von Preußen ab. 74, 78, 84, 89, 96, 98, 112f., 115, 121f., 139, 305, 337

MICHAELIS, Luise Friederike (1770–1846): Schwester Carolines, heiratet 1796 den Arzt Wiedemann; schrieb später Lebenserinnerungen, die 1929 veröffentlicht wurden. 71, 101f., 112, 140, 144, 149, 227, 313, 326, 333

MICHAELIS, Luise Philippine Antoinette (1741–1808): Mutter Carolines. Tochter des Göttinger Postmeisters, heiratete 1759 Michaelis; Caroline ist das erste Kind dieser Ehe. 71, 74, 76, 89, 91, 94, 96, 101f., 112f., 122, 132, 144, 169, 174, 227, 232, 242, 300f., 305, 310, 315, 326, 329f., 333

MILLER, Johann Martin (1750–1814): Prediger in Ulm, Schriftsteller, Autor des publikumswirksamen Romans „Siegwart. Eine Klostergeschichte". 347

MIRABEAU, Honoré-Gabriel-Victor Riqueti (1749–1791): französischer Politiker und Schriftsteller; überragende Gestalt der ersten Etappe der Französischen Revolution. 136, 138, 174

MOUNIER, Jean Joseph: konservativer emigrierter französischer Politiker, leitete später die Erziehungsanstalt des Herzogs Carl August in Belvedere bei Weimar. 197

NAHL, Johann August: Maler in Kassel. 283, 299

NAPOLEON I. Bonaparte (1769–1821): Kaiser der Franzosen von 1804 bis 1814/15. 236, 315, 328, 330, 346

NICOLAI, Carl August: Sohn des Berliner Verlegers Christoph Friedrich Nicolai; war Verlagsbuchhändler in Berlin und Leipzig. 78, 209

NICOLAI, Christoph Friedrich (1733–1811): Berliner Verleger, Schriftsteller und Literaturpapst der deutschen Aufklärung; sein Haus war ein Zentrum des geistigen Lebens. Er gab u. a. von 1765 bis 1806 das Rezensionsorgan „Allgemeine Deutsche Bibliothek" heraus. Nicolai wandte sich mit zahlreichen polemischen Schriften gegen die neuen literarischen und philosophischen Strömungen. 78, 234f.

NIETHAMMER, Friedrich Immanuel (1766–1848): Professor der Philosophie und Theologie in Jena. Gab gemeinsam mit Fichte das „Philosophische Journal" heraus. 191, 214, 230, 286, 303

NOVALIS, eigtl. Friedrich Leopold Freiherr von Hardenberg (1772–1801): Dichter. Hatte in Jena bei Fichte Philosophie studiert, mit Friedrich Schlegel eng befreundet. Seit 1796 am Salineamt in Weißenfels. Öfterer Aufenthalt in Carolines Haus in Jena im Kreis der Frühromantiker. In den Jahren 1798/99 freundschaftliche Bindung an Caroline. 224, 226f., 257, 271

NUYS, Elisa de: Bekannte und Briefpartnerin August Wilhelm Schlegels. 247, 280

OKEN, Lorenz Ockenfuß (1779–1851): Naturforscher und Philosoph, Vertreter einer pantheistisch-romantischen Naturphilosophie. 321, 342

PAULUS, Heinrich Eberhard Gottlob (1761–1851): Professor der Theologie und Orientalistik in Jena. Mit Caroline und A. W. Schlegel befreundet. Ab 1803 Professur in Würzburg zur gleichen Zeit wie Schelling. 221, 224, 228, 245, 276, 281, 289, 293, 315f., 319, 323
PAULUS, Karoline (1767–1844): Frau von Heinrich Eberhard Paulus. 221, 224, 228, 245, 276
PODMANITZKY VON AZÓD, Karl Freiherr von: ungarischer Magnat, 1802 zu Besuch bei Schelling und Caroline. 302f.

QAST: Freund der Schauspielerin Unzelmann. 284

RAMDOHR, Friedrich Wilhelm Basilus (um 1757–1822): Jurist, Ästhetiker und Dichter, studierte von 1775 bis 1778 in Göttingen. 350
REICHARD, Amalie: Frau von Heinrich August Ottokar Reichard. Freundin von Therese Forster. 141, 143, 150, 170, 180, 182
REICHARD, Heinrich August Ottokar (1751–1828): Gothaer Bibliothekar. Herausgeber eines Theaterkalenders und des Revolutionsalmanachs. Reichard, den Caroline von Gotha kannte, weilte während ihres Mainzer Aufenthaltes bei Forster zu Besuch. 138, 153
REICHARDT, Johann Friedrich (1752–1814): Komponist und Schriftsteller. Herausgeber, u. a. der in Berlin erscheinenden Zeitschrift „Lyceum der schönen Künste", deren Mitarbeiter Friedrich Schlegel war. 197, 292
RICHTER, Johan Paul Friedrich s. Jean Paul
RIEPENHAUSEN, Franz (1786–1831) und Johannes (1788–1860): Maler. 321
RITTER, Johann Wilhelm (1776–1810): Physiker in Jena. Freund des romantischen Kreises. 214, 262, 287
RÖSCHLAUB, Andreas (1768–1835): Arzt in Bamberg, Vertreter der Brownschen Methode. 240, 242, 322
ROSENMÜLLER: Mediziner. 309
ROUSSEAU, Jean-Jacques (1712–1778): französischer Schriftsteller, Philosoph und Pädagoge. 311
RUMOHR, Carl Friedrich von (1785–1843): Kunsthistoriker. Briefpartner Carolines aus der Münchener Zeit, weilte wiederholt in ihrem Haus. 335

SAVIGNY, Friedrich Karl von (1779–1861): Historiker, preußischer Staatsmann. 340f.
SCHADOW, Johann Gottfried (1764–1850): Bildhauer. 283
SCHELLING, Beate: Schwester des Philosophen Friedrich Wilhelm Joseph Schelling. 230, 245, 304, 308

SCHELLING, Friedrich Wilhelm Joseph (1775–1854): Philosoph. Hauptvertreter der romantischen Naturphilosophie, befreundet mit frühromantischen Dichtern und Theoretikern. Mitbegründer der romantischen Schule. 1798 auf Betreiben Goethes Berufung als Professor nach Jena. Caroline lernt Schelling im Sommer 1798 in Dresden kennen. Seit Oktober 1798 weilt Schelling fast täglich in Carolines Haus. Die Beziehung zu Schelling führt seit 1799 zur Auflösung ihrer Ehe mit A. W. Schlegel; die formale Trennung durch Scheidung erst 1803. Im gleichen Jahr Heirat von Caroline und Schelling; 1803 Berufung nach Würzburg, ab 1807 dann mit Caroline in München. 207 f., 211, 214, 221, 224 f., 232, 236, 238, 247, 274–279, 282, 284–290, 292, 294, 296, 298, 302, 305–312, 314–316, 326 f., 330, 335–338, 341, 344, 347
SCHELLING, Gottliebin Marie, geb. Cleß (1746–1818): Mutter von Friedrich Wilhelm Joseph Schelling. 242, 304, 308, 310, 314 f., 348, 350
SCHELLING, Joseph Friedrich (1735–1812): Vater von Friedrich Wilhelm Joseph Schelling. Theologe, Orientalist. Diakon in der Stadtkirche in Leonberg, später Prälat des Stiftes in Maulbronn, dann Generalsuperintendent. 242, 304 f., 307 f., 310, 314 f., 348, 350
SCHELLING, Karl Eberhard: Bruder von F. W. J. Schelling. Kam 1799 als sechzehnjähriger Student nach Jena, studierte dort von 1799 bis 1801 Medizin, später Arzt in Stuttgart. 230, 232, 287, 304, 306, 349
SCHILLER, Charlotte, geb. von Lengefeld (1766–1826): Frau von Friedrich Schiller. Caroline lernte sie 1796 bei ihrer Ankunft in Jena kennen. 189–191, 194, 196, 231 f., 239, 280
SCHILLER, Friedrich (1759–1805): Caroline und A. W. Schlegel kamen auf seine Einladung hin nach Jena; dort lernte Caroline Schiller im Sommer 1796 persönlich kennen. Durch Friedrich Schlegel kommt es zu einem kritischen und persönlich gespannten Verhältnis, in dessen Folge Schiller A. W. Schlegel die Mitarbeit an seinen „Horen" aufkündigt und auch Caroline beschuldigt. Caroline verhielt sich Schillers Werk gegenüber sehr distanziert. 120, 130, 186, 189, 191–194, 210, 218, 223, 230, 239, 273 f., 292, 294 f., 311
SCHLÄGER (Mutter Schlaeger): Frau von Julius Karl Schläger (1706–1786); Caroline lebte als junges Mädchen zwei Jahre in ihrem Haus, als sie in Gotha eine Schule besuchte. 157, 171 180 f., 190, 229, 302
SCHLÄGER, Louise: Tochter. 82, 190
SCHLEGEL, August Wilhelm (1767–1845): Kritiker, Dichter, Sprachwissenschaftler, Übersetzer; mit seinem Bruder Friedrich führender Kopf der Jenaer Romantiker. Studium in Göttingen ab 1786,

dort lernte ihn Caroline kennen. Von 1791 bis 1795 Hauslehrer in Amsterdam; in brieflicher Verbindung mit Caroline. Die Briefe sind verloren. 1796 heiratet er Caroline. Im gleichen Jahr Ansiedlung in Jena; Mitarbeit an Zeitschriften, Shakespeare-Übersetzungen; 1798 Ernennung zum Professor an der Jenaer Universität. 1798 Gründung einer eigenen Zeitschrift, des „Athenäums". Nach Carolines Hinwendung zu Schelling ging er 1800 als Privatgelehrter nach Berlin; 1803 Scheidung. Von 1804 bis 1813 Sekretär und Begleiter der französischen Schriftstellerin Madame de Staël; ab 1818 bis zu seinem Tod Professor für indische Philosophie in Bonn. 115, 121, 130, 177, 185–191, 195–198, 203f., 206–211, 215, 218, 224–226, 228–230, 232–239, 243f., 249, 251, 253f., 256, 260–263, 291f., 299–302, 316, 335, 341, 345f., 354f.

SCHLEGEL, Charlotte s. Charlotte Ernst

SCHLEGEL, Dorothea (1763–1839): Schriftstellerin. Tochter des Philosophen Moses Mendelssohn (1729–1786), in erster Ehe mit dem Bankier Simon Veit verheiratet, nach der Scheidung 1804 Heirat mit Friedrich Schlegel. Caroline nahm sie in ihr Jenaer Haus auf, anfängliche Freundschaft, später Feindschaft. 215, 226, 231f., 245, 275f., 281, 284f., 287f., 293

SCHLEGEL, Friedrich (1772–1829): Dichter Ästhetiker, führender Kopf der Romantik. Studium in Göttingen und Leipzig. Caroline lernte er im Herbst 1793 kennen; sie regte ihn geistig außerordentlich an, u. a. zu seinem Aufsatz über Georg Forster, seiner Beschäftigung mit Condorcet und zum Romanfragment „Lucinde". Freundschaftliche Bindungen bis in die Jenaer Zeit. Caroline nahm Friedrich Schlegel und seine Frau Dorothea in ihr Haus auf. Später weltanschauliche und persönliche Differenzen, die zum Bruch führten. 193, 197, 207f., 215–218, 224–227, 232, 234f., 238, 244f., 247, 251, 266, 275–277, 281, 284f., 287f., 345f., 355

SCHLEGEL, Ihna (1735–1811): Mutter der Brüder Schlegel. 192, 224

SCHLEGEL, Johann Adolf (1721–1793): Pfarrer. Vater der Brüder Schlegel. 224

SCHLEGEL, Karl: Bruder von August Wilhelm und Friedrich Schlegel, lebte in Hannover. 192

SCHLEIERMACHER, Friedrich Ernst Daniel (1768–1834): Theologe und Philosoph. Mit dem Kreis der Jenaer Frühromantiker eng verbunden. 266, 279, 284, 319f.

SCHLÖZER, August Ludwig (1735–1809): Historiker und politischer Publizist. Professor in Göttingen. Caroline kannte ihn seit ihrer Kindheit und stand noch später, nach ihrer Zeit in Mainz, mit ihm in Briefwechsel. Die Briefe sind nicht erhalten. 77f., 80f., 84, 86, 89, 91, 98

SCHLÖZER, Dorothea, verh. Rodde (1770–1825): Tochter von Schlözer; er unterrichtete sie selbst, sie wurde 1787 mit 17 Jahren im Hause von Carolines Vater von der Göttinger Universität zum ersten weiblichen Dr. phil. ernannt. 77f., 103
SCHÜTZ, Anna Henriette: Frau von Christian Gottfried Schütz. 190, 193, 234
SCHÜTZ, Christian Gottfried (1747–1832): Professor für Beredsamkeit an der Jenaer Universität. Begründer und Herausgeber der „Allgemeinen Literatur-Zeitung". 190, 197, 220, 232f., 242, 290, 306, 309
SCHÜTZ, Friedrich Karl Julius (geb. 1779): Sohn von Christian Gottfried Schütz. 290
SEIDLER, Caroline Luise (1786–1866): Tochter des Universitätsstallmeisters; die später von Goethe geförderte Porträtzeichnerin. 226, 229, 232
SHAKESPEARE, William (1564–1616): 201f., 204, 215, 219, 254, 256, 273f.
SÖMMERING, Samuel Thomas von (1755–1830): Arzt in Mainz, Freund von Forster und Heyne; gab Caroline die „Mitschuld" an Forsters revolutionärem Engagement in Mainz. 306
SPALDING, Johann Joachim (1714–1804): Theologe. 215
SPINOZA, Baruch (1632–1677): Philosoph. 266
SPITTLER, Ludwig Timotheus von (1752–1810): Historiker und Publizist, Professor der Philosophie und Geschichte an der Göttinger Universität. 85f.
SPITTLERN: Frau von Ludwig Timotheus Spittler. 85
STAËL, Germaine de (1766–1817): französische Schriftstellerin. August Wilhelm Schlegel war nach der Scheidung von Caroline von 1804 bis 1813 als Sekretär, Ideengeber und Reisebegleiter in ihren Diensten. Caroline lernte sie 1808 in München kennen. 195, 200, 335, 341, 345
STEFFENS, Henrik (1773–1845): Norweger. Professor für Naturphilosophie, Psychologie und Mineralogie in Halle; kam 1799 nach Jena, nachhaltig von Schellings Naturphilosophie beeindruckt, mit dem Kreis der Romantiker befreundet; später Professor in Berlin. 215, 221, 224, 237, 309, 328
STIELER, Luise s. Luise Gotter
STOLLBERG, Friedrich Leopold Graf zu (1750–1819): Lyriker und Übersetzer. 197

TATTER, Georg Ernst (1757–1805): Hofmeister, Prinzenerzieher, Vertrauter des Herzogs Susser, später des Herzogs von Cambridge. Lebte zeitweise in Göttingen, mit der Familie Michaelis verbunden. Biographische Fakten wenig bekannt. 1793 als Reisebegleiter in Rom, später in Petersburg, dort starb er. Vermutlich ein sehr enger Freund Carolines; die Beziehungen sind unbekannt, da aller Briefwechsel vernichtet ist. Aus den Briefen von August Wilhelm und Friedrich Schlegel geht hervor, daß bis November 1793 218 Briefe zwischen Caroline und Tatter gewechselt wurden. 112, 120, 133, 145–148, 151, 169

THÜRHEIM, Karl Friedrich von: seit 1803 Kurator der Universität Würzburg. 306, 319

TIECK, Amalie: Frau des Dichters Ludwig Tieck. 212, 223, 226, 228, 230, 232, 345

TIECK, Christian Friedrich (1776–1851): Bruder des Dichters Ludwig Tieck. Bildhauer, Schüler Schadows. Mit dem Kreis der Romantiker befreundet, gehörte für kurze Zeit zur Tischgesellschaft in Carolines Jenaer Haus. 283–285, 296, 309, 314, 320, 332, 338, 341, 343 f.

TIECK, Johann Ludwig (1773–1853): Dichter der Romantik, Übersetzer, Kritiker, Herausgeber. Tieck wohnte auf Einladung Carolines vom Oktober 1799 bis Juni 1800 mit Frau und Kind in Carolines Jenaer Haus. Freundschaftliche und kritische Beziehungen zueinander. Caroline verhielt sich zu seinem 1798 erschienenen Roman „Franz Sternbalds Wanderungen" skeptisch. 209, 211, 223, 227 f., 230, 232, 237, 272, 275, 278 f., 309, 314, 320, 332, 335, 338, 340 f., 343–345

TISCHBEIN, Caroline (1783–1842): Tochter von Sophie und Friedrich August Tischbein. 227, 275

TISCHBEIN, Elisabeth (Betty): Tochter von Sophie und Friedrich August Tischbein. 225, 227, 275

TISCHBEIN, Friedrich August (1750–1812): Maler, ausschließlich Porträtist. Mit A. W. Schlegel seit seiner Zeit in Holland befreundet; malte Caroline, ebenfalls ihre Tochter Auguste. 72 f., 225, 227, 232, 275

TISCHBEIN, Sophie (1762–1840): Frau des Malers Friedrich August Tischbein; war mit ihren Töchtern 1799 mehrere Wochen bei Caroline in Jena zu Gast; nahm auch deren Tochter Auguste in ihr Haus in Dessau auf. 227, 230, 232, 275

UNGER, Johann Friedrich (1753–1804): Drucker und Buchhändler in Berlin. 272, 274, 279

UNZELMANN, Friederike Augustine Konradine (1760–1815): Schauspielerin in Berlin. A. W. Schlegel verehrte sie und widmete ihr Verse. 282 f., 293, 296, 302, 305

VEIT, Dorothea s. Dorothea Schlegel

VIEWEG, Johann Friedrich (1761–1835): Berliner Buchhändler und Verleger, u. a. von August Wilhelm und Friedrich Schlegel, Goethe, Herder u. a. 206

Voigt, Christian Gottlob von (1743–1819): Regierungsrat in Weimar; Goethe arbeitete in Amtsangelegenheiten eng mit ihm zusammen. 219f.

Voigt: Frau des aus Gotha stammenden Mathematikers und Physikers Voigt. 190

Voltaire, François Marie Arouet de (1694–1778): französischer Philosoph und Schriftsteller. 274

Voss, Christian Friedrich (1722–1795): Buchhändler und Verleger in Berlin. 140, 143, 177

Voss, Johann Heinrich (1751–1826): Dichter und Übersetzer, demokratischer Vertreter der Aufklärung. 230

Vulpius, Christiane (1765–1816): seit 1788 Goethes Lebensgefährtin, seit 1806 seine Frau. 196, 294, 327

Wächter, Georg Leonhard, Pseudonym Veit Weber (1762–1837): Historiker, Unterhaltungsschriftsteller. 1792 ging er nach Frankreich und kämpfte im Revolutionsheer bis zu seiner Verwundung 1793. 144

Wagner, Christoph Joseph Baptist: Hofkanzler in Würzburg, seit 1806 Präsident der Justiz und des bayrischen Landesgerichtes. 320

Wedekind, Georg Christian (1761–1839): Professor der Medizin. Mainzer Klubist. Neben Forster der maßgebliche Publizist der Mainzer Jakobiner. 155, 161, 168, 334

Werner, Zacharias (1768–1823): Dramatiker und Lyriker; Begründer der sogenannten Schicksalsdramatik. Caroline hat ihn in München kennengelernt. 335, 341

Wiedemann, Christian Rudolf Wilhelm: Ehemann von Carolines Schwester Luise. 227, 243, 309, 313, 329f., 333

Wiedemann, Luise s. Luise Michaelis

Wiedemann, Minna: Tochter von Carolines Schwester Luise. 227, 313

Wieland, Christoph Martin (1733–1813): Dichter der Aufklärung, Wegbereiter der Klassik. Caroline lernt ihn Ende 1796 in Weimar kennen. 195, 209, 234, 324

Wieveking, Karl Friedrich von: Direktor des Wasser-Brücken- und Straßenbaus in Bayern. Weilte seit 1784 in Gotha zur topographischen Landaufnahme. 191, 321, 334

Wolzogen, Karoline von, geb. Lengefeld (1763–1847): Schwester von Schillers Frau Charlotte, geb. Lengefeld. 194

Wolzogen, Wilhelm Friedrich Ernst von (1762–1809): Ehemann von Karoline. 194

Zehtner, Georg Friedrich von: Professor der Rechte, Minister in München. 306, 308, 319, 325

Verzeichnis der Briefempfänger und -absender

In den wenigen, mit * gekennzeichneten Fällen handelt es sich um Briefe *an* Caroline.

BERNHARDI, Sophie: Nr. 108 (S. 289 ff.)
BERTUCH, Wilhelmine: Nr. 7 (S. 80 ff.), 12 (S. 88 ff.)
BÖHMER, Auguste: Nr. 74 (S. 224 f.), 75 (S. 225 f.) 77 (S. 229 ff.), 78 (S. 231 ff.), 81 (S. 239 f.)
GOETHE, Johann Wolfgang: Nr. 86 (S. 247 ff.)
GÖSCHEN, Georg Joachim: Nr. 66 (S. 205 f.)
Familie GOTTER: Nr. 123 (S. 330 ff.)
GOTTER, Friedrich Wilhelm: Nr. 39 (S. 157), 40 (S. 158 f.), 41 (S. 159 f.), 42 (S. 159 f.), 43 (S. 161 ff.), 44 (S. 163 ff.), 46 (S. 170 f.)
GOTTER, Julie: Nr. 111 (S. 298 ff.), 115 (S. 312 ff.), 116 (S. 314 f.)
GOTTER, Luise, geb. STIELER: Nr. 3 (S. 72 f.), 4 (S. 73 f.), 5 (S. 77 ff.), 6 (S. 79), 7 (S. 80 ff.), 8 (S. 81 ff.), 9 (S. 82 f.), 10 (S. 83 f.), 11 (S. 84 ff.), 12 (S. 88 ff.), 17 (S. 95 ff.), 26 (S. 112 ff.), 32 (S. 136 ff.), 38 (S. 156 f.), 40 (S. 158 f.), 57 (S. 189 f.), 58 (S. 190 f.), 60 (S. 192 ff.), 61 (S. 194 ff.), 71 (S. 218 ff.), 72 (S. 220), 76 (S. 226 ff.), 81 (S. 239 f.), 121 (S. 325 ff.), 125 (S. 335), 127 (S. 336 ff.), 132 (S. 347 ff.)
GOTTER, Pauline: Nr. 129 (S. 339 ff.)
GRIES, Johann Diederich: Nr. 73 (S. 221 ff.), 80 (S. 237 ff.), 126 (S. 336)
HUBER, Ludwig Ferdinand: Nr. 79 (S. 233 ff.)
LIEBESKIND, Meta: Nr. 114 (S. 310 ff.), 131 (S. 346 f.)
MICHAELIS, Lotte: Nr. 13 (S. 92), 14 (S. 93), 15 (S. 94), 16 (S. 94 f.), 18 (S. 98), 19 (S. 99), 20 (S. 99 ff.), 21 (S. 103 ff.), 22 (S. 106 f.), 23 (S. 108), 28 (S. 119 ff.)
MICHAELIS, Philipp: Nr. 24 (S. 108 f.), 29 (S. 122 ff.)
MEYER, Friedrich Ludwig Wilhelm: Nr. 25 (S. 110 ff.), 27 (S. 115 ff.), 30 (S. 124 ff.), 31 (S. 131 ff.), 33 (S. 140 ff.), 34 (S. 145 ff.), 35 (S. 150 f.), 36 (S. 151 ff.), 37 (S. 153 ff.), 45 (S. 165 ff.), 47 (S. 171 ff.), 48 (S. 175 ff.), 52 (S. 178 ff.), 53 (S. 180 ff.)
NOVALIS: Nr. 67* (S. 207 f.), 69 (S. 213 ff.), 70 (S. 216 ff.)
SCHELLING, Friedrich Wilhelm Joseph: Nr. 82 (S. 240 ff.), 83 (S. 243), 84 (S. 244 ff.), 85 (S. 246 f.), 87 (S. 249), 88 (S. 249 ff.), 89 (S. 251 f.), 90 (S. 252 f.), 91 (S. 253 ff.), 92 (S. 255 f.), 93

(S. 256 ff.), 94 (S. 259), 95 (S. 259 f.), 96 (S. 261 f.), 97 (S. 262 f.), 98 (S. 263 f.), 99 (S. 265 f.), 100 (S. 267 ff.), 101 (S. 270 f.), 117 (S. 315 ff.), 118 (S. 318 ff.), 119* (S. 323 f.), 120 (S. 325), 124 (S. 335), 132 (S. 347 ff.)

SCHILLER, Friedrich: Nr. 62 (S. 197 f.)

SCHLEGEL, August Wilhelm: Nr. 63 (S. 198 f.), 64 (S. 200 ff.), 102 (S. 271 f.), 103 (S. 272 ff.), 104 (S. 277 ff.), 105 (S. 279 ff.), 106 (S. 283 ff.), 107 (S. 286 ff.), 108 (S. 288 ff.), 109 (S. 294 ff.), 110 (S. 297 f.)

SCHLEGEL, Friedrich: Nr. 49 (S. 177), 50 (S. 177 f.), 51 (S. 178), 54 (S. 183 f.), 55 (S. 185), 56* (S. 186 ff.), 65* (S. 203 ff.), 68 (S. 208 ff.)

SCHLEGEL, Julie: Nr. 59 (S. 192)

SCHLEGEL, Karl: Nr. 59 (S. 192)

STIELER, Luise, verh. GOTTER: Nr. 1 (S. 70 ff.), 2 (S. 72)

WIEDEMANN, Luise: Nr. 112 (S. 304 ff.), 113 (S. 306 ff.), 122 (S. 327 ff.), 128 (S. 338), 130 (S. 342 ff.)

Zur Ausgabe

Von den vielen Briefen, die Caroline Michaelis-Böhmer-Schlegel-Schelling geschrieben hat, ist nur ein Teil erhalten. Von den vorhandenen Briefen (über vierhundert) haben wir hundertsechsundzwanzig Briefe ausgewählt.
Carolines Briefe wurden erstmals 1871, über sechzig Jahre nach ihrem Tode, herausgegeben. In zwei Bänden veröffentlicht der Schwiegersohn Schellings, der Historiker Georg Waitz, nach über zwanzigjähriger Sammlertätigkeit die Dokumente.
Aus politischen Motiven und aus Gründen der Familienpietät verfuhr er – bei seiner insgesamt verdienstvollen und mühseligen Arbeit – kürzend. Er ließ vor allem Briefe weg, die die Mainzer Periode betrafen, und Briefe, die die seelische Konfliktsituation bei der Trennung von August Wilhelm Schlegel und der Hinwendung zu Friedrich Wilhelm Joseph Schelling schildern. 1882 veröffentlichte Waitz als Ergänzung zu seiner Ausgabe inzwischen noch aufgefundene Briefe und Urteile anderer über Caroline. Auf der Ausgabe von Waitz fußend, brachte Erich Schmidt 1913 eine vollständig neue zweibändige Ausgabe heraus. Die Ausgabe von Schmidt ist bis heute die umfassendste wissenschaftliche Ausgabe.
Unserer Ausgabe liegt der Text dieser im Insel-Verlag erschienenen Ausgabe unverändert zugrunde:

> Erich Schmidt (Hrsg.): Caroline. Briefe aus der Frühromantik. Nach Georg Waitz vermehrt herausgegeben. 2 Bde. Leipzig 1913.

Die Auswahl erfolgte unter dem Aspekt, eine Begegnung mit der Persönlichkeit Carolines zu ermöglichen. Carolines Briefe stehen daher im Mittelpunkt der Ausgabe. Nur äußerst sparsam, dort, wo eigene Zeugnisse fehlen oder es zur Erhellung ihrer Persönlichkeit von Interesse war, sind Briefe anderer an Caroline aufgenommen worden. So z. B. von Friedrich Schlegel, von August Wilhelm Schlegel, von Novalis und von Carolines Tochter Auguste.
Hinzufügungen, erschlossene Angaben zur Datierung, Bemerkungen zum Zustand des Manuskripts stehen in eckigen Klammern. Auszüge aus dem bei Erich Schmidt übermittelten Text sind gekennzeichnet.
Fremdsprachliche Ausdrücke, die im Fraktursatz der Schmidt-Ausgabe nach zeitüblicher typographischer Konvention in Antiqua gesetzt sind, wurden nicht ausgezeichnet. Alle anderen Texthervorhebungen Carolines erscheinen hier einheitlich kursiv.
Die französischen Textstellen übersetzte Tilly Bergner.

Auswahl aus der Literatur

Ausgaben von Texten Carolines und ihrer Freunde

Caroline. Briefe an ihre Geschwister, ihre Tochter Auguste, die Familie Gotter, F. L. W. Meyer, A. W. und Fr. Schlegel, J. J. Schelling u. a. nebst Briefen von A. W. und Fr. Schlegel. Hrsg. von Georg Waitz. 2 Bde. Leipzig 1871.
Carolines Leben in ihren Briefen. Hrsg. von Reinhard Buchwald. Eingel. von Ricarda Huch. Leipzig 1923.
Clemens Brentano, Briefe. 2 Bde. Nürnberg 1951.
Gottfried August Bürger, Briefe. Hrsg. von Adolf Strodtmann. Berlin 1874.
Johann Gottlieb Fichte, Briefwechsel. Kritische Gesamtausgabe. Hrsg. von Hans Schulz. Leipzig 1925.
Georg Forster nach seinen Originalbriefen. Hrsg. von Paul Zincke. 2 Bde. Dortmund 1915.
Georg Forster, Tagebücher. Bearb. von Brigitte Leuschner. Berlin 1973.
Georg Forster, Werke in vier Bänden. Hrsg. von Gerhard Steiner. Leipzig o. J.
Georg Christoph Lichtenberg, Schriften und Briefe. 4 Bde. München 1967–1972.
Novalis-Briefwechsel mit Friedrich und August Wilhelm, Charlotte und Caroline Schlegel. Hrsg. von J. M. Raich. Mainz 1880.
Aus Schellings Leben. In Briefen. Hrsg. von G. L. Pitt. 3 Bde. Leipzig 1869f.
Der Briefwechsel zwischen Schiller und Goethe. Hrsg. von Hans Gerhard Gräf und Albert Leitzmann. Leipzig 1955.
Der Briefwechsel zwischen Friedrich Schiller und Wilhelm von Humboldt. Hrsg. von Siegfried Seidel. 2 Bde. Berlin 1962.
Briefwechsel zwischen Schiller und Wilhelm von Humboldt. Hrsg. von Albert Leitzmann. Stuttgart 1900.
Friedrich Schlegels Briefe an seinen Bruder August Wilhelm. Hrsg. von Oskar F. Walzel. Berlin 1890.
August Wilhelm Schlegel, Kritische Schriften. 2 Bde. Berlin 1828.
Caroline und Dorothea Schlegel in Briefen. Hrsg. von Ernst Wieneke. Weimar 1914.
Briefe von Dorothea und Friedrich Schlegel an die Familie Paulus. Hrsg. von Rudolf Unger. Berlin 1913.

Friedrich Schlegel. Schriften zur Literatur. München 1972.
Krisenjahre der Frühromantik. Briefe aus dem Schlegel-Kreis. Hrsg. von Josef Körner. Bern 1969.

Literatur über Caroline

Gertrud Bäumer, Caroline. In: Gestalt und Wandel. Berlin 1939.
Ludwig Geiger, Dichter und Frauen. Berlin 1899.
Ricarda Huch, Die Romantik. Blütezeit, Ausbreitung und Verfall. Tübingen 1951.
Karl Jaspers, Schelling. Größe und Verhängnis. München 1955.
Eckart Kleßmann, Caroline. Das Leben der Caroline Michaelis-Böhmer-Schlegel-Schelling 1763–1809. München 1975.
Gerda Mielke, Caroline Schlegel in ihren Briefen. Ein Beitrag zur Geistesgeschichte des 18. Jahrhunderts. Greifswald 1925 (Diss.).
Henrich Steffens, Was ich erlebte. Leipzig 1983.
Margarete Susmann, Caroline. In: Frauen der Romantik. Köln 1960.
Luise Wiedemann, Erinnerungen. Göttingen 1929.
Alfred Wien, Caroline. In: Liebeszauber der Romantik. Berlin 1920.
Anonym, Die Mainzer Klubbisten zu Königstein oder Die Weiber decken einander die Schanden auf. Ein Tragi-komisches Schauspiel in einem Aufzug. Leipzig 1907 (Nachdruck der Ausgabe von 1793).